Unternehmenswandel gegen Widerstände

Ein Wandel im Unternehmen gelingt nur, wenn er mit den Menschen vollzogen wird, die in einer Organisation wirken. Nur sie können neue Strukturen mit neuem Leben erfüllen. Durch ihren Widerstand können sie den Change-Prozess aber auch zum Kippen bringen. Das Autorenteam demonstriert ganz praxisbezogen, wie es gelingt, wichtige gruppendynamische Prozesse zu identifizieren, deren Kräfte positiv zu nutzen und zerstörerische Energien in Schach zu halten.

Die Autoren beschreiben konkrete Instrumente, mit denen verantwortliche Manager, Berater sowie Menschen, die von Wandlungsprozessen betroffen sind, das eigene Verhaltensrepertoire erweitern und so ihre Sozialkompetenz ausbauen können. Dieses Buch trägt so wesentlich dazu bei, das gruppendynamische Geschehen rund um Change Management zu entmythologisieren.

Klaus Doppler (München), *Birgitt Lebbe-Waschke* (Hamburg) und *Bert Voigt* (München) sind seit vielen Jahren als selbstständige Organisations- und Managementberater sowie als Trainer im Bereich der Gruppendynamik tätig. *Hellmuth Fuhrmann* (Bonn) ist vor Drucklegung dieses Buches verstorben.

Klaus Doppler ist Autor des Buches *Dialektik der Führung* (2. Auflage, München 2001) und gemeinsam mit *Christoph Lauterburg* von *Change Management* (10. Auflage, Frankfurt/New York 2002)

Klaus Doppler, Hellmuth Fuhrmann,
Birgitt Lebbe-Waschke, Bert Voigt

Unternehmenswandel gegen Widerstände

Change Management mit den Menschen

Campus Verlag
Frankfurt/New York

Hellmuth Fuhrmann
gewidmet

Die Deutsche Bibliothek – CIP-Einheitsaufnahme

Ein Titeldatensatz für diese Publikation ist bei Der Deutschen Bibliothek erhältlich.
ISBN 3-593-36992-3

Copyright © 2002 Campus Verlag GmbH, Frankfurt/Main
Umschlaggestaltung: Init, Bielefeld
Satz: Publikations Atelier, Frankfurt/Main
Druck und Bindung: Druckhaus »Thomas Müntzer«, Bad Langensalza
Gedruckt auf säurefreiem und chlorfrei gebleichtem Papier.
Printed in Germany

Besuchen Sie uns im Internet: **www.campus.de**

Inhalt

Teil II
Ein Blick hinter die Kulissen –
Veränderung und der Faktor Gruppe

Teil III
Der Werkzeugkasten: Konzepte, Instrumente und Verfahren

Vorwort: Change Management mit den Menschen

Der andauernde Erfolg des Buches *Change Management* spricht für sich. Mittlerweile auch in mehrere Fremdsprachen übersetzt, freuen sich die Autoren und der Verlag Jahr für Jahr über vier- bis fünfstellige Verkaufszahlen. Dies zeigt: Auf der Bühne der Unternehmensführung steht das Stück Veränderung oder auf Neuhochdeutsch *Change* auf dem Dauerspielplan. Es scheint mittlerweile unbestritten, dass Veränderungen nahezu überall erforderlich sind, in der Wirtschaft, in Verwaltungen, in so genannten Non-Profit-Organisationen, in Vereinen und Verbänden. Unumstritten scheint auch, dass sich Veränderungen immer häufiger, immer schneller und insgesamt immer radikaler vollziehen.

Die Frage nach dem Warum ist auch hinlänglich untersucht: Wesentliche Treiber sind die revolutionären Entwicklungen im Bereich der Informatik, Telekommunikation und Softwaretechnologien. Die Folgen dieser Entwicklungen, unter anderem die Möglichkeit, Geschäftsprozesse völlig neu zu komponieren, alles global zu vernetzen und die zunehmende Transparenz, sind weitere Antriebe in diesem Wettlauf des Wandels. Alle können ins globale Spiel eingreifen, vorausgesetzt, sie verfügen über das notwendige Startkapital, sprich, die entsprechenden Ressourcen, die erforderliche Kompetenz, und sind bereit, das gebotene unternehmerische Risiko einzugehen.

Damit haben wir aber das Thema Wandel keineswegs im Griff. Wir sind mitten im Fluss, gleichgültig unter welchem modischen Etikett es abgewickelt wird, ob Business Reengineering, Change Management, Leadership, Transition Management, Organisationsentwicklung oder ähnlichen Bezeichnungen. Nach wie vor suchen Unternehmen und Organisationen nach Unterstützung. Viele tun sich im Durch- und Umsetzen von Veränderungen außerordentlich schwer. Häufig ist die Rede davon, dass Veränderungsprojekte scheitern. Die Dunkelziffer ist hoch, einiges erfährt man nur unter der Hand. Mut und Ratlosigkeit, Machbarkeits-euphorie und Ohnmacht wechseln einander ab.

Bleibt also die entscheidende Frage nach dem Wie. Worin besteht die Kunst, Veränderungsprozesse so anzulegen, dass sie eine Chance auf Er-folg haben? Dazu gibt es inzwischen eine Vielzahl theoretischer Hin-weise und eine Menge praktisches Rüstzeug. Ist nicht schon eigentlich alles gesagt, was seriöserweise zu sagen ist? Wird diese Frage mit Ja be-antwortet, dann muss die Gegenfrage lauten: Warum, wenn alles so klar ist, passieren Veränderungen trotzdem so schleppend oder scheitern gar? Wenn noch nicht alles gesagt ist, was fehlt denn wirklich?

Was die allgemeine Notwendigkeit von Veränderung angeht, so ist tatsächlich vieles hervorragend beschrieben. Und dies sogar mehrfach. Auch die eigentlichen Erfolgsfaktoren von Veränderungsprozessen und die Klippen, die es dabei zu überwinden gilt, sind wiederholt definiert worden. Allerdings heißt das noch lange nicht, dass alle verstanden ha-ben, um was es wirklich geht, und schon gar nicht bedeutet dies, dass sich die Praxis dadurch auszeichnet, sich konsequent an diesen theoreti-schen Erkenntnissen auszurichten. Was aber, wenn diese Inkonsequenz nicht nur eine Folge menschlicher Bequemlichkeit wäre, sondern wenn es dafür tiefere Gründe gäbe? Ursachen, denen wir noch auf die Spur zu kommen hätten? Und genau dies ist unsere These: Es ist beileibe noch nicht alles gesagt. Um zu verstehen, warum die Umsetzung von Verände-rungen bisher scheinbar so mangelhaft ist – und um zu begreifen, dass es gar nicht anders gehen kann oder um zu lernen, wie Sie es besser machen könnten –, fehlen unserer Meinung nach einige wesentliche Aspekte.

Lassen wir doch vor unserem inneren Auge die Veränderungsansätze der letzten Jahre Revue passieren. Drei Ansätze sind vor allem erkenn-bar:

- flache Hierarchien,
- Organisationen, die sich an den Geschäftsprozessen orientieren, und
- möglichst basisnahe unternehmerische Selbstverantwortung.

Viele Menschen wurden in den letzten Jahren ziemlich abrupt aus der ge-wohnten Welt steiler Hierarchien und vertikal abgegrenzter Funktionen und aus dem generell versorgten, zugleich aber entmündigten Zustand in das freie Spiel der Kräfte von selbststeuernden Gruppen und unterneh-merischer Eigenverantwortung entlassen. Drei Schlagworte sind für die-sen Trend bezeichnend:

- Reengineering,
- Unternehmertum und
- Empowerment.

Dazu wurden ganze hierarchische Stufen ersatzlos gestrichen und Organisationen wurden so umgestaltet, dass überschaubare durchgängige Verantwortungsbereiche geschaffen wurden. Und genau dies war der Kunst- und Fehlgriff zugleich.

Neue Strukturen allein schaffen noch keine neuen Menschen. Viele haben die neuen Strukturen mit ihrer alten Mentalität gefüllt. Sie sind gewissermaßen mit der alten Ausstattung in die neue Wohnung übersiedelt. Die innere Einstellung hat mit dem äußeren Wandel nicht Schritt gehalten. Aus einem angepassten, sorgfältigen, über Jahrzehnte hinweg entmündigten Beamten wird nicht über Nacht ein risikobewusster, entscheidungsfreudiger Unternehmer. Wer sein Handeln bisher konsequent nur danach ausgerichtet hat, ja, ausrichten musste, keine Verfahrensfehler zu machen, der kann sich nicht so ohne weiteres in einen Unternehmer verwandeln, dessen Hauptsorge es ist, Lösungen für anfallende Probleme zu finden – und genau dies als übergreifendes Ziel seiner Arbeit zu akzeptieren.

Und, Hand aufs Herz, in den weitaus meisten Fällen wurden und werden Veränderungen nicht deshalb vorgenommen, weil man einer neuen Führungsphilosophie und einem neuen Menschenbild folgen will. Nein, der wesentliche Auslöser war und ist ein ganz anderer – nämlich Zeit- und Kostendruck. Organisationen sollen schneller, kostengünstiger und dadurch insgesamt effizienter werden. Woran dies zu erkennen ist? Ganz einfach an denen, die diese Veränderungen vorantreiben. Es sind keineswegs ethische Überzeugungstäter auf der Suche nach einer neuen, besseren Arbeitswelt, sondern es waren und sind dieselben, die – solange es erfolgversprechend und opportun war – auch mithilfe der alten Denkmodelle und Strukturen die Unternehmen auf eine möglichst hohe Leistungsausbeute hin getrimmt haben. Und die stets versucht sind, genauso rasch zu den alten Systemen zurückzukehren, wenn sie mit den neuen nicht schnell genug Erfolg haben. Das spricht nicht gegen den neuen unternehmerischen Ansatz an sich. Aber es macht verständlich, warum die Dinge so liefen, wie sie liefen. Auch herkömmliche, von klarer Hierarchie durchdrungene und gesteuerte Organisationen funktionieren besser, wenn bestimmte, an den Bedürfnissen der Mitarbeiter orientierte Prinzipien des Managements, der Führung und des Umgangs miteinander verbindlich eingeführt und konsequent beachtet werden. Aber so, wie in der alten Welt fast ausschließlich auf den Leistungsfaktor geachtet wurde, so wurde und wird nach wie vor die neue »enthierarchisierte Welt« nur auf einem Reißbrett entworfen, wo einzig und allein die Fragen der strategischen Positionierung, der Definition von Geschäftsprozessen und der strukturellen Gestaltung die entscheidenden Denkwerkzeuge sind. Selbstverständlich sind dies auch wichtige Fragen. Aber es fehlt die ebenso entscheidende andere Seite der Medaille: Woran orientieren sich Menschen in ihrem Verhalten – abgesehen von Strukturen? Wo, wie und unter welchen Voraussetzungen entsteht die entscheidende Energie, die Menschen dazu treibt, bestimmte Dinge tatsächlich zu wollen, sich dafür zu engagieren und mit vollem Einsatz zu kämpfen? Woher rührt die Bereitschaft und Motivation, sich selbst zu verändern? Und Menschen sind keine isolierten Einzelwesen. Sie leben und arbeiten in vielfachen Konstellationen und Gruppierungen gemeinsam mit anderen. Das kann nicht ohne Einfluss sein auf das, was der Einzelne tut und denkt. Deshalb müssen wir uns fragen: Wodurch ist das Zusammenspiel zwischen den Menschen, zwischen Gruppen und auf dem Hintergrund ihrer Institution als Ganzes bestimmt? Welche Zusammenhänge gilt es dabei zu berücksichtigen, die uns Aufklärung geben können, warum sich Menschen so und nicht anders verhalten?

Nicht zuletzt liegt das bisher beklagte, eher dürftige Ergebnis von Veränderungen auch daran: Es fehlt an geeigneten Instrumenten, für deren Anwendung man kein jahrelanges Universitätsstudium benötigt. Hilfen, die auch für Otto Normalverbraucher verständlich und attraktiv sind. Mit unserem Buch möchten wir einen Beitrag leisten, diese Lücke zufüllen.

In Teil I beschreiben wir die neuen Organisationsarchitekturen, in deren Kontext wir uns bewegen, erkunden, warum so viele Veränderungsansätze so wenig erfolgreich sind, welche entscheidende Rolle die Gruppendynamik dabei spielt, bei welchen konkreten Gelegenheiten sich diese Kräfte bemerkbar machen – und wie sich diese Kräfte auswirken.

In Teil II erläutern wir im Einzelnen die sozialpsychologischen Hintergründe und die nahezu gesetzmäßigen Zusammenhänge, sozusagen den Stoff, aus dem sich Gruppendynamik und das Innenleben von Gruppen zusammensetzen. Wir beschreiben die Konsequenzen daraus für die Führung von Mitarbeitern und die Steuerung von Teams.

In Teil III stellen wir eine Reihe von konkreten Konzepten und Methoden vor. Mit gruppendynamischen Kräften ist es ähnlich wie mit elektrischen Spannungsfeldern: In handhabbare Energie umgewandelt entstehen daraus Werkzeuge, die wir dringend benötigen, wenn der Wandel wirklich vonstatten gehen soll. Zum Beispiel Instrumente für die Team- und Bereichsentwicklung, für die Einarbeitung und den Abbau von Mitarbeitern, für Feedback, Networking, Selbstführung sowie die Selbststeuerung von Gruppen und Leistungseinheiten.

Als Praktiker des Change Managements in Unternehmen und als Experten für gruppendynamische Prozesse möchten wir aufzeigen, wie stark beide Themen miteinander in Beziehung stehen. Das eine passiert nicht ohne Auswirkungen auf das andere. Dies zu sehen und damit eine ordentliche Antwort zu haben auf die Grundfrage »Warum verlaufen Prozesse genau so, wie sie laufen, und nicht anders?« ist das eine. Uns geht es aber nicht nur um das bessere Verstehen. Wir verfolgen darüber hinaus das Anliegen, allen, die mit Veränderungen zu tun haben, ob als verantwortliche Manager oder als solche, die gewollt oder ungewollt von Veränderungen betroffen sind, aufzuzeigen, wie sie ihren Handlungs- und Gestaltungsspielraum erweitern können. Dazu bieten wir Werkzeuge, die es ermöglichen, sich sowohl in Krisensituationen kompetenter zu verhalten als auch durch innovative Ansätze Krisen zu vermeiden.

Insgesamt möchten wir einen Beitrag leisten, das gruppendynamische Geschehen zu entmythologisieren, es sowohl aus der therapeutischen als auch aus der esoterischen Ecke, aber auch aus der ausschließlichen Herrschaft von angeblichen Fachleuten herausholen – und für den Durchschnittsbürger greifbar und nutzbar zu machen.

TEIL I

Das Umfeld, in dem wir uns bewegen
Gruppendynamik im Kontext unterschiedlicher Organisationsarchitekturen

Kapitel 1

Organisationsstrukturen:
Nichts bleibt, wie es einmal war

Alle müssen besser werden ...

Der steigende Wettbewerbsdruck zieht den Zwang nach sich, die betriebliche Leistung zu steigern und deshalb die Organisation nach unentdeckten Effizienzpotenzialen zu durchforsten. Dies führt meist zu folgender Erkenntnis: Neben den hinlänglich bekannten Stellschrauben für Verbesserung, nämlich Kosten, Qualität und Geschäftsprozesse, spielt der Faktor Zeit eine zunehmend starke Rolle. Die bislang üblichen Zeiten für Forschung, Entwicklung, Fertigung, Lagerhaltung und Lieferung sind einfach zu lang und verschlechtern so die Effizienz. Dass auf kurzfristige Veränderungen und neue Anforderungen aus dem Umfeld, dem Markt, dem Wettbewerb, den Kundengruppen, den technologischen Entwicklungen oder der Politik zu träge und nur wenig flexibel reagiert wird, stellt einen weiteren Hemmschuh dar.

Eine Unternehmung wird aber auf Dauer nur überleben, wenn ihre Lern- und Änderungsgeschwindigkeit mindestens so groß ist wie das Tempo der Veränderung ihres Umfelds. Deshalb befindet sich eine große Zahl von Unternehmen gegenwärtig in intensiven Nach- und Umdenkprozessen, in fundamentalen Such-, Lern- und Umlernschritten – mit dem Ziel, eine nachhaltig bessere, schnellere Anpassung an neue, sich laufend verändernde Umfeldbedingungen zu erzeugen und einen dauerhaft effektiveren Umgang mit Dynamik, Komplexität und Instabilität zu bewirken. Neue Erfolgsparameter tauchen auf: nach lean-, prozess- und kundenorientiert nun selbststeuernd, lernend und virtuell.

Auch wenn das auslösende Moment, das Unternehmen zum Handeln zwingt, aus jeweils sehr unterschiedlichen Ereignissen besteht: Die Diagnosen der bestehenden Verhältnisse ähneln sich – insbesondere bei den großen Unternehmen – und das branchenübergreifend: Bis in die 90er Jahre hinein waren Hierarchie, Funktionsorientierung, Arbeitsteiligkeit und Budgetdenken die wesentlichen Prinzipien der Steuerung und Kon-

trolle von Arbeitsorganisationen. Die Bausteine in dieser klassischen Or-
ganisationswelt waren die *Ab-Teilungen*. Interne Optimierungspoten-
ziale wurden wenig gesucht und genutzt. Die Devise war: Größe zählt.
Das Maß war die Kopfzahl. Und die eingeschliffene Antwort auf neue
Problemstellungen war: Mehr Budget, mehr Personal.

Statt des »Weiter so!«, bei dem jede kleine Veränderung mit Personalan-
bau und mehr Geld erkauft werden musste, waren schlanke Organisation,
stringente Prozesslogik und Reengineering, Total Quality Management,
Qualitätszirkel und KVP(Kontinuierlicher Verbesserungsprozess)-Gruppen
erste Antworten auf die offensichtliche Notwendigkeit und führten in nicht
wenigen Fällen in relativ kurzer Zeit zu gewaltigen Sprüngen in der Produktivität. Anfangs wurden solche Programme noch meist im Rahmen der
bestehenden Hierarchie und ihrer funktionalen Gliederung angelegt. Dabei
verfielen viele Firmen den von Beratungsunternehmen gekonnt vermarkte-
ten Managementrezepten und Zauberformeln. An jenen waren allerdings
meist einzig und allein jene Etiketten wirklich neu, die wiederum nur die
Existenz des Problems signalisierten, zu dessen Bewältigung sie eigentlich
dienen sollten. Bald aber tauchten neue Organisationsformen und Arbeitsweisen auf.

Drei Kerngedanken der neuen Architektur einer Organisation

Im Auge des Sturms wechselnder Veränderungsphilosophien, Trends
und Moden, welche die angestrebte Steigerung von Effizienz und Vermeidung der Verschwendung von Ressourcen zu bewirken versprachen,
kristallisierten sich drei Kerngedanken heraus:

Erstens: Die gewachsenen Organisationsstrukturen müssen aufgebro-
chen, die funktionalen Abteilungsgrenzen eingerissen und im Sinne von
Geschäftsprozessen radikal neu gestaltet werden. Die Organisation muss
vom Kopf auf die Füße gestellt, das heißt auf den Kunden bezogen, von
ihm her gedacht und durchgestylt werden. Jede Leistung wird radikal an
ihrer eigentlichen Wertschöpfung gemessen. Dazu muss sie – auch intern
– einen Kunden haben und dem direkten Feedback ihres (Ver-)Brauchers
ausgesetzt werden. Bisher hoch komplizierte, überkomplex verästelte
und in ihrer Gänze nicht mehr zu überblickende und deshalb auch kaum

zu steuernde Prozesse der Leistungserstellung werden aufgelöst und als überschaubare Abfolge von Lieferanten-Kunden-Beziehungen neu konzipiert. In der alten Form kam es darauf an, die für die Leistungserstellung notwendigen Funktionen darzustellen, gut zu positionieren und vor allem klar voneinander abzugrenzen. Das Schlüsselwort war Zuständigkeit. Das Hauptinteresse: Die eigene (Teil-)Leistung darstellen – unabhängig allerdings vom Gesamterfolg. In der neuen Form geht es in erster Linie darum, das Zusammenwirken der Funktionen zu erfassen, zu beschreiben und zu modellieren. Stichworte: Prozesse, Prozesskette, Prozessorganisation und durchgängige Verantwortung.

Zweitens: Die klassische Hierarchie wird abgeflacht, Entscheidungswege werden verkürzt, Entscheidungsbefugnisse werden dorthin verlagert, wo die Arbeitsprozesse tatsächlich ablaufen, nämlich an die Basis. Dadurch wird auch der Handlungs- und Steuerungsspielraum drastisch verlagert – weg von den (zentralen) Funktionshierarchien hin zum Ort der Wertschöpfung, nämlich in die dezentralen Bereiche, die viel näher am Ort des eigentlichen Geschehens sind. Stichworte: Lean Management, flache Hierarchien, Fraktale Fabrik, Profitcenter-Organisation und Teamsteuerung.

Drittens: Die Bereitschaft, die eigenen Produkte und ihre Produktion ständig zu verbessern und die Fähigkeit zur Selbsterneuerung werden zu Topthemen der Unternehmensführung: Das bedeutet für die beteiligten Personen, nicht nur *im* bestehenden System zu arbeiten, also die Dinge, so wie sind, einfach hinzunehmen, sondern die Abläufe laufend infrage zu stellen und damit regelmäßig auch *am* System selbst zu arbeiten. Und das wiederum führt letztlich zu einer radikalen Erweiterung der Selbstverantwortung. Das Denken bleibt nun also auch auf der Arbeitsebene nicht mehr den Stabs- oder Führungskräften überlassen, sondern die Organisation soll sich durchgehend selbst reflektieren und entwickeln. Speziell die Mitarbeiter an der Basis sollen permanent nachdenken, Ideen überprüfen, vergleichen, generieren und diskutieren sowie Know-how und Kompetenzen entwickeln, um Abläufe zu optimieren, aktuelle Probleme zu lösen und Lösungsideen für zukünftige Problemstellungen aufzubauen. Die Prozesse sollen intelligent werden. Das bedeutet: nicht nur auf vorgelagerte oder nachfolgende Wertschöpfungsstufen reagieren, sondern auch miteinander interagieren, das heißt in Wechselbeziehungen zueinander treten. Der Clou besteht darin, die wichtigen Verknüpfungspunkte, die Stellhebel, zu lokalisieren. Dort sollen Vernetzungen geschaffen, Feedback-Beziehungen hergestellt und direkte, situative Gegenwirkungen ermöglicht werden, um daraus permanente Lern- und Optimierungsschleifen zu erzeugen. Stichworte: Netzwerk-Organisation, Unternehmer im Unternehmen und Lernende Organisation.

Horizontale Prozessorientierung, Dezentralisierung von Entscheidungsbefugnissen und Systematisierung von Rückkoppelungs- und Lernprozessen auf der Basis von Selbstverantwortung prägen gegenwärtig die Leitbilder einer zeitgemäßen Organisation. Sie sollen helfen, die noch bestehenden, alten Organisationszustände zu transformieren. Jede Struktur ist ein Abbild der Übertragung von Vollmachten, der Koordination von Tätigkeiten und des Zuschnitts von Spiel- und Handlungsräumen. Diese wiederum beeinflussen die Reaktionen auf das Geschäftsumfeld und damit die Umsetzung der Strategie des Unternehmens. Die bekannte Metapher von HEDBERG, der dem Bild eines (Verwaltungs-) Palasts eine Zeltstadt gegenüberstellt, pointiert die wesentlichen Alternativen. Der Palast: massive Bauweise, auf Jahrzehnte, ja, auf Jahrhunderte angelegt, vielleicht mit beeindruckender Einschüchterungsornamentik, mächtige Säulen und Kapitelle, lange Flure, dicke Mauern, weite Wege, viele Stockwerke, auf den Etagen Zollstationen mit Zugangsberechtigung, Türschilder als Titelurkunden, starre Regeln und Rituale. Dagegen die Zeltstadt: mobil, kurze Wege, zwangsläufige Begegnungen, geringer Formalisierungsgrad, locker miteinander verknüpft, flexibel umgruppierbar je nach Bedarf, anpassungsfähig, leicht abzubauen – und an anderer Stelle wieder aufzustellen; aber auch vergleichsweise instabil, von geringerer Lebensdauer, extrem kommunikativ – bis zur Leidensgrenze, weil man sich kaum aus dem Weg gehen kann, der Nachbar hört mit, vielleicht auch gelegentlich Intimes. Und zu manchem Zelt muss man sich vielleicht erst durchfragen: Nomadentum toleriert bewegliche Wanderer abseits festgelegter Marschrouten.

Der Prozess des Übergangs zur neuen Form

Strukturen sind gebundene Energie. Restrukturierung will diese Energie durch eine neue Architektur der Organisation freisetzen und sie verfügbar machen, um die neuen Formen zu gestalten. Aber das schlichte Herausziehen und Entfernen von Strukturen sagt noch nichts darüber aus, wie sich diese Energie entfaltet – ob produktiv oder destruktiv. Die Vitalität neuer Verhältnisse entsteht nicht einfach dadurch, dass gleichsam von einem Kraftwerk der Beton weggeschlagen wird, in der Annahme, die neue Freiheit würde schon zu nutzbringender Energieentfaltung führen. Bezogen auf die Organisation: Die alten hierarchischen funktionsteiligen Strukturen zerschlagen führt nicht automatisch dazu, dass sich die freigesetzten Energien in selbstverantwortliche Eigenständigkeit und unternehmerisch produktives, zielgeleitetes Handeln umwandeln. Soziale Systeme haben keine inhärente Tendenz zum Guten und können deshalb in ihrem Verlauf nicht sich selbst überlassen bleiben. Dem freien Spiel der befreiten, zentrifugalen Kräfte vertrauen könnte leicht im Schleudertrauma enden. Sicher, um die Offenheit der organisatorischen Baukörper zu vergrößern, um Gestaltungsvielfalt und Flexibilität zu ermöglichen und um neue Optionen zu schaffen, ist es unumgänglich, die gegebene Organisationsarchitektur infrage zu stellen, sie gegebenenfalls zu verändern, Erstarrungen in den Abläufen und Verkrustungen im Aufbau zu beseitigen, sich von Überflüssigem zu trennen, Kompliziertes zu vereinfachen und Spiel- und Handlungsräume näher an den Ort der Wertschöpfung, an die operative Front, in die Nähe des Marktes und des Kunden zu verlegen. Jedoch: Die Dynamik der neuen, befreiten Organisationsarchitektur muss gebündelt, geschäftspolitisch eingebunden und strategisch ausgerichtet werden. Je mehr wir deregulieren und dezentralisieren, je mehr eine Organisation Zeltstadt-Charakter annimmt, umso größer wird die Gefahr, dass alles auseinander fliegt. Desto wichtiger wird eine Klammer von zentralen Gemeinsamkeiten, die zusammenhält, was zusammengehört.

Solche Gemeinsamkeiten aber entstehen nicht von allein. Sie müssen erzeugt, akzeptiert und gesichert werden. Sie betreffen die Grundsätze der Geschäftspolitik, Leitlinien des Umgangs, wesentliche Aspekte der Unternehmenskultur, vor allem aber die Ausrichtung an der gemeinsamen Strategie. Erst eine solche Klammer ermöglicht das Bündeln der freien Kräfte, das Ziehen an einem Strang. Bei aller Vielfalt, Eigenständigkeit und Freiheit zum Experimentieren – es gibt ein paar grundsätzliche Fragen, auf die es klare Antworten geben muss, die von allen gemeinsam getragen werden:

- Wer sind unsere Kunden – aktuell und potenziell?
- Welchen Nutzen wollen wir unseren Kunden bieten?
- Wer sind unsere Wettbewerber, und was sind die wettbewerbskriti-

schen Faktoren (Kosten, Zeit, Sicherheit, Verfügbarkeit, Zuverlässigkeit, Flexibilität ...)?

- Wie wollen wir welche Leistungsangebote erstellen und positionieren (Portfolio)?
- Mit welchen Themen müssen wir uns gemeinsam beschäftigen, weil sie für unsere Zukunft entscheidend sein werden (Korridorthemen)?

Die Strategie umfasst aber nicht nur den Kundenmarkt. Die Zukunft stellt ihre Rechnungen schon heute. Ohne sie zu finanzieren, werden wir diese Zukunft schwer erreichen. So muss es auch eine gemeinsame Antwort geben auf Fragen wie:

- Welche Erträge brauchen wir bereits heute, um die Zukunft, die wir wollen, auch zu finanzieren?
- Wann wollen wir das in ein Geschäft investierte Kapital spätestens zurückhaben, um Neues finanzieren zu können (Return on Investment)?
- Welche Kapitalverzinsung müssen wir denen bieten, die unser unternehmerisches Handeln finanzieren?

Hier wird der Widerspruch sichtbar: einerseits der Druck zu deregulieren und zu dezentralisieren, um Dynamik durch selbstverantwortliche Vielfalt, eigenständige Entwicklungen und unternehmerisches Handeln zu ermöglichen; andererseits über Klammerfunktionen sicherzustellen, dass alle Mitglieder und alles Handeln konsequent auf die übergreifende Strategie und die daraus abgeleiteten Ziele hin ausgerichtet sind – mithilfe eines Satzes identifikationsstiftender Gemeinsamkeiten.

Diesen Widerspruch nachhaltig offen zu halten, balanciert und reflektiert – und ihn nicht durch eine naive Entweder-oder-Haltung aufzulösen –, macht die Kunst zeitgemäßer Unternehmensführung aus. Dies gelingt nicht mit Bombenwurf- beziehungsweise Big-Bang-Methoden oder Schalter-Konzepten, wo zu einem bestimmten Stichtag einfach der Hebel umgelegt wird. Das gelingt nur durch häufig mühsame und langwierige Prozesse der Einbindung. Es verlangt vielgestaltige, manchmal aufwändig erscheinende Kommunikation, um echte Transparenz herzustellen und zu gewährleisten, dass die Dinge auch an der Peripherie des Systems nachvollzogen werden können. Die Glaubwürdigkeit der Galionsfiguren und ihrer Multiplikatoren beziehungsweise Botschafter ist gefragt, um Phasen der Irritation und Unsicherheit durchzustehen. Und es benötigt Zeit, Geduld und Frustrationstoleranz, um (Identitäts-) Krisen zu ertragen, Widerstände partnerschaftlich zu bewältigen und Konflikte durch Verhandeln und Überzeugen statt durch Macht zu lösen.

Ungeplante Nebeneffekte

So weit, so gut – rein theoretisch! Wenn da nicht zur Dynamik, die bereits in den einzelnen Schritten des Veränderungsprozesses angelegt ist, die spezifische Dynamik beteiligter – und auch weniger beteiligter – (Interessen-)Gruppen hinzukäme, die mit kontraproduktiver Energie auf eine frühzeitige Beendigung der Balance im Widerspruch drängen und die instabile Situation zusätzlich gruppendynamisch aufladen.

Wenn Strukturen, die bisher als beengend und behindernd erlebt wurden, wegfallen oder aufgeweicht werden, erwacht in vielen – insbesondere dezentralen Bereichen – ein unspezifischer Durst nach Freiheit. Es ergeht ihnen wie einem Häftling, der aus der streng geregelten und disziplinierten Routine des Gefängnisses entlassen wird: Die neue Freiheit wird im Überschwang genossen; einst hinter Gittern gehegte Wünsche werden in Eile und Selbstüberschätzung umgesetzt, bisweilen unausgegoren, das heißt ohne fundierte Planung und mit wenig Rücksicht auf Folge- und Wechselwirkungen.

Die Grenzen der Gemeinsamkeiten und der verbindenden und verbindlichen Strategien werden berührt oder sogar überschritten. Risiken werden übersehen oder naiv in Kauf genommen nach dem Motto: Das packen wir schon! So kann es geschehen, dass ein nun Kostenverantwortlicher und im neuen Rahmen Handlungsberechtigter plötzlich die Spendierhosen anzieht und sich und anderen lang gehegte – und bisher nicht statthafte oder nicht bewilligte – Wünsche erfüllt. Auf diesem Hintergrund sind zum Beispiel die sprunghafte Zunahme von Handys, neuen PCs, inkompatibler Software, Flüge jenseits der Holzklasse, Dienstwagen eine Nummer größer oder in Coupé-Ausführung und ähnliche Beispiele durchaus verständlich.

Prädestiniert für den Versuch disziplinierender vorschneller Interventionen sind zum Beispiel zentrale Stäbe. Vielleicht auch angesichts des ihnen selbst drohenden Bedeutungsverlusts versuchen sie, den Prozess des Veränderns anzuhalten oder lassen gar nicht erst los – mit der Begründung, die Flöhe wieder unter einem Hut zu versammeln, um die drohende Schieflage bereits im Ansatz zu korrigieren und das Ganze zu retten.

Als wohlfeile Bündnispartner bieten sich in dieser Situation all jene an, denen die neuen Freiheitsgrade Angst machen, die von althergebrachten Gewohnheiten nicht lassen wollen und deren Status und Einfluss sich im Gefüge der neuen Architektur zu vermindern drohen. Die ehemals etablierten Machtträger schlagen immer zurück, wenn sich die Ambitionen der neuen Strukturen nicht sofort erfüllen und der Erfolg nicht unmittelbar und schlagartig eintritt. Die alten Platzhirsche versuchen, so lange es geht, ihre einmal eroberte Revierzuständigkeit durch Abschottung, kleinkariertes Denken und imperiales Handeln zu erhalten und anzuwenden. Jedes kritische Ereignis wird dazu benutzt, es zum Tribunal gegen die Veränderung und die Veränderer zu machen.

Zudem – und auch das ist typisch in Zeiten wie diesen – warten Heerscharen von Beratern an den potenziellen Bruchstellen der Widersprüche von Zentralität und Dezentralität, Pyramidenaufbau und kleingliedriger Vernetzung, alter und neuer Organisationsform, um sich schon bei geringsten Spannungen und bei den mehr oder minder zwangsläufigen und insofern normalen Prozessspannungen der Anfangsphase mittels Krisenintervention einzuschalten. Entwicklungsbedarf und Lernchancen der beteiligten Mitarbeiter und Führungskräfte werden durch professionelles Ersatzmanagement kompensiert, strukturelle Defizite mit Standardlösungen gefüllt und organisatorisches Lernen wird damit verhindert.

Pflegebedürftige Gruppenstruktur

Aber nicht nur die angestrebte Organisationsarchitektur, sondern auch das Drehbuch der Veränderung selbst stützt sich ganz wesentlich auf Gruppen als Antreiber, um den Wandel zu bewirken. In und mit Gruppen werden Probleme und Prozesse analysiert, Benchmarks erhoben, Alternativen entwickelt, Maßnahmen konzipiert, Struktur- und Prozessdesigns modelliert, Pilotmodelle gefahren und Umsetzungsschritte vollzogen. Gruppen eignen sich – so die gängige Meinung – gut dazu, flexibel und innovativ zu handeln, sich schnell in Bewegung zu setzen und, bei entsprechender Managementaufmerksamkeit und Aussicht auf Perspektiven, per Gruppendynamik in Flammen der Begeisterung und Motivation umzuschlagen. Es wird später noch darüber zu sprechen sein, inwieweit das realistisch ist oder überhaupt zutrifft. So viel schon vorab: Wer wirklich beginnen will, eine schlanke, intelligente und flexible Organisationsstruktur einzuführen, sollte sich darauf einstellen, auf einer ewigen Baustelle zu arbeiten. Mit bloßen Initialzündungen und Symbol-Aktivitäten ist es nicht getan. Und Spannungen im Gebälk sind normal, wenn sich statische Strukturen verändern. Es gilt sowohl, sie sorgsam zu beobachten, als auch, sie konsequent und (unter-) stützend zu begleiten und zu bearbeiten. Der Gewinn des neuen Organisationslayouts – und sei es noch so pfiffig ausgedacht – liegt nicht in den eingesparten Aufwänden.

Die Erwartungen, einerseits Steuerungsleistungen zu minimieren, gleichzeitig aber kreative Ideen zu maximieren und dabei auch noch Selbstverantwortung und Selbstorganisation in Richtung harmonischer Zusammenarbeit auf höchstem Leistungsniveau zu erreichen, sind eine reine Fiktion, ein Mythos, eine Legende. Kleingliedrige, teamförmige und vernetzte Organisationen sind anstrengende, pflegebedürftige Gebilde. Die Steuerungsaufwände sind erheblich, keineswegs geringer als in der klassischen Organisation, sie sind lediglich anderer Art und setzen zudem an anderer Stelle an.

Change Management im Rahmen der neuen Organisationsarchitekturen und die Renaissance der Gruppendynamik

Wir haben dargestellt, wie die kleingliedrige und vernetzte Organisation die Funktionsspezialisierung der traditionellen Hierarchie reduziert und stattdessen Gruppen als Basiseinheit verwendet, die überschaubar sind und deren Mitglieder deshalb viel größere Chancen haben, sich aufeinander einzuspielen und eine schlagkräftig Truppe zu werden. Das Erfolgsgeheimnis liegt darin, möglichst viele Tätigkeiten, Funktionen und Disziplinen, die für die Erreichung von Zielsetzungen relevant sind, miteinander zu verbinden. Einmal zusammengestellt, arbeitet so eine Gruppe in ihrem dezentralen Zelt wie ein kleines Unternehmen. Seine Autonomie ist beträchtlich: Seine Mitglieder sind für ihre Arbeit keinem zentralen Bereich (Marketing, Finanzwesen, Personalwesen) gegenüber verantwortlich. Sie reduzieren ihre bisherigen eng abgegrenzten Arbeitsspezialisierungen und verknüpfen diese Teile (Ab-Teilungen) stattdessen zu weit definierten Vorgangsbearbeitungen. Dies geschieht hierarchieübergreifend und trifft deshalb sowohl Bereiche von Vorgesetzten als auch von Mitarbeitern. Transparenz und Überblick, die Notwendigkeit des Mitdenkens für andere, Prinzipien wie *Jeder lernt von jedem* und *Jeder hilft jedem* und dadurch entwickelte übergreifende Fähigkeiten der Mitarbeiter unterstützen das Verflachen der traditionellen Hierarchie.

Durch die neuen Gestaltungsformen und Zeltstadt-orientierten Designs von Zusammenarbeit, durch die daraus zwangsläufig resultierende Neubestimmung und neuartig akzentuierte Ausprägung von Führung kommen die beteiligten Personen auch auf eine neue Weise miteinander in Berührung. Dies schafft jedoch gleichermaßen ein Struktur- wie ein Verhaltensproblem. Und exakt dieser Zusammenhang wird bei vielen Betrachtungen nur sehr ungenügend berücksichtigt.

Im bisherigen Organisationsaufbau waren und sind die Menschen viel stärker abgepuffert. Die hierarchischen Positionen, funktionalen Zuständigkeiten und vorgegebenen Rollen beschützen und schützen gleichzeitig voreinander, indem sie abgrenzen. Persönliches und Zwischenmenschliches wird, soweit es geht, wegstrukturiert: Was man tut, begründet man mit seiner fachlichen Zuständigkeit, seiner hierarchischen Verantwortung, seiner Stellenbeschreibung oder durch Verweis auf festgelegte Regelungen und Vorgaben. Wird nun dereguliert, indem Strukturen – zum Beispiel Führungsebenen – herausgezogen werden, heißt dies ja letztlich, dass sich der Wechsel der Zuständigkeiten an bisher messerscharf gezogenen Schnittstellen nun unscharf überlappt, in gemeinsame Verantwortung übergeht und damit der Absprache und Aushandlung bedarf. Und das bedeutet, dass vieles, was bisher sehr detailliert im Einzelnen und für jeden Einzelnen festgelegt war, jetzt in die Teilautonomie eines Teams mündet, das nun – ähnlich einer Black Box – nur auf ein Gesamtergebnis, nicht wie bisher auf detaillierte Teilergebnisse spezifiziert ist – ungeregelt und lösungsoffen. Deregulierung bedeutet auch eine Abnahme von Eindeutigkeit und eine abrupte Zunahme der Dynamik innerbetrieblicher Marktwirtschaft. Und das ist im klassischen Unternehmen häufig besonders gewöhnungsbedürftig.

Die Ausrichtung der Organisation in horizontale Prozesse mit abgrenzbaren Wertschöpfungen und überschaubaren internen Lieferanten-Kunden-Beziehungen oder die kollegiale Verknüpfung von unterschiedlichen Expertisen und unternehmensrelevanten (Geschäfts-) Interessen in Teams verlangt neue Berichtswege, Entscheidungs- und Umgangsformen und partnerschaftliche Mechanismen der Konfliktbewältigung: Kurz, ein Mehr an Selbststeuerung und Selbstverantwortung im Rahmen kollegialer Zumutung ohne unmittelbare hierarchische Sanktionsmacht.

Beispiel Nr. 1

Nehmen wir an, Herr M. hatte es sich zur Gewohnheit gemacht, morgens im Büro erst mal die Zeitung zu lesen, um beim anschließenden kollegialen Schwätzchen informiert mitreden zu können. Die Kollegen waren gewohnt, verstohlen zu ihm hinsehen, wenn der Vorgesetzte zur Tür hereinkam. Und Herr M. war gewohnt, wie ein ertappter Schüler zu versuchen, die Zeitung verschwinden lassen oder aber eine entsprechende Bemerkung des Vorgesetzten hinzunehmen. Dieser Kritik konnte er zwar mit einer Ausrede (*»Ich vergleiche gerade die Preise der Software xy mit unserem Einkaufspreis!«*), einer flauen Entschuldigung (*»Ich wollte* *doch nur schnell mal ...«)* oder einer müden Gegenattacke (*»Gestern saß ich hier bis spät abends, nur damit wir ...«*) entgegentreten. Doch letztlich war der Vorgesetzte – sowohl aus M.s Sicht, wie aus Sicht der Kollegen – zu seinem kritischen Hinweis berechtigt. Es war eben sein Job! Und seine Position gab ihm das Recht dazu!

Nun stellen Sie sich vor, Sie sind innerhalb der neuen, an Prozessketten orientierten Organisation der Teamkollege von Herrn M., vielleicht ein paar Jahre jünger und erst kurz im Unternehmen. Vielleicht hat Herr M. Sie sogar eingearbeitet oder Sie sind dann und wann auf seinen Rat angewiesen. Dennoch: Herr M. hat eine Teilleistung zu erbringen, die sich auf den Fortgang Ihrer Arbeiten auswirkt. Nehmen wir zudem an, die Zeit sei knapp und Sie befürchten, in Termindruck zu geraten. Spielen Sie die Episode von oben jetzt bitte zu Ende. Wie leicht oder wie schwer wird es Ihnen fallen, Herrn M. überhaupt anzusprechen – und vor allem, wie wird Herr M. reagieren, wenn Sie ihn auf sein Zeitungslesen ansprechen? Wie auch immer Sie es tun und wie auch immer Herr M. reagiert: Es wird Ihnen deutlich werden, dass die Situation zwischenmenschlich schwieriger, sozial empfindlicher und emotional aufwändiger ist, als wenn Sie aus der geschützten Position Vorgesetzter heraus agieren könnten. Aber genau dies meint Selbststeuerung eben auch.

Übertragen Sie diese kleine Szene nun aus der kollegialen Zweiersituation in eine Gruppe von Personen, die in unterschiedlichen Beziehungen und Abhängigkeiten zueinander stehen, verschiedenartige Interessen, Einstellungen, Neigungen, Sichtweisen oder Werte haben, doch nun miteinander einer gemeinsamen Aufgabe gegenüberstehen. Hier ist schnell nachzuvollziehen, welche Steigerung sozialer Komplexität allein damit verbunden ist, dass die Legitimation eines bestimmten Verhaltens durch eine formale Rolle vorerst einmal nicht mehr gegeben ist. Es entstehen Steuerungsdefizite, Angst vor Konflikten und letztendlich davor, dass bei einer Eskalation alles aus dem Ruder läuft.

Beispiel Nr. 2

Stellen Sie sich einen Fertigungsbereich vor, der zum Profitcenter umgewandelt wurde und damit eine eigenständige Geschäfteinheit – ein Unternehmen im Unternehmen – darstellt. Sein Kunde ist ebenfalls ein Profitcenter an einem anderen Standort. Dies wiederum ist Kunde von

Vorlieferanten und Dienstleistern wie zum Beispiel Einkauf, Materialwirtschaft und Qualitätssicherung! Nehmen Sie weiter an, dass Sie –
vielleicht im Zuge einer ISO-Zertifizierung – gemeinsam bestimmte Prüf-
punkte und Qualitätskennzahlen festgelegt haben und sich nun die Qualitätssicherung (wie auch immer sie angelegt ist) vom Fachbereich QS
einkaufen. QS ist Ihr Dienstleister. Vielleicht haben Sie ihn nach Qualität, Schnelligkeit und Preis seiner Prüfleistungen schon mit dem TÜV
oder einem anderen externen Ingenieurbüro verglichen, halten möglicherweise sogar einen Wechsel für günstig, wollen aber – vielleicht aufgrund unternehmenspolitischer Signale – dieses Thema zurzeit nicht weiter vertiefen. Doch eines ist klar: Sie sind für das Ergebnis Ihres Centers
verantwortlich und Ihre operativen Ziele ergeben sich aus den Leistungs-
verpflichtungen gegenüber Ihrem Kunden. Wie wirkt sich wohl dieser
Hintergrund auf Ihr Verhalten gegenüber dem Mitarbeiter des Fachbereichs QS aus? Denken Sie an die Zeiten, als die Qualitätssicherung noch
ein Zentralbereich war, der ähnlich der Heiligen Inquisition eine Doktrin
entwickeln konnte, Dogmen als Handbücher ausdruckte, Abläufe nach
seinen eigenen Bedürfnissen reglementierte und machtvoll in die laufende Produktion eingriff. Spüren Sie den Unterschied in den vermutli-
chen Verhaltensweisen?

Und nun versetzen Sie sich in die umgekehrte Rolle: in die des Quali-
tätssicherers. Vielleicht hatten Sie bisher die Dienstmütze auf und ho-
heitliche Streifen am Ärmel. Ihre Position war auf jeden Fall stark, Ihre
Entscheidungen hatten wahrscheinlich die Kraft eines Richterspruchs.
Welche Verhaltensanforderungen ergeben sich nun aus der neuen Rolle
des Dienstleisters? Haben Sie die Dienstmütze mit dem Beraterhut ver-
tauscht? Haben Sie sich vom Finanzbeamten in einen abhängigen kleinen Steuergehilfen verwandelt? Was heißt denn für Sie beraten, unterstützen, schulen, coachen? Was steht hinter der Zumutung, Ihre neue
Rolle müsse verhandelt werden? Soll die nötige Qualität nun vielleicht
gar situativ ausgefeilscht werden?

Wie auch immer Sie auf diese kleine Polemik antworten – eines wird
vermutlich deutlich: Die soziale Komplexität und das zwischenmenschliche Störpotenzial hat sich wesentlich erhöht, muss aber dennoch –
möglichst ohne Hilfe von oben – auf der Arbeitsebene bewältigt werden
und verlangt eine neue, möglicherweise ungewohnte oder gar unbekannte Form des Umgangs. Rollenklärung, Normen verhandeln und
Spielregeln entwickeln steht an. So heißt dies in der Sprache der Gruppendynamik.

Die Quellen der Beunruhigung

Die Horizontalisierung und Prozessausrichtung der Strukturen, die Abflachung und der Abbau von Hierarchie und die neuen Parolen im Hinblick auf moderne Organisationsarchitekturen *Ablauf vor Aufbau* und *Prozess vor Funktion* haben die starren Bereichs-, Revier- und Verantwortungsgrenzen und die dadurch gegebenen Machtstrukturen unserer Unternehmen teilweise aufgehoben. Gleichzeitig wurde damit aber die Dynamik von Gruppenprozessen in und unter den nun kleingliedrig und teilautonom agierenden Organisationseinheiten ins Haus geholt. Dies war – und ist es wohl auch noch – für Führungskräfte und viele Mitarbeiter ungewohnt. Es liegen zumeist wenig persönliche Erfahrungen aus dieser neuen Welt vor. Zwar lässt sich manche Erkenntnis, die in Projekten und im Projektmanagement gewonnen wurde, durchaus übertragen. Aber wie viele Manager oder Mitarbeiter haben wirklich längerfristige Projekterfahrung – im Vergleich zur Zahl derer, die in den klaren, viel eindeutigeren und gewachsenen Arbeitsstrukturen ihr geordnetes und geschütztes Zuhause hatten?

In der Phase des Beginns und des Übergangs sind viele Mitarbeiter und Führungskräfte erst einmal weit überfordert. Prozessorientiert und in Vernetzungen denken und handeln unterscheidet sich meist grundlegend von den bisherigen Denkweisen und Verhaltensgewohnheiten. Da es um die Prozessleistung, also die integrale Leistung aller Beteiligter geht (wie beim Modell Staffellauf), sind die Auflistung der Einzeltätigkeiten einer Person, ihre Stellenbeschreibung oder eine isolierte Funktion – und das damit übertragene Bruchstück der Aufgabe – kein Maßstab für den Erfolg mehr. Die erkennbare Komplexität und die übergreifende Verantwortung erscheinen schnell als Bedrohung. Die Bevormundung von oben ist zwar geringer geworden, der Erfolgsdruck aber insgesamt gestiegen! Zu allem Übel hat auch das Sündenbock-Suchmodell, das in der früher geltenden eindeutigen Kästchengrafik des Organigramms die Schuld an Misserfolgen klar zuweisen ließ, dramatisch an Wert eingebüßt. Konsequenz: Die Angst des Torwarts beim Elfmeter!

Ein weiterer Aspekt der Irritation kommt hinzu: Führungskräfte und Leistungsträger im Unternehmen haben zumeist ihre berufliche Position (auch) dadurch erworben, dass sie über qualifizierte fachliche Kompetenz verfügen. Der Erwerb hat meist viele Jahre der Qualifizierung bedurft, in Schule, Lehre oder Hochschule; in vielen Schritten der Aneignung und Erweiterung. Lebensabschnitte wurden dadurch geprägt und haben ihrerseits die Personen geprägt. Führung ist legitimiert durch Position und unterlegt von Fachkompetenz, die zum Wohl des Unternehmens genutzt werden muss und dem jeweils geführten Bereich zu Anerkennung und Erfolg verhilft. Beides sind Horte der Sicherheit; man kennt sich aus, ist auf trittfestem Gelände. Zudem sind Position und Fachkompetenz häufig verknüpft mit dem Privileg, besser eingebunden zu sein in formelle und informelle Informationsflüsse, Urquell allen Hintergrund- und Herrschaftswissens.

Bisher waren die Dinge damit klar, Probleme aufgrund dieses Wissens gut zu analysieren, und die zwischenmenschliche Dynamik war einigermaßen unter Kontrolle. Und plötzlich wird beides unsicher, unklar, fraglich. Die Position wird durch eine Restrukturierung wackelig. Die Fachkompetenz wird abgewertet durch die sich rapide verkürzende Halbwertszeit des Wissens bis hin zu dessen völliger Entwertung durch das Auftauchen ganz neuer Technologien und Problemlösungen. Hinzu kommen die neuen Konzepte wie interdisziplinäres Arbeiten, multifunktionale Teams, Überblickswissen, mehrdimensionale Schnittstellen. Und dann die Anforderung von Sozialkompetenz: Prozesswissen und Gruppendynamik. Ein Bereich, in dem – verstärkt noch in den technischen Berufsausbildungen – nie systematisch gelehrt und ausgebildet wurde. Sicher: Wissen wird, insbesondere im Feld des Zwischenmenschlichen, auch anders und anderswo erworben. Wer mehrere Geschwister hatte, ist vielleicht manchem Diplom-Psychologen an instinktivem Know-how überlegen. Aber subjektiv bleibt dieser Bereich – verglichen zumindest mit der ausgewiesenen fachlichen Expertise – schwammiger Boden. So wird diese Gruppendynamik – die zwar immer schon stattfand, aber bisher eben gezähmt im geordneten Rahmen der Kästchenorganisation – in der direkten und ungebändigten Form, in der sie nun auftritt, auf dem Hintergrund der eigenen Unsicherheit zum störenden und Angst auslösenden Ereignis. Da ist ungeplanter Widerspruch, nun offen geäußert! Da sind Konflikte zwischen Personen, Funktionen und Organisationseinheiten; im Hintergrund zwar schon immer vorhanden und informell auch kommuniziert, jetzt aber plötzlich auf der Vorderbühne, im Scheinwerferlicht, vor offiziellem Publikum! Da sind zähe, langwierige, terminverzögernde Debatten und Verhandlungen über seit langem entschieden geglaubte Dinge; früher per Machtwort vom Tisch geräumt oder mit hohem Kontrollaufwand unter dem Tisch gehalten, nun aber quicklebendig und als offizielle Währung gehandelt! Plötzlich bilden sich Koalitionen, Zweckbündnisse und Seilschaften, nennen sich in zeitgemäßer und deshalb nicht angreifbarer Sprache Netzwerke und treten offen in Erscheinung – unter dem Vorwand, Brücken zu bauen, Prozesse abzubilden oder organisatorisches Lernen zu bewirken. Plötzlich gibt es nachdrückliche Fragen, auch wenn – wie bislang üblich – eigentlich beabsichtigt war, dass vorweggenommene Antworten hinzunehmen sind! Alternativen werden vorgetragen, wo alles schon geklärt schien! Und es wird Überzeugungsbedarf signalisiert, wo bisher Nicken als Abschluss kurzer Überredung erwartet werden konnte!

Die Geister, die ich rief ...

Dass Gruppendynamik in diesem Zusammenhang als Störung und Ärgernis, als Verzögerung und zusätzliche Erschwernis gesehen und erlebt werden kann, braucht nicht zu verwundern. Ebenso wenig, dass versucht wird, gegen die aktuelle Gruppendynamik zu handeln, sie zu bekämpfen, zu unterdrücken oder zu eliminieren. Aber für die Leute vom Fach ist genauso klar, dass all diese Versuche scheitern müssen und in der Regel die Probleme nur verstärken. Und dennoch bedeutet dies nicht, dass die Revolution zwangsläufig ihre Kinder frisst! Die frei gewordene, oder besser gesagt, die sichtbar gewordene Dynamik war – wenn auch in der Zwangsjacke starrer Abläufe und zentral-autoritärer Entscheidungsstrukturen – bereits vorhanden. Wie bei der Regulierung von Flüssen musste viel Aufwand getrieben und viel Beton verbaut werden, um sie zu kanalisieren. Und bei kritischen Wetterlagen traten sie trotzdem bisweilen über die Ufer, stauten sich in den Kellern der Organisation, brachten sorgsam installierte Abwasserleitungen, Klärbecken und Sickergruben zum Überlaufen und drangen alle paar Jahre sogar bis in die Beletage jener Gebäude, die sich im Vertrauen auf den Beton in unbegrenzter Sicherheit gewiegt und das Risiko ausgeblendet hatten. So ging es auch manchen indirekten Bereichen, die viel Mühe darauf verwendet hatten, dass es ihnen gut ging und die Probleme an anderer Stelle auftraten, auf die sie dann in hoheitlichem Habitus hinweisen und nach oben berichten konnten. Kontrolling – mit K, Einkaufs-, Qualitäts- und Personalabteilungen können in manchen Unternehmen »gute« Beispiele dafür abgeben.

Solche Flüsse zu renaturieren, sie vom engen Betonbett zu befreien, damit sie natürlicher und geländegängiger fließen können, kann nur behutsam angegangen werden. Und das bedeutet (Zeit-) Aufwand. Mancher bisher gerade Teilabschnitt des Wasserlaufs wird länger und biegungsreicher werden müssen, um ihn zu entschleunigen. Und wo die Gefahr des Aufstauens einer Flut besteht, müssen Überflutungsflächen geplant und Rückhaltebecken geschaffen werden – also Räume des Verzögerns, in denen sich Geschwindigkeit und Druck der Strömung abbauen können. Räume des Diskutierens und Überzeugens, Phasen des Bedenkens, Verstehens, Verdauens und Aneignens wird man sie in der Sprache des Change Managements nennen. Die Aneignung zielt nicht nur auf Umstellungen im operativen Handeln, sondern meint vor allem auch den mentalen Wandel, das Neue innerlich mit zu vollziehen und sich damit zu identifizieren, Grundvoraussetzung für Mitdenken. Auch die Menschen am Ufer des renaturierten Flusses müssen umdenken, sich seiner neuer Dynamik anpassen, akzeptieren, dass er manchmal seinen Lauf verändert, sich ein neues Bett sucht, manchmal nur als Rinnsal erscheint, bisweilen aber übermäßig Wasser mit sich führt. Aber sie dürfen ihm auch nicht freien Lauf lassen. Sein Lauf muss behutsam gestaltet und gegen Risiken gesichert werden. Engstellen müssen saniert, dem Bruch von Dämmen und Erosionsschäden muss vorgebeugt und Überlaufflächen müssen vorausschauend geplant werden. Renaturierung soll aber zudem nicht nur die Kolateralschäden, Aufwände und Schwächen der Kanalisierung vermindern, sondern auch Energie erzeugen helfen; allerdings mit und durch die Dynamik des Wasserlaufs und nicht gegen sie. Das bedeutet, Strömungen zu nutzen, statt Stromschnellen, Engstellen und Wasserfälle nur als Hindernisse im ordentlichen Wasserlauf zu betrachten und ihre Beseitigung ins Auge zu fassen.

Warum auch wechselnde Ungleichheiten stabilisierende Wirkungen haben können

Das Flussbild bietet eine brauchbare Analogie für die Nutzung der Gruppendynamik im Kontext der Organisationsdynamik von (Re-) Strukturierungen. Nicht nur, dass der große Strom systematisch und kontinuierlich durch viele vernetzt fließende Gewässer von unterschiedlicher Charakteristik und Dynamik gespeist wird, ohne daran zu kranken. Im großen Strom gleichen sich die unterschiedlichen Dynamiken und Fließgeschwindigkeiten zumeist aus, Wechselwirkungen und wechselnde

Ungleichheiten stabilisieren sich gegenseitig zur Kontinuität und das Wasser des Stroms leidet ebengerade nicht an der Unterschiedlichkeit seiner Zubringer. Zumindest solange es Verschmutzungen nicht trüben. Die Idee, ein Zufluss müsse wie der andere gestaltet sein, hat ja die Zahl der Katastrophen gewaltig zunehmen lassen. Aber die Dynamik – als das Produkt aus Fließgeschwindigkeit und Wassertiefe in Abhängigkeit von Untergrund und Böschungsbeschaffenheit – muss bei jedem einzelnen Zufluss beobachtet und durch gezielte Eingriffe gemanagt werden. Viel Aufwand also, auch wenn er nun von anderer Art ist. Und unter dem Strich sicher keine Einsparung an Steuerungsleistungen, weder bei der Renaturierung noch bei der Restrukturierung. Allerdings: Die neuen Organisationskonzepte sind dafür näher am Markt, näher am Kunden, näher am Ball – was Wettbewerb, Technologie und neue Anwendungsfelder anlangt. Sie sind sensibler für Markterfordernisse und Kundenbedürfnisse, deren Differenzierung und Veränderung; und sie sind schneller, individueller und spezifischer in ihrer Reaktion darauf.

Sie bewältigen – wenn sie gut laufen – differenzierte Leistungen auf hohem Niveau, das heißt, sie vereinigen unterschiedliche Expertisen, verknüpfen das Know-how aus verschiedenen Fachrichtungen und von unterschiedlichen funktionalen Interessen – durch kompetenten Austausch, frühzeitige Abstimmung und Zusammenarbeit.

Insbesondere wenn es um diffuse, schwach strukturierte Ausgangslagen oder mehrdeutige Problemstellungen, um komplizierte Anforderungen infolge von unbereinigten Widersprüchen, erschwertem Verstehen und Darstellen geht, sind die neuen Organisationskonzepte in ihrer Leistung den alten deutlich überlegen, was das Verhältnis von Aufwand, Personal, Zeit, Mittel und Ergebnis betrifft, ähnlich wie jene von Fuzzy Logic gegenüber klassischen Rechnersystemen. Sie bewirken – wiederum wenn sie gut laufen – eine höhere Identifikation mit dem Gesamtprozess und infolgedessen eine höhere Verantwortlichkeit. Das ist einer Staffel vergleichbar, deren Läufer ihre Einzelleistung mental voll auf das Gesamtergebnis ausrichten – gewonnen hat der einzelne Läufer nur, wenn die Staffel insgesamt am Ende gesiegt hat, und nicht: *»Ich war doch gut! Soll nun der nächste Läufer sehen, wie er mit seiner (Teil-) Strecke klar kommt!«*

Neben der Leistungserstellung (Arbeit *im* System) produzieren diese Organisationen Sekundäreffekte, die man als Arbeit *am* System bezeichnen kann. Sie setzen sich mit ihrer eigenen Arbeit, ihrem Arbeitsprozess und seinen Rahmenbedingungen stärker auseinander als klassische Organisationsformen – und dürfen dies auch. Dadurch entsteht – neben mancher Spielerei – auch eine Art kontinuierliche Verbesserung, eine eingebaute Wartung bis hin zu vorbeugender Instandhaltung.

Ein Maschinenführer hört häufig schon lange vor dem Ausfall, wenn ein Lager an seiner Maschine seinem Ende näher kommt. Er hat es in der Hand, ob er eine Pause zum frühzeitigen Wechsel nutzt oder das Lager sauer fährt und die bezahlte Stillstandszeit als willkommene Unterbrechung im alltäglichen Arbeitsstress ansteuert, selbst wenn dies für andere Warte- und Überzeiten bedeutet.

Zwei Beispiele

In einer Schichtfertigung wurde zufällig beobachtet, wie ein Maschinenführer am Ende seiner Schicht mit ein paar linkischen Bewegungen die Einstellungen der Anlage veränderte. Der Maschinenführer der nächsten Schicht brauchte ungefähr 20 Minuten, bis er wieder eine optimale Einstellung gefunden hatte, allerdings eine andere als sein Vorgänger. Darauf angesprochen, nannte der erste Maschinenführer als Grund für sein Verhalten: »Wieso soll es der Nächste einfacher haben als ich? Dies ist meine Einstellung, die ich mir erarbeitet habe, die gebe ich doch nicht einfach so her! Die beiden Schichten werden verglichen und konkurrieren miteinander: Wenn ich denen helfe, schädige ich indirekt unsere Schicht. Der andere hat ohnehin sein eigenes System entwickelt. Er würde meine Einstellung gar nicht übernehmen, obwohl sie besser funktioniert.«

Der Maschinenführer der zweiten Schicht bestätigte im Prinzip die Sichtweise seines Kollegen, gab aber zu, dass er sich über das Verstellen ärgerte und dass es zusätzlichen Aufwand bewirkte. Nebenbei: Die beiden Kollegen grüßten sich zwar in der Umkleidekabine, hatten aber darüber hinaus noch nie länger miteinander gesprochen. Nach der Reorganisation und der Bildung teilautonomer Fertigungsgruppen begann am Rande einer Schulung zwischen den beiden Männern eine lebhafte Diskussion, die sich weit über das Ende der Arbeitszeit hinaus fortsetzte. In Eigenregie bezogen sie vorgelagerte Leistungserbringer mit in ihre Überlegungen ein und legten auf der Basis eigener Berechnungen einen detaillierten Verbesserungsvorschlag vor, der zu einer erheblichen Änderung des Bearbeitungsablaufs führte und eine massive Zeiteinsparung und Verminderung von Ausschuss ermöglichte.

Die nachhaltige Störungsbeseitigung und innovative Ablaufverbesserung sind der eine Teil der Geschichte. Der Lernprozess, die Verbreiterung des Wissens über die Prozesszusammenhänge, die lernende Auseinandersetzung mit Erfahrungen, Sichtweisen und Know-how von anderen sind der andere Teil: Weiterqualifizierung im Nebenher.

Organisationen sind Kinder ihrer Zeit

Es gibt keine grundsätzlich überall und immer richtige oder bessere Organisation. Das soll nicht heißen, dass sie lediglich eine modische Angelegenheit ist – gerade chic, gerade in. Ihre Architekturen sind immer auch strukturelle Antworten auf die Ansinnen und Fragen, die jeweils an die Organisation gestellt werden. Aber auch diese sind eben in der Regel Kinder ihrer Zeit. Zur Verdeutlichung: Als das Automobil noch ein Produkt für nur sehr Wohlhabende war, in aufwändig teurer Handarbeit gefertigt, war es nahe liegend, sich zu überlegen, ob und auf welche Weise eine größere Anzahl von Automobilen herzustellen wären, insgesamt aber schneller, billiger und ohne Fachkräfte mit langjähriger Qualifikation – denn auch das war ein Engpass. HENRY FORD hatte Ideen dazu und die Energie, sie umzusetzen. So entstand eine zum damaligen Zeitpunkt völlig neue, an dieser Problemstellung orientierte Form des Produzierens: die Frühform der Serien- oder Massenfertigung. Eine leitende Idee – zuletzt von dem Ingenieur TAYLOR konzipiert – war, die einzelnen Arbeitsschritte so zu zerlegen, dass sie auch ein Angelernter mühelos bewältigen konnte – dies dafür aber mehrere 100 Male am Tag. Nun waren die fraktionierten Teilarbeiten nur noch so aneinander zu reihen, wie es der Fertigungslogik entsprach – und das Fließband war geboren. Alle planenden, steuernden und übergreifend-koordinierenden Aufgaben wurden aus diesen Arbeitsschritten herausgenommen und eine Ebene höher direkt beim Vorgesetzten oder indirekt beim Spezialisten zusammengefasst. Wir erkennen das Muster: Hierarchie und Funktionsteilung. CHARLY CHAPLIN hat es unvergesslich karikiert. Mit zahlreichen Verantwortungsebenen, tief gestaffelten Anweisungsverhältnissen, engen Kontrollspannen und klaren, aber vielfältigen Zuständigkeitsregelungen gibt dieses Muster verhältnismäßig wenigen Managern die Kontrolle über vergleichsweise große Belegschaften. Führungskräfte in dieser Struktur können viele tausend Menschen auf ein gemeinsames Ziel hin dirigieren, auch wenn diese die beabsichtigte Zielsetzung nicht völlig verstehen. Diejenigen, die arbeitsteilig mit den funktionalen Einzeltätigkeiten betraut sind, brauchen nur ihren Richtlinien oder den Anweisungen von oben zu folgen, damit die Integration des Ganzen gelingt.

Eine Erbsünde der Organisation – und wie wir Buße tun

Aus heutiger Sicht betrachtet begingen die Schöpfer dieser Struktur eine organisatorische Erbsünde. Nicht weil sie falsch gehandelt hätten. Aus jener Zeit heraus war dies eine durchaus effiziente und intelligente, ja, geniale Lösung, ohne die Fortschritt und Industrialisierung nicht denkbar gewesen wären. Erbsünde einmal deshalb, weil sie gar nicht vermeidbar war. Wenn ein Mann und eine Frau, nackt und zu zweit allein, sich in paradiesischer Umgebung befinden und sie hält ihm einen wundervollen Apfel hin, ist es vermutlich immer und überall nur eine Frage der Zeit, bis er hineinbeisst. Und Taylorismus und Fordismus wären wohl in jener Zeit auch erfunden worden, wenn es HENRY FORD und das Automobil nicht gegeben hätte. Eine Erbsünde jedoch vor allem aber auch, weil dieses Muster uns eine Erblast beschert hat. In den früheren, handwerklich geprägten Arbeitszusammenhängen war die Arbeit weniger entfremdet in dem Sinne, dass etwa der Macher und sein Erzeugnis in einem ganzheitlichen Vorgang miteinander verknüpft waren. Nun entstand der klassische Pyramidenaufbau: Kopf, Herz und Hände wurden getrennt, durch Rangordnung separiert und in verschiedenen Ebenen untergebracht. An der Spitze wird nun gedacht und entschieden; der Zugang dazu ist streng limitiert. In der Mitte tun die mittleren Führungskräfte ihr Werk: veranlassen, koordinieren, kontrollieren, berichten und interpretieren. Und unten wird die operative Arbeit getan, da wird vollzogen, umgesetzt, gemacht. Nochmals: Wir glauben nicht, dass diese Entwicklung vermeidbar gewesen wäre! Aber sie ist ein Kind ihrer Zeit, als organisatorische Antwort den Problemstellungen des ausgehenden 19. Jahrhunderts verhaftet. Der Preis, den wir heute dafür zahlen, ist Langsamkeit, Fraktionierung und Schwund der Kommunikation zwischen den funktional getrennten, operativen Inselwelten. Fachlich bemänteltes Bereichsdenken und Ressortegoismus stehen in voller Blüte – und jede Schnittstelle lädt zu Statuskämpfen und Machtgerangel ein. Um Managementaufwand und die Vergeudung von Ressourcen durch organisatorische Kleinkriege, Not-invented-here-Manöver und zwischenmenschliche Krisen zu vermindern, wurden komplizierte Ablaufschemata, Regelungen, Durchführungsanweisungen und Handbücher entwickelt, wurden Substrukturen, Gremien und Abstimmungsprozesse festgelegt, die in ihrer Gesamtsumme und infolge der uneingeschränkten Halbwertszeiten ihres Bestehens (sprich: Bürokratie) eine schleichende Sklerotisierung und Erstarrung des Gesamtgeschehens bewirkten. Weshalb das so ist, darauf gibt es sicher viele Antworten. Wir wollen hier zwei für uns zentrale Aspekte in den Vordergrund stellen.

Die Komplexität sowohl der Produkte und ihrer Technik als auch der Produktion und ihrer Technologien ist seit FORD's T-Modell exponentiell gestiegen. Die beschriebene Organisationsarchitektur stieß dabei bald an ihre Grenzen, wurde zunehmend unterkomplex. Um die geforderte Komplexität dennoch zu bewältigen, ohne allerdings die Grundstrukturen, den Grundaufbau und die damit verbundenen Machtverhältnisse, Eingriffsmöglichkeiten, Kontrollstrukturen und eingespielte Handlungsroutinen zu gefährden, wurden jeweils nur Teilprozesse angepasst und neu geregelt; Neues wurde in Form neuer Substrukturen und Abteilungen hineingestrickt. Die Organisation wurde damit zwar immer komplizierter, aber nicht unbedingt komplexitätsverträglicher. Also wurden bestimmte Dimensionen der Komplexität auf Spezialisten oder organisatorische Sondereinheiten verlagert, um in den Kernprozessen die Komplexitäten wieder auf ein strukturverträgliches Maß zu reduzieren. Matrixkonzepte und Projektorganisationen, auf die wir noch zu sprechen kommen, dienen hier bisweilen als Stütz- und Ersatzkonstruktionen – und zwar immer dann, wenn die alte Architektur trotz ihrer Risse und Sprünge, trotz ihrer unübersehbaren problematischen Statik der tragenden Teile unbedingt aus den oben geschilderten machtpolitischen Gründen erhalten werden soll; wenn nur Renovierung gefragt ist, obwohl Totalumbau und -sanierung anstünden.

Die FORD'sche Architektur von Organisation – wir nennen sie so, obwohl sie in Europas Militär, Kirchen, Verwaltungen und Unternehmen ebenso zu Hause war und in vielen Fällen weiterhin ist – beruht auf der Idee, durch klare Regelungen menschliche Unzulänglichkeiten möglichst auszuschalten. Deshalb soll ein angelernter Arbeiter am Band nicht anfangen, über das Automobil beziehungsweise seine Herstellung nachzudenken, sondern er soll tun, was man ihm sagt. Auf jeder höheren Ebene wird zwar der Spielraum etwas größer, aber er bleibt dennoch streng limitiert. Sich über den geregelten Spielraum hinaus zu besprechen oder Dinge gar zu verändern, stellt ein Risiko dar und wird deshalb als Störung angesehen. Insofern trachten die organisatorischen Prinzipien dieser Architektur danach, nicht nur Menschliches, sondern auch Zwischenmenschliches im Griff zu behalten und zu kontrollieren. Direkte Kommunikation und direktes Zusammenspiel zwischen den Bereichen ist unerwünscht. Das heißt, im Zweifels- oder Konfliktfall entscheidet die Führungsebene: Die zuständige Fachabteilung legt fest und weist fachlich an, der direkte Vorgesetzte kontrolliert und exekutiert zeit- und ortsnah.

Gruppendynamik sollte dadurch wegstrukturiert, möglichst ganz eliminiert werden. Dies war vermutlich bereits zur Jahrhundertwende nicht zu realisieren. Aber mithilfe von Aufsicht, Strafe und Gewalt war zumindest ein gewisser Anschein zu erzeugen. Nun zu Beginn des dritten Jahrtausends entspricht dieses Modell weder unserer Sozialisation noch unserer Werteskala, noch dem Selbstverständnis vieler Mitarbeiter und Führungskräfte. Solange das alte von Funktionsteilung und hierarchischer Positionsabgrenzung bestimmte Organisationsmodell noch offiziell gültig ist, werden der übergreifende Austausch von Informationen und Meinungen, die Kommunikation über Beziehungen, Verantwortlichkeiten und Ressourcenverteilung, die Präzisierung von Zielen und die Abstimmung von Vorgehen, Methoden und Werkzeugen – inklusive der damit verbundenen Konflikte, Widersprüche und Vagheiten – in den Untergrund verschoben, in informelle Prozesse und Aushandlungen, in denen gruppendynamische Phänomene und Effekte das Geschehen nun unkontrolliert bestimmen können. Um dies wiederum zu kanalisieren werden nun die formellen Abstimmungsprozesse erweitert, Sitzungen anberaumt, Klausuren festgelegt, Besprechungshäufigkeiten erhöht, Workshops veranstaltet und Gremien gebildet, die das Organisationsgeschehen immer unübersichtlicher und komplizierter erscheinen und auch tatsächlich werden lassen. Allerdings ohne den gewünschten Erfolg, nämlich die Gruppendynamik damit auszuschalten. Machtprozesse und Mikropolitik sind unvermeidliches Geschehen in Organisationen, aber eben auch gruppendynamische Artefakte, die nicht dadurch entschärft oder gar automatisch hilfreich und produktiv werden, indem man sie entweder in den Untergrund verdrängt oder formelle Bühnen für sie aufbaut und dekoriert.

Exkurs 1: Was nicht im Organigramm steht, oder: Vom Wert des informellen Bereichs

Organisationen werden häufig in Form von Organigrammen dargestellt. Das Wesentliche ist dabei die Aufzeichnung der einzelnen Funktionen in ihrer hierarchischen Positionierung und Abhängigkeit. Anhand eines Organisationsbilds sind die Verhältnisse in der Organisation meist scheinbar klar! Da jeder sein Kästchen hat, scheinen die Plätze eindeutig verteilt und zugeordnet. Alles scheint seine Ordnung zu haben.

Eine Organisationsstruktur beinhaltet nun allerdings sehr viel mehr als Kästchen auf einem Organisationsbild, die zeigen, wer wem zu berichten hat und wer wem unterstellt ist. In einem Organigramm ist eben nicht enthalten, wie Zusammenarbeit konkret abläuft, wie sich die Abhängigkeiten zwischen den Organisationseinheiten gestalten und wie das Zusammenspiel wirklich funktioniert. Die wirklichen Arbeitsbeziehungen strukturieren sich nämlich aufgrund bestehender, aber meist ungeschriebener Spielregeln, tradierter Gewohnheiten und gegebener Macht- und Einflusspotenziale – allerdings größtenteils im informellen Bereich. Alle Organisationen haben eine (formelle) Oberwelt und eine (informelle) Unterwelt. Man kann auch von der Vorder- und der Hinterbühne der Organisation sprechen.

Die Möglichkeiten und Unzulänglichkeiten der Organisation werden häufig in der offiziellen Struktur, also der Oberwelt oder Vorderbühne gesucht und – durch Basteln an derselben – zu optimieren oder zu korrigieren versucht. Tatsächlich aber liegen die eigentlichen Potenziale und Optionen, die Dinge ins Laufen zu bringen, häufig eben nicht (nur) auf der formellen, offiziell zugänglichen Ebene, sondern in den Grauzonen der Unterwelt oder Hinterbühne, in einem prinzipiell gestaltungsoffenen Bereich der Interaktionen, der aber nicht allgemein zugänglich und deshalb auch nicht beschildert ist.

Jeder, der mit einer Organisation neu in Kontakt kommt, macht diese Erfahrung: Vor allem natürlich als neuer Mitarbeiter, aber auch als Lieferant, Kunde, Dienstleister oder Kooperationspartner. Das offizielle Bild der Organisation wird in Unternehmensdokumenten, Firmenprospekten, *Grundsätzen von* ... , *Leitlinien zu* ... oder eben in Organigrammen und Ablaufschemata dargestellt. Diese Abbilder bieten durchaus eine erste Orientierung, liefern einen Blick auf das Selbstbild eines Unternehmens. Aber es fehlt ein wesentlicher Teil. Wenn Sie ein Organigramm als einzige Landkarte verwenden, wird Ihnen dies deutlich. Nach kurzer Zeit merken Sie, dass es so, wie es dort verzeichnet ist, gar nicht weitergeht oder zumindest nicht direkt zum

Ziel führt. Gelegentlich hilft Ihnen dann ein Einheimischer und zeigt Ihnen den richtigen Weg, den Sie in Ihrer Landkarte nicht finden konnten, weil er dort so gar nicht verzeichnet ist. Er empfiehlt Ihnen vielleicht, wen Sie zu einem bestimmten Thema ansprechen sollten – anstelle der Person oder Funktion, die im zuständigen Kästchen genannt ist (aber eigentlich nichts weiß oder nichts zu sagen hat). Er weist Ihnen vielleicht den Weg, *den man bei uns wissen muss, um ...*, und, wenn Sie Glück haben, wird Ihnen Stück für Stück die inoffizielle, informelle Welt der Organisation deutlich: Das Wissen, wer wo wirklich Interessen, Einfluss, Erfahrungen und Expertise hat, welche Wege und Pfade man beschreiten und welche man eher meiden sollte, welche Regeln man unbedingt zu beachten hat und welche man unbedenklich außer Acht lassen kann. Viele Wege führen nach Rom, aber welcher in der jeweiligen Organisation der kürzeste ist und den meisten Erfolg verspricht, steht in den offiziellen Dokumenten eben nicht.

So entwerfen viele Unternehmen eindrucksvolle, von hehren Werten strotzende Führungsleitbilder und prüfen deren Hauptmerkmale bei ihrem Managementnachwuchs penibel in Assessment-Centern ab. Wer dann nach einiger Zeit den Personenkreis der tatsächlich Beförderten mit jenen vergleicht, die weiterhin auf die Nutzung ihres festgestellten Potenzials in Form einer Karriere warten, erkennt möglicherweise recht bald, dass die tatsächlichen Kriterien für den Aufstieg völlig anderer Art sind und von jenen im Leitbild deutlich abweichen.

Wesentlich ist nun aber nicht nur, dass es in allen Organisationen beide Welten beziehungsweise beide Seiten der Bühne gibt, sondern dass diese sich gegenseitig beeinflussen. Beide Welten werden gebraucht, können sich gegenseitig kompensieren, stellvertreten und ergänzen. Wenn zum Beispiel die offiziellen Informationsstrukturen zu langwierig beziehungsweise nur ungenügend vorhanden sind oder die offizielle Information zu dünn gerät oder ganz unterbleibt, übernimmt das informelle System diese Funktionen zumindest teilweise: als Buschtrommel, als Tratsch, Klatsch oder auch als Gerüchteküche.

Wenn sich formelle Regelungen als nicht handhabbar oder gar kontraproduktiv erweisen, entwickeln sich über informelle Absprachen in der Regel kurzfristig durchaus gangbare Ersatznormen. Der so genannte kurze Dienstweg ist dafür ein typisches Beispiel. Über ihn werden formelle dienstliche Angelegenheiten durch gute persönliche informelle Beziehungen erledigt. Gelegentlich sieht man als Berater ein Organigramm oder Ablaufschema und wundert sich, dass es funktioniert. Die Lösung, warum selbst in unmöglichen Strukturen hochwertige Leistungen erbracht werden können, liegt zumeist in den intelligenten, aber versteckten informellen kompensatorischen Regelungen und Wegen.

Umgekehrt bildet manches formelle Organigramm eigentlich informelle Gegebenheiten ab. Manches unverständliche, doppelt besetzte oder gestrichelt angebundene Kästchen erweist sich als zweckvolles Ordnungselement – allerdings erst, wenn man die historische, personenbezogene oder politische Begründung erfährt. Hinter anspruchsvollen philosophisch-strategischen Projekttiteln verbergen sich gelegentlich Elefantenfriedhöfe, und manches Kästchen ist nur geschaffen worden, damit eine verdiente Führungskraft einen guten Platz ohne Gesichtsverlust einnehmen kann – ein Austraghäusel, wie man in Bayern sagt. Aber auch der Lenkungsausschuss eines anscheinend eher belanglosen Vorhabens erschließt seinen Sinn möglicherweise erst, wenn man weiß, dass ihm ein künftiger, aber noch nicht öffentlich gehandelter Vorstand vorsitzt.

So entsteht ein Teil der Dynamik von Organisationen nicht auf der offiziellen Bühne – sozusagen im Scheinwerferlicht und vor Publikum – sondern im Dämmerlicht der Hinterbühne. Dort werden die Kulissen vorbereitet, Szenen eingeübt, und mancher Chor probt dort schon als Netzwerk den begleitenden Auftritt. Ohne diesen Ort könnte mancher Part vorn gar nicht klappen, und mancher Akt würde vielleicht sogar nie stattfinden.

Exkurs 2: Mikropolitik

Die Mitglieder eines Unternehmens – und insbesondere die Führungskräfte – sind alle mehr oder weniger stark in Netzwerke politischen Handelns eingebunden, um eigene Interessen durchzusetzen und Vorteile zu erringen. Eine solche Mikropolitik ist im arbeitsteilig organisierten Unternehmen schon aufgrund der gegenseitigen Abhängigkeit seiner Mitglieder immer in irgendeiner Form präsent und vermutlich unausweichlich. Sie bedient sich vor allem der Doppelstrategie von Konkurrenz um knappe Güter wie Positionen oder Rechte und Kooperation in Form von Einbezug, Unterstützung, Koalitionen oder Seilschaften.

Mikropolitik ist jedoch nicht gegen die Organisation und die bestehende Wertordnung gerichtet, sondern sie nutzt deren Freiräume, Vagheiten und Widersprüche. Bei diesen handelt es sich bisweilen auch um zweckvolle Unklarheiten, bewusst belassene Grauzonen, die einesteils entstehen, weil nicht alles bis ins Detail durchgeregelt werden soll (um bürokratische Erstarrung zu vermeiden), die andernteils aber auch übrig bleiben oder auch absichtlich belassen werden, um Flexibilität, Pufferzonen, Manövriermasse oder Spielräume für Entwicklung und Innovation zu erhalten.

Hinter mikropolitischen Handlungszügen stehen immer unterschiedliche Auffassungen und Interessen. Mikropolitisch aktiv sein kann deshalb durchaus auch bedeuten, dass Menschen ihre eigene Person so weit in den Vordergrund stellen, dass sie ihre gesamten Energien in die Erreichung persönlicher Ziele investieren. Agieren und Taktieren wird zum Selbstzweck. Nicht mehr die Entwicklung des Unternehmens steht im Vordergrund, sondern die Ausweitung des eigenen Machtbereichs. Karriere und das rasche hierarchische Aufsteigen sind die erstrebenswerten Ziele. Die oben beschriebenen organisatorischen Spielräume und *Freihandelszonen* werden dann häufig für unfaire Spielzüge benutzt, dienen der Täuschung, Verschleierung und ungerechtfertigten Privilegierung, dem Erschleichen von Ressourcen und Unterlaufen von Kontrollmechanismen und leben von der bis zum Bluff überzogenen Selbstdarstellung der Akteure *(Impression-Management).* Um Vertrauen, Verlässlichkeit, offener Kooperation und Fairness als Wertmaßstäben der Organisation nachhaltige Chancen zu geben, müssen die negativen Auswirkungen der Mikropolitik in Schach gehalten werden, ohne die positiven – Dynamisierung und Flexibilisierung starrer Strukturen, Nischen für Kreativität und Subkulturen, Spielraum für Innovation und Risikofreude – zu ersticken oder unterzupflügen.

In eine Organisation eingebunden zu sein ist immer eine Gratwanderung zwischen persönlichen Zielen und den Zielen der Organisation. Es bedarf der regelmäßigen Aussprache, der Verhandlung und der Konsensbildung zwischen den Mitgliedern, um diesen Grat erst einmal zu definieren und gegebenenfalls zu revidieren.

Kapitel 3

Die modernen Konzepte im Großversuch und ihre gruppendynamische Dimension

Drei Organisationsmuster bestimmen in Abgrenzung oder Ergänzung zur funktionalen Hierarchie zurzeit in vielen Unternehmen mehr oder weniger die Organisationsarchitektur: Projekte, Matrix und Netzwerke. Wir wollen diese im Überblick betrachten und damit einerseits zur begrifflichen Klärung beitragen und andererseits vor allem die gruppendynamischen Aspekte aufzeigen.

Die klassische Projektorganisation

Das Projektmanagement ist eine klassische Organisations-, Planungs- und Steuerungsform, um innovative, das heißt nicht alltägliche und in aller Regel interdisziplinäre Aufgaben effizient zu lösen. Ist der Projektaufbau klar und der Projektablauf nicht durch allzu rigide Netzplanung eingeengt, so ist die Projektorganisation in der Lage, durch Prozessorientierung und horizontale Vernetzung eine Vielzahl organisatorischer Dilemmata zu lösen und vorhandene Energien zielgeleitet zu bündeln. Wir unterscheiden zwischen einer linearen und einer simultanen Projektsteuerung. Ursprünglich war die Konzeption von Projekten meist der phasenorientierten Programmplanung (PPP) der NASA aus Zeiten der Mondlandung nachempfunden. Der lineare sequenzielle Aufbau reduziert allerdings mit seiner Staffellaufcharakteristik die mögliche Flexibilität und Schnelligkeit, die ein integriertes Team kennzeichnet. Nacheinander durchlaufen solche klassischen und durchstrukturierten Projekte die einzelnen Phasen, etwa Konzeptentwicklung, Systemanalyse, Produktgestaltung, Produktentwicklung, Pilotproduktion und Serienanlauf, wobei eine Gruppe von Spezialisten den Stab jeweils an die nächste Gruppe weitergibt. Alle Gruppen sind in der Regel hoch spezialisiert und in einer matrixförmigen Weise ihren Heimathäfen (Fachabteilungen) und ihrem Hafenkapitän (Linienvorgesetzter) verbunden. An die Seekapitäne (Projektleiter) werden sie als Kompetenzträger ausgeliehen – allerdings meist nur in Form von Mannwochen oder Mannmonaten – und arbeiten dann zwar funktionsübergreifend, aber dennoch abgegrenzt in der hoch strukturierten Inselwelt des Projekts.

Mittlerweile werden Projekte zunehmend nach dem Prinzip des *simultaneous engineering* gesteuert. Das heißt, alle bislang zeitlich versetzten Staffelläufer sind von Anfang an gleichzeitig in angemessener Form vertreten und leisten in gebührender Weise ihren Beitrag.

Chancen und Risiken der Organisationslösung *Projekt*

Durch ihre horizontale Perspektive, in der ablauforganisatorische Aspekte betont werden, erreicht die Projektorganisation eine hohe Kooperationsdichte und löst durchaus eine soziale Integrationswirkung auf die Beteiligten aus. Durch die Projektstruktur verbessern sich die Chancen, dass innovative Potenziale genutzt werden, um kreative Lösungen zu ermöglichen, Durchlaufzeiten zu verkürzen und einen schonenden Umgang mit Ressourcen zu realisieren.

Werden allerdings Hierarchieeffekte zu dominant, zum Beispiel in Form von Mikropolitik, Hineinregieren oder Moving Targets als Verwirrstrategie, oder fehlen sie in Form des so genannten Laisser-faire oder durch ein Autoritätsvakuum phasenweise völlig, steigt dagegen das Risiko, dass es zur Verfehlung von Qualitäts-, Zeit- oder Kostenzielen kommt.

Effizienz und Projekterfolg hängen sehr stark von der Güte der Projektorganisation ab: Eine klare Struktur mit Phasen, Meilensteinen, Audits, Informations- und Controllinginterpunktionen sowie weiteren eingebauten Ritualen ist nötig, um das Potenzial von Konflikten im Projekt insbesondere bei der Stabübergabe an die Linie zu kanalisieren und zu dosieren.

Projekte stehen jedoch phasenspezifisch in starker Ressourcenkonkurrenz zu den Linien oder anderen Projekten; auch und gerade im Bereich der Humanressourcen. Wenn die Stärke zwischen Projekt und Linie nicht gut balanciert ist, dominieren häufig Linieninteressen und schwächen, ersticken oder verformen das Projekt. Ein gutes Kommunikationskonzept, wodurch alle Betroffenen rechtzeitig einbezogen und immer auf dem Laufenden gehalten werden, ist deshalb eine wesentliche Erfolgsprämisse.

Ungelöste Konflikte und Mängel aus vorhergehenden Projektstadien müssen in den folgenden Phasen mit ungleich höherem Aufwand (und im ansteigenden Bereich der Kostenkurve) kompensiert werden; bei der Stabübergabe zeigen sich häufig typische Linienphänomene wie Absicherungsrituale und die Schuldigensuche in Form von Schwarzer-Peter-Spielen – bisweilen mit erheblichem Aggressionspotenzial. Beispiel: Ein süddeutsches Hightechunternehmen geriet im internationalen Zusammenspiel mit seinen Partnern trotz hoher technischer Kompetenz und innovativer Produkte durch seine Arbeitsstruktur ständig ins Hintertreffen und dadurch unter Leistungs- und Vertragsdruck. Das Unternehmen hatte sich zwar auftrags- beziehungsweise vorhabensbezogen in Projekte gegliedert mit jeweils einem Projektmanager als unternehmerisch verantwortlichem Ansprechpartner. Dessen interne Rolle war aber bestenfalls die eines Projektkoordinators. Die organisatorische Macht lag in den fachliche Linien und der dort ansässigen Hierarchie. Die Projektmitarbeiter verhielten sich, am straffen Zügel ihres Linienvorgesetzten, im Projektteam wie Delegierte oder Lobbyisten ihrer Fachabteilung. Im Projekt akquirierte Aufgabenpakete verschleppten sie in ihren Fachbereich, wie Hunde einen erbeuteten Knochen, um ihn dort mit ihren projektfernen Fachkollegen unter Aufsicht ihres Vorgesetzten zu beknabbern und zu zerkauen oder, wie es dort hieß, abzuarbeiten – dabei aber immer auf der Hut, den Vorrang des Fachbereichs nicht zu untergraben.

Auch eine sprachliche Neuorientierung – die Projektgruppen wurden fortan als Projektteams bezeichnet – änderte an diesem Verhalten wenig. Die Grundarchitektur des Organisation war die einer Matrix, allerdings im Stil des Turms von Pisa, das heißt sie war schief, völlig einseitig balanciert. Den mächtigen fachlichen Linien mit ihren Traditionen, Ressourcen und Prioritäten in der Vertikalen standen in der horizontalen Prozessebene relativ schwache, als »vertriebsorientierte Flachdenker« diffamierte Projektleiter gegenüber, in deren Projekte die Mitarbeiter – frei nach Gutsherrenart und je nach Kapazitätslage der Linie – in Form von Manntagen abgestellt wurden. Der Projektleiter hatte mit dem zufrieden zu sein, was er bekam. Die Tatsache, dass die Fachabteilungen, ganz nach ihrer eigenen Bedürfnislage, Mitarbeiter zur Verfügung stellten, wieder abzogen oder auswechselten, führte zu ständigen destabilisierenden Veränderungen im Projektteam. Da zudem die Projektaufträge aus technischen Gründen meist auch örtlich in den Fachabteilungen abgearbeitet wurden, waren gemeinsame Zeiten des Teams oder gar ein Miteinander-Arbeiten zur gleichen Zeit am gleichen Ort und am gleichen Problem eher die Ausnahme. Gemeinsame Entscheidungen des Projektteams wurden zudem nach dem sich unmittelbar anschließenden Rapport durch die Mitarbeiter an ihre Linien-Vorgesetzte von diesen häufig aus fachlichen oder fachpolitischen Gründen wieder infrage gestellt – wenn sich denn die abgestellten Mitarbeiter in der Projektsitzung überhaupt verbindlich zu etwas verpflichtet hatten, was häufig ohnehin nur unter Vorbehalt geschah. Als einige Projektleiter offen ihren Unmut bei dem für die Projekte verantwortlichen Geschäftsleiter deutlich machten und auf mögliche Vertragsstrafen im Fall von Terminüberschreitungen hinwiesen, wurde ihnen aus der Fachhierarchie unverhohlen bedeutet, sie sollten nicht überreizen; nach ihrer Projektleitungszeit hätten sie sich ja selbst wieder in die Fachabteilungen zu integrieren. Dass solche Projektstrukturen ihren Namen nicht verdienen, dass hier modischer Etikettenschwindel stattfindet, um auf der Höhe der Zeit zu erscheinen, aber eigentlich alles beim Alten gelassen werden soll, ist offensichtlich.

Seit einigen Jahren stellen Projekte auch einen Rahmen für konstantere Organisationslösungen dar, in denen vertikale Hierarchien weitgehend durch projektförmige Vernetzungen auf der Grundlage von teamförmigen Kleingruppen ersetzt werden. Diese können dann relativ frei von Mechanismen und Beharrungskräften der Regelorganisation agieren. In klassischen Unternehmen wird diese Form gern benutzt, um Themen zu bearbeiten, die ansonsten in der vertikalen und nach Funktionen gegliederten Organisation absehbar hängen bleiben; das heißt nicht schnell genug vorangetrieben, in ihrem fachlich-innovativen Anspruch nicht hinreichend ausgestattet oder im Machtgerangel unterschiedlicher Funktionsinteressen zerrieben würden. Ein wichtiges Anliegen in Projektform zu kleiden, einen starken ehrgeizigen Projektleiter zu benennen, dem Thema sichtbare Aufmerksamkeit von ganz oben und dem Projektmanager Wertschätzung und deutliche Promotion von ebenda zu sponsern, reicht in der Regel aus, solche Organisationsformen als erfolgreiche temporäre Sonder- beziehungsweise Ausnahmelösung zu installieren; insbesondere dann, wenn eine direkte Ressourcenkonkurrenz mit der abstellenden Linie vermieden wird.

Auf diese Weise ist Projektarbeit als Notbehelf in viele deutsche Unternehmen eingedrungen, als Bypass an der hierarchischen Staffelung vorbei, quer durch funktionale Zuständigkeiten, im Vertrauen auf das Engagement der Mitarbeiter, dem Ziel verpflichtet, aber von der täglichen Bürokratie befreit.

Gruppendynamische Aspekte

Gruppendynamisch relevante Aspekte finden wir hier in mehrfacher Weise. Gerade in klassischen Unternehmen ist die Arbeit in einem solchen projektspezifischen Rahmen ungewohnt. Projektteams müssen sich finden, lernen, sich zu trauen, bisher gewohnte Regeln, Wege und Denkweisen zu verlassen, wirklich über Hierarchien und Funktionen hinweg zu kommunizieren, sich gegenseitig zu nutzen und sich zu vertrauen.

Insbesondere die Vernetzung der Teams (auch im Projekt untereinander) wird anfänglich problematisch sein. Man ist Einzelarbeit, Kommunikation mit engen direkten Kollegen und Berichterstattung dem Vorgesetzten gegenüber gewohnt. Selbsttätig, manchmal sogar ohne direkten Anlass, Kontakt und kommunikative Beziehungen zu anderen Gruppen und hierarchischen Ebenen aufzunehmen, ist nicht geübt, braucht Zeit und Legitimation. Bisher war dies – zumindest im Formellen – Sache des Vorgesetzten. Hemmungen und Ängste, sich den eigenen Vorgesetzten gegenüber, was Angelegenheiten des Projekts betrifft, abzunabeln beziehungsweise sich gar kommunikativ zu verweigern, müssen erst schrittweise abgebaut werden. Aber auch ingenieurmäßig versachlichte Denkgewohnheiten, die alles Psychosoziale außen vor lassen, abzubauen und stattdessen die Bedeutung tragfähiger Beziehungen zu erkennen und solche aufzubauen, geht nicht von jetzt auf nachher.

Es gibt bei solchen Bypass-Projekten nicht nur endlich die erwünschte Aktion, sondern eben auch die gar nicht erwünschte Reaktion des Umfelds. Die reicht von Neid, Konkurrenzgefühlen *(Warum gerade die? Warum nicht wir? Eigentlich ist das unser Thema! Es sind unsere Ressourcen, die ‚verbraten' werden!)* über Not-invented-here-Attitüden, Auflaufen lassen, Häme *(Das schaffen die nie!)*, Schadenfreude *(Geschieht ihnen gerade recht!)* bis hin zu Sabotage in Form von Zuarbeit verzögern, notwendige Informationen und Beziehungen vorenthalten oder Warnungen vor Fehlern oder Fehleinschätzungen unterlassen. Dazu kommen noch die gesammelten mikropolitischen Taktiken, die sich bei jeder Gelegenheit – häufig als kleiner Scherz getarnt, besonders aber angesichts günstiger Zeitfenster – je nach Vorliebe nutzen lassen. Die demonstrative Klage, wie hier vergleichsweise mit denen umgegangen wird, die sich Jahr und Tag fürs Unternehmen schinden (gemeint ist natürlich die reguläre Linienorganisation), kann das Projekt durchaus die eine oder andere Ressource kosten. Und der eingeschleuste, angeblich fachlich hoch kompetente Mitarbeiter, der im Projekt keinesfalls fehlen darf, um den Know-how-Transfer sicherzustellen, kann ob seiner sozialen Eigenwilligkeit das jeweilige Team zeitaufwändige Pflegeleistungen oder mehrprozentige Verlängerungen der Sitzungszeiten kosten. Wirklich gefährlich wird solche Großgruppendynamik, wenn dieses ganze psychodynamische Geschehen auf Dauer bewusst nicht geklärt, sondern ab- und ausgegrenzt wird – mit dem Ziel, bei günstiger Gelegenheit, das heißt einer Schwäche, einem Mangel oder einem kritischen Ereignis, das Projekt zu kippen.

Projekte, insbesondere mit technischen Themen und Anliegen, sind politisch häufig naiv. Organisationsprojekte sind dies zwar gelegentlich auch, aber sie sind in der Regel vorgewarnt und der Projektleiter ist häufig gezielt ausgewählt: Man bevorzugt alte Füchse, die auf politischem Parkett relativ trittsicher sind. Technische Projektmitarbeiter sind dagegen nicht selten einfach stolz, fühlen sich geehrt und geschätzt durch die Beteiligung am Projekt, dessen starker Managementbeachtung und den damit verbundenen Perspektiven. Persönlicher Stolz und technischer Ehrgeiz führen dann gelegentlich zu Äußerungen oder Verhaltensweisen, die vom Umfeld höchst sensibel aufgenommen werden und statt situativen Überschwang schmunzelnd zu verzeihen, wird übel genommen, und es werden Rabattmarken mit negativen Vorzeichen gesammelt. Das Immunsystem der Linienorganisation trachtet nach Abstoßung.

Die organisatorische Matrix

Eine Matrix-Organisation versucht (mindestens) zwei unterschiedliche, aber für das Unternehmen strategisch gleichermaßen relevante Zielsetzungen in formellen Verantwortungsstrukturen abzubilden. Das eben dargestellte Beispiel misslungener Projektarbeit zeigt zum Beispiel eine schiefe, ungleich gewichtete Matrix. Die Macht liegt dort weiterhin im vertikalen, funktionsorientierten Aufbau. Die horizontalen, auf die Kunden gerichteten Projekte, in denen die eigentliche Wertschöpfung erfolgt, haben Projektleiter, die diese Geschäftsprozesse nicht ausreichend kraftvoll quer durch die fachlichen Funktionsbastionen treiben können.

Sinn einer Matrix ist es, Gleichwertigkeit zu erzeugen, also eine balancierte Machtverteilung zwischen vertikalem (zentralen) Aufbau und den horizontalen (dezentralen) Abläufen strukturell sicherzustellen. Die jeweiligen Konflikte und daraus resultierenden übergreifenden Probleme zwingen dann die beteiligten Partner im mittleren Management, ihre entsprechend ihren Aufgaben durchaus unterschiedlichen Ziele und Interessen in gemeinsamen Klärungs- und Abstimmungsprozessen offen miteinander auszuhandeln. Erst wenn diese Aushandlungsprozesse scheitern, wird nach oben eskaliert. Bis dahin ist das mittlere Management von Beaufsichtigung und Durchgriff weitmöglichst befreit, es sei denn, strategische Positionen beziehungsweise geschäftspolitische Grundsätze werden berührt. Die Konfliktbewältigung angesichts differenter Ziele wird also in das mittlere Management verlegt – zwar immer noch nicht direkt an den Ort des operativen Handelns, aber ihm schon näher gerückt. Dies beschleunigt den Austausch von Daten, macht Wechselwirkungen frühzeitig sichtbar, schafft Möglichkeiten des flexiblen und geschmeidigen Interessensausgleichs und bietet dem oberen Management, bei dem die Matrixdimensionen ja zusammenlaufen, die Chance, ein Frühwarnsystem zu etablieren: Probleme, die auf der ihnen zugeordneten Ebene nicht behoben werden, können rechtzeitig, bevor sie richtiggehend Unheil stiften, erkannt werden. Die Möglichkeiten zu verdrängen, zu vertuschen und zu verschleiern werden auf diese Weise reduziert. Die Häufigkeit, mit der Konflikte nach oben delegiert werden, nimmt von selbst ab, wenn dies in der Hierarchie nicht geschätzt wird, sondern stattdessen konsequent die Konfliktlösung zwischen den Beteiligten selbst gefordert wird.

Gruppendynamische Aspekte

Matrix-Konzepte sind häufig in folgender Weise gruppendynamisch herausgefordert: Wird das organisatorische Zugriffs- und Einflusspotenzial zugunsten der Linie ungleich verteilt, so fördert dies eindeutig eine Rückentwicklung zu klassischen hierarchisch-funktionalen Mustern – nicht selten in Form einer schleichenden (Wieder-) Entmündigung. Was übrig bleibt, ist eine Schein-Matrix. Auch eine balancierte Matrix ist eine ständige Einladung zum Kräftemessen und zu Machtkämpfen. Die Folge: Energie wird absorbiert und die Gefahr von Pattsituationen mit allen negativen Folgeerscheinungen ist immer latent vorhanden. Wenn das Pendel andererseits einseitig zugunsten der horizontalen Prozessdimension ausschlägt, können Projekt-Pragmatismus und Ad-hoc-Lösungen auch dort um sich greifen, wo formell in der Linie vorgehaltene eingehende Fachkompetenz und entsprechende sachliche Sorgfalt besser am Platz wären.

Die hohe Bewertung von Breiten- und Überblickwissen oder Generalistentum in den Prozessen – spöttisch als Allrounddilettantismus bezeichnet – kann überhaupt dazu führen, dass vorgehaltene Expertise und vertieftes Fachwissen auf längere Sicht hin minderbewertet und schließlich zum Engpass werden – und damit sowohl Kernkompetenzen wie auch die Zukunftsfähigkeit gefährden.

Der Kapazitäts- beziehungsweise Ressourcenausgleich zwischen den Prozessen innerhalb des Projekts oder zwischen verschiedenen Projekten erfolgt nur mangelhaft. Die neuen Prozess- oder Projektegoismen ersetzen lediglich den alten Ressortegoismus, in dem man vorher so gut trainiert und gegebenenfalls durchaus erfolgreich war. An den schädlichen Grundmustern hat sich im Prinzip nichts geändert: Ressourcen werden gehortet und gebunkert, auch wenn andere sie dringend benötigen. Wissen und Know-how, das in den Prozessen und Projekten entsteht, wird weder gesichert noch gepflegt noch weitergegeben. In der operativen Hektik von Kundendruck, Zeitleisten und Meilensteinen gerät es unter die Räder und geht verloren. Die mittlere Führungsebene delegiert die Konflikte nach unten, nach dem Motto: *Macht das unter euch aus!* Die Arbeitsebene wird dadurch überfordert, und es kann leicht passieren, dass die Konflikte quasi individualisiert werden. Bezieht sich die Matrix-Struktur auf vier, fünf oder noch mehr Dimensionen, besteht die Gefahr, dass sie völlig unüberschaubar und überkomplex wird. Interessen werden dann vor allem über Bündnispolitik und Seilschaften realisiert, statt durch mehrdimensionale Ausgleichs- und Aushandlungsprozesse.

Auf jeden Fall kann es immer wieder passieren, dass bestimmte Projekte schneller als andere und ohne große Umstände die kompetenteren Mitstreiter und die bessere Marketingunterstützung erhalten und weniger scharf vom Controlling unter die Lupe genommen werden. Ungleiche Startbedingungen, die im Grunde nie ausgeglichen werden können.

Sind derartige strukturelle Unwuchten gegeben, hat Gruppendynamik im Sinn des Sich-miteinander-Zurechtfindens und der Teamentwicklung nur eine begrenzte Chance. Die Situation ist eher mit der von Fahrgästen in der S-Bahn vergleichbar: Man steigt ein, hat jeweils sein eigenes Fahrziel; es gibt kaum etwas, was verbindet, und selbst wenn, dann weiß man es voneinander nicht und es interessiert auch nicht sonderlich. Die Gedanken sind eher noch zu Hause oder schon am Fahrziel: Die Fahrt selbst vermittelt weder Motiv noch Wert, ist eher lästig. Wenn man sich zufällig öfter im gleichen Waggon oder zur gleichen Zeit begegnet, grüßt man vielleicht flüchtig, fragt bestenfalls noch: »Wie geht's?« Aber das war es dann auch schon.

Netzwerke

Dem gegenüber setzen Netzwerkmodelle essenziell und viel stärker auf die Beziehungen der handelnden Personen untereinander. Der Kerngedanke ist, diese Beziehungen so zu organisieren, dass dadurch Informationsflüsse, Kommunikationsmuster und Zusammenarbeitsformen ermöglicht oder gefördert werden, die zu einer schnelleren, effektiveren und intelligenteren Bewältigung komplexer Arbeitsprozesse führen. Vor allem aber sollen sie in einem unsteten, zersplitterten Umfeld kürzere, kundennähere Entscheidungen gewährleisten.

Der Begriff *Netzwerk* hat in diesen Jahren die Berufs- und Alltagsrhetorik vielfach bereichert, ähnlich wie die Begriffe *Team* und *Projekt*. Auch Selbstverständlichkeiten in sehr traditionellen Organisationen werden häufig mit dieser Bezeichnung geschmückt. Aber: Nicht jede bereichsübergreifende Kommunikation oder Kooperation ist schon ein Netzwerk, ebenso wenig wie jedes Managementmeeting automatisch den Namen Teamsitzung verdient. Darüber hinaus wird unter Netzwerk allerdings sehr Unterschiedliches verstanden. Manche denken zum Beispiel an persönliche Netzwerke, an Networking als Ausdruck Emotionaler Intelligenz, als wirkungsvolle und erfolgreiche Sozialtechnik, die weit über Visitenkartensammeln und den oberflächlichen Kontakt zu wichtigen Leuten hinausgeht, als überlegten Aufbau, bewusste Gestaltung und Pflege eines persönlichen Beziehungsgefüges, das soziale Resonanz schafft und gegebenenfalls als Beliebtheit oder gute soziale Eingebundenheit in Erscheinung tritt. Anderswo denkt man dagegen an Produktionsnetzwerke, zum Beispiel Cluster oder regionale Verbünde von Unternehmen, die sich in Kompetenzen ergänzen oder bei Wertschöpfungsstufen aufeinander aufbauen. Wieder andere denken noch weiter, vielleicht an ein globales Geflecht von Kooperationen, an Allianzen, Beteiligungen und Joint Ventures von Zulieferern, Lizenznehmern und Vertriebspartnern. Auch wenn diese Verständnisse von Netzwerk keinesfalls ohne sozialpsychologischen Charme und gruppendynamische Relevanz sind, konzentrieren wir uns hier auf die folgenden zwei Netzwerk-Konzepte:

Erstens: Netzwerk als ein Geflecht von informellen Verbindungen zwischen Mitgliedern einer Organisation, quer durch das Unternehmen, in dem Informationen und Meinungen ausgetauscht werden, man sich gegenseitig und auf kurzem Dienstweg unterstützt und sich übergreifender Probleme oder Korridorthemen verstärkt annimmt.

Zweitens: Netzwerk als eine Organisationsstruktur, die mehrere kleine Organisationseinheiten oder Firmen von gegebenenfalls unterschiedlicher Organisationsform zu einem größeren (virtuellen) Unternehmen verknüpft. Innerhalb dieser neuen Form besteht ein reger Austausch zwischen Funktionsbereichen, Führungskräften und regionalen Einheiten über die einzelnen Organisationseinheiten oder Firmen hinweg. Die kleinen Basiseinheiten agieren weitgehend eigenständig in breiten, relativ hierarchiefreien Spiel- und Handlungsräumen bei hoher Dezentralisierung der Verantwortung. Die Gesamtsteuerung erfolgt, indem Ziele und ein strategischer Rahmen gesetzt werden. Das dritte Merkmal ist eine interne Dynamik, die unmittelbare direkte Reaktionen und Handlungen von Punkt zu Punkt erzeugt – unabhängig von Stellung und Sachbereich – und die Kooperationen und Zusammenspiele zwischen den kleinen Firmen wie temporäre Quasi-Fusionen erscheinen lässt.

Organisationsarchitekturen dieses Typs sind in gewisser Weise Weiterentwicklungen aus der Projekt- und Matrixorganisation und stehen hinter Namen wie Team-Organisation, Cluster-Organisation, Center-Organisation oder Fraktale Fabrik, aber auch Konzepten selbststeuernder Gruppenarbeit oder teilautonomer Fertigungsinseln. Doch auch hier ist Vorsicht angebracht. Die Begriffe dienen bisweilen auch als schicke Fassaden, hinter denen sich eine höchst sanierungsbedürftige Altbausubstanz verbirgt.

Menschen haben manches von der Natur gelernt, was diese in unendlichen, evolutionären Prozessen entwickelt hat. Dass die jüngeren Organisationsarchitekturen angesichts ständig zunehmender Komplexität in letzter Konsequenz auf netzwerkartige Grundstrukturen hinauslaufen, dass Steuerung zunehmend weniger hierarchisch tiefgestaffelten Anweisungs-Gehorsamsketten überlassen wird, dass man statt der bisherigen *Ein*-Wirkungen mehr auf Wechselwirkung setzt, ist dafür ein gutes Beispiel – auch wenn die Umsetzung noch in den Kinderschuhen steckt und gerade erst gehen lernt. Durch solche Netzwerke versuchen Unternehmen ebenfalls Flexibilität, Kundennähe, unbürokratisches Verhalten und rasche Reaktionen auf Veränderungen im Umfeld zu fördern, Entscheidungswege zu verkürzen und Entscheidungen näher am Ort der Wertschöpfung zu treffen beziehungsweise dort horizontal abzustimmen.

Ein Netzwerk verknüpft, bindet ein, gleicht unterschiedliche Kräfte aus und bietet dennoch, wie die Natur zeigt, innovative Chancen; es lässt Variationen und Mutationen zu – und regelt beiläufig neu, was sich verzerrt oder verspannt hat. Dabei ist es insgesamt weniger störanfällig. Pannen und kritische Vorfälle setzen zwar gelegentlich ein Teilsystem matt, aber dies kann in den meisten Fällen durch die andern kleingliedrigen Systeme in ihren dezentralen Verknüpfungen aufgefangen und kompensiert werden. Die eine zentrale Funktion, deren Versagen kurzfristig alle Systeme lahm legen könnte, gibt es nicht.

Mittlerweile sind eine Reihe von Strukturen und Modelle in Erprobung, wie man Menschen dazu bringen und sie dabei unterstützen kann, in Netzwerken effektiver zusammenzuarbeiten. Beispiele sind:

- Mentorprogramme, Coaching, Mitarbeiterentwicklung
- Arbeitsgruppen für spezifische Themen und Interessen
- Qualitätszirkel, Lerninseln, virtuelle Teams
- Informelle Treffen (Power-Breakfasts, Teestunden)
- Dialogveranstaltungen, Management- und Führungskreise
- Tagungen, Seminare, Workshops, Klausuren
- Computerisierte Netzwerkgruppen im Rahmen von Wissensmanagement

Bei allen diesen Gelegenheiten werden Menschen (auch) dazu eingeladen, sich informell auszutauschen und auf kollegialer Ebene Ressourcen und Unterstützung anzubieten und sich zu holen. Einige Unternehmen netzwerken noch mehr, indem sie zum Beispiel eine Gruppe von Mitarbeitern und Führungskräften zusammenstellen, die ihnen aufgrund fachlicher Fähigkeiten, persönlicher Initiative, Motivation und Urteilskraft oder aufgrund der Position an so genannten Schaltstellen besonders geeignet erscheinen. Sie stammen in der Regel aus unterschiedlichen Funktionen, Unternehmensbereichen, Regionen oder Ländern, auch unterschiedlichen (Führungs-) Ebenen, aber sie gelten als die richtigen Leute, um durch häufige, offene und intensive Gespräche über alle Bereichsgrenzen und Disziplinen hinweg drängende Themen und Probleme im Unternehmen aufzugreifen, sie aus verschiedenen Gesichtswinkeln zu betrachten – und Lösungsideen zu entwickeln. Man setzt generell darauf, dass sich zwischen den Beteiligten gute persönliche Beziehungen entwickeln, die als Vehikel dienen, um Informations- und Entscheidungsflüsse zu verbessern und zu beschleunigen, egal ob es um Problemlösungen, Abstimmungen bei Ressourcenkonkurrenz oder darum geht, Kunden besser zufrieden zu stellen.

Gruppendynamische Aspekte

Netzwerke dieser Art stellen letztlich eine Parallel- oder Schattenorganisation dar. Sie nutzen die informellen Beziehungen, um Defizite der formellen Organisation zu überbrücken. Und genau hier beginnt das gruppendynamische Risiko. Nicht für die alte Organisation; für sie wirkt das Implantat eher lebensverlängernd, es federt Veränderungsbedarf und Restrukturierungsstau etwas ab oder mildert zumindest deren Folgen und zögert damit durchgreifende Konsequenzen weiter hinaus. Die Gruppendynamik ergreift das Netzwerk selbst! Netzwerke können ihre eigentliche Dynamik nur entwickeln und ihre grundsätzliche Wirkkraft erst dann entfalten, wenn die Grundmuster prinzipiell umgestellt werden. Es reicht also nicht, wenn Netzwerke (absichtlich!) darauf beschränkt werden, lediglich Multiplikatoren für Management-Wollen und strategische Absichten zu sein – und alles andere drum herum bleibt unberührt im Rahmen der funktions- und abteilungsbezogenen hierarchiegesteuerten Organisationsarchitektur. Netzwerke wirken erst dann so richtig, wenn sie Beziehungsmuster beeinflussen, Einstellungen und Verhaltensweisen verändern, wenn intensive Gespräche, aufrechte Dialoge und ein offener Umgang zwischenmenschliches Verständnis und vertraute Beziehungen geschaffen haben – ohne Besorgnis, dass diese Direktheit und Offenheit missbraucht oder im täglichen mikropolitischen Buschkrieg verwertet wird. Die Dynamik und die Initiative richten sich dann zunehmend darauf, offen über sonst verdecke Probleme und Konflikte zu sprechen, gemeinsam Lösungsideen zu entwickeln und auf deren Umsetzung zu drängen. Das kollegiale Einvernehmen, die betrieblichen Abläufe und personellen Verhältnisse kooperativ zu gestalten, ist dabei die Basis, auf der sich über berechtigte Interessenkonflikte zum Beispiel zwischen Regionen, Fachbereichen oder Geschäftsfeldern offen sprechen lässt. Aber kooperative Lösungen, auf dem Vereinbarungsweg erzeugt und horizontal durchgesetzt, erfordern aufwändige Diskussionen und subtile Abwägungen. Nun muss sich die Tragfähigkeit und Funktionsfähigkeit des Netzwerks erweisen. Es geht darum, wie gelassen, fair und konstruktiv sich die Mitglieder verhalten, ob es ihnen gelingt, genügend Energie nicht nur für das Andenken, sondern auch für das Um- und Durchsetzen aufzubringen.

An solchen Punkten entscheidet sich der Wert eines Netzwerks dieser Art. Es ist wie bei der Entwicklung eines Teams: Es kommt nicht darauf an, wie der Start aussieht und ob anfangs mehr oder weniger gerangelt wird, sondern darauf, was passiert, wenn es sich gefunden und sortiert hat. Die Kernfrage ist dann: Sind die wesentlichen Mitglieder des Netzwerks bereit, die bestehende (hierarchische) Machtverteilung aktiv infrage zustellen oder driftet das Geschehen ab zu politischen Winkelzügen beziehungsweise zu offenen Machtkämpfen mit wechselnden Frontverläufen und viel Energieverschleiß.

In solchen Testfällen werden auch die Schwachstellen deutlich. Dies geschieht meist auf zweierlei Weisen. Einige können als Bremser wirken, weil sie mit Hinweis auf gute Kollegialität und harmonisches Einvernehmen relevante Konflikte herunterspielen, tabuisieren oder zu faulen Kompromissen drängen. Andere zucken beim wirklichem Wandel, bei wirklich neuen Lösungen, bei wirklich neuen Gestaltungsformen von Führung zurück. Sowohl die eine wie die andere Variante wird schleichend das Klima vergiften, wird Frust und Enttäuschung verbreiten und die beabsichtigte Funktion des Netzwerks einschränken. Spätestens an dieser Stelle sind wieder alle gruppendynamischen Verläufe möglich – von der Selbstblockade mit anschließendem Zerfall, über Gruppendruck und Mobbing bis hin zur offenen reflektierenden Konfliktbewältigung. Auch Netzwerke müssen eben lernen!

Ein zweiter kritischer Punkt kann sich ergeben, wenn solche Netzwerke nicht kontinuierlich auf die Ziele des Unternehmens und ganz konkret auch auf seine Geschäfte ausgerichtet werden. Nur allgemein an die Leistungsbereitschaft, Identifikation mit der Betriebsfamilie und Unternehmenskultur oder Verpflichtung auf die Tradition zu appellieren oder auch Events zur Motivation zu inszenieren, reicht dafür nicht aus. Die besondere, enge Beziehung mit Schlüsselpersonen im Unternehmen muss einem Zweck dienen, das Netzwerk muss einen Sinn stiften. Dazu bedarf es einerseits klarer Ziele und konkreter Leistungsmaßstäbe. Andererseits braucht es einen Rahmen, innerhalb dessen Entscheidungen getroffen, Aktionen unternommen, Ressourcen verbraucht und Veränderungen bewirkt werden können. Diese Rahmensetzung definiert Kompetenzen, stellt Mittel zur Verfügung, verändert Berichtswege und stellt Handlungsräume bereit. Sie stabilisiert das soziale Gerüst Netzwerk, gibt Orientierung und legitimiert. Erst jetzt wird das Netzwerk auch von den Managern, die nicht einbezogen sind, ernst genommen.

Dies allerdings führt dann auch schon zum dritten gefährlichen Punkt. Während nämlich die einen im Netzwerk sind, sind zwangsläufig andere ausgeschlossen; wenn die einen über mehr Informationen, mehr Wissen über Hintergründe und Zusammenhänge, mehr Nähe zum Topmanagement und engere Beziehungen untereinander verfügen, trifft dies für die anderen logischerweise entsprechend weniger zu. Und dies löst Gefühle aus! Es gilt der alte Spruch: Wer drin ist, nennt es Netzwerk, wer draußen ist, sagt Seilschaft. Da Netzwerke eine besondere Struktur darstellen, die sich vom traditionellen organisatorischen Umfeld meist deutlich abhebt, der zudem spezifische Kompetenzen und die Verfügung über Mittel zugestanden werden, werden sie von anderen Organisationsmitgliedern zumindest misstrauisch beäugt, häufig auch als elitär oder als Fremdkörper erlebt. Entsprechend ist die Reaktion: Neid, Ärger und Eifersucht. So ist in Netzwerken, wie in anderen Organisationsarchitekturen auch, Gruppendynamik offensichtlich nicht nur nicht zu vermeiden, sondern prägt hier wie dort Prozesse, wirkt auf Interaktionen und Beziehungen. Einige Auswirkungen erscheinen uns aber doch so typisch, dass wir noch ausführlicher darauf eingehen wollen:

Da die inhärente Logik des Netzwerks durch Kooperation und Konkurrenz zugleich bestimmt ist und die Prozesse – im Idealfall – eben dadurch angetrieben, geprägt und balanciert werden, bedürfen sie kaum der Überwachung; sie sind quasi selbstkontrollierend und selbststeuernd. Dies gibt viel Raum für das mittlere Management, das jetzt Senior, Coach, Moderator oder Facilitator heißt: Rollenwechsel ist angesagt, vom Vorgesetzten zum Prozessbegleiter. Beratendes, unterstützendes, gelegentlich sicherlich auch koordinierendes Handeln statt Beaufsichtigung, Instruktion, An- und Zurechtweisung erfordert auch eine persönliche Neuausrichtung, ähnlich der eines Teamleiters: soziales Lernen und Entlernen der früheren von Hierarchie und Position getriebenen Führungs- und Steuerungsmodelle.

In einem Netzwerk besteht die Chance, dass alle Mitglieder alle relevanten betrieblichen Informationen zur gleichen Zeit, auf jeden Fall möglichst schnell erhalten, um rasch angemessene Entscheidungen treffen zu können. Konflikte aufgrund unterschiedlicher Informationsstände, die entstehen, weil Informationen bewusst selektiert oder zurückgehalten werden, reduzieren sich. Bei gleicher Information kommen die meisten zu ähnlichen Entscheidungen. Und damit entfällt die Basis für so manchen gewohnten mikropolitischer Schachzug und manche Intrige. Informationelle Manipulationen sind aber gleichwohl möglich, denn noch ist das alte Denken in greifbarer Erinnerungsnähe. Nur wirken sich solche Sündenfälle im neuen Kontext geradezu explosiv aus. Wenn immer öfter die Frage aufkommt, wer bekommt wann welche Informationen und warum gerade er im Gegensatz zu anderen, ist die Situation bereits kritisch: Dann ist die Auflösung des Netzes und die Rückkehr in die alten (Denk-) Strukturen bereits im vollen Gang. Mit allen Konsequenzen! Zwischen den Knoten des Netzwerks sollen ja nicht nur digitalisierbare Daten ausgetauscht werden, sondern auch Erfahrung und Hinweise, Wissen und Know-how, Vermutungen, wie Erfolge zustande kommen, und Erklärungen für Probleme. Informationen dieser Art, also heiße Ware, die in anderen Organisationen als Insiderwissen oder Black Box gern versteckt gehalten werden, eignen sich natürlich auch im Netzwerk für Versteck-, Macht- und Politikspiele im Spannungsfeld zwischen Kooperation und konkurrierender eigener Profilierung. Die Folgen für das Netzwerk sind ähnlich wie eben beschrieben, falls dies nicht rechtzeitig offen gelegt und reflektiert wird.

Sehr dezentral strukturierte Unternehmen wie Netzwerke tendieren dazu, mit der Reduktion von Spezialisierungen auch Expertise zu reduzieren. Im Bestreben nach Breiten- und Überblickswissen verbirgt sich die Gefahr, Generalisierung übermäßig zu fördern und die technisch-technologische Seite der Arbeit minder zu bewerten. Eine weitere Tendenz besteht darin, den Bereich Personalentwicklung und alles, was damit zusammenhängt, zu kannibalisieren. Nachhaltige Leistungsbereitschaft und wirkliche Hochleistung entstehen aber nicht von ungefähr, sondern wollen anerkannt, gefördert und weiterentwickelt werden. Personal- und Managementwicklung sind deshalb kritische Aspekte, die in einer wie auch immer gearteten übergreifenden Form angesiedelt und gewährleistet werden müssen.

In diesem Zusammenhang stellt sich im Netzwerk das generelle Problem der Leistungsbewertung und Potenzialerfassung. Vertikale Bewertung passt nicht in die Netzwerk-Kultur und würde zu Rivalitäten ermuntern, ausschließlich bereichsbezogene Einschätzungen unterliegen jedoch eingeschränkten Sichtweisen und widersprechen übergreifenden Kooperationsbedürfnissen. Unsere Empfehlung: Auf jeden Fall mit Modellen experimentieren, die über die Bereiche hinausgehen und die die Kooperations- und Marktstruktur des Netzwerks abbilden, inklusive der internen und externen Kunden, die also in ihrer Komplexität der Komplexität des Netzwerksystems entsprechen. Frei nach dem Motto von Albert Einstein: *Every system should be as simple as possible – but not simpler.*

Die hohe Eigenständigkeit und unternehmerische Dynamik der operativen Organisationseinheiten kann mit der Zeit auch Trennendes verstärken und Verbindendes schmälern. Daraus könnten im Netzwerk Anstöße für Entwicklung und Innovation entstehen. Wenn aber stattdessen Egoismen, Isolation und Provinzfürstentum um sich greifen, bleiben auch hier Synergiepotenziale ungenutzt und die Chancen liegen brach; das Zusammenspiel wird steifer und distanzierter, das Netz verkommt zu einem informellen elitären Klub, der nur der persönlichen Karriereförderung dient. Hier gilt es, formelle und informelle Regelkreise als Frühwarnsysteme zu installieren. Übergreifende Initiativen mit wechselnden Projektteams und Job Rotation können dabei unterstützen, Dauerverkrustungen vorzubeugen.

Kapitel 4

Warum so viele Vorhaben scheitern

Beeindruckende theoretische Konzepte

Ob kleine oder große Projekte, ob es darum geht, das Innenleben eines Bereichs zu verbessern oder ob es um das Zusammenspiel zwischen unterschiedlichen Bereichen geht, ob Großprojekte zur Einführung neuer IT-gestützter Steuerungssysteme oder Fusionen und Allianzen – allen ist eines gemeinsam: Die theoretischen Konzeptentwürfe lesen sich hervorragend. Eindrücklich wird die Problematik der aktuellen Ausgangssituation analysiert, anschaulich wird die neue Soll-Struktur und in stringenter Sach-Logik werden die Wege beschrieben, die zur Veränderung führen. In bestechender Form von harten Facts and Figures wird abschließend geradezu in Form eines Garantieversprechens aufgezeigt, was das Unternehmen gewinnt, wenn es den aufgezeigten Weg der Veränderung geht. Genauso allgemeingültig ist allerdings auch die Erkenntnis: Kaum ein Veränderungsprojekt folgt wirklich dem theoretischen Konzept, viele laufen zäher als erwartet, viele überhaupt nicht. Dass das Ergebnis der Veränderungsbemühungen trotz solch klarer, inhaltlich bestechender Konzepte eher dürftig ausfällt, dafür muss es Gründe geben.

Das Scheitern ist vielfach vorprogrammiert

Wenn Projekte scheitern und wir im Nachhinein zwecks Feststellung der Todesursache die Projektleichen sezieren, entdecken wir immer wieder die gleichen typischen Muster, die zum Scheitern geführt oder zumindest maßgeblich dazu beigetragen haben. Das Besondere daran ist, dass diese »Fehler« nicht zufällig passieren. Sie sind vielmehr gewollt. Es steht System und Sinn dahinter. Wie an anderer Stelle eingehend beschrieben, ergeben sich diese Fehler psycho-logisch, also folgerichtig, aus klar identifizierbaren Denk- und Handlungsmustern der handelnden »Täter« sowie aus den ebenso typischen Reaktionsmustern der betroffenen »Opfer«. Auf den Punkt gebracht heißt dies: Immer wieder geht es darum, dass Menschen, die von Veränderungen immer häufiger und immer existenzieller betroffen sind, vielfach Vorgehensweisen zugemutet werden, die schlichtweg zum Widerstand führen müssen. Ob Kaltstart oder Lösung im Kopf, ob eindimensionale statt ganzheitliche Betrachtungsweise, Salami-Taktik oder Wahrheit auf Raten, ob Spiel mit der Angst oder Verschleierung der tatsächlichen Ziele – im Grunde wird immer wieder der Versuch gemacht, wie die Katze um den heißen Brei herumzuschleichen oder nach dem Motto zu verfahren: Wasch' mir den Pelz, aber mach' mich nicht nass! Zwei Dinge sind es, die den Brei heiß beziehungsweise den Pelz nass zu machen drohen: Emotionen und scheinbar nicht kalkulierbare gruppendynamische Prozesse. Beides sind Themen, die in der Geschäftswelt, solange es auch nur irgendwie geht, außen vor zu bleiben haben beziehungsweise unter der Wasseroberfläche gehalten werden.

Jedem Beteiligten ist klar, das eigentlich Brisante und Prekäre bei Veränderungen sind die Emotionen: Verlustängste, Versagensängste, Unsicherheit und Angst im Hinblick auf die Zukunft bei den einen, offen zur Schau getragene Gewinnermentalität oder zumindest Hoffnung, zu den Gewinnern zu gehören, bei den anderen; Rivalitäten und Machtkämpfe zwischen allen – und ebenso eine mehr oder weniger versteckte Angst, am Ende schließlich doch bei den Verlierern zu landen. Und dies auf allen Seiten: bei jenen, die jetzt gerade am Ruder und damit in der Verantwortung stehen, die Veränderung zu gestalten, ebenso wie bei denen, die sich Hoffnung machen, vielleicht doch mal nach oben zu gelangen und trotzdem fürchten, bei dieser Gelegenheit endgültig im Aus zu landen. Und exakt diese alles entscheidende Ebene der Emotionen, Urquelle aller Energien, bleibt in den meisten Veränderungskonzepten weitgehend ausgeklammert – oder wird sträflich missachtet. Das rein sach-logische Konzeptdenken ist federführend. Man tut so, als ob es all diese emotionalen Prozesse, die zugleich auch gruppendynamische Prozesse sind, nicht gäbe. Es kann nicht sein, was nicht sein darf. Wider besseres Wissen wird so getan, als ob die Motivation der Betroffenen, ihre Bereitschaft, sich wirklich auf Veränderungen einzulassen, Vorhaben zu ihren eigenen zu machen, eine innere Einstellung der Verantwortung zu entwickeln, die man im Englischen als *Ownership* bezeichnet, nicht maßgeblich davon abhängen würde, wie mit ihrer emotionalen Befindlichkeit umgegangen wird. Man könnte geradezu von einem Titanic-Syndrom sprechen: Sachlogisch hervorragend ausgerüstet hält man sich für unverwundbar und fährt entsprechend unbesorgt drauf los. Dass es unterhalb der Wasseroberfläche eine äußerst bedrohliche Unterwelt geben könnte, ist nicht vorgesehen. Sollte sich diese wider Erwarten trotzdem bemerkbar machen, gibt es eine geradezu klassische Reaktion: Verleugnung und Verdrängung – um schlussendlich, wenn sich solche Versuche, die Situation nicht zur Kenntnis zu nehmen, als zwecklos erweisen, feststellen zu müssen, dass man für eine wirklich existenzielle Bedrohung gar nicht gerüstet ist.

Warum? Was führt zu einem dermaßen eindimensionalen, nur an harten Facts and Figures orientiertem Verhalten? Naivität oder pure Dummheit? Böswilligkeit? Persönliche Unsicherheit und Inkompetenz? Ist man der Versuchung erlegen, den Weg des geringsten Widerstands zu gehen? Wahrscheinlich ist es in den meisten Fällen von allem ein bisschen.

Wie dem auch sei, das Ganze hat Methode, wie an der systematischen Anlage des Vorgehens leicht festzustellen ist. Also muss es nachvollziehbare gute Gründe geben, weshalb Manager sich so »falsch« verhalten, wie sie sich verhalten und weshalb die Betroffenen dieses Spiel mitspielen. Nur wenn wir diese Triebfedern verstehen, können wir die nahezu gesetzmäßige Dynamik der Situation begreifen und uns in die Lage versetzen, die Dinge vielleicht besser zu machen. Dazu benötigen wir alternative Vorgehensweisen, welche die Kräfte, die im Spiel sind, angemessener berücksichtigen.

Die Logik scheinbar falschen Verhaltens

Was auf den ersten Blick so aussieht wie Dummheit, Brutalität oder mangelnde Einfühlsamkeit, hat bei genauerem Hinsehen weitaus differenziertere Facetten. Es gibt Motive, die bestimmte Verhaltensmuster geradezu folgerichtig auslösen, zumindest begünstigen:

Der Manager als Macher

Ein Kollege hat es einmal so formuliert: Ein Manager ist jemand, der immer Kühe vom Eis holt – auch dort, wo es weder Eis noch Kühe gibt (Wolfgang Looss). Die meisten Manager definieren sich immer noch als

Macher. Gefragt, welche Rolle sie bei wichtigen Projekten spielen, vergleichen sie sich häufig mit einer Lokomotive. Sie sagen dies zwar mit leicht gestresster Miene, fühlen sich aber sichtbar wohl in der Rolle eines Führers, von dessen Antrieb alle Bewegung abhängt. Wer sich allerdings derart nicht nur als Antreiber, sondern als Ober-Macher definiert, ohne den nichts geht, ja, ohne den gar nichts gehen darf, würde doch sonst sein Selbstverständnis als Macher und Antreiber infrage gestellt, der benötigt die anderen als passive Gegenstücke. Die Lokomotive braucht Waggons – wenn wir im Bild bleiben wollen –, die bereit sind, sich ziehen zu lassen und so zu tun, als ob sie zu nichts anderem in der Lage wären. Wohlgemerkt, es handelt sich um die gleichen Mitarbeiter, die zu Hause in der Familie, in Freundescliquen, in Verbänden und Vereinen oft einmalige Managementleistungen erbringen.

Das Macherverständnis des Managers und die passive, abwartende Haltung von Mitarbeitern entspricht durchaus auch der Erwartung vieler Mitarbeiter. Man sollte sich von Schlagworten wie zum Beispiel der *Mitarbeiter als Unternehmer im Unternehmen* (neuhochdeutsch: *Entrepreneurship*) oder *Empowerment* nicht täuschen lassen. Es sind immer noch Ausnahmemitarbeiter und Ausnahmefirmen, die Letzteres wirklich konsequent vorantreiben. Wie man das in die Wege leitet und was dabei berücksichtigt werden muss, damit die notwendige Umwandlung vom Mitarbeiter zum Mitunternehmer tatsächlich stattfinden kann, werden wir an anderer Stelle beschreiben.

Versachlichung – ein typisches Merkmal der Geschäftssprache

Die häufig gehörte Ermahnung »*Bleiben Sie doch bitte sachlich!*« verrät eigentlich schon fast alles. Es entspricht nicht der allgemeinen Situationserwartung, dass im geschäftlichen Bereich über Emotionen gesprochen wird. Wer dies tut, muss sich in den meisten Fällen den Vorwurf gefallen lassen, über etwas zu sprechen, das nicht zum eigentlichen Thema gehört oder sich dadurch in unziemlicher Form, eben nicht logisch, zu disqualifizieren. Noch schlimmer, sollte er gar über eigene Emotionen sprechen oder, ganz schlimm, spontan emotional reagieren. Die Sprache ist ja nicht unbedingt ein Mittel, um wirklich zu kommunizieren. Sprache verklausuliert und manipuliert diejenigen, die das nicht durchschauen. Die passenden Worte gäbe es selbstverständlich. Aber diese werden dem Bereich des Privaten oder des Therapeutischen zugeordnet. Vielleicht nimmt man das bei Frauen noch in Kauf – und disqualifiziert sie natürlich damit ebenso. Nach wie vor muss, wer in Geschäftsdingen Emotionen ins Spiel bringt, damit rechnen, als Tabubrecher angesehen und entsprechend behandelt zu werden. Auch darüber später mehr, aber eines hier als Quintessenz vorab: Zur Schwierigkeit, die Ebene emotionaler Befindlichkeiten mit dem persönlichen Verständnis der Managerrolle in Übereinklang zu bringen, kommt die Erschwernis hinzu, dies in einer Sprache tun zu müssen, die man in solchen Situationen selbst weder gewohnt ist noch beherrscht, und selbst wenn das der Fall wäre, die die anderen Beteiligten, aus eben den gleichen Gründen, nicht ohne weiteres schätzen. Wer sich trotz all dieser Widerstände nicht entmutigen lässt, muss auf jeden Fall am Anfang mit Abwehr rechnen.

Vorwand: Zeitdruck

»Gut' Ding braucht Weile«, sagt ein deutsches Sprichwort. Stimmt das in dieser generalisierten Form? In der neueren Managementlehre wird Zeit vielfach als wesentlicher strategischer Erfolgsfaktor bezeichnet. Es gibt wohl beides: In manchen Branchen, wie zum Beispiel in der Informationstechnologie und allen davon abhängenden Themenfeldern schreitet die Entwicklung derart rasant voran, dass es nicht nur eine Frage des Überlebens ist, die richtige Idee zu haben, sondern diese schneller als die Konkurrenz auf den Markt zu bringen. Wer hier Zeitdruck beklagt, sollte sich lieber ein anderes Arbeitsgebiet suchen. Die Geschwindigkeit liegt in der Natur der Dinge. Eine Entdeckung führt zur nächsten – und so wird das Rad immer schneller angetrieben. Ähnliches gilt für alle Branchen, wo Produkte und Problemlösungen im Übermaß vorhanden sind, der Markt eigentlich gesättigt ist und wo Verdrängungswettbewerb und Käufermarkt die Spielregeln diktieren. Hier gilt nach wie vor »Die Schnellen fressen die Langsamen«. Derjenige gewinnt, der seine Produkte in der richtigen Qualität, zum richtigen Preis und ausgestattet mit den zusätzlichen relevanten kaufentscheidenden Spezifika am schnellsten am Markt hat. Weil die Musik im Markt so spielt, sind alle, die in diese Prozesskette eingebunden sind – Forschung, Entwicklung, Konstruktion, Produktion, Marketing, Vertrieb, Logistik, Servicefunktionen, Lieferanten –, prinzipiell und folgerichtig dem gleichen Zeitdruck ausgesetzt. Immer vorausgesetzt, man will im Markt maßgeblich mitspielen. Um es noch einmal ganz deutlich zu sagen: Auf der einen Seite ist Zeitdruck von außen bereits vorhanden, auf der anderen Seite wird man selbst zum Mitverursacher, indem man dieses Spiel mitspielt. Aber gibt es denn wirklich eine Alternative – außer insgesamt auszusteigen? Ob dieser Zeitdruck wünschenswert oder gar auf Dauer verkraftbar ist, ist eine ganz andere Frage. Dass darüber hinaus eine gehörige Portion dieses Zeitdrucks Teil der Selbstinszenierung des eingangs geschilderten modischen Machertums eines Managers ist, der sich für zeitgemäß hält, kommt noch hinzu. Ob nun genuines Hamsterrad oder damit systemisch verzahnte zusätzliche getriebene Räder, aus denen es – will man im Geschäft bleiben – im Prinzip kein Entkommen gibt, oder Wichtigtuerei von Managern – all dies ist überhaupt kein Grund, die Ebene von Gruppendynamik und Emotionen außen vor zu lassen. Das wäre ähnlich kurzfristig gedacht wie wenn jemand, weil er keine Zeit hat, an der Tankstelle vorbeifährt, ohne den notwendigen Kraftstoff zu tanken.

Mentales Modell: Der Mensch als Maschine

Prozesse sind in ihrer eigentlichen Komplexität – was hängt mit wem zusammen, und wie hängen die unterschiedlichen Aspekte voneinander ab – oft nicht bis ins Letzte zu verstehen. Um dahinterzukommen, haben wir gelernt, Dinge auseinander zu nehmen. Eine auseinander genommene Maschine funktioniert aber nicht. Dies trifft noch viel stärker auf Systeme zu, die weitgehend aus dem Zusammenspiel von Menschen bestehen. Schaut man sich die Vorgehenskonzepte so mancher Projekte und Prozesse an, so könnte man meinen, ein Kopie vor sich zu haben, wie Ingenieure eine Maschine planen. Es wird so getan, als könne man Emotionen steuern, anhalten, verlagern, verschieben – insgesamt, als wäre man Herr der gruppendynamischen Gezeiten. Aus einer Mischung von Inkompetenz, Wunschdenken und managerialem Machbarkeitswahn werden Prozesse unter sachlogischer Flagge sequenziell angelegt, anstelle die simultane Vernetzung und wechselseitige Abhängigkeit von sachlogischen Fragen und emotionalen Befindlichkeiten als gegeben anzunehmen und deshalb mit entsprechenden Reaktionen zu rechnen – und insgesamt ein Design zu erstellen, das auf Überraschungen gefasst ist. Viele planen ihre Prozesse vergleichbar mit einem Chirurgen, der an eine Operation so heranginge, als ob der Körper ein seelenloses maschinelles Gebilde wäre, das man einfach abschalten könnte und das nicht vor und nach der Operation von ganz anderen unkalkulierbaren Prinzipien gesteuert würde.

Angst und fehlendes Vertrauen, oder: Der Drang nach Kontrolle

Wer gruppendynamische Prozesse schon mal genauer studiert hat, weiß, mit wie vielen Überraschungen er zu rechnen hat. Es gibt zwar gewisse Gesetzmäßigkeiten, auf die man sich einstellen kann, aber im Prinzip ist es wie mit dem Wetter. Die Einflussbedingungen sind dermaßen komplex, dass es trotz eines enormen technischen Aufwands nach wie vor kaum möglich ist, weder kurz-, noch mittel-, noch langfristig einigermaßen exakte Voraussagen zu machen. Im Nachhinein kann man dann vieles umso präziser erklären. Was das Wetter betrifft, haben die meisten Menschen wohl oder übel gelernt, sich mit dieser Situation abzufinden und jeweils mit Überraschungen zu rechnen – sowie sich entsprechend darauf einzustellen, frei nach dem Motto: Es gibt kein schlechtes Wetter, es gibt lediglich die falsche Kleidung oder das falsche Vorhaben. Gruppendynamik und der emotionale Bereich haben mit dem Wetter vieles gemeinsam. So wie es keine Situation ohne Wetter gibt, so gibt es keine zwischenmenschliche Situation ohne emotionale Beziehungsdynamik. So wie man Wetter nicht steuern und nur begrenzt vorhersagen kann, so ist es mit Emotionen und Gruppendynamik. Bei manchen Tätigkeiten, zum Beispiel wenn wir vorhaben zu segeln, sind wir extrem auf das richtige Wetter angewiesen beziehungsweise auf unsere Fähigkeit, mit dem jeweiligen Wetter richtig umgehen zu können. Eines kommt allerdings hinzu: Das Wetter ist eigentlich etwas Unpersönliches, auch wenn wir es in dem ein oder anderen Fall am liebsten persönlich nehmen würden. Wir wissen, wir beherrschen das Wetter nicht und wir sind in aller Regel auch nicht die Verursacher. Ganz anders ist es mit der Gruppendynamik und den Emotionen. Wir sind keineswegs willenlose Opfer von solchen Kräften und Strömungen, wir sind sehr wohl beteiligt, immer auch Täter. Dieser Tatbestand ist uns durchaus bewusst. Das Wissen darum, wie unkalkulierbar diese Prozesse sind, macht natürlich Angst. Und Angst passt nun überhaupt nicht in das Selbstbild der meisten Manager. Wenn diese Angst zusätzlich gespeist wird von schlechten Erfahrungen, was alles passieren kann, wenn die Büchse der Pandora unsachgemäß geöffnet wird, versucht man verständlicherweise alles, diese Situationen so lange es irgendwie geht zu vermeiden. Oder man will sie, wenn sie schon nicht zu vermeiden war, möglichst schnell wieder unter Kontrolle bringen. Der Versuch, die Dinge möglichst sachlogisch zu strukturieren und auf dieser Ebene zu halten, ist also aus dieser Perspektive betrachtet durchaus vernünftig.

Ein neuer Weg

Klar ist also, dass viele Veränderungen nicht so laufen wie geplant. Erwiesen ist auch, dass dies nicht durch Zufall zustande kommt, sondern dieser »Unsinn« durchaus Methode hat: Die Ebene von Emotionen und Gruppendynamik soll ausgeklammert und alles unter der alleinigen Oberhoheit einer sachlogischer Betrachtungsweise konzipiert und gesteuert werden. Wir haben uns bemüht, die »Vernunft« dieses methodischen Ansatzes nachzuvollziehen. Das Ergebnis liegt auf der Hand: Die eigentlich gewünschte Veränderung wird systematisch per Methode verhindert. Wer sich mit diesem Resultat nicht zufrieden gibt, muss neue Wege gehen. Er muss mit den immer vorhandenen gruppendynamischen und emotionalen Kräftefeldern arbeiten, anstelle sie zu verleugnen oder zu verdrängen. Nicht verdrängen reicht allerdings nicht aus. Sie als potenzielle Störgrößen einzukalkulieren, mögen einige schon als neue große Leistung betrachten. Wir gehen einen Schritt weiter: Es geht darum, diese Kräfte so gut zu verstehen, dass sie ihren Schrecken verlieren. Es ist wie mit der Elektrizität: Dieser Urgewalt ungeschützt ausgeliefert sein heißt, permanent in höchster Gefahr zu schweben. Eingefangen und reguliert liefern elektrische Kräfte einen unschätzbaren Beitrag, das Leben angenehmer zu gestalten. Emotionale und gruppendynamische Prozesse richtig verstehen und kompetent steuern heißt, aus einem im Prinzip unerschöpflichen Energiereservoir schöpfen zu können – und das in Zeiten knapper Ressourcen.

Kapitel 5

Merger and Akquisition: Von allein wächst nichts zusammen

Zeiten des schnellen Wandels sind durch ein munteres Wechselspiel von Kooperationen, Allianzen, Fusionen und Trennungen gekennzeichnet. Ob Übernahme, Verschmelzung, *Merger of Equals* oder *Merger of the Best* – die Etikettierungen können noch so unterschiedlich, richtig, vorgeschoben oder schlichtweg falsch sein –, ob es sich um Wirtschaftsbetriebe, politische Parteien, Gewerkschaften, staatliche Gebilde, Verbände, Vereine, weltliche oder religiöse, profit- oder nicht profitorientierte Organisationen handelt: Die Herausforderungen, die Probleme und häufig auch die Rahmenbedingungen sind die gleichen. Es geht immer um die folgenden Fragen:

- Wie kann das neue Gebilde eine tragfähige Identität erhalten?
- Was tun, damit sich die Mitglieder mit dem neuen Unternehmen identifizieren, sich ihm ohne Einschränkung verpflichtet fühlen?
- Wie kann es gelingen, dass es keine Siegermächte und Siegermentalitäten gibt, die nur wieder Verlierergefühle produzieren?
- Was sind die wesentlichen Voraussetzungen für die häufig beschworene Synergie – und wie sind diese zu schaffen?
- Wie können Organisationen lernen, ihre Herkunft konstruktiv und bereichernd in das neue Gebilde einzubringen?

Diese Fragen zu beantworten bedeutet, erfolgreiche Strategien zur Verfügung zu haben, die ein effektives und fruchtbares Zusammenspiel in schnell wechselnden Gruppierungen sicherstellen.

Verräterische Symptome

Dass nicht alles rund läuft, kann anhand unterschiedlicher Symptome und Charakteristika diagnostiziert werden:

Blitzkrieg
… wenn eine derartige Operation nicht nur als geheime Kommandosache, sondern in Form der schnellen und kompletten Überrumpelung durchgezogen wird.

Halbherzige Operation
… wenn spürbar aus Angst vor dem eigenen Mut mittendrin aufgehört oder das Tempo drastisch reduziert wird.

Machtkämpfe
… wenn unübersehbar Machtkämpfe zwischen Personen oder Bereichen das Zusammengehen blockieren.

Weg des geringsten Widerstandes
… wenn die großen Strategen hoffen, das Ganze möglichst sachlich und konfliktfrei über die Bühne zu bringen.

Diffuse Steuerungs- und Entscheidungsgremien
… wenn man mitbekommt, wie viele Köche am kochen sind »und den Brei verderben«. Wenn Linien- und Projektorganisation, Vorstands-, Aufsichtsrats- und Beiratsgremien sich in diffusem Neben- und Durcheinander gegenseitig lahm legen.

Rückwärtsgerichtete Verlierer-Gewinner-Rechnungen
… wenn in der internen und externen Öffentlichkeit lauthals Rechnungen aufgemacht werden, wer nun wen übernommen hat, wer in welcher Hinsicht besser, wer schlechter ist oder war, wer Schuld daran trägt, dass alles so weit gekommen ist.

Operation wird zu früh als beendet erklärt
… wenn die oben das Projekt zu früh für gelungen erklären, weil sie glauben, es gut auf die Reise geschickt zu haben – und bereits mit den nächsten Themen beschäftigt sind.

Wenn ein Dritter sich freut, weil zwei sich streiten
… wenn zum Beispiel die Konkurrenz wegen der öffentlich bekannten schlechten Stimmungslage in einem Unternehmen die besten Mitarbeiter abwerben kann, weil man versäumt hat, vorausschauend mit diesen besonders engen persönlichen Kontakt zu halten.

So weit, so trivial. Spannend wird es erst, wenn wir die Vernunft verstehen, die hinter diesen Erscheinungen steckt – und wenn wir diese akzeptieren können. Denn erst auf dieser Basis haben wir eine Chance, brauchbare Lösungen zu entwickeln.

Hinter dem *Blitzkrieg* könnte zum Beispiel sehr wohl die Angst stecken, man würde bei normalen Vorgehen nicht zum Zuge kommen. Wie ein Kind, das aus Angst, man könnte ihm das Essen wegnehmen, sich blitzschnell alles auf einmal in den Mund hineinschiebt – ohne Rücksicht auf seinen eigentlichen Bedarf und die möglichen Folgen dieser Unmäßigkeit.

Halbherzige Operationen sind unverkennbar das Werk von Bedenkenträgern und Zögerern, die aus Angst vor der eigenen Courage gleichzeitig Gas und Bremse betätigen.

Und was *Machtkämpfe* betrifft, so nützt es überhaupt nichts, solche Spannungen zu verleugnen oder gar nicht erst aufkommen zu lassen. Es nutzt nichts, zunächst alles zu versachlichen – und erst am Schluss die Personalfrage zu stellen. Genauso falsch wäre es allerdings, Sach- und Strukturentscheidungen ausschließlich um Personen herum zu treffen. Die Lösung: simultanes Vorgehen mit leichtem Übergewicht zur Frage, wer soll es tun – und wer könnte ein Interesse haben, dies zu verhindern.

Die Hoffnung, den *Weg des geringsten Widerstandes* zu finden und das Ganze möglichst sachlich und konfliktfrei über die Bühne zu bringen, ist zwar verständlich, aber völlig unrealistisch. Je stärker und unterschiedlicher die Interessen, die im Spiel sind, umso selbstverständlicher, dass Konflikte auftreten werden. Wer hier von vornherein den Weg des geringsten Widerstandes sucht, ist erpressbar. Er schließt kategorisch aus, den besten Weg finden zu wollen.

Und klar sollte auch sein, wo Verantwortung in derartig kleine Krümel aufgelöst wird, dass sie kaum noch spürbar ist – und schon gar nicht mehr durchgängig wahrgenommen werden kann, sind zwei Folgen nicht zu vermeiden: *Erstens*, man verliert kostbare Zeit. *Zweitens*, die Entscheidungen, falls überhaupt welche getroffen werden, sind unklar, ambivalent und ohne Profil: Ausfluss der unmöglichen Kunst, es allen recht machen zu wollen. Wenn die Obrigkeit den Kontakt zum Volk verliert, dann lässt es sich zwar leicht regieren – weil ungetrübt und ungestört von jeglicher Realität. Aber oft ist es wie bei einer größeren Prozession: Wenn die Honoratioren bereits das Ziel erreicht haben, haben die unteren Ränge den Marsch noch gar nicht begonnen – aber die vorn bekommen es gar nicht mit, sie sind längst nach Hause gegangen. Und so fühlt sich manche Geschäftsführung sicher, weil sie in der Konzeptionsphase unterschriebene Absichtserklärungen und Commitments aller Beteiligten in den Händen hat – und ahnt nicht, dass diese nicht einmal das Papier wert sind, auf das sie geschrieben sind; der eigentliche Nahkampf wird nämlich erst in der Umsetzungsphase beginnen.

Die übliche Methodik des Vorgehens

Lässt man die üblichen Vorgehensweisen insgesamt Revue passieren, so fallen folgende allgemeine Muster ins Auge:

Aktion: Geheime Kommandosache

Dass man die Dinge nicht an die große Glocke hängen soll, bevor die Entscheidungen wirklich gefallen sind, dürfte mittlerweile allgemein bekannt sein. Es gibt prominente Beispiele, wie man es nun wirklich nicht machen soll. Nur in einem möglichst kleinen Kreis der wirklichen Entscheider können die strategischen Varianten angedacht, durchgespielt und entschieden werden. Jeder, der zusätzlich hinzukommt, potenziert die Komplexität. Selbstverständlich besteht die Gefahr, dass Menschen, die von einer Umorganisation betroffen sind, sich aber nicht rechtzeitig beteiligt sehen, später blockieren werden. Aber dagegen kann man sehr wohl etwas tun, indem man zum Beispiel sofort nach der Entscheidung den Prozess der Beteiligung intensiv nachholt. Je weniger etwas wissen, umso weniger müssen Acht geben, nichts zu verraten. Den Kreis der Eingeweihten klein halten ist das eine, Ablenkungsmanöver und Finten gezielt inszenieren ist das zweite Erfolgsgeheimnis. Scheinverhandlungen und Versteckspiel gehören zum Basisrepertoire einer guten Verhandlungsstrategie. Ein Gesamtkonzept und ein Drehbuch entwickeln, egal wie vorläufig und bruchstückhaft, und den ersten Schritt erst dann tun, wenn auch die weiteren Schritte klar sind und wenn genau festgelegt ist, wer dafür jeweils die Verantwortung hat, ist der dritte Erfolgsfaktor. Wie bei einem Flug muss die Gesamtverantwortung klar geregelt sein: Auch und speziell wenn mehrere Piloten sich die Verantwortung teilen, muss eindeutig klar sein, wer die Verantwortung für die Gesamtsteuerung hat. Die geringste Unsicherheit in der Verantwortungskette kann im Endeffekt zur Katastrophe führen. Last, but not least ist Zeit ein entscheidender Faktor. Man kann Dinge kaputtmachen, indem man überstürzt und hektisch agiert. Man kann aber auch ein Essen verkochen lassen. Es ist wie bei der Schwangerschaft: Frühgeburten sind nur mit hohem Aufwand überlebensfähig, aber zu lange im Mutterleib bleiben, ist auch nicht ein Zeichen von besonderer Gesundheit. Auch wenn Menschen bei wichtigen Entscheidungen nicht zum engen auserwählten Kreis der Eingeweihten gehört haben, sind sie oft voller Stolz, wenn es ihrer Firma gelungen ist, eine solche Aktion generalstabsmäßig durchzuziehen.

Im Zentrum des Interesses: Betriebswirtschaftliche Analysen

Alles, was die finanzielle und betriebswirtschaftliche Seite betrifft, wird in der Regel auf Herz und Nieren geprüft: FCF (Free Cash Flow), ROIC (Return on Net Invested Capital), ROE (Return on Equity), EPS (Earnings per Share), Umsatzwachstum, Kapitalrentabilität, Kosten-Preissituation, Earnings before Interest and Taxes, Qualität und Fehleranfälligkeit oder Schnelligkeit (time to market) der Geschäftsprozesse.

Die strategische Positionierung im Markt erfolgt in der Regel noch halbwegs gründlich anhand des aktuellen Produktportfolios, der geplanten Produkte in der Entwicklungspipeline, systematischer Analysen der Marktpotenziale, Marktprognosen und berechneter Synergiepotenziale. Die Entscheidungen erfolgen seltener und weniger gründlich auf einer differenzierteren Basis von

– unterschiedlichen Zukunfts-Szenarien der relevanten Umwelten, zum Beispiel Märkte, Kunden und ihre Einstellungen zu den verkaufsrelevanten Variablen oder gesellschaftliche und gesetzliche Rahmenbedingungen;
– Analysen der Verträglichkeit der Unternehmenskulturen, die sich in Strategien, Geschäftsprozessen, Strukturen und der Einstellung der Mitarbeiter abbilden;
– der Integrations-, Anpassungs- und Widerstandsfähigkeit der Organisationen;
– einer Bestandsaufnahme der für das Zusammengehen relevanten Teile der bisherigen Unternehmensgeschichte – und daraus resultierend
– der Einschätzung des Konfliktpotenzials auf beiden Seiten sowie
– einer Prognose des Energieaufwands und Energieverlusts im Hinblick auf die erfolgreiche Bearbeitung dieser Spannungsfelder.

Die Betonung eher kurzfristiger und rein betriebswirtschaftlicher Merkmale hat vermutlich auch damit zu tun, dass die Beweggründe meistens ebenfalls genau derselben Natur sind. Im Vordergrund steht,

- einen neuen Markt »zukaufen«;
- den Marktzugang beschleunigen oder intensivieren;
- Produkte zukaufen;
- defizitäre oder fehlende eigene Geschäftsprozesse kompensieren.

Insgesamt geht es überwiegend darum, eine fertige Lösung einzukaufen, anstelle den scheinbar mühsameren und längerfristigen Weg der Eigenentwicklung oder Verbesserung des bisherigen Ansatzes zu wählen. Begründet wird dieses Vorgehen mit dem Argument, dass Zeit ein strategischer Erfolgsfaktor ist. Diesem Argument kann nicht so einfach widersprochen werden. Denn in Zeiten schnellen Wandels müssen tatsächlich die bisherigen Wege der Organisationsentwicklung hinterfragt werden. Ob allerdings die neuen Wege – längerfristig betrachtet – tatsächlich die schnelleren sind, das heißt schneller und verlässlich zu dem gewünschten Erfolg führen, darauf möchten wir später nochmals zurückkommen.

Drehbuch der Integrationssteuerung

Einige Unternehmen lassen den gesamten Prozess von einem kleinen Integrationsausschuss steuern. Vom prinzipiellen Ansatz her ist das eigentlich in Ordnung. Geht es doch darum, ein Gesamtdrehbuch zu gewährleisten. Allerdings ist immer wieder zu beobachten, dass die Zusammensetzung solcher Gremien eine unverkennbare Schlagseite hat: Die betriebswirtschaftlichen Spezialisten sind in der eindeutigen Überzahl.

Migrationssteuerung

Als eine der Hauptaufgaben wird die Steuerung der Migration gesehen. Denn richtig munter werden die Betroffenen erst dann, wenn es für sie ganz konkret wird – im Hinblick auf Arbeitsinhalte, Arbeitsumfang, Arbeitsprozesse, die Organisations- und Führungsstruktur. Bewegung kommt ins Spiel, wenn sich etwas ändert in Bezug auf die Kollegen, den Vorgesetzten oder die Zugehörigkeit zu einer bestimmten Gruppe, am Arbeitsplatz, am Arbeitsort oder auch an der Ausstattung des Arbeitsplatzes. Die Praktiker des Wandels wissen, dass gerade in dieser Phase die Stimmung der Mitarbeiter in der Regel an einen Tiefpunkt zu geraten droht und darüber hinaus die Kunden beginnen, unruhig zu werden, weil sich Fehler häufen.

Gruppendynamische und emotionale Kernelemente

Wenn Menschen, Gruppen oder Organisationen, sich zu- und untereinander neu positionieren, indem sie in irgendeiner Form näher zusammenrücken, sich vereinigen, sich weiter voneinander entfernen, sich trennen oder auch getrennt werden, sind immer auch emotionale und gruppendynamische Prozesse im Spiel – gewollt oder nicht gewollt, bewusst oder unbewusst. Wie wir an der Beschreibung der üblichen Vorgehensweisen festgestellt haben, sind diese Prozesse in aller Regel nicht offiziell vorgesehen und stehen deshalb auch nicht auf der veröffentlichten Tagesordnung. Sie werden erst dann – und das mehr oder weniger widerstrebend – zur Kenntnis genommen, wenn sie sich als Störungen auszuwirken beginnen. Aber wirklich ernst genommen wird auch eine Störung nur dann, wenn sie ein Stadium erreicht hat, wo sie weder übersehen noch unterdrückt werden kann – denn genau dies wird man zunächst einmal versuchen. Dass man statt in Störungen zu denken diese Strömungen auch als ungenutzte Quelle elementarer Gestaltungsenergie sehen und nutzen könnte, die bisher vernachlässigt wurde, weil zum Beispiel im Konzept die Beteiligung der Betroffenen nicht oder nur marginal vorgesehen war, von einem solchen Denkansatz sind die meisten »Veränderungs-Strategen« meilenweit entfernt.

Nimmt man gruppendynamische und emotionale Prozesse genauer unter die Lupe, wie sie nun einmal nahezu gesetzmäßig ablaufen und wie wir sie später noch genauer beschreiben werden, so lässt sich unschwer erkennen, was in der Situation von Merger und Akquisition die Betroffenen vielfach bewegt: die Sorge um die eigene *Identität und Befindlichkeit*, das Thema *Wir und die anderen* und schließlich die Suche nach der richtigen *Nähe und Distanz*. Und dieses sind die Fragen, die Menschen in solchen Situationen vor allem beschäftigen:

- Wer bin ich – und was gelte ich – in Abgrenzung von und im Vergleich zu den anderen?
- Was muss ich von mir hergeben beziehungsweise verändern – und (wie) kann ich das leisten?

- Wie gut oder schlecht wird es mir dabei ergehen?
- Wie passt der andere zu mir beziehungsweise wie passen sie zu uns?
- Wie weit kann ich vertrauen oder muss ich mich schützen?
- Wie viel Nähe vertrage ich, wie viel Abstand brauche ich?

Es ist ähnlich wie in einer persönlichen Partnerschaft: Ausgangspunkt sind zwei unterschiedliche Ich (Wir)-Systeme, die sich in erster Linie um den Erhalt ihres eigenen Systems sorgen. Aus dieser existenziellen Sorge heraus sind verschiedene natürliche Reaktionen möglich:

- Das Fremde wird abgewehrt, indem man es zurückstößt – körperlich oder in einem übertragenen Sinn, indem man es zum Beispiel schlecht macht.
- Das Fremde wird abgewehrt, indem man es vereinnahmt; das Fremde wird zu einem Teil des eigenen Ich gemacht.
- Beide nähern sich vorsichtig schrittweise einander an, indem man sich beschnuppert und auf kleinstmöglichem Nenner miteinander verhandelt ganz nach dem Modell: Wie lieben sich Igel? Auf jeden Fall vorsichtig!

Damit aus zwei Ichs ein neues Wir entstehen kann, müssen die alten Ichs in ihrer bisherigen Form aufgelöst werden. Es geht um eine »schöpferische Zerstörung«, von der schon Schumpeter gesprochen hat. Zwei Währungen mit einer möglicherweise langen Geschichte müssen in einer neuen Währung aufgehen, die bei einem gemeinsamen Punkt null anfängt. Dies ist überhaupt kein natürlicher selbstverständlicher Prozess. Wer diesen Prozess will, muss ihn psychologisch kunstgerecht in die Wege leiten und ebenso professionell steuern und begleiten.

Anfänge sind durch Abgrenzung, Vorsicht und Sorge um sich selbst gekennzeichnet

Es ist völlig normal, dass sich die Ursprungssysteme zunächst selbst in ein gutes Licht stellen – und kaum neugierig aufeinander sind, ja, gar nicht sein können. Denn alle Energie gilt zunächst dem Schutz des bedroht geglaubten Selbst. Neugieriges Erkunden des anderen wird erst in einer späteren Phase möglich, wenn die eigenen Schutzbedürfnisse einigermaßen befriedigt sind. Hier gilt der altbekannte Leitsatz von Siegmund Freud: *Alles Unbekannte bereitet Angst.*

Geschwisterneid und Geschwisterrivalität

Urmuster der frühen sozialen Positionierung, unter anderem in der Geschwisterreihe, werden wachgerufen. Die für die innere Psyche existenziellen Fragen dazu lauten:

- Werde ich gerecht behandelt oder komme ich hier zu kurz?
- Wer ist besser beziehungsweise wer wird höher wertgeschätzt?
- Was steht mir zu aufgrund der Position in der (wie auch immer gearteten) Rangreihe?
- Was kann ich tun, um meine Position zu stabilisieren oder gar zu verbessern?
- Wer bedroht mich in meiner Position, wie kann ich mich verteidigen?

Vergangenheitsorientierte Auf- und Abrechnungen stehen auf der Tagesordnung. Wie in der Familie innerhalb der Geschwisterreihe und später in der Schule innerhalb der Schulklasse: Es geht immer um Anerkennung und Wertschätzung im Vergleich zu anderen, die als Maßstab definiert werden *(gleich wie …mehr als …weniger als …)* Es geht nicht um absolute Werte, sondern um die als gerecht empfundene Relation. Es kann einem durchaus auch einmal schlecht gehen, aber schlimm ist, wenn man sich dabei ungerecht *im Vergleich zu …* behandelt fühlt.

Bedürfnis nach Sicherheit – und der Ruf nach klarer Führung

Unsichere labile Zustände wecken beziehungsweise steigern den Wunsch nach klarer Führung – auch um den Preis der Ausweitung der eigenen Abhängigkeit. Wer diese Führung nicht bieten kann, wird die Unsicherheit potenzieren. Je abhängiger und unselbstständiger die Betroffenen sind, umso stärker wird dieser Wunsch in Erscheinung treten. Aber auch Menschen, die sich in normaler Lage relativ mündig verhalten, können in solchen Situationen dazu neigen, sich in alte kindliche Muster der Abhängigkeit zu flüchten und von »Elternfiguren« Schutz zu erhoffen. Wenn sich Unternehmen neu sortieren und positionieren, alte Konstellationen aufgelöst und neue erst noch gefunden werden müssen, stehen Ängste und Verunsicherungen auf der Tagesordnung. In solchen Situationen sind Menschen besonders anfällig für Führer, die sich in der Rolle des Retters, Helden oder Erlösers anbieten. Umgekehrt sind in solchen Situationen Führer verführbar, eine solche Rolle anzubieten und zu versuchen, damit Karriere zu machen.

Empfehlungen

Aus all dem ergeben sich folgerichtig, gleichsam psycho-logisch einige Hinweise. Diese sind insgesamt sicher nicht neu. Die Praxis zeigt, dass Teilelemente davon durchaus befolgt werden. Aber so wie *ein* verbleibendes Loch im Reifen reicht, obwohl fünf andere kunstgerecht geflickt wurden, dass die ganze Luft entweicht und der Reifen fahruntüchtig wird, so gilt auch hier: Alle Grundsätze befolgen mit Ausnahme eines einzigen kann schon ausreichen, einen schlechten Job zu machen.

Klare Führung vorgeben und nicht zögern

Auch wenn einem Bergführer das Herz fast in die Hose rutscht, er muss der Gruppe den starken Führer vorspielen, weil er sonst die im Ansatz vorhandenen, aber oft unterdrückten Ängste der Gruppenmitglieder freisetzt.

Schnell und zügig handeln,

auch um den Preis des Vorwurfs, ein Fait accompli zu schaffen. Im Übrigen empfiehlt es sich nicht, gerade solche Situationen als Übungsfeld zu wählen, um den Prozess des Mündigwerdens zu trainieren und voranzutreiben. Wenn die Mitarbeiter bislang an klare Führung gewöhnt waren, sollte man sie um Himmels willen nicht gerade in so einer Situation dieser berauben. Und dort, wo bisher breite Beteiligung die Regel war, kann man durchaus auch einmal für einen Ausnahmezustand um Verständnis werben – spätestens im Nachhinein.

Mental die Zukunft antizipieren

Wer sich auf eine schwierige Reise begibt, muss nicht nur wissen, wohin er will, er muss zum Beginn seiner Reise mental bereits am Ziel angelangt sein. Ein Ziel, mit dem man sich identifiziert, entwickelt eine ungeheure Anziehungskraft. Die Kunst: sich selbst mental weit voraus sein und sich körperlich nachziehen. Dieses mentale Bild der Zukunft hervorbringen und sich so hinein vertiefen, dass dieses Bild zur lebendigen mentalen Gegenwart wird, kann zum Beispiel Anlass und Ziel eines Szenarioworkshops sein. Dadurch werden Energien freigesetzt, gebündelt und zur Gestaltung der neuen Welt genutzt.

Landkarte der verdeckten Interessen: die zweite Seite der Medaille

Viele Mergers und Akquisitionen verlaufen deshalb nicht erfolgreich beziehungsweise erreichen nicht den erhofften Synergieeffekt, weil die emotionalen und gruppendynamischen Faktoren nicht konsequent beachtet und bearbeitet werden. Neben der Angst, an die heißen Themen heranzugehen, könnte es ein zweites Hindernis geben: Es stehen keine geeigneten Instrumente zur Verfügung. Wir empfehlen dazu eine spezielle Landkarte der verdeckten Interessen mithilfe eines Eisberg-Bildes zu erstellen. Oberhalb der Wasserlinie werden die offiziell gehandelten Ziele, Anliegen und Faktoren aufgezeichnet, unterhalb der Wasserlinie kommt alles, was die Situation sonst noch beeinflusst, worüber aber nicht oder nur verdeckt geredet wird. Dieses Instrument schafft die Möglichkeit, alle vermuteten Spannungsfelder und Konflikte, alle verdrängten Themen auf *einen* Blick ins Bewusstsein zu heben und dort zu halten. Dieser Überblick muss regelmäßig mit allen Beteiligten überprüft und aktualisiert werden und dient als unabdingbare Grundlage zur Planung und Umsetzung der Integration.

Hautnah kommunizieren

Wer Angst hat, das stellen wir schon bei kleinen Kindern fest, sucht Körperkontakt. Enge Kommunikation ist ein Äquivalent für Hautkontakt. Ein entsprechendes Kommunikationskonzept, wo ausgewählte, akzeptierte und zuverlässige Leitfiguren über die ganze Zeit der Gefährdung hin zu vorher festgelegten Gruppen Kontakt halten, mitteilen, was es mitzuteilen gibt, vor allem aber sondieren und zur Kenntnis nehmen, wie es den Betroffenen geht, ist *Conditio sine qua non* jedes derartigen Prozesses. Die notwendige Kommunikation hat zwei Ebenen, die Inhalte auf der einen Seite und die Befindlichkeiten und Beziehungen zu- und untereinander auf der anderen Seite. Beiden gilt es gerecht zu werden. In Situationen, die mit Angst besetzt sind, ist die so genannte Beziehungskommunikation die wichtigere. Aber auch die inhaltliche Seite darf nicht vernachlässigt werden: Dies gilt selbst für die Situation, dass sich nichts Neues getan hat. Auch dies ist für die Betroffenen eine wichtige Information. Und nicht vergessen: Lücken in der Kommunikation werden mit Fantasien gefüllt. Neben der internen Kommunikation ist die Kommunikation zum Markt und Kunden nicht zu vernachlässigen. Erstens ist sie ein wichtiges Marketinginstrument, um die gewünschte neue Identität im Markt zu positionieren und zu sichern. Zum Zweiten wird sich die Art und Weise, wie das Unternehmen nach außen dargestellt wird und wie Menschen darüber reden, nicht unwesentlich auf die Mitglieder selbst und ihre Einstellung dazu auswirken.

Kleine Regiegruppe mit durchgängigem Drehbuch

Ganz entscheidend für den Erfolg wird sein, dass es einen Regisseur und eine Regiegruppe gibt, die den gesamten Prozess lückenlos und ganzheitlich unter Berücksichtigung aller beschriebenen Dimensionen und Aspekte planen, steuern und in seiner Wirksamkeit kontrollieren. Wie wir mittlerweile aus vielfältigen Erfahrungen im Rahmen des Reengineerings von Geschäftsprozessen wissen, besteht der Erfolg einer Prozesskette im Wesentlichen darin, eine durchgängige ungebrochene Verantwortung zu gewährleisten. Dieses Prinzip gilt in unserem Fall mindestens genauso streng, handelt es sich doch hier um die Neubildung einer Prozesskette – und das noch in der sehr prekären Anfangsphase. Die übliche Trennung zwischen Konzept und Umsetzung halten wir für schädlich, weil sie genau diesem Prinzip zuwiderläuft. Das heißt aber keineswegs, dass nicht über die Zeit hinweg regelmäßig einzelne Mitglieder der Regiegruppe ausgetauscht werden sollten, um erstens Arbeitsüberlastungen vorzubeugen, zweitens zu verhindern, dass Cliquenwirtschaft entsteht, und um drittens jeweils neuen Perspektiven eine Chance zu eröffnen.

Umsetzung sichern

Das Drehbuch muss weit in den Prozess des Anwachsens hineinreichen, bis sich die meisten an die neuen Verhältnisse gewöhnt haben und das Neue erlebnismäßig dem Bereich des Normalen zugeordnet wird. Jede zu frühe Übergabe an die Linienorganisation gefährdet den Prozess – außer, die Linie behandelt diesen Punkt verlässlich und nach Drehbuch als ausdrücklich gesondertes Thema. Wer den Prozess zu früh aus der »Intensivstation« entlässt, verhält sich fahrlässig: In der Alltagsroutine stehen nämlich weder die besondere Aufmerksamkeit noch die speziellen Überwachungs- und Behandlungsinstrumente zur Verfügung.

Kapitel 6

Familiendynamik im Unternehmen

Aus dem Leben gegriffen ...

Seine Firma hatte er sozusagen aus dem Nichts aufgebaut. Inzwischen waren etwa zwanzig Jahre vergangen, er selbst stand mit Anfang fünfzig im besten Mannesalter und hatte ungefähr vierzig Angestellte. Umsatz und Ertrag waren in Ordnung. Er gehörte mittlerweile zu den besseren Kreisen der Stadt. Da es sich um ein Bauunternehmen handelte, hatte er ganze Straßenzüge mit großzügigen Einfamilienhäusern bebaut. Drei davon bewohnten er selbst und die beiden erwachsenen Söhne. Die Tochter lebte als Nesthäkchen noch im elterlichen Haushalt. Er lebte seit einigen Jahren bereits mit der zweiten Frau zusammen. Er hatte sie anlässlich eines Kuraufenthalts kennen gelernt und sich von der ersten scheiden lassen. Die Söhne stammten aus der ersten, die Tochter aus der zweiten Ehe. Eine insgesamt erfolgreiche und glückliche Familie. Wie diese Geschichte endete? Er starb an einem Herzschlag am Schalter seiner Bank. Wurde, wie man so schön sagt, mitten aus dem Leben gerissen, war allerdings schon Anfang siebzig – und lebte allein. Wie das gekommen ist? Seine zweite Frau war bereits seit drei Jahren tot. Den Haushalt führten abwechselnd die Tochter, die im Nachbarhaus mit einem nach wie vor noch verheirateten Mann zusammenlebte, und eine nicht verheiratete ältere Cousine von ihm. Der ältere Sohn hatte Rechtswissenschaften studiert und war zunächst gewillt, auf seinen Wunsch hin die Geschäftsführung im Betrieb zu übernehmen. Dies hielt er allerdings nur für etwa drei Jahre durch. Der Vater war mit nichts zufrieden, redete überall herein – und weigerte sich, dem Sohn eine klare abgegrenzte Rolle als Geschäftsführer zuzubilligen. Der Sohn zog daraus die Konsequenzen, wechselte als Syndikus in ein anderes Unternehmen, bewusst weit entfernt von seinem Heimatort und ist dort auch heute noch anerkannt und erfolgreich tätig. Der jüngere Sohn absolvierte die Realschule und machte anschließend eine kaufmännische Ausbildung in einem anderen Betrieb. Nachdem er seine Ausbildung erfolgreich abgeschlossen hatte, wechselte er auf Wunsch seines Vaters in den elterlichen Betrieb. Das schon bekannte Muster wiederholte sich: Der Sohn hatte nichts zu sagen und konnte nichts recht machen. Im Zeitraum von fünf Jahren gab es zwei Trennungen mit anschließender Wiederversöhnung – und dann kam der endgültige Bruch. Um seine Unabhängigkeit zu beweisen, wechselte der Sohn demonstrativ in eine völlig andere Branche, von der Bau- in die Pharmabranche, obwohl er sich dazu einer zusätzlichen Ausbildung unterziehen musste. Der Tochter traute der Vater von vornherein schon gar nicht zu, maßgeblich im Geschäft tätig zu werden, außer als gelegentliche Aushilfe in der Buchhaltung, gar nicht zu reden vom »unsoliden« Lebensgefährten der Tochter. Die Schwierigkeiten im Geschäft häuften sich. Er selbst war immer häufiger als operativer Troubleshooter gefragt beziehungsweise inszenierte sich als solcher. Noch im hohen Alter schwang er sich selbst auf den Tieflader, wenn Not am Mann war, um beim Beladen zu helfen. Bei einer ähnlichen Gelegenheit, die er zugleich demonstrativ nutzen wollte, um dem jüngeren Sohn vorzuführen, wie engagiert man sich um sein Geschäft zu kümmern habe, hatte dieser ihm seinerseits hämisch vorgerechnet, was es den Betrieb im Endeffekt koste, dass er, der Chef, bei einer völlig nebensächlichen Hilfsarbeitertätigkeit, wofür er körperlich noch nicht einmal besonders gut geeignet sei, seine Zeit vergeude, anstatt, wie es dringend nötig gewesen wäre, neue längerfristigere Aufträge für den Betrieb zu akquirieren und mit entsprechenden potenziellen Kunden zu verhandeln. Der eigentlichen Herausforderung, eine professionelle Geschäftsführung zu bestellen, die Nachfolge zu regeln, die strategische Positionierung zu überprüfen und die Firma auf dem Hintergrund des sich verändernden Marktes neu zu platzieren, war er einfach nicht gewachsen. Und so kam, was kommen musste: Der Senior endete so allein, wie er einst begonnen hatte. So systematisch, wie er einst sein Geschäft aufgebaut und erfolgreich gemacht hatte, so systematisch machte er es am Ende auch wieder kaputt. Mit seinem Tod war kurze Zeit danach auch die Firma am Ende. Keines der Kinder war bereit, das Werk des Vaters zu übernehmen und fortzuführen.

Die besonderen »familienbedingten« Herausforderungen im Allgemeinen ...

Eigentlich eine ganz normale Geschichte. Zeitungen und Magazine versorgen uns täglich mit einschlägigen Erfolgsstorys und noch mehr Skandalberichten von Familienunternehmen. Stoff bieten sowohl Firmen, die im Besitz von Familien sind und gleichzeitig von Familienmitgliedern geführt werden, als auch Familienunternehmen, die von familienfremdem Management gelenkt werden. Es geht nicht unbedingt ohne Probleme ab, wenn Familienmitglieder neu in das Management des Unternehmens einsteigen. Es ist sicher auch nicht einfach, die Voraussetzungen dafür zu schaffen, wie Familie und die familienfremden Manager am besten zusammenspielen können (sollen), zum Wohle der Familie und des Unternehmens. Schon immer erfüllt es den Traum jedes Wirtschaftsjournalisten, darüber berichten zu können, wenn Familien wieder mal völlig »überraschend« und natürlich »in gegenseitigem Einvernehmen« ihr familienfremdes Management auswechseln.

... und im Besonderen

Allerdings gibt es zwei Situationen, die für das erfolgreiche Management von Familienunternehmen besonders bedeutsam sind:

Herausforderung Nr. 1: Regelung der Nachfolge

Pioniere oder besonders erfolgreiche Unternehmer halten sich im Prinzip für unentbehrlich und deshalb unersetzbar. Der besondere Hintergrund: Das Unternehmen ist sozusagen eine Verkörperung oder Verlängerung des eigenen Ich. Die Aufgabe wird zum Lebenswerk – und hilft, den Tod zu verdrängen. Nicht wenige werden deshalb mit den Beinen nach vorn aus ihrem Büro getragen. Nicht dass es bei Managern prinzipiell viel anders wäre. Nur sind in Unternehmen mit angestelltem Management die Dinge in aller Regel besser geregelt. Es gibt einen Aufsichtsrat oder Stiftungsrat, der die Aufgabe und Macht hat, die Nachfolge und die entsprechenden Spielregeln zu bestimmen. In Familienfirmen ist es häufig anders: Entweder es gibt keinerlei Spielregeln und es bleibt dem Inhaber vorbehalten, den Zeitpunkt seines Ausscheidens selbst zu bestimmen, oder aber die Regelungen sind so raffiniert verschachtelt, dass trotz andersartigen äußeren Anscheins der Unternehmer im Endeffekt machen kann, was und so lange es ihm beliebt.

Auf die aktuelle Einsicht des Alten zu hoffen ist leichtfertig. Der mögliche Druck von außen, sich aus der Leitungsfunktion zurückzuziehen, wird überlagert und kompensiert durch das zunehmende Gefühl der Unersetzbarkeit. Zur Angst vor Leere und Bedeutungslosigkeit kommt häufig ein gehöriges Maß an Altersstarrsinn. Dagegen hilft nur: frühzeitig das Tabu brechen, über Form und Zeitpunkt des Ausscheidens sprechen, rechtzeitig die Weichen stellen und Festlegungen treffen, die keinerlei Ausnahmen und Ausweichen ermöglichen.

Dass die Nachkommenden es in den Augen der Vorgänger nie so gut machen können, wie man selbst es vorgemacht hat, und dass diese wiederum geradezu zwanghaft eigene Duftmarken setzen werden, um sich selbst zu beweisen, ist einfach ein gruppendynamisches Gesetz. Dass die Vorgänger dann als Trostpreis in die Aufsichtsgremien wechseln und dort gegebenenfalls auch noch die Leitung übernehmen, ist auch nicht der Weisheit letzter Schluss. Wenn die innere Ablösung gelungen ist, dann mag dies ein weiser Akt sein, Wissensmanagement zu betreiben. An vielen Beispielen kann man allerdings erkennen, dass dieser Platz lediglich dazu genutzt wird, den Nachfolger nicht hochkommen zu lassen und ihn, nachdem man ihn schon nicht vermeiden konnte, gezielt zu demontieren.

Wie man das alles vermeiden könnte? Die Aussichten sind nicht rosig. Wer dran ist, will dran bleiben. Wie im Wolfsrudel. Solange der Anführer noch im Saft steht, wird er jeden Konkurrenten wegbeißen. Auch die scheinbar doch so faire Variante, der Junge soll doch auch klein anfangen im Betrieb, wie man selbst einmal klein angefangen hat, ist ein faules Ei: Jeder im Betrieb weiß, dies ist der Sohn des Chefs, und schnell ist die geheime Spielregel bekannt, wie man mit ihm umzugehen hat – auf jeden Fall nicht wie mit einem normalen Menschen. Entweder bleibt er der Chef-Bubi, dem man alles herzurichten hat, damit der Chef nachher mit Recht sagen kann, dass dies keine normale Lehrzeit war, oder aber man muss ihn besonders hart hernehmen, sodass das Scheitern vorprogrammiert ist. Die einzig wirklich erfolgversprechende Variante ist, sich in einem fremden Unternehmen, wo die familiäre Herkunft keine Rolle spielt, seine Sporen zu verdienen. Wenn man dann wirklich die eigene Familienfirma übernehmen will, wird wahrscheinlich nichts anderes übrig bleiben, als den Vater rauszubeißen. Vielleicht nicht schön, aber wirksam. Ohne Konflikte wird in aller Regel eine rechtzeitige Ablöse kaum zu bewerkstelligen sein.

Wer das nicht glaubt, sollte Folgendes bedenken: Gerade wenn Kinder tatsächlich ein eigenes Managerprofil bekommen und somit ihre Potenz zeigen, werden sie vom Alten als bedrohlich für das Unternehmen weggebissen. Im Grunde dürfen sie nur so lange bleiben, wie sie sich als Schlappschwanz erweisen – und nichts von der bisherigen Unternehmensstrategie und vor allem nicht die Macht des Vaters grundsätzlich infrage stellen.

Herausforderung Nr. 2:
Vorprogrammierte »Geschwisterrivalitäten«

Wo mehrere Familienangehörige gemeinsam in der Firmenleitung tätig sind, muss man auf Rivalitäten gefasst sein. Dieses Muster wurde schon in ganz frühen Familienerfahrungen erlebt und gelernt – also für spätere Zeiten vorprogrammiert.

Wenn diese Rivalität nicht abgelöst werden kann durch ein emotional akzeptiertes Modell der geschwisterlichen Kooperation auf der Basis eines nicht weiter hinterfragbaren familiären Vertrauens, gibt es nur eine sichere Problemlösung: Nur *einer* darf bleiben – und muss durch eine konsequente rechtzeitige Abfindung beziehungsweise Herauslösung der anderen dafür sorgen, dass niemand von der Familie in irgendeiner Weise in das operative Geschehen hineinregieren kann.

... und überhaupt

Darüber hinaus gibt es auch eine sekundäre Familiendynamik, die Mitarbeiter je nach Prägung durch ihre eigene familiäre Herkunft in jedwedes Unternehmen hineintragen können. Diese indirekte Familiendynamik kann bei leitenden Managern eine nicht unmaßgebliche Rolle spielen in der Art, wie sie das Unternehmen und Mitarbeiter führen. So kann es passieren, dass sie in einer spontanen, vielfach unbewussten Neigung bestimmte Situationen gemäß ihrer eigenen familiären Erfahrung in einer ganz bestimmten Weise deuten und ihr Verhalten instinktiv darauf einstellen. So fühlt sich mancher in einer Situation urplötzlich persönlich angegriffen und reagiert entsprechend allergisch – und das ganze Umfeld kann sich absolut keinen Reim darauf machen – und ein anderer kann genauso überraschend und unverständlich für andere auf einmal die Spendierhosen anziehen. Es existiert eine nahezu unerschöpfliche Vielfalt von Beeinflussungen, mit verwirrenden Verschachtelungen, Projektionen und Untiefen.

Und es gibt weitere Fragen von speziellem Interesse: Wie wirkt sich der jeweilige Zustand der Systeme – Familie und Unternehmen – aufeinander aus? Wie beeinflussen sich Familien- und Unternehmenskultur gegenseitig? Welche Rolle spielt die öffentliche beziehungsweise veröffentliche Meinung in diesem Zusammenhang?

Gruppendynamische Spezialitäten

Die Familienkonstellation ist eine Sonderform der Gruppe. Das Spezielle ist der festgelegte Kontext, in dem sich die Familiengruppe bewegt. Familien sind in erster Linie Lebensgemeinschaften. Daraus lassen sich spezielle Rollenerwartungen beziehungsweise Rollenspezifikationen ableiten, zum Beispiel Sorge für den Lebensunterhalt, grundlegende Entscheidungen in Bezug auf Familien- beziehungsweise Nachwuchsplanung und damit in Zusammenhang Ausprägung von Vater- und Mutterrolle. Vor noch nicht allzu langer Zeit war diese Kontextspezifikation sehr eindeutig und differenzierte das System Familie trennscharf von anderen Gruppen. Heute gilt für die Familie, was für alle Gruppen gilt: Die jeweiligen Kontexte sind in Veränderung begriffen – und damit auch die Rollen, die durch den jeweiligen Kontext spezifiziert sind. Für das Familiensystem signifikant sind die folgenden Rollen ihrer früheren Selbstverständlichkeit beraubt: der Mann als Ernährer, der Mann als Familienoberhaupt, die Frau als Mutter und damit gleichzeitig als die für die Aufzucht zuständige Personen.

Darüber hinaus sind im Zusammenleben von Familien vor allem folgende Aspekte bemerkenswert: Es gibt zunehmend weniger allgemein anerkannte Spielregeln, wann zum Beispiel Kinder das »elterliche« Haus verlassen sollten und wie sie sich, solange sie zu Hause sind, zu verhalten haben; der Trend zur Kleinfamilie und zu familienähnlichen Lebensgemeinschaften in Form offener Lebensabschnittspartnerschaften verstärkt

sich; lebenslang geplante und mittlerweile gesetzlich abgesicherte gleich-
geschlechtliche Partnerschaften – nicht selten mit Adoptivkindern – nehmen ebenfalls zu. Insgesamt ist eine unverkennbare Erosion des früheren
erzieherischen und ethischen Bollwerks Familie zu beobachten – zum
Leidwesen bestimmter Institutionen, die diese Bollwerke als Stützpunkte
und Multiplikatoren ihrer Wertebotschaften nutzten und als Gegenleis-
tung nicht unwesentlich zu ihrer gesellschaftlichen Anerkennung und
Stabilisierung beigetragen haben. Was die einen rückwärtsblickend als
Erosion bezeichnen, bezeichnen andere als lang erstrebten gesellschaftlichen Wandlungsprozess zu mehr Offenheit und Gestaltungsfreiraum für
das Individuum.

Bei aller Veränderung bleibt die Familie auch weiterhin eine besondere Form der Gruppe. Aus einem bestimmten Kontext und einer bestimmten Tradition heraus ist sie gezwungen, sich mit genau diesen
oder ähnlichen Fragen auseinander zu setzen. Was macht also die gruppendynamische Besonderheit von Familienkonstellationen aus? Wor-
aus bestehen die besonderen Antriebs- und Gestaltungskräfte, die
praktisch nur in solchen Konstellationen auftreten und wirksam werden? Wo liegt das besonders Neuralgische und Diffizile? Und wie kann
es so unter Kontrolle gebracht und neutralisiert werden, dass es die positiven Wirkkräfte nicht unterlaufen kann? Gibt es wesentliche Unterschiede zwischen unmittelbaren Familienstrukturen, wo also leibliche
Familienmitglieder zusammenwirken, und mittelbaren, wo Menschen
sich entsprechend ihrer Erfahrungen verhalten, die sie in ihrer Ur-
sprungsfamilie gemacht haben? Wir wollen dies an einigen wesentlichen Punkten deutlich machen.

Umgang mit Ressourcen: Eigentum verpflichtet

Wenn jemand uns zu besonderer Sorgfalt bewegen will, dann könnte er
uns zum Beispiel bitten, eine Sache wie unser persönliches Eigentum zu
behandeln. Es macht eben einen wesentlichen Unterschied aus, wie wir
mit eigenen und mit fremden Dingen umgehen. Je anonymer, je weniger
zuordenbar, umso unverbindlicher. Es ist eben etwas anderes, ob man
sein eigenes Geld ausgibt oder ob man über das Geld anderer Menschen
verfügen kann. Dazu passt die Aussage eines für seinen Erfolg bekannten
Managers: »Ich habe diese Firma immer so geführt, als ob es meine eigene wäre.«

Die unterschiedlichen Modelle, Mitarbeiter am Unternehmen zu beteiligen, haben alle eines gemeinsam: Dahinter steckt keineswegs selbstlose Menschenliebe, sondern das knallharte Kalkül, dass Mitarbeiter sorgfältiger und fleißiger sind, wenn es darum geht, ihr persönliches Eigentum zu erhalten und zu mehren. Ein insgesamt durchgehend positiver Faktor, der auch dadurch nicht relativiert wird, dass Eigentümer eine besondere Art der Mitsprache erwarten. Denn auch die Mitwirkung schlägt sich in den meisten Fällen in höherem Engagement nieder.

Auch die ganze Diskussion der letzten Jahre über eine transparentere Ressourcenallokation, gekoppelt an Prozessketten und an den exakten Entstehungsort der Kosten, hat ein übergreifendes Ziel: durch Transparenz die eindeutige Zuordnung von Verantwortung zu ermöglichen – Voraussetzung für »ownership«, ein Fremdwort für eine andere Art von Eigentum, nämlich die Bereitschaft, für einen Gegenstand oder eine Aktion die innere Trägerschaft, eben die Verantwortung, zu übernehmen.

Wer auch immer Betroffene zu Beteiligten macht, verfolgt die gleiche Absicht: Er vermutet, dass Menschen, die in bestimmte Dinge oder Prozesse involviert oder davon betroffen sind, eine grundsätzlich natürliche Tendenz, ja, geradezu eine Erwartung haben, sich je nach dem Grad ihrer Betroffenheit auch einbeziehen zu lassen – und damit auch bereit sind, Verantwortung zu übernehmen.

Es geht darum, zwei Kräfte zu nutzen: Erstens, den potenziellen Drang, etwas zu besitzen, und zweitens, den fast instinkthaften Drang, sich um das eigene Besitztum sorgfältig zu kümmern. Sozialisierung von Eigentum führt häufig zu merklichen Vernachlässigungstendenzen. Was allen gehört, gehört niemandem – und was keinem gehört, darum kümmert sich auch niemand. Ein Prozess, den man in den ehemals sozialistischen Staaten eingehend studieren konnte – und wofür diese Staaten einen hohen wirtschaftlichen Preis zahlen mussten. Die Kehrseite dieser Medaille heißt Kleinlichkeit, Geiz und Ausschließlichkeit. Die prinzipiell vorhandene nützliche Schutz- und Verteidigungstendenz des persönlichen Eigentums kann sich ausweiten in die weniger vernünftige Tendenz, sich mit seinem Eigentum abzukapseln. Eigentümer können dazu neigen, Misstrauen und Angst zu entwickeln, dass ihnen ihr Eigentum beschädigt oder gar weggenommen wird. Wer solche Ängste hat, lässt niemand an seinen Besitz heran, kümmert sich schließlich um alles selbst, schottet sich ab. Wie ein Hund, der seinen Knochen vergräbt, aus Angst, er könnte ihm weggenommen werden.

Entscheidungen und die Delegation von Verantwortung: Drum prüfe, wer sich ewig bindet ...

Eine ähnliche Doppelbödigkeit ist zu beobachten, wenn es darum geht, Entscheidungen zu treffen und andere an Entscheidungen zu beteiligen. Wer weiß, dass es um seine eigenen Interessen geht, macht die wichtigen Dinge auch gern zur eigenen Sache. In der Auswahl derer, die er zur Hilfe hinzuzieht, auf deren Meinung oder Beratung er sich stützt, wird er eine entsprechende Sorgfalt walten lassen. Ein im Prinzip äußerst wünschenswertes Charakteristikum.

Die Kehrseite: Misstrauen und daraus abgeleitet die Tendenz, lieber alles selbst zu machen. Entscheidungen und damit zusammenhängend auch Verantwortung zu delegieren, ist schon ganz allgemein schwierig genug – und dies aus unterschiedlichen Gründen: einmal aus der bereits erwähnten Unsicherheit und Angst, ob denn andere überhaupt (schon) in der Lage sind, die Dinge so richtig zu machen, wie es sich gehört. Ein zweites elementares Bedürfnis kommt hinzu, nämlich der Wunsch, sich darzustellen, sich mit dem eigenen Können in Szene zu setzen, sich und anderen die eigene Potenz zu beweisen, deshalb lieber selbst im Rampenlicht zu stehen, die Dinge selbst zu managen, um sich bei Erfolg die berühmte Feder auch ausschließlich an den eigenen Hut stecken zu können. Und so benutzt so mancher die scheinbare Fürsorge um das Wohl des Unternehmens ungeniert als Vorwand, um für immer und ewig die erste Geige zu spielen. Bei der Frage, ob und inwieweit andere am Entscheidungsprozess im eigenen Unternehmen zu beteiligen sind, wird es selbst in der eigenen Familie problematisch: Häufig entsprechen weder Ehepartner noch die eigenen Kinder den vom Gründer oder aktuellen Familienoberhaupt (selbst) gestellten Anforderungen beziehungsweise sie dürfen ihnen nicht entsprechen, weil man ja sonst ersetzbar wäre – für manchen ein äußerst bedrohliches Gefühl.

Zeugungslust und Gründerenergie

Dies alles potenziert sich nochmals im Falle des Gründers. Es gibt eine Fülle von geradezu legendären Erzählungen über den Ideenreichtum, die Zähigkeit und absolute Opferbereitschaft von Pionieren. Jedes Land, jede Branche und jede Zeit hat ihre Gründerlegenden. Auch unsere schnelllebige Zeit der informationstechnologischen Revolution ist voll davon. Nicht wenige Pioniere verfassen ihre Gründungslegenden selbst, manche entwickeln daraus außerdem Handreichungen für junge Gründer. Menschen ermutigen und Wege aufzuzeigen, wie man sich selbstständig machen, selbst vermarkten und so das eigene Schicksal in die Hand nehmen kann, ist absolut zeitgemäß: Die gewohnte, politisch immer noch angestrebte Arbeitsplatzsicherheit gehört nicht nur im Mittelstand, sondern mittlerweile auch in den großen Firmen längst der Vergangenheit an. Sich als eigenes Unternehmen zu begreifen und sich entsprechend auf dem Markt zu behaupten, ist das Gebot der Stunde, wenn auch die (gesellschaftspolitischen) Rahmenbedingungen, speziell was die Regelungsdichte angeht, diesen Herausforderungen noch nicht optimal entsprechen, sondern sich immer noch zu stark an der Vergangenheit ausrichten.

Die Kehrseite: So mancher Pionier schafft die rechtzeitige Ablöse nicht – und macht im Endeffekt sein Unternehmen genauso gründlich und systematisch wieder kaputt, wie er es einst aufgebaut hat. Es sind die selteneren Fälle, wo ein Übergang zur nachfolgenden Generation oder zu familienfremdem Management ohne zumindest mittelgroße Katastrophe gelingt. Das Unternehmen wird zum Spielzeug für Erwachsene, zum Faustpfand, um dem eigenen Machtspiel Futter zu geben. Es ist wie ein Versuch, die unstillbare Sehnsucht nach Unsterblichkeit zu stillen. Für erfolgreiche Pioniere ist der rechtzeitige Rückzug die große Ausnahme. Viele Legenden werden um Leute gerankt, die noch mit 80 und mehr Jahren ihre so genannte Pflicht tun. So wird mit hochtrabenden Worten die Tatsache verschleiert, dass jemand es nicht schafft, rechtzeitig die Stafette zu übergeben. Wir sind durchaus nicht der Meinung, dass man ab 80 Jahren nicht mehr leistungsfähig sein könnte. Aber es ist wie im Hochleistungssport: Nur bis zu einem gewissen Alter hat man die Spritzigkeit, schnelle Auffassungsgabe und Beweglichkeit, die im heutigen volatilen Umfeld benötigt werden. Zumindest deutsche Aufsichts- und Beiräte sind voller schlechter Beispiele. Und mancher, der voller Tatendrang seine Selbstständigkeit beginnt, flüchtet bei der ersten Schlechtwetterlage in das vermeintlich sichere Netz größerer Organisationen. Unsere These: Wer dem freien Markt nicht gewachsen ist, wird auch den zukünftigen harten und auf Flexibilität aufgebauten Anforderungen innerhalb der Unternehmen nicht (mehr) entsprechen können. Aber es gibt noch viel zu tun, um Menschen auf dem Weg in ihr Selbstmanagement die notwendigen Rahmenbedingungen zu schaffen und die erforderliche geschäftliche und psychologische Unterstützung zu gewähren. Das fängt

an mit einer neuen Art von Zeitverträgen, die es besser ermöglichen, für
mehrere Firmen gleichzeitig tätig zu sein, Versicherungen von Auftrags-
flauten und -ausfällen, und geht bis zu zeitgemäßen Modellen der Sozial-
und Alterssicherung. Aufgabe der Politik wäre es, durch einen gesetzli
chen Rahmen dafür zu sorgen, dass die neue Flexibilität des Arbeitneh-
mers nicht einseitig für Shareholder-Value-Interessen ausgenutzt wird.
Da diese politische Aufgabe nicht nationalstaatlich zu erbringen ist, sondern entsprechend der globalen Aktionsräume der Unternehmen nur in
gleichermaßen die Nationalstaaten übergreifenden politischen Groß-
gebilden geregelt werden kann, wird dies noch ein langer Weg sein. Darauf zu hoffen, dass zumindest die global tätigen Unternehmen aus eigener ethischer Verantwortung entsprechende Wege bereiten und Hilfen
bereitstellen, ist zwar gestattet, aber wenig realistisch. Kluge Arbeitneh-
mer werden allerdings mit ihrer Veränderung nicht warten, bis die neuen
Wege vollständig bereitet sind. Andererseits gilt auch hier der Satz von
Stanislaw Lec: »Wer seiner Zeit voraus ist, muss oft in sehr unbequemen
Unterkünften auf diese warten.«

Familiäre Vertrautheit spart Kontrolle

Nepotismus ist zwar in unseren Zeiten der Demokratie in Verruf geraten.
Die frühere Funktion war allerdings klar und unter den damaligen unsi-
cheren Verhältnissen durchaus von großem Nutzen: Man brachte die Familienmitglieder an die Schaltstellen der Macht, weil man hoffte, sich auf
sie mehr oder weniger blind verlassen zu können. Andererseits ermöglicht das enge familiäre Kommunikationssystem, sich jederzeit einen zeit-
nahen Ein- und Überblick über den aktuellen Stand der Dinge zu verschaffen, bis zu dem, was man heute ganz zeitgemäß als Frühwarnsystem
bezeichnen würde – unabdingbare Voraussetzung, um bei Gefährdungen
rechtzeitig eingreifen zu können. Wer, wie es in manchen Ländern immer
noch der Fall ist, auf demokratische Prozeduren und Verfassung weniger
Wert legt, bedient sich auch heute noch mit Vorliebe dieser familiären
Strukturen. Von LUHMANN stammt die Aussage: *Vertrauen als Mechanismus zur Reduktion sozialer Komplexität* – preisgünstiges Äquivalent für
Misstrauen und entsprechend aufwändigere Strukturen der Absicherung.
Familiäre oder quasifamiliäre freundschaftliche Beziehungen aufzubauen
und zu pflegen, ermöglicht eine wenig aufwändige Kultur des Vertrauens
und scheinbar offener Kommunikation.

Wer schon einmal in einem Familienunternehmen gearbeitet hat, kennt allerdings die zweifelsohne auch hier vorhandene Schattenseite. Er hat wahrscheinlich am eigenen Leib erfahren, wie leicht man sich im Dschungel von familiären Schleichpfaden und Vietkong-ähnlichen unterirdischen Tunneln verlieren kann. Wer hält was genau von wem? Was gilt nur, wenn in Abwesenheit über die Betroffenen geredet werden kann? Was davon würde aufrechterhalten, wenn es darum geht, sich von Angesicht zu Angesicht zu äußern? Wie stark verändert sich die Situation, wenn die Familie angegriffen wird beziehungsweise sich angegriffen glaubt? Intern bis auf Messer zerstritten und nach außen ein scheinbar unangreifbarer monolithischer Block geht ohne weiteres zusammen. Wie ist die Hierarchie innerhalb der Familie? Wenn es um ältere Familien geht mit mittlerweile mehreren Stämmen, wer gehört zu wem – und wer hält zu wem? Wer ist wem zur Freundschaft und wer gegen wen zur Feindschaft verpflichtet? Wo geht es lediglich darum, alte Rituale aufrechtzuerhalten beziehungsweise das Gesicht zu wahren, wo liegen die wirklichen Machtzentren? Wen hat man zum Feind, wenn man bestimmte Netzwerke pflegt? In vielen Familien ist die Machtfrage zwar nicht offiziell geklärt, im informellen Miteinander wird allerdings sehr wohl deutlich, wer welche Rolle im Orchester spielt, aber es darf nicht thematisiert werden. In anderen Familien gibt es zwar die Rolle eines formellen Familienoberhaupts, aber ob oder inwieweit damit auch die eigentliche Macht verbunden ist, wäre noch zu untersuchen. Die Kommunikation in Familiensystemen ist auf jeden Fall dichter und informeller als in nichtfamiliären Systemen.

Familienwerte und Traditionen, die sich in Personen widerspiegeln

Der Erfolg von Gründerpersönlichkeiten liegt häufig nicht zuletzt darin begründet, dass sie sich konsequent bis besessen für eine Idee eingesetzt und ihr zum Durchbruch verholfen haben. Posthum spricht man dann von Sendungsbewusstsein. Nicht selten ranken sich später Mythen um diese Entstehungsgeschichte, gekoppelt mit bestimmten Produkten, Qualitätsnormen oder auch Kundenzielgruppen. Diese Mythen haben den Zweck, die Geschichte sozusagen unantastbar zu machen und ihre immerwährende Geltung sicherzustellen.

Solche mythischen Absicherungen sind auch in quasi-familiären Systemen zu beobachten. Voraussetzung: Es bedarf einer herausragenden Person oder als Personenäquivalent einer Marke *(Bauknecht weiß, was Frauen wünschen)* als Andockstation solcher Geschichten und daraus resultierender Erwartungen. Die Anonymität und Gleichmacherei von Betrieben und Funktionen muss durchbrochen werden. Es handelt sich um eine Fortsetzung der Strategie der früheren Gründerpersönlichkeiten mit anderen Mitteln.

Ein mittlerweile global agierender Weltkonzern in der Automobilbranche wurde einst von zwei Pionieren gegründet, die zeitversetzt zueinander passende Ideen hatten und auf dieser Basis zusammengefunden haben. Dass eines der Stammwerke zum Leitsymbol für Qualität und Sauberkeit wurde und sich bis heute so halten konnte, wird einem früheren Werkleiter zugeordnet. Sein Erfolgsgeheimnis: Er etablierte diese Werte einst als Leitwerte und machte sich selbst zur Leit- und Identifikationsfigur für diese Werte, indem er sein Verhalten demonstrativ danach ausrichtete, ja, geradezu zelebrierte. Was er damals tat, würde man übrigens in zeitgemäßer Managementsprache heute mit dem Ausdruck *symbolisches Management* oder *walk the talk* charakterisieren. Wie ein Priester regelmäßig nach einem bestimmten Ritual die Messe zelebriert, so besuchte dieser Werkleiter regelmäßig die Produktionsstätte, um höchstpersönlich vor Ort die Einhaltung der angeordneten strikten Sauberkeit zu überprüfen. Er hob – für alle demonstrativ und gut sichtbar – jeden auch noch so kleinen Papierfetzen persönlich vom Boden auf, der sich dorthin verirrt hatte – oder vielleicht sogar von ihm gezielt dorthin platziert worden war, um genau diese symbolische Handlung vornehmen zu können. Solche Szenen wurden mündlich überliefert und sicherten den legendären Ruf dieses Werkleiters und dieses Werkes bis in die heutige Zeit. Genau diese enge Verbindung zwischen Gründerpersönlichkeit oder nachfolgenden Leitfiguren, Gründungsgeschichte und dem ersten erfolgreichen Produkt oder der Art, zu produzieren oder an den Kunden heranzutreten, kann auch zur Fessel und Behinderung werden. Je mythologisch gesicherter der Ruf solcher Firmen, umso schwerer können sie sich tun, die ursprünglichen Produkte oder Leistungsangebote und die Zielgruppen zu verändern oder gar zu wechseln. Nicht selten besteht ein Anspruch von Absolutheit, der den Anforderungen der römischen Kurie in nichts nachsteht. Der überkommene Ideologiefaktor – »wir kennen unsere Kunden ... wir wissen, was wir können ... wir sind uns unserer Werte bewusst« – kann sich als gefährliche Bremse für eine strategische Neuorientierung auswirken.

Familie und Unternehmen: vernetzte Systeme

Neben der Macht des informellen Raumes ist das familiengesteuerte Unternehmenssystem vor allem dadurch gekennzeichnet, dass Unternehmen und Familie häufig ineinander fließen. Wie wir noch im Einzelnen erläutern werden, gibt es oft keine oder eine zu geringe Trennschärfe zwischen den Ereignissen, Erwartungen, Ergebnissen und Rollen, die für die beiden Systeme wesentlich oder nahezu konstituierend sind. Lieben und leisten sind sozusagen heimtückisch miteinander verwoben – und ergeben insgesamt eine neuroseträchtige Konstellation. Die prinzipielle Offenheit zwischen Geschäft und Privat, die bei jedem Selbstständigen vom Prinzip her gegeben ist, hat aber auch Vorteile, vor allem was die nahezu unbegrenzte Leistungsbereitschaft mancher Familienmitglieder angeht – gerade für kleinere und mittlere Unternehmen oft unverzichtbar. Auf der anderen Seite sind folgenschwere Schattenseiten unverkennbar.

Vorsicht: aus Prinzip Ansteckungsgefahr

Die Familie ist eine so genannte totale Institution. Totale Institutionen sind dadurch gekennzeichnet, dass es aus ihnen kein Entrinnen gibt, zumindest nicht offiziell und legal. Man ist immer und überall Mitglied dieser Familie, im Glück und im Unglück, bei Tag und bei Nacht, man ist ohne Pause und ohne Schonraum sozusagen immer im Dienst. Wer als Familienmitglied im eigenen Unternehmen tätig ist, in welcher Rolle auch immer, muss zu jeder Zeit damit rechnen, »zur Kasse gebeten zu werden«: »Es ist schließlich einer von uns, also soll er auch tun, was für uns alle wichtig und gut ist ...«

Viel schwerer wiegt allerdings, dass eine Trennung auch innerhalb der eigenen Person nicht stattfindet, außer man führt sie herbei. Für jeden normalen Mitarbeiter eines Unternehmens ist klar, dass er sich vom Betrieb nicht auffressen lassen darf, genauso wie für den Betrieb klar ist, dass Mitarbeiter sich im Betrieb nicht über Gebühr von familiären Bedürfnissen dominieren lassen dürfen. Genau diese grundsätzliche Trennung ist so lange nicht möglich, wie die automatische Verbindung zwischen Familie und Unternehmen nicht prinzipiell gekappt wird. Und solange dies so ist, bleibt auch eine grundsätzliche gegenseitige Ansteckungsgefahr.

Kompensationen sind kaum zu bewerkstelligen

Geht es in der Familie gut, ist auch das Zusammenspiel im Geschäft positiv und umgekehrt. Hängt allerdings der Haussegen schief, läuft der Streit unverändert auch im Geschäft weiter, wenn nicht als heißer, dann eben als kalter Krieg, um die Form zu wahren – oder aber gerade erst recht als heißer Krieg, weil der Betrieb mit all den Mitarbeitern oder sogar Kunden eine viel größere Bühne bietet, als die Familie zu bieten je in der Lage wäre.

Umgekehrt gilt: Wer im Geschäft schlechte Leistung bringt, wird zu Hause kaum Tröstung finden. Im Gegenteil, die Wahrscheinlichkeit ist groß, dass sich die Anklagen oder Selbstvorwürfe zu Hause fortsetzen oder erst richtig Raum greifen. Was als Enttäuschung in der betrieblichen Rolle beginnt, setzt sich als Ehestreit zu Hause fort.

Wenn nicht gezielt gegengesteuert wird, zergehen die beiden Systeme ineinander und sind nicht in der Lage, sich bei Bedarf gegenseitig zu stabilisieren.

Erfolg versprechende Steuerungssysteme

Mentales Konzept der zwei Welten

Aus Gründen der Psychohygiene empfehlen wir eine prinzipielle Trennung zwischen den beiden Welten *Familie* und *Betrieb*. Beide sind unterschiedliche Kontexte für das Selbst mit ebenso unterschiedlichen Rollenerwartungen.

Die Familie ist in ihren Rollenerwartungen schon in sich durchaus differenziert. Während die allgemeine Zugehörigkeit nicht zur Disposition steht, gibt es innerhalb der Familie einen breiten Spielraum von Rollenmöglichkeiten, Rollenerwartungen und Verhaltensweisen, wie man diesen Rollenerwartungen entsprechen kann. Beispiel Mutter: Die Rolle der Mutter ist unterschiedlich interpretierbar: Die Bandbreite reicht von der Reduktion auf die Gebärerin bis zur überbeschützenden Fürsorgerin von der Wiege bis zur Bahre. Neben der Rolle der Mutter gibt es für die Rolleninhaberin noch weitere, nicht ohne weiteres kompatible, sondern durchaus auch konkurrierende Rollenspezifikationen, zum Beispiel Ehefrau, Geliebte, Hausfrau oder Managerin der Lebensgemeinschaft. Die

Betroffenen haben es zum Teil selbst in der Hand, wie zufrieden und effizient sich ihr Zusammenleben entwickeln wird: *Erstens*, sie können sich in offener Kommunikation miteinander darüber klar werden, mit welchem (tradierten) Rollenverständnis und mit welchen Rollenerwartungen sie ihre Gemeinschaft gegründet haben. Sie können sich *zweitens* darüber verständigen, inwieweit sich diese Ausgangssituation gegebenenfalls für einen oder beide geändert hat. Sie können sich *drittens* darüber austauschen, wie aus der jeweils eigenen und der Sicht des anderen den Erwartungen tatsächlich entsprochen wird – um schließlich *viertens* gemeinsam miteinander zu verhandeln und zu vereinbaren, wie sie mit den Erkenntnissen aus dieser Kommunikation verfahren wollen.

Das ist im Unternehmen nicht anders. Auch dort gilt es in analoger Weise, gemeinsam mit den Betroffenen zuerst die grundsätzlichen Rollenmöglichkeiten zu definieren, dann die gegenseitigen Rollenerwartungen zu klären – und schließlich die Art und Weise zu vereinbaren, wie den Erwartungen tatsächlich entsprochen oder eben nicht entsprochen werden soll. Die Intensität, mit der die gleiche Person in beiden Systemen Aufgaben beziehungsweise Rollen wahrnimmt, kann durchaus unterschiedlich sein: die gleiche Frau, die ihre Mutterrolle in der Familie sehr extensiv wahrnimmt, zum Beispiel weil die Rolle der Geliebten nicht mehr viel hergibt und die Rolle der Hausfrau durch eine Hausgehilfin sehr eingeengt ist, kann sich im Betrieb auf die Rolle der Einkaufsmanagerin mit Teilzeitengagement einschränken. Wie weit es jemand allerdings schafft, in unterschiedlichen Situationen entsprechend den verschiedenen situativen Anforderungen auch entsprechend unterschiedliche Verhaltensmuster zu verfolgen, steht auf einem anderen Blatt.

Rollenklärung

Wir haben bereits im letzten Abschnitt angedeutet, was für das Gelingen einer Rollenklärung von Bedeutung ist:

- definieren, welche Rollen grundsätzlich denkbar sind;
- Rollenerwartungen klären;
- verhandeln und vereinbaren, wie diesen Erwartungen entsprochen werden soll.

Es ist überhaupt nicht selbstverständlich, welche Rollen für die Liebes- und Leistungsfähigkeit, für die Lebens- und Arbeitszufriedenheit eines bestimmten Systems von Bedeutung sind. Tradierte Rollenverständnisse reichen dazu nicht aus. Jedes System hat eine Innen- und eine Außenwelt. Beide können sich über den Lauf der Jahre verändern. Die Innenwelt besteht aus den gesammelten aktuellen und tradierten Rollenverständnissen und Rollenerwartungen der Mitglieder. Die Außenwelt setzt sich aus den für das System relevanten Umwelten zusammen. Das sind für eine Familie zum Beispiel die Beziehungen zu Freunden, die Abgrenzung zu Feinden, die gesellschaftliche Position im »Markt« anderer Familien oder generelle Trends, die den Stellenwert von Familien beeinflussen. Während in bestimmten Zeiten und Situationen in der Familie die Rolle des Ernährers oder/und die Rolle der Hausfrau und Mutter so weit im Vordergrund standen, dass sie alles andere überlagerten, können zu anderen Zeiten völlig neue Rollen auftauchen, zum Beispiel die Rolle des Außenministers, der für die Familie ein Netzwerk von Freunden schafft und pflegt, oder die Rolle des Managers, der die Familienmitglieder einerseits bei ihrem Streben unterstützt, sich unabhängig zu machen, der gleichzeitig aber auch das Familiensystem in einer Form zusammenhält, die den oft widersprüchlichen Bedürfnissen der einzelnen Mitglieder gerecht wird. Andere Rollen können in ihrer Bedeutung zunehmen, wie zum Beispiel die Rolle des Liebhabers und des Organisators des genussvollen gemeinsamen Zeitvertreibs, wie es unserer derzeitigen Freizeitgesellschaft entspricht.

Jedes System, das seine grundsätzlichen Anlagen und Befähigungen zur Leistung und Zufriedenheit von der Idee in die Realität umsetzen will, kann dies nur unter bestimmten Bedingungen: Es muss sich einerseits der allgemeinen Situation, ihren Möglichkeiten und Ansprüchen, den aktuellen und tradierten eigenen, mehr oder weniger bewussten Situationsdefinitionen und Erwartungen überhaupt bewusst werden – und sich andererseits in diesem Kontext durch gezieltes Handeln positionieren. Was für das System Familie gilt, gilt in gleicher Weise für das System Unternehmen. Auch dort ändern sich Situationen und Kontexte – und damit auch Situationsdefinitionen, Rollenmöglichkeiten, Rollenerwartungen und tatsächliche Rollenentsprechungen.

Macht und Geld

Es gibt heikle Themen, über die man nicht gern öffentlich redet: Neben *Sex* gehören dazu die Themen *Macht* und *Geld*. Nachdem wir wissen, wie selbstverständlich und spontan die Familie sich in ihren totalen (Macht-) Ansprüchen auf das Unternehmen ausbreiten und alle, die darin maßgeblich tätig sind, infizieren kann – als ursprüngliche, nahezu unerschöpfliche Kraftquelle oder wie eine alles umschlingende Krake, die jede Energie abpuffert und aufzehrt –, wird die Behandlung dieser Themen zur existenziellen Grundfrage.

Ein Hauptproblem vieler Familienkulturen ist: Macht wird als Thema tabuisiert. In einer totalen Institution, zu der wir das System Familie, wenn auch in abgeschwächter Form, nach wie vor zählen, wird Macht unter einer anderen Etikettierung abgehandelt: Diese Etikette heißt Hilfeleistung, Dienst oder Schutz. Man erinnere sich: Der Papst, der absolute, nur Gott Rechenschaft schuldige geistliche Machthaber der katholischen Kirche, führt den offiziellen Titel *servus servorum Dei* (Diener der Diener Christi). Die Macht wird sozusagen doppelt verschleiert: Dienst als subtilste Art der Machtausübung. Während die frühere Macht des Familienoberhaupts noch einigermaßen greifbar war, galt und gilt dies nach wie vor nicht für die Macht von Müttern. Es wurde und wird in weiten Kreisen immer noch als ungebührlich apostrophiert, über die Macht von Frauen zu reden. Frauen, oder noch besser Mütter, üben ihren Männern und Kindern gegenüber keine Macht aus! Nein, sie opfern sich auf! Wer immer sich herausnimmt zu vermuten, diese Dienstleistung sei – auch – eine mehr oder weniger geschickt verschleierte Form der Unterdrückung, die irgendwann ihren Preis einfordern wird, nämlich in Form von (lebenslanger) Zuwendung, Dankbarkeit und Anerkennung, dem wird leicht Böswilligkeit unterstellt. Je tabuisierter ein Thema ist, umso schwerer wird es sein, darüber offen und ehrlich zu kommunizieren.

Nicht selten sind Familien, vor allem solche mit langer Tradition über mehrere Generationen, untereinander völlig zerstritten. Die Schwierigkeiten potenzieren sich, wenn Tabuisierung und Dauerfehden zusammenkommen. So schwierig es auch sein mag, wer die Führung eines Familienunternehmens sicherstellen will, muss die Machtstrukturen in der Familie klären: Wo und wie will die Familie ihren Einfluss wahrnehmen – in der Geschäftsführung oder im Aufsichts-, Bei- oder Stiftungsrat? Wer soll das Sagen haben? Wie werden die anderen abgefunden? Wie werden diejenigen entlohnt, die sich in bestimmten Funktionen oder Gremien für das Unternehmen engagieren? Wer hier Konflikte scheut und deshalb Dinge nicht klar regelt, wird einen hohen Preis zahlen – bis zur Existenzgefährdung des Unternehmens. Jede Bank, die eine Kreditlinie gewähren oder Finanzierungen verbürgen soll, und jeder, der sich der Familie als Geschäftsführer zur Verfügung stellt, wird gut daran tun, auf präzisen Festlegungen zu bestehen. Es wird eines langen Weges bedürfen, diese Klärungen einigermaßen sach- und psycho-logisch erfolgreich herbeizuführen. Und niemand sollte sich wundern, wenn Familienmitglieder immer wieder versuchen, diesen Weg durch verdeckte informelle Strategien zu torpedieren und die dadurch erzielten Störungen für sich zu instrumentalisieren.

Führung und Zusammenarbeit: Spielregeln und Formen

Die Kunst, Gruppendynamik in einer Familie steuerbar zu machen, besteht unter anderem darin, Strukturen zu schaffen und Prozesse zu definieren, um Kommunikation, Kooperation und Beteiligung an der Führung für alle durchschaubar zu regeln, und sie nicht dem informellen Biotop des Familiensystems zu überlassen. Wie für die Gruppendynamik im Allgemeinen gilt auch hier: Sogar wer ganz klare Strukturen schafft, hat damit keineswegs die Garantie, nie mehr überraschend von gruppendynamischen Prozessen heimgesucht zu werden. Alles offen lassen aber käme der Situation gleich, nicht dafür zu sorgen, dass ein Fluss ein festes Flussbett hat, ihm sozusagen die Freiheit der Wahl zu lassen – und deshalb immer auf Überraschungen gefasst sein zu müssen. Unliebsame Verwüstungen sind vorprogrammiert. Die Kunst besteht darin, einerseits Strukturen und Prozeduren für das zu finden, was man gemeinsam gestalten oder mit beeinflussen will – und gleichzeitig darauf zu achten, wann die vereinbarten Strukturen und Prozesse den Anforderungen nicht mehr gewachsen scheinen. Ähnlich wie im Wasserhaushalt der Natur braucht es Überlauf- oder Sickersysteme, um auch extremen Anforderungen gerecht werden zu können. Was heißt das nun für die Steuerung von Familienunternehmen?

Zunächst gibt es die üblichen Strukturen, die das Geschäftsleben steuern, wie zum Beispiel Geschäftsführung, Vorstand oder Aufsichtsrat. Wer der Familie einen stärkeren Einfluss sichern will, wird womöglich die Form einer Stiftung mit den Steuerungsgremien *Stiftungsvorstand* und *Stiftungsrat* bevorzugen. Familiengesellschaften mit mehreren Gesellschaftern haben als Basisgremium die *Gesellschafterversammlung*. Aber auch diese Form ist ausbaufähig: Man kann zum Beispiel einen *Gesellschafterrat* etablieren, der es ermöglicht, nicht nur Familienmitglieder, sondern auch Familienfremde zur Beratung der Familie und des Unternehmens heranzuziehen. Um die Komplexität zu vervollständigen kann man selbstverständlich zusätzlich einen *Familienrat* ins Leben rufen. Seine Aufgabe besteht darin, die unter Umständen in mehrere Stämme aufgeteilte Familie auf ein gemeinsames Ziel hin auszurichten. Gleichgültig welche Form gewählt wird, die folgende Punkte zu beachten wird sich sicher lohnen:

Angemessene Vertretung

Die Machtfelder und wesentlichen Strömungen der Familie sollten in den zur Verfügung stehenden Gremien angemessen repräsentiert sein. Ist dies nicht der Fall, werden die Machtkämpfe nicht offen innerhalb der dafür vorgesehenen Struktur ausgetragen, sondern verdeckt im informellen familiären Biotop – und schlimmstenfalls als Last-Minute-Blockade in Form von Grundsatzdiskussionen in den allgemeinen Gremien (zum Beispiel Gesellschafterversammlung), die eigentlich operative Entscheidung nur zur Kenntnis nehmen sollten.

Präsidium

Wenn Räte oder andere Gremien zu groß werden und die Soloführung durch eine einzige Person wegen des differenzierten Kräftefeldes nicht opportun scheint, sollte man über die Installation eines Präsidiums, einer kleineren Steuer- oder auch Koordinationsgruppe nachdenken. Das wesentliche Kriterium für solche Überlegungen: Handlungsfähigkeit und Entscheidungsfähigkeit sind zwei Seiten der gleichen Medaille. Entscheidungen kann aber nur treffen, wer die Macht hat. Deshalb gilt es, alle Anstrengungen zu unternehmen, um klare Machtverhältnisse schaffen.

Geschäftsordnung

Jedes Gremium und jedes Teilgremium sollte eine Geschäftsordnung haben, in der – für andere nachvollziehbar – alles geregelt ist, was dieses Gremium benötigt, um erfolgreich agieren zu können:

- Ziele,
- Aufgaben,
- Zusammensetzung,
- Wahlmodus,

- Rollenverteilung,
- Ausschlusskriterien,
- Arbeitsform,
- Kommunikationskonzept nach innen und außen,
- Rechte und Pflichten,
- Ausstattung,
- Entlohnung,
- und so weiter.

Familienleitbild

Unternehmen tun sich in ihrer Strategiefindung, Mitarbeiterführung, Kommunikations- und Marketingkonzeption leichter, wenn ein Leitbild den allgemeinen Rahmen absteckt und dadurch Orientierung bietet. Warum soll für Unternehmerfamilien nicht das Gleiche gelten? Für die Formulierung eines solchen Familienleitbildes gelten ähnliche Spielregeln wie beim Unternehmensleitbild:

- erkunden und berücksichtigen, was bisher implizit schon immer gegolten hat und gelebt wurde; es ist nicht so, als ob man die Dinge auf der grünen Wiese neu erfinden müsste oder könnte;
- die Betroffenen beteiligen, nicht über ihre Köpfe hinweg die wesentlichen Aspekte entscheiden;
- Kernaussagen zu allen relevanten Elementen machen, die das System ausmachen: Produkte beziehungsweise Leistungen, Personal, Besitzer und Shareholder, Gesellschaft, Beziehungen zum Kunden, Markt und Wettbewerb, Geschäftsprozesse, Strukturen, Qualität und sonstige Effizienzkriterien;
- das Ganze ehrlich und in einer Sprache, die jeder normale Mensch versteht.

Familienkommunikation

Unternehmenskommunikation ist der Dreh- und Angelpunkt einer erfolgreichen Unternehmensentwicklung. Sie schafft die grundsätzliche Voraussetzung dafür, dass sich das Unternehmen als lernendes System verstehen und sich rechtzeitig vorausschauend den Entwicklungen anpassen kann, die sein Überleben sichern. Dazu müssen sich einerseits alle

Betroffenen auf den unterschiedlichen Ebenen des Unternehmens gegenseitig über Strategien, Prozesse, Strukturen und Bedürfnisse der Beteiligten auf dem Laufenden halten. Die Qualität dieser Informationen bestimmt die Qualität des Beitrags, den jeder Einzelne zu dieser Entwicklung leisten kann. Neben diesem Binnenaustausch von Informationen muss eine ebenso gründliche Verbindung des Unternehmens zu allen seinen relevanten Umwelten (Markt, Kunden, Wettbewerb und so weiter) hergestellt werden. Nichts anderes gilt für die Familie: Selbst wenn es gelungen ist, optimale Strukturen und Prozesse zur internen Steuerung der Familie sowie für ihr Zusammenspiel mit dem Unternehmen zu schaffen – die Umwelt und die Bedürfnisse der Betroffenen sind potenziell immer einem Wandel ausgesetzt. Wie beim Körper bedarf es eines geregelten Kreislaufs von Informationen, um rechtzeitig auf Veränderungen reagieren zu können.

Personalentwicklung Familie

»Wem Gott ein Amt gibt, dem gibt er auch die Gnade« – diesem Amt mit der nötigen Kompetenz gerecht zu werden. Manchmal erlebt man zwar positive Überraschungen, aber die Regel ist das sicher nicht, weder in kirchlichen noch in sonstigen Leitungsfunktionen. Auch hier können Familien viel von Unternehmen lernen: Wo immer eine Familie ein Unternehmen führt, sollte rechtzeitig überlegt werden, wer aus der Familie zu welcher Zeit welche Rolle im Unternehmen wahrnehmen soll – und wie er auf diese Rolle vorbereitet werden könnte. Zum Beispiel durch Qualifizierungsmaßnahmen über Aus- und Fortbildung on und off the job, Rotation und Hospitation – innerhalb und außerhalb des Unternehmens. Ebenso wichtig wie die Entscheidung, ein Familienmitglied zu qualifizieren, ist, rechtzeitig zu entscheiden, wer nicht infrage kommt. Besser den frühen Konflikt suchen, als Hoffnungen entstehen oder offen zu lassen, die sich im Interesse des Unternehmens nie erfüllen werden.

Kunstgerechte Machtspiele

Spielregeln und Formen der Kommunikation zu institutionalisieren, wie die Familie in die Führung des Unternehmens einzubeziehen ist, hat sein Gutes, und sie sind eigentlich unverzichtbar. Trotzdem: Es kann immer wieder Konflikte geben – und zwar völlig überraschend. Und darauf sollte man gefasst sein. Die Anlässe für solche Konflikte können sehr unterschiedlich sein: Machtkämpfe in der Familie oder zwischen den Familienstämmen, die zu einer Verlagerung der Macht zwischen den Parteien führen; neue Ansprüche einzelner Mitglieder, die den Aufstand proben; schlechte Ergebnisse des Unternehmens, die von der Familie als bedrohlich erlebt oder von Einzelnen als einmalige Chance gesehen werden, eine Revolution zu versuchen, um dadurch stärker an der Macht zu partizipieren. Jede bestehende Machtbalance ist im Prinzip immer gefährdet. Das Problem ist deshalb nicht, dass ein Putschversuch gestartet wird, sondern nicht darauf vorbereitet zu sein.

Es gibt einige Grundregeln für das Verhalten in überraschenden Machtkämpfen: *Erstens*, keine Panikreaktion, sondern Nerven bewahren und zunächst einmal herausbekommen, woher der Wind weht. *Zweitens*, sobald die Lage klar ist, gezielt handeln. Das kann in einem Fall heißen, den Angriff als Sturm im Wasserglas unbeeindruckt über sich ergehen zu lassen, aber das Geschehen auf jeden Fall genau zu beobachten, um nicht überraschende Entwicklungen zu übersehen. In einem anderen Fall heißt dies, den Stier bei den Hörnern zu packen. Denn wer zu lange mit sich spielen lässt und seine Macht nicht anwendet, läuft Gefahr, sie zu verlieren. Wer allerdings zu früh schießt, riskiert, seine Munition für Pappkameraden zu vergeuden und für die eigentliche Auseinandersetzung mit den Drahtziehern im Hintergrund keine Munition mehr zu haben. *Drittens*, ein gutes informelles Netzwerk, das es gerade in Familiensystemen immer zu pflegen gilt, sollte helfen, solche Spannungsfelder schon in der Frühphase ihrer Entstehung zu identifizieren und die Voraussetzung schaffen, die Dinge im Keim zu ersticken.

Alternativen schaffen

Macht muss man wollen. Man muss sie genießen, wenn und solange man sie hat, aber man darf sie im Innersten nicht wirklich benötigen. Wirkliche Macht haben nur diejenigen, die innerlich unabhängig – und deshalb nicht erpressbar sind. Jeder, der Macht hat, tut gut daran, sich Ausstiege offen zu halten. Wer keine Alternativen hat, ist erpressbar. Wer erpressbar ist, dessen Macht zerfällt auf Dauer: Er muss faule Kompromisse eingehen, kann selbst keine Bedingungen stellen – und wird zur lahmen Ente oder zum gejagten Wild.

Antriebsenergie für Veränderung – Treibstoff Gruppendynamik

John F. Kennedy soll einmal gesagt haben: »Fortschritt ist ein hübsches Wort. Aber sein Motor ist Veränderung und die hat viele Feinde.« Diese Feinde bestehen aus den vielen guten Gründen, nichts zu ändern, und diese bündeln sich zu dem, was als der Beharrungswiderstand oder als Abwehrroutinen (Chris Argyris) von Organisationen bezeichnet wird. Laut einer der herrschenden Lehren bedarf es eines sehr energiereichen und markanten Impulses von ganz oben, um die Dinge in Bewegung zu bringen. Diese Lehre hat manche Bombenwurfstrategie begründet und die entsprechenden Kolateralschäden legitimieren geholfen. Andere meinen, in Unternehmen müsse an der Basis eine quasi vorrevolutionäre Situation entstehen: hoher Frust, Ärger und Unzufriedenheit mit den kontraproduktiven und lähmenden Konsequenzen der bestehenden Verhältnisse, um als Treibsatz für Veränderung zu wirken. Die verbindende Klammer zwischen den beiden Aspekten hat das Beraterduo DANNEMILLER & TYSON als einfache, aber prägnante Formel dargestellt. Sie baut auf vier Faktoren auf:

$$D \times V \times F > R$$

Ob die für die Veränderung erforderliche Energie im System entsteht, hängt ab von dem Produkt aus Unzufriedenheit mit der gegebenen Situation (D = Dissatisfaction), dem Bild einer attraktiven und erstrebenswerten Zukunft, einer Perspektive also, die einerseits herausfordert und anreizt, die aber andererseits gleichzeitig auch vermittelbar und plausibel ist (V = Vision), und als Letztem von der Erfahrung, durch die man konkret erlebt hat, dass dies auch zu schaffen ist (F = First Steps). Das Produkt aus diesen drei Faktoren muss – so DANNEMILLER & TYSON – größer sein als der Widerstand gegen die Veränderung, also die Summe der

Ängste, Egoismen und aller sonstigen Beharrungsmechanismen, die in der jeweiligen Organisation wirksam sind (R = Resistance).

Der Kern dieser Formel beruht auf der sozialpsychologischen Erfahrung, dass Motive und die ihnen innewohnenden Kräfte im Sinne von *weg von* ... sich zwar durchaus zu Protest, Empörung und Aggressivität *gegen* ... organisieren lassen, dass aber diese Energie nicht dauerhaft genug ist, um eine nachhaltige Veränderung zu gestalten. Eine Erfahrung, die auch viele Bürgerinitiativen in den letzten Jahren machen konnten. Umgekehrt reicht auch die Kraft des *hin zu* ..., zumindest beim eher realistisch als idealistisch motivierten Personenkreis, der sich in Unternehmen findet, in der Regel nicht aus, um ausreichend Energie für langwierige und streckenweise schmerzvolle Prozesse zu liefern. Auch manches Seminar rüttelt auf, mobilisiert Vorsätze, versetzt im Seminar selbst sogar Berge, die sich jedoch häufig bereits kurz nach der Rückkehr ins Tagesgeschäft bestenfalls als Maulwurfshügel wiederfinden. Das erklärt auch, weshalb Berater-Gurus gelegentlich sogar hochkarätigen Managementprofis Adrenalinstöße versetzen und sie von Angesicht zu Angesicht zu visionären Propheten einer Veränderung machen können, wovon dann deren Mitarbeiter, die drei Tage später einen Gesprächstermin für die Umsetzungsplanung erhalten, nichts mehr verspüren.

Weg von ... – die durch Unzufriedenheit ausgelöste Empörungsenergie – bedarf des *Hin zu* ... im Sinne einer attraktiven Perspektive. Und doch reicht beides noch nicht aus. Hinzu kommen muss auch noch handfester, praktischer Glaube. Dieser kann jedoch nur durch die eigene konkrete Erfahrung erzeugt werden: Es ist zu schaffen! Wir können es packen! Die ersten Schritte sind bereits erfolgreich getan! Wir sind auf dem richtigen Weg! Die zunächst immer vorhandene Angst vor dem Unbekannten *(S. Freud)* geht zurück und es bestätigt sich die Maxime: *Der Erfolg gebiert den Erfolg.* Psychologen würden von einer Mischung aus systematischer Desensibilisierung gegenüber Veränderungsvorhaben und suggestiver Selbstbeschwörung sprechen. All dies ist letztlich angewandte Gruppendynamik. Im Großen wie im Kleinen.

Weg von ... dem derzeitigen veränderungsbedürftigen Zustand

Es beginnt mit der Klärung des IST, der Ausgangssituation im Unternehmen. Ohne eine zumindest ansatzweise gemeinsame Problemsicht lässt sich keine Bereitschaft schaffen, zusammen über eine veränderte Zukunft nachzudenken. Um diese Bereitschaft zu erzeugen, genügen weder Statements der Geschäftsleitung noch Analysen und Gutachten externer Experten, Wirtschaftsprüfer oder Unternehmensberater. Der Funke muss überspringen! Das jedoch wird nur dann geschehen, wenn die Erkenntnis und damit der Veränderungssog aus den eigenen Reihen stammt; von Personen, die man einschätzen kann und schätzt, oder – noch besser – aus eigener Erfahrung. Die Erkenntnis kann durchaus schockartig sein. Sie kann auch, zum Beispiel durch gezieltes Vermitteln kritischer Kennzahlen oder Marktdaten des Unternehmens, initiiert, unterstützt und fundiert werden. Aber hier ist die Dosierung die eigentliche Kunst der Fuge. Unterdosiert erreicht man nicht die Schwelle verändernder Wirksamkeit, überdosiert wird dagegen manche Information, manche Hochrechnung und manches Szenario toxisch, führt eher zu Lethargie, Resignation oder trotziger Abwehr. Leider hat man Menschen noch lange nicht überzeugt, auch wenn man sie mit Fakten und klugen Analysen zum Schweigen gebracht hat.

Hin zu ... einer gemeinsamen Vorstellung von einer attraktiven Zukunft

Ähnliches gilt bei der Entwicklung einer kraftvollen gemeinsamen Zukunftsvorstellung, einer Perspektive, für die viele – wenn nicht alle – Mitarbeiter bereit sind, sich weiter aus dem Fenster zu lehnen, als sie dies unter normalen Bedingungen zu tun bereit wären. Vor allem dann nicht, wenn sie abschätzen können, dass auf Phasen der Veränderung nicht wieder Zeiten der Stabilität und Konsolidierung, der Ruhe nach dem Sturm folgen werden. Nur durch eine – zumindest weitgehend – geteilte Vorstellung vom gemeinsamen, herausfordernden Ziel werden diejenigen, die wir zu seiner Erreichung brauchen, nachhaltig gewonnen werden können. Dies geht nicht ohne Dialog, nicht ohne Begründung und Ableitung aus einer akzeptierten Diagnose des Ist, nicht ohne Glaubwürdigkeit der gemeinsamen Anstrengung und auch nicht ohne Verknüpfung mit den ganz persönlichen Nutzenerwartungen. Dies zu leisten erfordert einen durchaus aufwändigen gruppendynamischen Prozess, der gestattet und gestaltet sein will: Zögernde gewinnen, dazu gemeinsame handlungsleitende Zielvorstellungen in den Köpfen bewirken,

aber auch Herz und Hände mental handlungsbereit machen! Diese
Phase, die erreicht werden muss, damit ein Veränderungsprozess beginnen kann, hat der Urvater der Sozialwissenschaften LEWIN *unfreezing*
(Auftauen) genannt, während TICHY, einer der Epigonen, sie mit *awakening* (Aufwecken) bezeichnet.

Reife Früchte pflücken ...

Eine wesentliche Zielsetzung von Pilotprojekten besteht darin, den Korrekturbedarf von Maßnahmen und Ansätze für Optimierungen zu erkunden, bevor eine Lösung übergreifend eingeführt wird. Eine zweite
Funktion wird häufig übersehen oder gering geachtet: Mit knappen Ressourcen frühzeitig Erfolg sichtbar zu machen! Die Mitarbeiter davon zu
überzeugen, dass es geht! Skepsis – und damit auch Distanz, Zögern,
Vorbehalt und Widerstand – sind zumeist weder böswillig noch leiten sie
sich hauptsächlich aus objektiven Tatbeständen ab. Sie entspringen häufig subjektiven Gegebenheiten: Gefühlen der Bedrohung zum Beispiel berechtigt geglaubter Ansprüche; der Vermutung, dass erworbene Routinen, eingespielte Abläufe, praxisnahes Wissen leichtfertig und ohne
nachhaltigen Nutzen gefährdet würden, dass Bewährtes und auch zukünftig Brauchbares geopfert, quasi im Überschwang der Veränderung
über Bord geworfen würde. Oder auch Angst, den Erfordernissen der
neuen Situation nicht gerecht werden zu können. Diese Bedenken lassen
sich nur schwer vorab von oben auflösen. Wichtig ist hier ein gegenseitiger, kollegialer Erfahrungs- und Überzeugungsprozess auf greifbarer,
überprüfbarer Grundlage persönlicher Erfahrungen. Darin liegt der eigentliche Sinn der Anregung, reife Früchte zu pflücken, das bedeutet:
Was klar ist, sofort – und damit auch vorgreifend – umsetzen, anstatt die
evidente Veränderung eines begrenzten Teilschritts aufzuschieben, bis
das Gesamtvorhaben nachgekommen und der Phasenplan erfüllt ist. Damit werden kleine, frühe Erfolge, so genannte *quick hits*, produziert, die
Schubkraft und Selbstvertrauen geben, auf die man sich immer wieder
beziehen kann.

Der Prozess der Pilotphase, wo Meinungen gebildet, Vorschläge entwickelt und Alternativen bewertet werden, ist hoch gruppendynamisch.
Es geht ja nicht nur um die ersten Schritte, sondern das ganze Ziel steht
sozusagen zur Disposition. Die Qualität dieses Prozesses, die produktive

Bewältigung seiner Klippen, entscheidet mit, ob und inwieweit Potenziale genutzt und Chancen verwirklicht werden, die sich später auf das gesamte Vorhaben auswirken. Das Management muss diese Phase zwar
unterstützen und die Verbesserungen hervorheben, die schnell erreicht
wurden, darf aber keinesfalls die Phase der Auseinandersetzung, in der
das Neue mit dem Alten kämpft, sozusagen im Vorgriff als beendet erklären oder gar die Entscheidung völlig an sich ziehen. Die kompetente
Aushandlung der Interessen, auch der Einsatz kollegialen Gruppen-
drucks, der Umgang mit Macht, Dominanz und Widerstand, all das, was
wir als Kampf-Flucht-Mechanismen, Opfer-Strategien und Mikropolitik, als Machtspiele, Kompromisse zulasten Dritter und faule Kompromisse bezeichnen, wird hier geschehen, kann hier auf den Tisch gebracht
und – hoffentlich – offen verhandelt werden. Bei dieser Gelegenheit
sollte dann auch das Management ohne Verschleierungstaktik deutlich
machen, worum es wirklich geht – und die Dinge beim Namen nennen,
zum Beispiel, wenn Personalabbau nicht nur nicht auszuschließen, sondern Teil des Konzepts ist. Speziell in dieser Phase testen die Betroffenen
die Glaubwürdigkeit ihres Managements.

Das Sowohl-als-auch: Balance zwischen Struktur und Verhalten, zwischen Sach-Logik und Emotionen

Wir haben schon einmal darauf hingewiesen: In Arbeitsorganisationen
wird gern versachlicht – zumindest auf der Vorderbühne. Es herrscht die
technische oder betriebswirtschaftliche Sach-Logik. Das heißt eben
auch, dass die Psycho-Logik und Sozio-Logik, also persönliche Gefühle,
Subjektiv-Menschliches und Zwischenmenschliches eher als etwas erlebt
werden, das behindert, die Dinge unnötig kompliziert macht oder
schlichtweg stört. Deshalb muss es möglichst ausgeblendet werden. Geplant wird nach der Logik der Zielerreichung, Strategieumsetzung,
Marktpositionierung oder Umsatzrendite. So wird beispielsweise über
Humankapital und Leistungsträger gesprochen oder über Kostenfakto-
ren und Kapazitätsreserven, wenn es eigentlich darum geht, wie man mit
und durch Mitarbeiter etwas bewegen und verändern möchte, um (wieder) erfolgreich zu werden. Diese Mitarbeiter – und ihr soziales Umfeld,
mit dem sie verknüpft sind – fügen sich aber nicht wie Zahnrädchen wi-
derstandslos und reibungsfrei ineinander greifend in jedwedes geplante

Veränderungsvorhaben. Auch wenn dieses am Reißbrett mit hoher Präzision strukturiert wurde und nun in ökonomisch und technisch stringenter Logik der Umsetzung harrt.

Alle Führungskräfte und Veränderungsmanager wissen dies. Viele Bücher wurden und werden darüber geschrieben. Zahlreiche Vorträge wurden und werden darüber gehalten – und alle im Saal nicken zustimmend. Nur: Selbst veränderungserfahrene Manager unterschätzen nachhaltig den sozialen Gestaltungsbedarf und -aufwand von Veränderungsprozessen. Und zwar von Anfang an! Dies führt in der Umsetzung von Veränderungen häufig zu einer typischen Szenenfolge: Mitarbeiter sollen dafür mobilisiert werden, die gestiegenen wirtschaftlichen und technischen Herausforderungen besser zu bewältigen. Für die Betroffenen führt das in aller Regel zu einer unvermeidlichen Folge: Verdichtung der Leistungsanforderungen. Die rein sach-logische Art, wie die Veränderung angelegt, wie Maßnahmen aufgesetzt werden, wie informiert wird, wie personelle und strukturelle Eingriffe erfolgen und wie wenig Zeit man für deren Bewältigung im Endeffekt hat, ruft Gefühle der Ohnmacht oder gar der Empörung hervor, bewirkt Frust und Ärger. Dafür ist aber im offiziellen Bereich der Vorderbühne kein Platz vorgesehen. Also werden diese Gefühle meist unter der Hand geäußert und verdeckt transportiert. Es entwickelt sich eine Stimmungslage vom Typus einer stillen Opposition oder schleichenden Resignation, die dem gewünschten Engagement und der angestrebten Identifikation diametral entgegensteht. Diese Stimmungslage bildet nun gleichsam den Humus, auf dem Unverständnis und Ablehnung gegenüber den konkreten Eingriffen (an)wurzeln; zumal viele dieser Änderungen schmerzhaft sind und lieb gewordene Gewohnheiten und vieles, was man für beständig und gewiss hielt, radikal infrage stellen.

So hat zum Beispiel die Reorganisation der Fertigung in teilautonome Gruppen das klassische Tätigkeitsbild und die althergebrachte Bedeutung des Meisters völlig verändert. Ebenso hat sich die Controllingfunktion im Gefolge des Centerkonzepts ihrer Herkunft aus dem Rechnungswesen weitgehend entledigt, muss umlernen und eine strategische, unternehmensberaterische Rolle übernehmen, die nicht jedem zu Gesicht und nach der nicht jedem der Sinn steht, ganz abgesehen von der neuen Kompetenz, die es dazu braucht. Die Betroffenen reagieren darauf mit Irritation und Identitätskrisen, suchen einen neuen Platz und können ihn aber so lange nicht finden, wie sie die Gedanken von ihrem guten alten Platz nicht lassen können. Das betrifft nicht nur einzelne Individuen, sondern ganze Arbeitsfelder, Prozess- und Funktionssysteme. Die beiden

Effekte verstärken sich wechselseitig und führen regelmäßig zu einer Leistungslücke, die sich häufig genau dann konstelliert, wenn man sie am wenigsten brauchen kann, dann nämlich, wenn sich der Prozess seiner heißesten Phase, nämlich der Umsetzung nähert und damit besonders hohe Leistungsanforderungen stellt. Nun erst stellt sich die Gretchenfrage konkret und unausweichlich. Jetzt wirkt sich die fehlende Ausgewogenheit der Prozessgestaltung aus. Es rächt sich, dass die Investitionen des Managements sach-logisch und strategielastig waren und sich fast ausschließlich auf strukturelle Aspekte, die Definition von Ablaufdiagrammen und die Optimierung von Aufgabenzuschnitten bezogen. Die sozialen und mentalen Aspekte, zum Beispiel die inneren Einstellungen und Haltungen der Mitarbeiter oder wie man es möglich machen könnte, sie so zu beteiligen und zu informieren, dass sie Verständnis für die Ziele und die Art des Vorgehens entwickeln können, wurden kaum berücksichtigt. Wer sich aber in seiner Interessenlage nicht angenommen sieht, dessen Stimmungslage kann nur dementsprechend

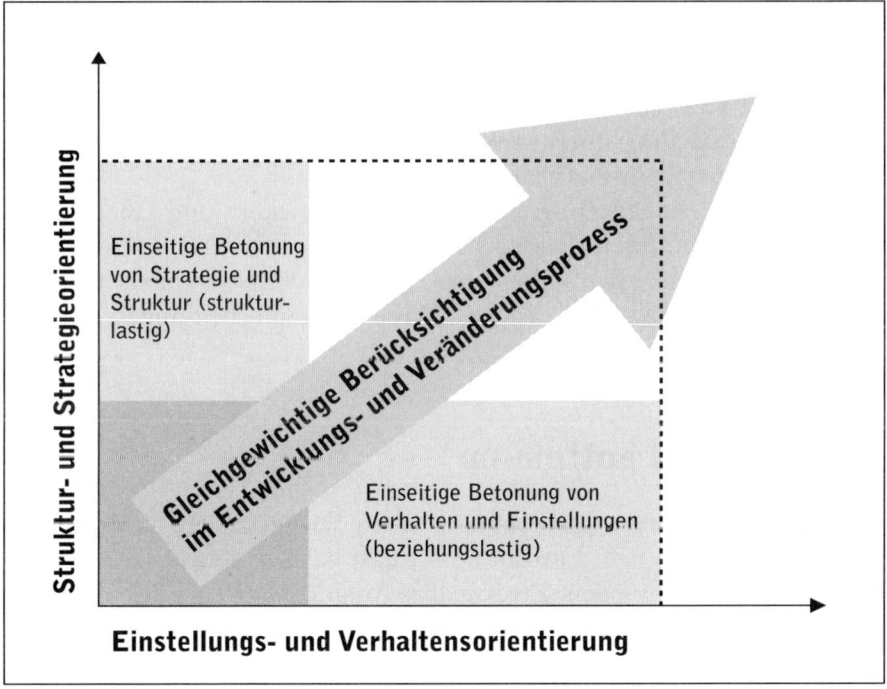

Abbildung 1: Struktur und Verhalten

defätistisch sein. Beide Dimensionen – Sach-Logik und Emotionen – sind aber in Veränderungsprozessen gleich bedeutsam und vor allem: Sie verhalten sich komplementär (Abbildung 1).

Die Leistungslücke (Abbildung 2) ist nur zu schließen, wenn die strategische Mobilisierung durch ein attraktives Leitbild ergänzt wird, das einerseits in seiner Zielvorgabe herausfordert und andererseits gleichzeitig einen glaubwürdigen Bezug herstellt zu solchen Aspekten, die Sinn und Orientierung bieten. Darüber hinaus müssen Gelegenheiten geschaffen werden, sich zu informieren und zu beteiligen, wodurch die Mitarbeiter dort abgeholt werden, wo sie stehen und sie sich schrittweise mit dem Neuen, ihren diesbezüglichen Vorbehalten und den möglichen Folgen, die sie befürchten, auseinander setzen können. Dies können zum Beispiel Arbeitsgruppen, anerkannte Führungskräfte und erfahrene Kollegen als Multiplikatoren bewirken, oder aber Gesprächsforen und Teamentwicklungen mit den Kollegen aus den vorgängigen und nachgelagerten Wertschöpfungsstufen. Zwei weitere Aspekte müssen hinzukommen, um das Bild abzurunden.

Erstens: eine solide Information über Fakten, Daten und greifbare Kennzahlen hinsichtlich dessen, was ansteht und strategisch gewollt wird – und zwar in der Sprache der Adressaten. Der ehemalige SAS-Chef CARLSON drückt dies so aus: »Jemand, der keine Information hat, kann keine Verantwortung übernehmen; jemand, der Information hat, kann nicht anders, als Verantwortung zu übernehmen!«

Zweitens: Neue Anreizsysteme sind zu entwickeln und einzuführen, die auf die veränderten Anforderungen ausgerichtet sind und das neue Verhalten belohnen; also sollten zum Beispiel nicht weiterhin nur Einzelleistungen belohnt werden, wenn in Zukunft Teamarbeit angesagt ist.

Top-down und bottom-up

Veränderungsprozesse, insbesondere wenn sie umfassend und großflächig sind, können nicht bottom-up – quasi basisdemokratisch – entstehen und bewältigt werden. Zwar gab es Anfang der 90er Jahre durchaus Meinungsdifferenzen hinsichtlich der Prozessanlage, die bis in die Konzepte der Umsetzung gingen und anhand derer sich basisnahe Guerillastrategen, meist aus dem betrieblichen Bildungswesen, mit Bombenwurfspezialisten aus zentralen Stäben oder Unternehmensberatungen

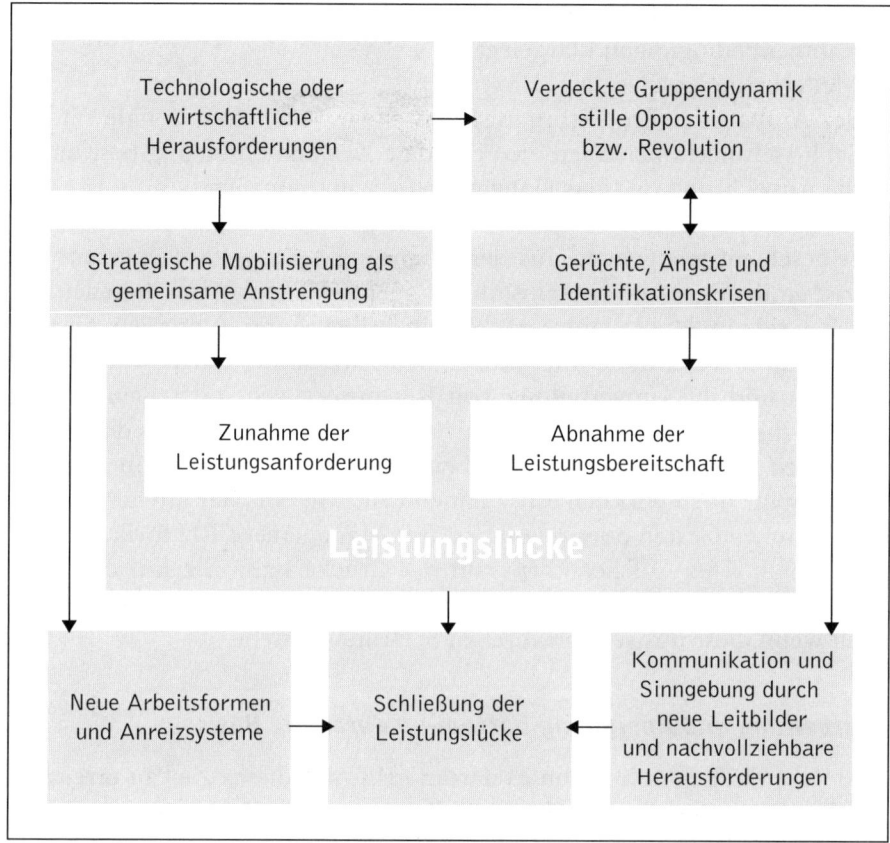

Abbildung 2: Die ganz normale Leistungslücke von Organisationen

ideologische Kleinkriege lieferten. Inzwischen hat sich aber aus unserer Sicht die Erkenntnis und ein entsprechendes Vorgehen durchgesetzt, dass es auch hier um ein *Sowohl-als-auch* geht, dass also zwei Strategien miteinander verknüpft werden können und müssen:

Rahmensetzung top-down durch die Unternehmensführung

Dabei werden:

- Unternehmensziele und -strategien festgelegt;
- Grundrichtung und Schwerpunktthemen abgeleitet;

- Potenziale grob definiert;
- Rahmenbedingungen klargelegt;
- Meilensteine gesetzt und terminiert,
- der Aufbau der Projektorganisation sowie deren funktionale und in Schlüsselfunktionen auch die personale Zusammensetzung bestimmt;
- die Ausrichtung und das Konzept breit kommuniziert.

Dies geschieht weitgehend aus der Erfahrung heraus, dass einerseits ein klarer, eindeutiger und gemeinsam getragener Wille der Geschäftsleitung gegeben sein muss, um Dinge nachhaltig in Bewegung zu bringen. Gerade wenn es um wesentliche Einschnitte in Besitzstände, Entwicklungsperspektiven und die Umverteilung von Ressourcen geht oder wenn hoher persönlicher Einsatz gefordert ist mit dem Risiko, sich weit aus dem Fenster lehnen zu müssen, sehen Mitarbeiter sehr genau hin und überprüfen, ob dies ganz oben wirklich ernst gemeint ist. Mit ein paar anwärmenden, symbolischen Gesten oder revolutionärer Management-Rhetorik ist es da nicht getan. Das Offizierskorps auf der Brücke kann die Entscheidung über Zielhafen und Kurs nicht nach unten an die Mannschaft delegieren, auch wenn diese aus sehr erfahrenen Seeleuten besteht.

Erarbeitung und Aneignung bottom-up durch die Basis

Anders verhält es sich, wenn es darum geht, wie dieses Ziel zu erreichen ist, der Kurs gehalten, Wind und Welle genutzt, das Manöver gemeistert und die Segel getrimmt werden können. Dies kann und muss auch und vor allem bottom-up erarbeitet werden. Nur die Mitarbeiter (und Führungskräfte), die nahe genug am Ort des Geschehens sind, kennen die eigentlichen Probleme und Möglichkeiten, wissen, was und wie es wirklich läuft, wissen um die Komfortzonen, die Blindleistungen, die Orte der Vergeudung von Geld, Material, Zeit und Nerven. Nur sie kennen auch die versteckten Potenziale, die ungenutzten Stärken. Und sie wissen am besten, was sich verbessern ließe und wie sie selbst dies bewerkstelligen könnten. Gerade um die Gestaltung dieses Feldes geht es – und genau hier ist Gruppendynamik stark im Spiel. Wenn das versteckte praktische Wissen der Basis genutzt wird, lassen sich auch Zögernde leichter gewinnen und es werden der Veränderungsimpuls und dessen Zielrichtung auch für jene konkret, verständlich und anschlussfähig, die von Kennzahlen, Szenarien und strategischen Überlegungen weniger berührt werden.

Doch auch wenn dies alles idealtypisch auf die Schiene gebracht ist, bleiben die organisations-, sozial- und individualpsychologischen Grundfragen: Wie viel Veränderung verträgt der Mensch? Wie verträgt er sie am besten? Und was können wir tun, um – frei nach HABERMAS – die Bedingungen der Möglichkeit dafür zu schaffen? Zwar wissen wir nun: Veränderungen sind aktiv zu gestaltende Prozesse. Ihre Zwecke sollen nachvollziehbar sein und Sinn bieten. Die Ziele sollen klar sein sowie sichtbar und glaubwürdig vom Management vertreten werden. Veränderungen sollen anschlussfähig sein an die innere Wirklichkeit des Unternehmens, also kulturverträglich, nicht nur technologie- und sozialverträglich. Sie sollen möglichst früh in ersten Schritten im operativen Erleben konkret erfahren und nachvollzogen werden können. Entscheidend ist die richtige Dosierung in Form verdaubarer Zumutungen, wo Neues mit Bekanntem und Vorhandenem verknüpft wird.

Die Dramaturgie des Timings muss stimmen: also Zwischenziele setzen, Teilerfolge feiern, aktuelle Gegebenheiten und vorhandene Stimmungen nutzen; Termine nicht rigide planen und exekutieren, sondern am Prozess orientieren und Raum geben, wo es nötig ist. Denn Betroffene sollen zu Beteiligten werden und dazu müssen die Teilprozesse für möglichst alle überschaubar und nachvollziehbar sein. Es gilt, für den Startschuss den *Kairos* zu erwischen, nämlich dann, wenn alle mental bereit auf der Startrampe stehen. Der Umfang und die Tiefe der Veränderung sollten angemessen sein, also trotz aller Ökonomie menschlich, nicht nur am Interesse der *Shareholder*, sondern auch an den Bedürfnissen der verschiedenen *Stakeholder* orientiert, nicht nur von Kennzahlen gesteuert, sondern auch unter Berücksichtigung der Interessen und Motive der Mitarbeiter.

Dies zu leisten heißt, mit Komplexität umzugehen, mit Ungeplantem zu rechnen und organisations- und gruppendynamische Einflussfaktoren zu berücksichtigen. Das wird nur insoweit möglich sein, wie es gelingt, sich in Bezug auf die genannten kritischen Erfolgsfaktoren mit allen Betroffenen hautnah und in sensiblen Abstimmungsprozessen nach allen Regeln der Kunst zu vernetzen.

TEIL II

Ein Blick hinter die Kulissen
Veränderung und der Faktor Gruppe

Kapitel 1

Individuum, Flexibilität, Veränderung – und die Rolle der Gruppendynamik

Gruppendynamik ist auf der einen Seite ein Geschehen, das bestimmten Gesetzmäßigkeiten unterliegt, und auf der anderen Seite eine Fachdisziplin aus dem Bereich der Verhaltenswissenschaften. Mitte der 60er Jahre begann die Gruppendynamik im deutschen Sprachraum als interdisziplinäre Lehre und entsprechend interdisziplinäres Praxisfeld mit sozialpsychologischen, soziologischen, pädagogischen, psychologischen und therapeutischen Aspekten eine Rolle zu spielen. Es war die Zeit, die als zweite deutschen Aufklärung in die Annalen einging. Sie war geprägt von dem Thema Emanzipation – und zwar Emanzipation von allem, was den Anspruch auf Autorität erhob (»Macht kaputt, was Euch kaputt macht!«). In dieser Zeit, die auch die Keimzelle der späteren Studentenunruhen war, stellte KLAUS HORN ähnlich kritische Fragen an die Gruppendynamik: inwieweit Gruppendynamik nämlich benutzt werde, um Menschen dazu zu bringen, sich geschmeidiger an die Verhältnisse anzupassen, die durch wirtschaftliche Ausbeutung geprägt seien, entgegen dem von ihren Gründern und Leitfiguren definierten Anspruch, zur Emanzipation beizutragen (ADOLF DÄUMLING) oder das Versprechen zu erfüllen, das HORST E. RICHTER im Titel eines späteren Buches zum Ausdruck brachte: *Die Gruppe. Hoffnung auf einen inneren Weg, sich selbst und andere zu befreien.* Diese Fragestellungen sind aktueller denn je: Geht es doch heute (wieder) darum, angeblich den *Mitarbeiter zum Mitstreiter* und *Unternehmer im Unternehmen* zu machen oder um den *Aufstand des Individuums* (REINHARD K. SPRENGER). Was verbirgt sich hinter diesen so verführerischen Formulierungen *Unternehmertum* und *Flexibilisierung*? Sind es die so lang ersehnten Wege zur Emanzipation und Selbstbestimmung, zur Befreiung des Menschen aus der Knechtschaft funktionsteiliger und hierarchiebestimmter Fremdbestimmung? Oder müssen Mitarbeiter, die zum Unternehmer im Unternehmen wer-

den wollen beziehungsweise sollen, einfach bereit sein, sich uneingeschränkt ausbeuten zu lassen oder sich selbst bedingungslos auszubeu-
ten?

Ähnlich kritisch fragt aktuell der New Yorker Soziologe RICHARD
SENNETT in seinem Buch *Der flexible Mensch. Die Kultur des neuen Kapitalismus* – noch deutlicher im englischen Originaltitel: *The Corrosion
of Character* –, ob wir denn wissen, was wir tun, wenn wir allzu blind
dem neuen globalen Kapitalismus und den ihm zugrunde liegenden
Trends folgen und um welchen Preis Menschen solche Anpassungsleis-
tungen überhaupt zu erbringen in der Lage sind. Wie auch immer wir
diese Fragen schließlich beantworten werden, eines ist klar: In diesem
ganzen Geschehen spielt die Dynamik von und in Gruppen eine erhebliche Rolle. Und genau diese gilt es zu klären.

Gruppendynamische Basiserfahrungen: Bedeutung von Bezugsgruppen und Bezugspersonen

Um in eine Gesellschaft hineinzuwachsen, um uns zu einem anerkannten
Mitglied einer gesellschaftlichen Gruppe zu entwickeln und damit gesell-
schaftsfähig zu werden, benötigen wir die Hilfe anderer Menschen. Von
solchen, die das alles schon (angeblich!) sind oder haben, was wir erst
noch erreichen wollen, und solchen, von denen wir uns positiv abheben,
wodurch wir eine eigene unverwechselbare Identität entwickeln können.
Dazu dienen uns freiwillig oder unfreiwillig Personen und Gruppen unterschiedlichster Art: Eltern, Geschwister, Verwandte, Freunde, Mitschüler,
Autoritäten, Idole oder auch Außenseiter. Wir bauen zu diesen Personen
beziehungsweise Gruppierungen jeweils spezielle Beziehungen auf. Wir
brauchen und nutzen solche Bezugsgruppen oder -personen, um uns ab-
zusichern und abzugrenzen. Schließlich muss man(n und frau) wissen,
was man werden will – und was genau nicht. Über die körperliche oder
mentale Zugehörigkeit zu oder Abgrenzung von solchen Bezugsgruppen
schaffen wir Identität. Anders formuliert: Menschliche Sozialisation geschieht und gelingt nur über ein genügend tragfähiges emotionales Fundament, das aus der inneren Gewissheit besteht, nicht isoliert und abgelehnt
zu sein, sondern dazuzugehören – wozu auch immer. Dabei ist die Anerkennung vonseiten der »Richtigen« genauso wichtig wie die Abgrenzung
von den »Falschen«, wen auch immer wir als solche etikettieren. Damit

schaffen wir es, Komplexität drastisch zu reduzieren: Wir müssen nicht in jedem einzelnen Fall differenzierte Verhaltensentscheidungen treffen. Vom Ich zum Man, vom Einzelfall zur erleichternden Generalisierung innerhalb eines sozusagen maßgeschneiderten, für uns klaren Koordinatensystems. Dadurch haben wir uns und sind gesellschaftlich deutlich positioniert, für uns selbst und für andere, als guter oder weniger guter Teil – je nachdem, aus welcher Perspektive wir uns anschauen und bewerten (lassen).

Dieser Vorgang ist keineswegs auf die Zeit der Erziehung in Kindheit und Jugend eingegrenzt. Solcher Bezugsgruppen und Koordinatensysteme bedienen wir uns auch als Erwachsene, um uns in der Position zu halten, die wir einmal als richtig eingeschätzt haben. Und wollten wir uns drastisch verändern, müssten wir wohl auch unser Koordinatensystem auswechseln. Und damit sind wir bei einem entscheidenden Dilemma gelandet: Jedes Koordinatensystem gibt Sicherheit und engt gleichzeitig ein. Es ist wie mit einer Krücke: Den Gehbehinderten stützt sie, den Gesunden behindert sie. Oder wie ein Gitter: Es hindert daran zu fliehen und schützt gleichzeitig vor der (bedrohlichen) Freiheit. Koordinatensysteme geben Verhaltenssicherheit und Verhaltenssouveränität – und begrenzen zugleich das Veränderungspotenzial – und zwar in mehrfacher Hinsicht.

Schritte im Veränderungsprozess – und die Rolle der Gruppen(dynamik)

Nachdem wir wissen, welche fundamentale Rolle die Gruppendynamik im Aufbau und Erhalt des Bestehenden spielt, welche Rolle spielt sie dann, wenn es um Veränderung geht? Besonders spannend ist die Frage: Wenn wir Veränderungen herbeiführen wollen, die nicht mit dem bestehenden Koordinatensystem im Einklang stehen, welche Rolle spielen dabei gruppendynamische Phänomene? Und dann eine zweite, noch spannendere Folgefrage: Wenn die Zukunft immer weniger feste Haltegriffe bereithält, wenn der Einzelne immer stärker auf sich selbst gestellt ist, sich unternehmerisch flexibel verhalten soll – ist er dazu überhaupt in der Lage? Braucht er zu diesem Zweck nicht auch ein passendes Kraftfeld um sich herum, innerhalb dessen er sich entsprechend positionieren und verankern kann, weil es nun einmal eine psychologische Grundwahrheit gibt: Niemand kann ohne verstärkende und stützende Rückmeldungen von anderen, ohne soziales Resonanzsystem sich selbst bestimmen. Wie sehen solche neuen Bezugssysteme aus? Was können sie leisten? Worin unterscheiden sie sich von den bisherigen?

Ein Resümee vorab: Niemand, der in und mit Gruppen zu tun hat, kann sozusagen autark entscheiden, ob Gruppendynamik stattfinden soll oder nicht. Gruppendynamik ist wie das Wetter oder andere Naturelemente: grundsätzlich immer vorhanden und in ihrer elementaren Wirkung nicht steuerbar. Solange wir jung sind, sind wir ihr mehr oder weniger hilflos ausgeliefert. Als Erwachsene können wir uns aber sehr wohl stärker oder weniger stark davon beeinflussen lassen, uns dieser Kräfte mehr oder weniger bewusst werden, uns ihrer mehr oder weniger bedienen. Positive und negative Wirkungen, bewusstes Erleben und unbewusstes manipuliertes Ausgeliefertsein – beide Seiten sind möglich, wir haben bis zu einem gewissen Grad die Wahl. Liegt vielleicht genau darin eines der Erfolgsgeheimnisse für erfolgreiche Veränderung, ebendiese gruppendynamischen Aspekte eingehend zu kennen und konsequent zu berücksichtigen? Wir wollen dies bei allen Teilschritten, in denen ein Veränderungsprozess Menschen und ihre innere Einstellung besonders tangiert, genauer untersuchen.

Schritt Nr. 1: Irritation

Solange wir mit der bestehenden Situation zufrieden sind oder, wenn unzufrieden, solange wir überzeugt sind, dass keine Chance auf Veränderung besteht, so lange werden wir uns nicht ernsthaft mit Veränderungsideen auseinander setzen. Der erste Schritt als Vorbedingung und Voraussetzung für Veränderung überhaupt besteht deshalb darin, Zweifel zu sähen und Unsicherheit und Unruhe zu erzeugen, ob, inwieweit und wie lange der aktuelle Zustand den Anforderungen noch gerecht werden kann. Nur wer zu einem gewissen Grad mit dem Existierenden unzufrieden ist, wird sich mit Veränderungen wirklich auseinandersetzen. So weit, so gut.

Der gruppendynamische Faktor

Solche Irritationen geschehen nicht im luftleeren Raum, sozusagen auf offenem neutralen Gelände. Dass die Situation so ist, wie sie ist, hat schließlich Gründe: Wir selbst, oder andere, mit denen wir in Verbindung stehen, haben ihren Teil dazu beigetragen, dass die Dinge so sind, wie sie sind, oder haben diese zumindest bislang so belassen. Um im Bild zu bleiben: Das Terrain ist mehr oder weniger eng bebaut mit Gebäuden, die genau so von uns geplant, genehmigt, zugelassen oder zumindest nicht abgerissen wurden und uns mittlerweile vertraut sind. Insofern dienen sie unserer inneren Sicherheit, geben uns Halt und Orientierung. Und dies trifft zu, ob es sich nun um eine ganz bestimmte Marketingstrategie handelt, um die Konzentration auf explizite Zielgruppen, eine bestimmte Form der Organisation, das ausgewählte Modell der Finanzierung, um Personen, denen wir bis zum heutigen Tag unser Vertrauen schenken oder die wir mit unserem Misstrauen ausschließen, oder auch um Erfahrungen, die wir bisher als Fundament unseres Handelns verwendet haben.

Wer irritiert, bringt Verunsicherung in dieses bis dato doch so verlässliche Gebilde. Er stellt die bisherige eindeutige Orientierung infrage oder droht mit Demontage. Die Folge: Angst. Dies aber ist für die einen, speziell die großen Macher, bei denen Unternehmer- und Pioniergeist im Vordergrund stehen, kein Thema – darf keines sein! –, für andere eine Pein. Für beide ist Angst nicht attraktiv, unangenehm, kein marktgängiges Vorzeigegefühl. Beide Gruppen neigen deshalb dazu, diese Empfindung nicht wahrhaben zu wollen und deshalb zu verdrängen. Verdrängen aber bedeutet: Es werden alle möglichen Argumente ge- und erfunden, Ein- und Vorwände, alte und neue Bundesgenossen gewonnen, um das Beibehalten des Bestehenden zu rechtfertigen, um, so lange es irgendwie geht, darum herumzukommen, etwas zu verändern – denn im Hintergrund lauert die Angst vor dem Neuen und Unbekannten. Eine im Prinzip völlig normale, weil psycho-logische Reaktion. Die gruppendynamische Landschaft selbstverständlich gewordener Positionierungen, die einen Großteil unserer Identität ausmacht, ist aufgewühlt – und versucht mit aller Macht, wieder zur Ruhe, das heißt zur alten Ausgangslage zurückzukommen.

Schritt Nr. 2: Verlernen kommt vor lernen

Gelingt es, die Irritation nicht abklingen zu lassen, sondern sie als kreative Unruhe aufrechtzuerhalten, steht die zweite Herausforderung ins Haus: Wer Neues bauen will, muss erst einmal Platz dafür schaffen. Er muss Altes oder Teile davon abreißen. Dies gilt nicht nur für materielle, sondern auch für geistige Gebäude, das heißt für mentales Gelände. Ein Teil der mentalen Festplatte muss gelöscht werden.

Der gruppendynamische Faktor

»Alles Unbekannte bereitet Angst« (S. Freud), aber zur Angst kommt die gezielte Zerstörung bislang bewährter Annahmen. Auch wenn kluge Geister von »schöpferischer Zerstörung« (Schumpeter) sprechen, so mag das zwar beeindruckend klingen, ändert aber nichts an der schwierigen psychologischen Ausgangslage. Wer zerstört, muss frühere Investitionen abschreiben, muss sich selbst und anderen, an die er bisher geglaubt hat, untreu werden. Das kann ihm Schwierigkeiten bereiten, weil er sich zum Beispiel – tatsächlich oder auch nur befürchtet – Vorwürfe gefallen lassen muss, nicht verlässlich zu sein. Er gefährdet dadurch bisherige Bezugssysteme und Zugehörigkeiten. Darüber hinaus muss er auf eingespielte Muster und Haltegriffe verzichten, die sich bislang als verlässliche Orientierung erwiesen haben – und er kann noch nicht wissen, was genau der Ersatz dafür sein wird. Noch viel weniger kann er wissen, ob das Neue ähnlich nutzbringend und verlässlich sein wird wie das Alte. Die Folge: Verunsicherung. Und daraus der nachvollziehbare Versuch, die Zerstörung in Grenzen zu halten und zu verzögern, so lange es eben geht. Wiederum eine im Prinzip völlig normale, weil psychologische Reaktion.

Schritt Nr. 3: Auf zu neuen Ufern

Nun gilt es, neue Modelle zu entwickeln oder zu übernehmen, die erklären, wie man bestimmte Situationen neu beurteilen und sich darin verhalten soll. Für den einen bedeutet dies vielleicht zu entdecken, dass er sich bisher zu eng an seinen Produkten und an der Produktionstechnologie orientiert hat, sich in Zukunft stattdessen ganz konsequent an den Bedürfnissen seiner Kunden und des Marktes ausrichten muss. Was seine Produkte zu leisten in der Lage sind und wie man sie zu niedrigsten Kosten und in bester Qualität erstellen kann, darin war er kompetent. Diese Kompetenz gab ihm Sicherheit, Selbstvertrauen – und war Teil seiner Identität. Ein volatiler Markt, hybride Kundenbedürfnisse, die prinzipielle Illoyalität des Kunden – dies alles sind für ihn zunächst einmal nur substanzlose Worthülsen. Wie schön, wenn die neuen auch die alten Ufer wären – was leider so gut wie nie der Fall ist. Und so rutscht ihm auf einmal der Boden unter den Füßen weg. Er hat sich plötzlich auf einem Feld zu bewegen, das er weder gewohnt ist noch beherrscht. Aus einem alten Meister seines Fachs ist urplötzlich ein Lehrling geworden. Wo für den einen der radikale Wechsel von der Technik zum Marketing die Herausforderung darstellt, muss ein anderer vielleicht lernen, wie man mit völlig neuen globalen E- oder M-Commerce-Methoden das gewohnte lokale zielgruppenbestimmte Vertriebssystem auf den Kopf stellt. Es gibt noch keine Vorbilder, an denen er sich orientieren kann. Stattdessen gilt es, bereits im Experimentierstadium dabei zu sein, um den Anschluss nicht zu verpassen.

Der gruppendynamische Faktor

Sich neu positionieren zu müssen, mit nichts neu anfangen zu müssen ist, als wenn man als Neuling zu einer bereits bestehenden Schulklasse dazukommt. Die Angst, keinen Anschluss zu finden, der *Horror Vacui*, kann Kreativität blockieren, kann aber andererseits auch zu Überreaktionen verleiten, zum Beispiel den Obergescheiten zu spielen. Neu, ungewohnt, inkompetent, unsicher und ängstlich – dies alles sind Facetten der gleichen Situation. Aus dieser Situation zu flüchten oder alte Erfahrungen als museale Erinnerungen alter Vertrautheiten mitschleppen, um sich ab und an darin zu ergehen – und mit entsprechenden Erzählungen andere zu Tode langweilen –, bleibt eine ständige Versuchung.

Schritt Nr. 4: Neue Sicherheit in neuen Bezugssystemen und die Rolle von Netzwerken

Wer sich neu positioniert, benötigt Ankerpunkte. Er braucht ein Koordinatensystem. Um einen eigenen Standpunkt zu gewinnen, muss er sich an anderen Personen, Gruppen und Meinungen orientieren – durch Nähe, Anpassung und Abgrenzung. Netzwerke sind – wie wir bereits erläutert haben – eine neue zeitgemäße Form von Bezugs- und Organisationssystemen: Sie sind offener, das heißt, der Zugang und der Austritt unterliegen keinen formellen Regelungen. Sie sind weniger hierarchisch, Kompetenz, Erfahrungen, Ähnlichkeit der Ziele, Beziehungen und Einstellungen sind wichtiger als Alter und formaler Status. Und sie sind nicht ausschließlich, man kann also gleichzeitig mehreren Netzwerken in unterschiedlicher Intensität und Hinsicht angehören.

Der gruppendynamische Faktor

Je weniger in Zukunft stabile Strukturen, Werte und Normen die Menschen steuern, umso stärker werden sich Menschen in flexiblen Systemen wechselnder Bezugsgruppen in Form von Netzwerken ein- und an ihnen ausrichten. Die Folge: Menschen werden immer auf der Suche nach Orientierung und gleichzeitig gezwungen sein, laufend die jeweiligen Anschlüsse zu überprüfen, um rechtzeitig zu wissen, wann Zeit ist, aus- und umzusteigen.

Die hohe Kunst besteht darin, zum inneren Kern von Netzwerken zu gehören oder selbst Netzwerke zu bilden. Voraussetzung: Man muss etwas zu bieten haben, was kostbar, selten und begehrt ist. Zusätzlich bedarf es persönlicher Kommunikationskompetenz, die in die Lage versetzt, zwischenmenschliche Beziehungen zu pflegen, zu gestalten, ohne Flurschaden auszulösen, neue aufzubauen – und sich selbst zu vermarkten. Neben Fachkompetenz wird also Sozialkompetenz zum herausragenden Qualifizierungsmerkmal. Das dritte gruppendynamische Element besteht darin, sich simultan in wechselnden Rollen erfolgreich einzubringen: Gestalter, Mitmacher, Antreiber, Beziehungspfleger, Kontakter, Coach. Und wer daran denkt, dass der Erfolg jeder Rolle nicht nur von dem abhängt, der sie für sich definiert und einzunehmen gedenkt, sondern genauso stark von der Akzeptanz derjenigen, für die sie gedacht ist und die dabei mitspielen sollen – für den liegt der gruppendynamische Aspekt auf der Hand.

Schritt Nr. 5: Ambiguitätstoleranz statt Fundamentalismus, oder: Offenheit als Prinzip des Lernens

Wer nach dem Muster flexibler Netzwerke seine Beziehungen aufbaut, gestalten und den sich laufend verändernden Rahmenbedingungen anpassen will, kann dies nur auf der Basis einer inneren Haltung, die durch zwei Merkmale gekennzeichnet ist: Ambiguitätstoleranz und prinzipielle Offenheit. Weil Dinge oft unscharf sind, sich schnell verändern können in ihrer Bedeutung oder in der Art, wie sie ein- oder sich auswirken, weil in aller Regel mehrere Aspekte und Perspektiven gleichzeitig eine Rolle spielen und deshalb ins Kalkül zu ziehen sind, deshalb wird die Fähigkeit, Mehrdeutigkeiten zu ertragen und trotz Ambivalenzen entscheidungs- und handlungsfähig zu sein, zur tragenden Säule sozial erfolgreichen Verhaltens. Wer Eindeutigkeit braucht, kann sich diese nur um den Preis von Verkürzungen oder Verabsolutierungen von Perspektiven zurechtbiegen. Die zweite tragende Säule der Brücke in die neue Welt heißt Offenheit, verstanden als prinzipiell dauerhafte Suche nach einer anderen (noch) besseren Lösung. Das einzig Beständige ist der Wandel, so lautet ein altes und zugleich hoch aktuelles Sprichwort. Dies gilt für Menschen und für Organisationen. Dass Offenheit und Neugierde Grundvoraussetzung für das individuelle Lernen sind, gehört schon länger zum Allgemeinwissen. Dass ein Unternehmen, wenn es sein Überleben sichern will, ein lernendes Unternehmen werden muss, ist noch nicht so bekannt. Dazu reichen aber keineswegs Appelle an die Mitarbeiter des Unternehmens, sich weiterzubilden und entsprechende Angebote von Seiten des Unternehmens. Das Unternehmen muss dies vielmehr in der Gestaltung seiner Strukturen und Geschäftsprozesse sicherstellen. Dazu müssen alle relevanten Perspektiven, zum Beispiel unterschiedliche Funktionsgruppen im Unternehmen (Vertrieb, Entwicklung, Konstruktion, Produktion, Logistik, Marketing), Wettbewerb, Kunden, Shareholder und Stakeholder simultan berücksichtigt und deshalb die Perspektiven entsprechend gewechselt werden. Dies muss formell und strukturell durch entsprechende Prozesse gewährleistet werden, die eben diese notwendige Reflektion sicherstellen – und darf nicht in das Belieben der Beteiligten gestellt werden, und somit von der jeweiligen psychologischen Verfassung oder vom aktuellen Zustand ihrer (informellen) zwischenmenschlichen Beziehungen abhängen.

Der gruppendynamische Faktor

Die Forderungen nach Ambiguitätstoleranz und prinzipieller Offenheit als Voraussetzungen für Lernen von Menschen und Organisationen liegen auf der Hand – und sind absolut nicht neu. Auch hier ist psychologisch nachvollziehbar, weshalb solche Aufforderungen oft kaum über den Status des *man sollte ...* hinauskommen. Der Mensch fühlt sich innerlich umso wohler, je klarer, ordentlicher und eindeutiger die Dinge sind. Eindeutigkeit, Klarheit und Ordnung erleichtern ganz erheblich die Orientierung. Der Mensch braucht Sicherheit, Geborgenheit und Anerkennung, um sich psychisch wohl zu fühlen. Permanenter Zweifel, laufendes Infragestellen, immer auf der Suche nach der noch besseren Lösung, die eigene Sichtweise so zu relativieren, dass andere, wirklich andere Perspektiven gleichzeitig Platz haben – dies ist eine der größten Zumutungen, die wir einem normalen Menschen antun können. Zum Nulltarif wird dieser Zumutung, die gewohnte Komfortzone zu verlassen, kein Erfolg beschieden sein. Es braucht viel Aufklärungs- und Überzeugungsarbeit, damit der Verzicht auf Klarheit und Eindeutigkeit nicht als Verlust erlebt wird, sondern als Gewinn an Wahrheit, als Befreiung aus der Abhängigkeit von falschen Autoritäten und falschen Sicherheiten. Dies wird nur mithilfe einer Kombination von zwei Ansätzen gelingen: Erstens, permanente Arbeit an sich selbst, den immer vorhandenen komplexitätsreduzierenden Verführungsangeboten zur Vereinfachung nicht zu erliegen, und zweitens der Aufbau von neuen Netzwerken mit Menschen, die sich regelmäßig in diesem Bemühen gegenseitig austauschen und stützen.

Unsicherheit als Ursache für Stress und Krankheit?

Bereits Ende der 80er Jahre kam AARON ANTONOVSKY, ein amerikanischer Mediziner und Soziologe, zu interessanten einschlägigen Erkenntnissen. Spezialisiert auf die Ursachenerforschung von Massenerkrankungen und auf der Suche nach den Prinzipien für die Entstehung der Gesundheit, entlang der Gretchenfrage »*Wer wird krank und wer bleibt gesund unter hohem Stress?*«, kam er zu folgenden Erkenntnissen: Ob jemand unter hohem Stress gesund bleibt oder krank wird, hängt ganz wesentlich davon ab, ob und inwieweit er bestimmte Zusammenhänge erkennen kann oder eben nicht. Je stärker er den Eindruck hat, Zusammenhänge zu erkennen, umso größer ist seine Fähigkeit, Stress zu ertragen, ohne krank zu werden. Drei Faktoren sind dafür entscheidend.

Erstens, *Vorhersehbarkeit*: Die Anforderungen und was immer man dazu braucht, um ihnen gerecht zu werden, müssen einigermaßen vorhersehbar sein. Man muss wissen, mit was man es zu tun haben wird.

Zweitens, *Handhabbarkeit*: Man muss das Gefühl und die Sicherheit haben, dass man die Möglichkeit hat, durch eigene Reaktion und aktives Eingreifen die Entwicklung wirklich beeinflussen zu können und nicht ins Leere zu laufen.

Drittens, *Sinn*: Wenn Menschen die Umstände begreifen, in denen sie sich befinden, und die Sicherheit verspüren, mit ihrem Handeln wirklich das angestrebte Ergebnis zu erzielen, haben sie das Gefühl, dass etwas sinnvoll ist.

Zusammenhänge zu erkennen, ermöglicht eine grundsätzliche Orientierung, die ein allgemeines, dauerhaftes und dynamisches Gefühl von Vertrauen zum Ausdruck bringt, das durch folgende Aspekte geprägt ist: Alles, was im Leben passiert, ist geordnet, absehbar und kann deshalb erklärt werden. Es entsteht ein Gefühl von Überschaubarkeit und Verstehen. Es sind Kräfte vorhanden, die es ermöglichen, sich den Anforderungen der Situation erfolgreich zu stellen. Man hat das Gefühl, die Dinge pragmatisch im Griff zu haben. Diese Anforderungen sind gleichzeitig Herausforderungen, die es wert sind, sich zu engagieren und zu handeln, damit Dinge getan oder geändert werden. Dies gibt ein inneres Gefühl von Stimmigkeit und Sinn. Diese Grundeinstellung ist messbar und hat eine gute Vorhersagekraft für zukünftige Gesundheit (mehr dazu bei GAYLORD NORDINE / MARK SCHMID-NEUHAUS, 1999). Die Forschungsergebnisse von Antonovsky bestätigen nochmals von einer ganz anderen Seite her unsere Auffassung: Es ist eigentlich wider die Natur des Menschen, zu viel Offenheit und Mehrdeutigkeit an sich heranzulassen. Der Mensch will Klarheit, weil er sich nur dann als handlungsfähig erlebt. Unter massiven seelischen Stress kommt leicht, wer nicht weiß, was auf ihn zukommt, wer nicht sicher ist, ob er überhaupt reagieren kann – und, selbst wenn er reagiert, ob dies alles einen Sinn ergibt. Das heißt, wenn uns ein Problem bedrängt und unser Wohlergehen beeinträchtigt, geht es uns nur dann wirklich gut, wenn wir reagieren können und wenn diese Reaktionen zur Lösung des Problems führen oder zumindest zur Lösung des Problems beitragen.

Und die Moral von der Geschicht'...

Nichts spricht dagegen, diese Erkenntnisse ernst zu nehmen und einige Schlussfolgerungen für unser Verhalten daraus zu ziehen. Wenn Menschen neuen unbekannten Situationen ausgesetzt sind, wenn sie sich in unsicherem offenem Gelände bewegen müssen, wenn ihnen die vertrauten Haltegriffe und Orientierungspunkte entzogen sind, scheint es geradezu natürliche Reaktions- und Verhaltensmuster zu geben, die fast wie

Gesetzmäßigkeiten auftreten. Wenn wir uns auf diese einstellen, können wir uns das Umgehen mit derartigen Situationen nachdrücklich erleichtern.

Prozesse statt Strukturen

Eine entscheidende Folgerung, die wir aus den Erkenntnissen ziehen können, lautet: Von vornherein so wenig feste Strukturen schaffen wie möglich. Stattdessen das nötige Zusammenspiel innerhalb und zwischen den Bereichen miteinander verhandeln und in Form von Spielregeln so weit wie nötig festlegen, beschreiben und vereinbaren. Also die unterschiedlichen Rollen definieren und beschreiben, die Rollenerwartungen klären, aber das ganze System nicht ohne Not in feste Strukturen für ewige Zeiten zementieren. Darüber hinaus: Vereinbarungen über Spielregeln immer nur für eine begrenzte Laufzeit festlegen. Diese Beschränkung zwingt alle Beteiligten zum Zeitpunkt des »Verfallsdatums«, die Sinnhaftigkeit der Zusammenarbeit grundsätzlich und die vormals definierten Spielregeln auf der Basis der erlebten Praxis einer radikalen Überprüfung im Einzelnen zu unterziehen. Diese *prinzipielle Offenheit von Systemen* ist einer der wesentlichen Eckpfeiler für die allseits geforderte Flexibilität. Die beteiligten Menschen werden allerdings immer wieder versuchen, Vorläufigkeiten in unumstößliche Tatsachen und Gewissheiten umzumünzen. Diesem Verlangen nach Sicherheit, Planbarkeit und Vorhersehbarkeit nicht nachzugeben – und das ohne die Menschen vor den Kopf zu stoßen, sondern mit dem Mittel der Überzeugung – ist die immer wieder geforderte hohe Kunst der Führung in Zeiten des Wandels.

Die Kehrseite der Flexibilität: begrenzte Loyalität

Wir haben uns zum Eingang dieses Kapitels die Frage gestellt, woher eigentlich der Ruf nach Flexibilität kommt und welchen Preis Mitarbeiter möglicherweise dafür zahlen müssen. Wir möchten dieses Kapitel nicht beenden, ohne auf eine heikle Kehrseite der Flexibilität hinzuweisen: Ein Unternehmen, das von seinen Mitarbeitern eine Art von Flexibilität fordert, die im Endeffekt bedeutet, im Rahmen ihres Arbeitslebens bereit zu sein, mehrfach die Arbeitsinhalte und auch den Arbeitsplatz zu wechseln, Unternehmer ihrer eigenen Arbeit zu sein, und sich selbst lediglich (noch) bereit erklärt, in begrenztem Ausmaß in die »employability« seiner Mitarbeiter zu investieren, dieses Unternehmen muss mit einer unerwünschten Nebenwirkung rechnen: Wer sich als kompetenter Unternehmer seiner eigenen Arbeit einschätzt und seine Marktchancen entsprechend gut beurteilt, wird volle Loyalität dann auch nur seinem eigenen Ich-Unternehmen, also sich selbst, entgegenbringen. Er wird seinen eigenen Ansprüchen und Interessen Vorrang einräumen, wenn es darum geht zu entscheiden, für wen, wie, wo und zu welchem Preis er seine Leistung am besten vermarkten kann. Das Modell der »Teilzeitlebensabschnittpartnerschaft«, wie es sich im Privatbereich entwickelt hat, wird verstärkt auf den beruflichen Sektor übergreifen. Damit würden Firmen, die sich mithilfe modischer Schlagworte wie zum Beispiel »employability« absichern wollen, sich aber im Grunde – auch oder nur – davor drücken, durch geeignete Maßnahmen der Personalentwicklung ihre Mitarbeiter frühzeitig, vorausschauend und vorsorgend in beiderseitigem Interesse zu qualifizieren, ein nicht unerhebliches Risiko eingehen: Sie riskieren, dass gerade die interessantesten Potenzialträger dem Unternehmen nur partiell zur Verfügung stehen oder es ganz verlassen. Der Vorwurf der Illoyalität und fehlender Identifikation würde allerdings in diesem Fall ins Leere laufen. Denn es könnte nur das Prinzip gelten: Gleiches Recht für alle. Wer diesen völlig freien Markt nicht will, wird sich etwas einfallen lassen müssen, um auch in schlechten Zeiten gute Leute an sich zu binden. Dem Klima im Unternehmen würde es allerdings insgesamt nicht schaden, würden Mitarbeiter weniger als Ressource oder als Leibeigene des Unternehmens gehalten, sondern würde man ihnen so begegnen, wie man so genannte Wunschkunden umwirbt. Es gäbe genügend einschlägige Erfahrungen, die man übertragen könnte.

Kapitel 2

Die Funktion der Gruppe
und ihr Innenleben

Wir werden später tiefer in einzelne psychologische Prozesse einsteigen, genauer ausleuchten, was auf der so genannten Hinterbühne und in den unteren Stockwerken alles passiert, was weder Zuschauer noch Akteure mitbekommen. Wir werden in eigenen Kapiteln beschreiben, welche entscheidende Rolle Gefühle auch in unserer Arbeitswelt spielen, in welcher Weise und wie stark Menschen bewusst und unbewusst miteinander in Beziehung stehen, wie sie Eigenschaften, Wünsche und Ängste aufeinander projizieren und sich wechselseitig als Sparringspartner, Verstärker, Unterstützer oder auch als Deponie für nicht gewünschte oder nicht akzeptierte eigene Neigungen benutzen, wie stark und in welcher Weise die noch so sachlich formulierten Ziele und Inhalte völlig überlagert sein können von psychologischen und psychodynamischen Aspekten. Wir werden uns natürlich mit dem Thema Feedback befassen, dem Hauptinstrument, mit dem wir uns anderen Menschen gegenüber klarer positionieren, sie besser verstehen und gezielter auf sie einwirken können. Und wir werden uns ausführlich mit dem Thema der psychologischen Wahrnehmung auseinander setzen, als Bedingung der Möglichkeit, das so wertvolle Instrument Feedback in seinem vollem Ausmaß überhaupt erst nutzen zu können. Zunächst werden wir darlegen, welche typischen Prozesse in Gruppen ablaufen, wie sich diese auf Arbeitsfähigkeit, Effizienz und das Klima in der Gruppe auswirken und was wir tun können, um in Zukunft diesen Phänomenen nicht hilflos wie dem Wetter ausgeliefert zu sein, sie nicht von einem Logenplatz aus fasziniert zu beobachten, sondern als Trainer am Spielfeldrand oder als Gestalter auf dem Spielfeld selbst kompetent steuernd einzugreifen – und welche Rolle das Thema Führung dabei spielt.

Wozu dient die Gruppe?

Drei Dinge braucht der Mensch, um sich seelisch gesund zu fühlen: Sicherheit, Geborgenheit und Anerkennung. Diese emotionale Grundversorgung kann niemand im Alleingang sicherstellen. Wir sind auf andere Menschen angewiesen, um diese drei Grundbedürfnisse zu gewährleisten. Handelt es sich doch um Werte, die nur auf der Basis einer Beziehung mit anderen her- und sichergestellt werden können. Und genau dies ist der Grund, weshalb die Gruppe Dreh- und Angelpunkt jedweden sozialen Geschehens ist. Hier liegt die Urquelle für das, was wir immer wieder beobachten: Menschen suchen die Beziehung zu anderen Menschen. Menschen brauchen einander, sind aufeinander angewiesen – ob in lustvoller oder leidvoller Verkettung. Das Bedürfnis Nummer eins lautet: Nicht isoliert sein, nicht allein dastehen, irgendwo dazugehören, eine Heimat haben. Das Phänomen des Bedürfnisses nach Zugehörigkeit ist unabhängig davon, ob diese Gruppe ganz oben oder auch ganz unten auf der Skala der gesellschaftlichen Bewertung steht. Auch eine Gruppe von Ganoven oder von Rechtsradikalen bietet den gesuchten emotionalen Bezug. Für Menschen ist die Zugehörigkeit zu anderen Menschen absolut lebenswichtig. Sie leiden dermaßen unter sozialer Isolation, dass mit Recht von Isolationsfolter gesprochen werden kann. Selbst in Zwangssituationen, wie zum Beispiel bei Entführungen oder Geiselnahmen, tun Menschen nahezu alles, um nicht auf Dauer der Isolation ausgesetzt zu sein; obwohl von diesem mit dem Leben bedroht, verbünden sie sich mit dem Aggressor. Das Bedürfnis nach Zugehörigkeit sichert auf der einen Seite das soziale Überleben, macht aber auf der anderen Seite gleichzeitig abhängig und manipulierbar. Weil man mit diesem Grundbedürfnis rechnen kann, wird auch die Forderung nach Loyalität zum möglichen Druckmittel. Die Angst vor dem Verlust der Zugehörigkeit reicht oft, um Menschen gefügig zu machen.

Nicht immer sind es real greifbare Gebilde, die als Bezugsgruppe dienen. Es gibt auch virtuelle Beziehungen, ob himmlische Gemeinschaften, Tote, die in der Erinnerung lebendig sind – oder auch zunehmend Cyber-Gruppierungen. Gruppen sind sozusagen Markt- und Tauschveranstaltungen. Die Währung: Anerkennung, Wertschätzung, Liebe – und dadurch innere Stabilität. Und exakt diese psychoökonomischen Tauschverhältnisse schaffen die Dynamik der Gruppe.

Anfangssituationen und die Psycho-Logik von Widerstand

Vorfahrt für emotionale Aspekte

Gruppen werden in aller Regel dazu gebildet, um etwas gemeinsam zu erleben und zu gestalten oder auch eine schwierigere Aufgabe kreativ zu lösen. Von Menschen, die in solchen Gruppen neu zusammenkommen, erwartet man eigentlich Offenheit und Neugierde. So weit die naive Theorie. De facto passiert Folgendes: Kommt jemand neu in eine Gruppe, sind meistens negative Gefühle wie Unsicherheit, Fremdheit, Beklommenheit, Anspannung bis hin zu Einsamkeit, Angst und Flucht- und Trotzimpulsen die normalen Begleiter. Diese negativen Gefühle sind sicher nicht bei allen Personen oder Gruppierungen gleich und gleich stark. Sie sind aber immer vorhanden, beschäftigen die Menschen innerlich und absorbieren einen großen Teil der Energie. Dies gilt auch für jemanden, der in eine neue, ihm unbekannte Situation kommt, selbst wenn er die Anwesenden oder einige davon persönlich kennt. Je nachdem wie fremd man einander ist, wie durchschaubar oder ungewohnt die physische und soziale Umgebung ist, wie klar Sinn und Zweck, Ziel und Auftrag, wie gewohnt oder ungewohnt die eigene Rolle und die Reaktionen der anderen darauf sind, stehen folgende Fragen unterschiedlich stark im Vordergrund:

- Wo bin ich hier gelandet? Mit wem habe ich es hier zu tun? Was kommt hier auf mich zu? Wer sind die anderen? Was wollen sie?
- Worauf kommt es hier an? Welche Währung hat hier Geltung?
- Wer genießt hier Anerkennung und hat Einfluss? An wem soll ich mich orientieren? Nach wem soll ich mich richten?
- Wie kann ich dazugehören? Wie kann ich mich hier verhalten? Welche (meiner vielen) Rollen soll beziehungsweise kann ich hier spielen? Was kann ich mir hier erlauben?
- Was werde ich hier gelten?
- Wie werde ich mit diesen Menschen und dieser Situation zurechtkommen?
- Kann ich mich hier behaupten? Werde ich fähig sein, meine Interessen zu verfolgen, meine Ziele zu erreichen? Welche Folgen wird dies haben?
- Was könnte mir hier schlimmstenfalls passieren? Werde ich fähig sein, eventuelle negative Folgen zu ertragen?

Vier Dinge sind es, um die sich alle diese Fragen drehen: Zugehörigkeit, Akzeptanz, Verhaltssicherheit und die eigene Position. Mit der Sache, um die es jeweils geht, hat das kaum etwas zu tun. Es sind vielmehr Fragen, die unsere Gefühlslage betreffen – und die ist in Anfangssituationen selten positiv. Was aber unangenehm ist, dem möchten wir uns nicht länger als unbedingt nötig aussetzen. Also tun wir alles, um emotional (wieder) Boden unter die Füße zu bekommen – und uns einen Eindruck zu verschaffen und einen solchen zu machen; wir tun alles, um uns in die Lage zu versetzen, diese Fragen zu beantworten – und das möglichst positiv und möglichst schnell. Hierauf ist zunächst unsere gesamte Aufmerksamkeit gerichtet und zielen alle unsere Aktionen. Unsere ganze Energie gilt zunächst nur einem einzigen Ziel: sich gegenseitig beschnuppern, Beziehungen herstellen, erste Duftmarken setzen, um zu testen, wie darauf reagiert wird, andere diesbezüglich unter die Lupe nehmen. Für inhaltliche Diskussionen sind wir kaum aufnahmefähig. Die Maxime: Beziehung geht vor Inhalt.

Welche Folgerungen können wir daraus ziehen?

Grundregel Nummer eins: Menschen in Anfangssituationen muss man zunächst einmal Raum geben, sich miteinander und mit der neuen Situation vertraut zu machen, ihnen die Möglichkeit einräumen, Beziehungen zu knüpfen und sich dadurch eine emotionale Heimat zu schaffen. Sich in einer Konferenz sofort mit den Inhalten befassen ist ein richtiger Kunstfehler. Südländer und Asiaten wissen das hervorragend zu berücksichtigen. Zuerst kommt Beziehungsaufbau und Beziehungspflege. Erst wenn ein gewisses Maß an Sicherheit, Geborgenheit und Anerkennung die emotionale Basis gewährleistet, können Inhalte und Arbeit zugemutet werden. Nicht weil solche Inhalte oder Leistungsanforderungen sachlich nicht verkraftbar wären, sondern weil zunächst dieses grundsätzliche emotionale Thema »automatisch« Denken, Fühlen und Handeln bestimmt, egal ob es auf der Tagesordnung steht oder nicht. Es ist wie bei einem Computer, der zunächst einmal seine Betriebssoftware aufladen muss, bevor er arbeitsfähig wird. Wer glaubt, diese Phase der Orientierung überspringen oder drastisch verkürzen und sofort mit den sachlichen Zielen und Inhalten starten zu können, muss sich nicht wundern, wenn seinen Themen widerfährt, was ihm als Buch oder Film noch in guter Erinnerung sein mag – »Vom Winde verweht«. Das gilt für jedwede neue Gruppierung, ob normale Arbeits- oder interdisziplinäre Projektgruppe, ob Trainings- oder Urlaubsgruppe, ob hochehrwürdiges Kardinalskollegium oder versoffene Pennerclique. Und eines ist klar: Es gibt dazu keine Alternative. Wird der Raum dafür nicht offiziell vorgesehen, so werden ihn sich die Betroffenen einfach nehmen. Solange die Frage gegenseitiger Anerkennung nicht beantwortet ist, hemmt die Furcht vor Ablehnung die volle Kreativität und Leistungsfähigkeit. Das anfängliche Misstrauen ist der Nährboden von Irritationen aller Art. Eine der Ursachen des Misstrauens liegt in der Unsicherheit darüber, was denn in der Gruppe mit der eigenen Leistung, mit den eigenen Ideen geschehen wird: Verschwindet der eigene Beitrag im Wir, oder gibt es auch eine persönliche Bestätigung, eine Art Verweis auf Eigentums- oder Urheberrechte? Erst die Sicherheit gegenseitiger Akzeptanz und Wertschätzung, die verlässliche Erfahrung des Dazugehörens und die Hoffnung auf faire Kollegialität schafft Vertrauen und bietet eine Basis der sachlichen Arbeit und Zusammenarbeit.

Auftragsklärung und Zielfindung

Menschen haben immer bewusste und unbewusste Ziele, denen sie in ihrem täglichen – auch spontanen – Verhalten folgen. Das Gleiche gilt für Gruppen. Sie brauchen dies als Orientierung, Richtschnur und Kompass. Der Unterschied: In Gruppen läuft ein Doppeldecker. Auf der einen Etage sind die mehr oder weniger bewussten persönlichen Ziele der Individuen wirksam, auf der zweiten geht es darum herauszufinden oder festzulegen, was die Gruppe als Ganzes will beziehungsweise soll. Beide Ebenen müssen zueinander passen oder passend gemacht, also aufeinander abgestimmt werden. Gelingt es, die persönlichen Ziele der Mitglieder mit dem Auftrag oder Ziel der Gesamtgruppe in Beziehung zu setzen – sie gleichsam unter einem Schirm zu bündeln –, dann steigt das Engagement aller Beteiligten. Die Grundlage dafür besteht darin, dass sich nicht nur jedes Mitglied mehr oder weniger mit dem gemeinsamen Ziel einverstanden erklären kann, sondern sich mit einem eigenen Motiv, Interesse oder einer persönlichen Neigung darin wieder findet und so auch einen persönlichen Nutzen daraus ziehen kann.

Während wir uns als Einzelne meist instinktiv, sozusagen aus dem Bauch heraus durchaus bedürfnisbezogen und in diesem Sinne zielgerichtet verhalten, findet dies in der Vielheit einer Gruppe so nicht verlässlich genug statt. Um unvermeidliche Enttäuschungen zu vermeiden, die dann auftreten, wenn die Gruppe zu spät merkt, dass man zu selbstverständlich davon ausgegangen ist, dass aufgrund von ein paar gängigen Schlagworten alle das richtige und vor allem gleiche Verständnis des Zieles haben, lohnt es sich allemal, diesen Schritt der Ziel- und Auftragsklärung, inklusive der Überprüfung, wie weit die persönlichen Erwartungen damit kompatibel sind, transparent zu gestalten:

- Was wollen beziehungsweise sollen wir eigentlich tun oder erreichen?
- Was ist der eigentliche Zweck unseres Handelns?
- Wer sind die eigentlichen Auftraggeber, denen gegenüber wir Rechenschaft ablegen müssen?
- Wie sieht der Zustand konkret aus, den wir als Erreichung des Ziel beziehungsweise als Erfolg ansehen – und was sind die Messgrößen?
- Welches sind die persönlichen Motive, Interessen und Nutzenerwartungen der einzelnen Gruppenmitglieder? Und wie passen diese zu den übergreifenden Zielen der Gruppe?

Es ist wie im privaten Bereich. Vielleicht ist sich die ganze Familie sehr schnell einig, dass sie den nächsten Urlaub am Strand verbringen will. Die schnelle Einigung ist allerdings bald dahin, wenn sich die Mitglieder konkret darüber austauschen, was jeder Einzelne eigentlich dort erwartet – und wann für ihn sozusagen der Strandurlaub ein toller Urlaub ist: Der eine hätte es gern einsam, der andere belebt; der eine will sich sportlich betätigen, der andere nur faul in der Sonne liegen; der eine erwartet sich den optimalen Laufsteg zum Anbaggern, der andere möglichst viele Familien mit Kleinkindern, damit die eigenen Kinder schnell Anschluss finden; der eine hätte es gern heiß, der andere bevorzugt stürmige Winde und schäumende Wellen. Die Moral von der Geschicht': Strand ist eben nicht gleich Strand – und es reicht nicht aus, sich mit Oberbegriffen zu begnügen. Austausch und Klärung sind, wenn erst einmal begonnen, Selbstläufer. Aber sie brauchen Zeit.

Eine kritische Situation wird dann eintreten, wenn sich einzelne Mitglieder oder der Leiter zu schnell mit einem Ziel durchsetzen wollen. Dann kommt es leicht zu wechselseitig blockierender Zielkonkurrenz – »Killst du meinen Wunsch, kill ich deinen!« –, weil die Gruppe noch weit davon entfernt ist, Konflikte konstruktiv bearbeiten zu können. Dies kann – an einem (zu) frühen Zeitpunkt – zu Abspaltungen oder zu innerem Rückzug von Mitgliedern führen, die den Eindruck gewinnen, sie seien ohnehin weder beteiligt noch ernsthaft gefragt. Identifikation und Engagement wird es nur dort geben, wo die Bedürfnisse so gebündelt werden, dass sich alle unter dem gemeinsamen Gruppenziel mit ihren persönlichen Wünschen einigermaßen wieder finden. Es geht darum, entweder einen Strand ausfindig zu machen, der allen, zum Teil auch widersprüchlichen Ansprüchen genügt, oder aber dem Dilemma insoweit zu entkommen, als alternative Ersatzbefriedigungen gemeinsam entwickelt werden – oder der Zeitraum der Bedürfniserfüllung vergrößert wird, sodass es möglich wird, bestimmte Bedürfnisse zu vertagen. Das aber geht nur mit der Sicherheit, dass sie, wenn auch später, verlässlich eingelöst werden. Voraussetzung: Intensiver offener Austausch und ein ausreichendes Maß an gegenseitigem Vertrauen, das genau durch die Art und Weise, wie der Austausch der Wünsche gestaltet und die Auseinandersetzung darüber miteinander geführt wird, aufgebaut werden kann. Das wiederum ist nur möglich, wenn das Anliegen nicht (nur) darauf verkürzt wird, auf Teufel komm raus eine Lösung für das Sachproblem zu finden, sondern alle mit der Aussprache gleichzeitig das Ziel verfolgen, sich selbst zu öffnen und die anderen und ihre Denkwelten besser kennen zu lernen – und zwar aus echtem Interesse.

Macht und Führung

Personen und Gruppen, die sich in einer fremden, noch unklaren Situation befinden, haben das Bedürfnis nach Orientierung. Dazu dient entweder ein Leithammel, an dem man sich ausrichten oder reiben kann – oder ein festes Gerüst von mitgebrachten Normen und Sichtweisen. Um uns im Fremden zurechtzufinden, akzeptieren wir kritiklos in kindlicher Abhängigkeit die (Fremden-) Führung von Autoritäten oder reiben uns in gleicher (Gegen-) Abhängigkeit an ihrem Führungsangebot beziehungsweise -anspruch oder suchen nach Möglichkeiten, eigene Erfahrungen auf die neue Situation hin zu verallgemeinern. Wir versuchen, eine schnelle Brücke zu schlagen vom Fremden zum Vertrauten, über die wir uns zu gehen trauen könnten. Wir konstruieren Wirklichkeit nach dem Modell der uns vertrauten alten Welten – auch um den Preis des blinden Glaubens an Autoritäten. Der Drang nach Konformität tut ein Übriges dazu, dem Neuen und Fremden nicht standzuhalten, sondern aus dieser Situation der Verunsicherung möglichst schnell zu flüchten – auch um den Preis falscher Erklärungen. Darauf hat schon FRIEDRICH NIETZSCHE verwiesen: »Ein ungewohntes Ding zurückzuführen auf schon gewohnte Dinge, das Gefühl der Fremdheit zu verlieren – das *gilt* unserem Gefühl als *Erklären*. Wir wollen gar nicht »erkennen«, sondern nicht im Glauben gestört werden, dass wir bereits wissen.« Wir stimmen mit Nietzsche nicht ganz überein: Es ist wohl weniger eine Frage des (Nicht-) Wollens, sondern eher eine Frage des (Nicht-) Könnens, weil uns die Angst vor dem Unbekannten (S.Freud) blockiert. Durchtriebene Menschen wissen um diese Vorgänge und bieten sich an, das Orientierungsvakuum durch ein Führungsangebot zu füllen, das absolute Unterwerfung verlangt, dafür allerdings auch »geistige Vollpension« gewährt. Je unsicherer die Zeiten, desto verführerischer die Angebote der Selbstentmündigung und deso größer die Chancen ihrer Realisierung.

Es fällt schwer – und ist eigentlich gegen die Natur der spontanen gruppendynamischen Prozesse –, sich Schritt für Schritt selbst zu orientieren, sich darüber auszutauschen, welche überprüfbaren Daten, Fakten und Wahrnehmungen die Situation kennzeichnen, welche Interpretationen und Bewertungen daraus abgeleitet werden können, welche Annahmen, Einschätzungen und Prognosen hinter den jeweiligen Interpretationen stehen und welcher Nutzen beziehungsweise welche Risiken in den sich daraus ableitenden Handlungsmöglichkeiten enthalten sind. Man kann sich immer wieder vornehmen, zukünftig Neues mit frisch geputzter Brille zu betrachten. Doch dies gelingt selten, weil sich auch in der neuen Optik der alte Schliff gern wieder reproduziert. Der Preis, der dafür zu zahlen ist: Einbuße an Überraschungen, Entdeckungen und stimulierender Irritation, kurz: Verminderung der Lebensqualität.

Organisation und Kontrolle

Es gibt ein viertes Bedürfnis, das die Startsituation von Gruppen bestimmt und daraus abgeleitet einen vierten Regelungsbedarf: Zu wissen beziehungsweise zu klären, wie das, was die Gruppe insgesamt will, und die Absichten, welche die einzelnen Mitglieder dabei (zusätzlich) verfolgen, organisiert werden kann – und welche Rolle man dabei selbst einzunehmen gedenkt beziehungsweise welche einen die anderen einnehmen lassen. Es geht um die Frage der Organisation des Miteinander, der Führung und gegebenenfalls um hierarchische Strukturen, Über-, Unteroder Zuordnungsverhältnisse. Dazu gehören Einwirkungen und Einflüsse von Personen ebenso wie materielle, finanzielle und zeitliche Rahmenfaktoren, denen die Beteiligten unterliegen. Dies zu organisieren geht aber nicht, ohne dass die beteiligten Personen davon persönlich betroffen werden. Die zu findende Struktur gliedert einerseits Zeit, verteilt Aufgaben und Ressourcen – und weist andererseits Personen Bedeutung zu und drückt Stellenwerte aus. Und wenn man nicht aufpasst, ist sie durch die normierende Kraft des Faktischen schon gesetzt, noch bevor man seine eigenen Wünsche artikulieren konnte oder sich traute. Da die

Gruppe noch keine produktive Konfliktkultur entwickelt hat, Entscheidungsmechanismen noch rudimentär und kaum verlässlich vereinbart sind, Abhängigkeiten und Kompetenzen bestenfalls vermutet werden und Vor- und Nachlieben noch kaum offen ausgesprochen sind, besteht bei den Mitgliedern ein meist erfahrungsgeprägtes Misstrauen gegenüber diesem diffusen Gemenge von Informationen, Beziehungen, Bedeutungen, Rollen und strukturellen Vorprägungen. Die Konsequenzen sind noch nicht überschaubar – und insofern nicht unter Kontrolle. Und so könnte es leicht passieren, dass man überrumpelt wird, sich auf Dinge einzulassen, ohne sie noch ganz zu überblicken, sich vorschnell einverstanden zu erklären und dadurch im komplexen Interessenausgleich der Gruppe zu kurz zu kommen, indem man sich beispielsweise ohnmächtig fühlt angesichts einer problematischen Umarmung, einer Einvernahme wider Willen, weil es zum Widerspruch zu früh und für Distanzierung zu spät scheint. Es gibt nur eines: versuchen, Zeit zu gewinnen durch verschieben, verschleppen, ausklammern, offen lassen und delegieren auf zukünftige Ereignisse. Und so erklären sich die oft endlosen Strukturdiskussionen in Anfangssituationen von Gruppen. Eine wichtige Rolle zur Überwindung dieser Anfangsblockade spielt das Bemühen, einen transparenten und verlässlichen Informationsfluss aufzubauen. Informationen, denen man Glauben schenkt und die helfen, das Misstrauen und die Angst vor zu früher Festlegung so weit zu binden, dass eine Minimalstruktur entstehen kann.

Hat sich nun eine Gruppe – wie offen oder verdeckt auch immer – mit diesen vier Grundproblemen auseinander gesetzt und sie auch so weit bewältigt, dass sie die Gedanken, Fantasien und Energien der Mitglieder nicht mehr übermäßig in Beschlag belegen, kann sie sich ihrer eigentlichen Aufgabe zuwenden und den dazu notwendigen Kontakt mit ihrem Umfeld aufnehmen. Wie viel Kraft, Vitalität und Energie sie entwickelt, ist dabei noch offen. Denn nun beginnt – in und neben der Arbeit – die Auseinandersetzung mit den relevanten Unterschieden, den verschiedenartigen Sichtweisen und Überzeugungen, den ganzen sicherheitstiftenden Gewissheiten, die jeder in seiner alten Welt erworben hat, die bislang zum Erfolg geführt und deshalb auch den Menschen geprägt haben. Die Bereitschaft, diese auf dem Altar der Gemeinsamkeit, welche die Gruppe verlangt, zu opfern, ist infolgedessen sehr unterschiedlich ausgeprägt. Sich miteinander zurechtfinden, sich zusammenraufen, die vielen Einzelteile zurechtrütteln zu einem tragfähigen Gefüge der Zusammenarbeit in der Gruppe oder im Projekt, wird ein Kernthema bleiben.

Durchgängige Muster in Gruppen

Wir haben zunächst einmal ganz generell die kritischen Punkte skizziert, mit denen sich Gruppen in Anfangssituationen auseinander setzen müssen, um einen tragfähigen Zusammenhalt zu schaffen und überhaupt arbeitsfähig zu werden. Hat eine Gruppe diese erste Schwelle erfolgreich überwunden, bedeutet das nun keineswegs, dass sie jetzt klaglos und reibungsfrei als Vehikel funktioniert und sich voll und ganz darauf konzentrieren kann, die angestrebten Sachziele anzugehen. Vielmehr läuft Gruppendynamik auf einer zweiten Ebene immer parallel mit – und bestimmt die Situation. In diesem zweiten Abschnitt werden wir deshalb solche Muster beschreiben, die auch in späteren Stadien von Gruppen beobachtbar sind und die eine maßgebliche Rolle im Hinblick auf die Arbeitseffizienz und die Zufriedenheit der Mitglieder der Gruppe spielen. Es sind Prozesse, die zum Teil von Anfang an laufen, zum Teil aber auch erst später in Erscheinung treten.

Suche nach Vertrautem – und die Rolle des Informellen

Ob Menschen sich nun an einem Leiter als absoluter Autorität orientieren oder an eigenen Stereotypien festklammern – in beiden Fällen handelt es sich um Vermeidungen: Die Gruppe umgeht es, genau hinzusehen, in subjektiven Austausch über konkrete Differenzen zu treten und Konflikte und die damit verbundene Unsicherheit als natürlich, wenn auch nicht unbedingt als angenehm zu akzeptieren. Das Verharren auf mitgebrachten Sicherheiten oder die Delegation an die höher bezahlte Einsicht – sprich Leiter – führt nicht zum erstrebten Mehr an Sicherheit. Das ist die eine Seite: subjektive Gewissheiten zu allgemeinen Wahrheiten umzuformen oder sich an einer Autorität zu orientieren und sich ihres vermeintlichen Schutzes zu versichern. Die andere Seite aber ist, dass es wirklich schwer ist, in einer Gruppe, deren Reaktionen man noch nicht so genau abschätzen kann, Widerspruch zu äußern, sich mit abweichenden Sichtweisen zu exponieren, den Mund aufzumachen und Klärung über etwas zu fordern, wenn anscheinend stilles Einvernehmen darüber herrscht, dass es besser sei, dies mit Schweigen zu übergehen. Es ist auch nicht leicht, Kritik an einem Vorgehen anzumelden, das von einem erfahrenen oder dominanten Gruppenmitglied offensiv propagiert wird. In der alltäglichen eingespielten Organisation bleibt dann das informelle System als Ventil: Man schimpft in der Kantine, äußert Kritik durchaus vehement, allerdings beim Gang über den Hof und gegenüber Personen, die am Problem nicht beteiligt sind. Dann, wenn sie nichts (mehr) bewirken kann! Im risikofreien Raum des Nachher oder des Anderswo. Denn erst dann ist die Gefahr des Konflikts wirklich vorüber – und damit die Gefahr, Beziehungen zu strapazieren.

Dieses Risiko zu vermeiden, es zumindest nicht herauszufordern, ist ein wesentlicher Überlebens-Mechanismus in Arbeitsorganisationen. Nur: In der neuen Kleingliedrigkeit von Gruppenstrukturen ist der informelle Teil erheblich weniger abgrenzbar. Gerade in Veränderungsprozessen fließen formelle Strukturen, Arbeitsbeziehungen sowie die handelnden Personen und ihre persönlichen Muster der Wahrnehmung und des Verständnisses ihrer Rolle ineinander, sind direkter aufeinander bezogen und dicht miteinander verzahnt. So werden mutiges Verhalten, konfrontierende Offenheit, couragierte Hinweise auf Unbequemes, Verstecktes, Tabuiertes im Frühstadium solcher Gruppen schnell zu Beziehungsfragen. Und als solche koppeln sie sich an Fantasien, die Ängste auslösen, wie zum Beispiel die gerade gewonnene Akzeptanz zu gefährden. Kurz gesagt: Die Angst, ausgegrenzt zu werden, sich zu blamieren, Wertschätzung und Sympathie zu verlieren oder Ablehnung zu erfahren, berührt das existenzielle Bedürfnis nach sozialer Geborgenheit und lähmt Impulse, autonom und unabhängig zu handeln. Auf der sicheren Seite wäre man mit anderen, weniger produktiven Manövern. Die Versuche, sich analog der gewohnten Ausweichsysteme auch im neuen kleingliedrigen System eine »Off-records-Zuflucht« zu schaffen, sind durchaus verständlich.

Paarbildungen

Einige Gruppenmitglieder schließen sich in Untergruppen oder mit mindesten einem zusammen, um der Anspannung zu begegnen und sich emotionalen Halt zu verschaffen. Solche frühzeitigen Paar-Bündnisse und Allianzbildungen werden geschlossen, ohne zuvor wirklich sachliche beziehungsweise interessenbezogene Übereinstimmungen entwickelt zu haben. Tragendes Motiv ist einzig und allein die Vermeidung des Gefühls, allein zu sein und der Befürchtung, mit bestimmten Grundeinstellungen auch allein zu bleiben. Statt sich der Herausforderung zu stellen und gewisse aus der Tradition generierte Handlungsmaximen in der neuen Situation auf ihre Tauglichkeit zu überprüfen, sichert man das gewohnte Modell durch ein Bündnis ab. Der englische Psychologe BION hat dieses und die folgenden Muster als typisch für Anfangssituationen formuliert.

Kampf und Flucht

Die Bildung von Allianzen oder Untergruppen und die Fixierung auf den/die Leiter oder auf Normsetzungen von oben sind oft mit zwei anderen, typischen emotionalen Mustern verbunden: Flucht- und Kampfverhalten. Verbinden sich Abhängigkeit und Flucht, dann bedeutet das, sich dem Leiter zu unterwerfen, weil man die eigene Entmündigung ohnehin erwartet. Die Fluchtreaktion bei Allianzen meint, sich in oder mit der Untergruppe zurückzuziehen und isoliert zu handeln – »*wir bilden unsere eigene Gruppe ..., halten uns raus ..., haben unsere eigene Meinung ..., sind klüger ...*«. Im Falle der Abhängigkeit zeigt sich Kampf, indem man sich gegen den Leiter oder gegen die Normen zur Wehr setzt, mit ihnen kämpft, Opposition betreibt – wobei vielen gar nicht bewusst ist, dass der verbissene Protest gegen die Autorität nur eine andere Form der Abhängigkeit, nämlich Gegenabhängigkeit, bedeutet. Kampf im Falle der Allianz drückt sich darin aus, dass man sich mit und im Schutze der Untergruppe durchsetzen will – ohne Rücksicht auf die übrigen Mitglieder, ihre Sichtweisen und Meinungen.

Wenn solche Gruppenphänomene nicht geklärt und bearbeitet beziehungsweise durchbrochen werden, absorbieren sie einen mehr oder weniger großen Teil der Energie, die eigentlich dazu benötigt würde, die anstehenden Aufgaben und Ziele der Gruppe zu verfolgen. Wer sich mit solchen Mustern aktiv auseinander setzen will, hat dazu mehrere Möglichkeiten:

- die negativen Spannungen benennen, die Gründe ihres Zustandekommens sichtbar und damit auch ansprechbar machen;
- die eigenen Gefühle aussprechen und den Mitgliedern helfen, sich die ihren klar zu machen, sie anhand von Fakten zu überprüfen und dadurch gegebenenfalls zu ändern;
- für sich selbst akzeptieren, dass in den Frühstadien einer Gruppenstruktur viel Energie darauf verwendet werden muss, die beschriebenen emotionalen Muster zu erfassen und zu bearbeiten – und sich als Moderator riskieren.

Macht und Konkurrenz

Offiziell und für alle sichtbar hat – wenn es denn einen gibt – der Gruppenleiter oder Gruppensprecher formelle Macht auf der Basis seiner Funktion. Er genießt sozusagen Vorschussautorität. Diese Funktionsmacht wird häufig zusätzlich gestützt durch unausgesprochene Erwartungen an ihn vonseiten der Mitglieder, er solle alles wissen und können, zumindest im Hinblick auf die Aufgabenstellung, die Ressourcen und auf die konkreten Probleme, welche die einzelnen Mitglieder lösen beziehungsweise gelöst haben möchten. Im Gegensatz zur offiziellen Leitungsperson sind die übrigen »einfachen« Mitglieder der Gruppe offiziell alle gleich. Das Problem: Es gibt keine einfachen Mitglieder – und jeder möchte auf seine Weise etwas »gleicher« sein als der andere. Das heißt, tendenziell möchte in hochkarätigen Teams fast jedes Mitglied besondere Bedeutung und Aufmerksamkeit erfahren und auf diese Weise aus der Gruppe herausgehoben werden. Die entsprechenden Verhaltensmuster, wenn wir sie unter der Perspektive von Abhängigkeit versus Gegenabhängigkeit anschauen, reichen von schutzsuchender Unterwerfung und Musterschüler-Habitus über demonstrativ zur Schau getragenes Desinteresse bis zu ständigen Rangeleien und Opposition. Die Aufmerksamkeit und das Verhalten der Mitglieder sind dann – wie in einer Hierarchie – verstärkt nach oben gerichtet. Die anderen Mitglieder werden dagegen eher als Rivalen wahrgenommen.

Inoffiziell, also unter der Decke, wird dadurch viel Dynamik ausgelöst. Unterschwellig wird eindeutig das Ziel verfolgt, eine Rangordnung unter den Gruppenmitgliedern herzustellen. Das entscheidende Kriterium dieser Rangordnung kann man *Einfluss* oder *Macht* nennen. Sie bildet sich in einem Machtkampf heraus, der mit sehr unterschiedlichen Mitteln ausgetragen wird. In zunehmenden Maße, wenn die Machtfrage halbwegs geklärt ist, kommt später als weiteres Thema *Vertrauen* ins Spiel. Was bedeuten nun Macht und Konkurrenz in einem Team und wie wirken sie sich aus? Macht/Einfluss erlangt,

- wer Orientierung und Stärke glaubwürdig darstellt;
- wer die Bedürfnisse relativ vieler Mitglieder trifft und ausdrückt;
- wer häufiger vom Leiter oder einer von außen wirkenden Autorität – etwa einem Manager oder einem anerkannten Experten – bestätigt wird;
- wer Normen setzt oder sich über Normen hinwegsetzt;
- wer distanziert gut beobachtet, gelegentlich treffende Aussagen macht

– und dadurch signalisiert, dass er treffen kann, wenn er will, ohne selbst getroffen zu werden;
- wer die anderen Teammitglieder oder den Teamleiter emotional auf sich aufmerksam macht;
- wer seine Schwäche glaubwürdig darstellt, dadurch eine so genannte Beißhemmung auslöst und Auseinandersetzungen mit sich blockiert; oder aber,
- wer infolge eines Pairings mit Helfern, Beschützern oder Hilfstruppen auftritt und damit ebenfalls Auseinandersetzung erschwert.

Macht beziehungsweise Einfluss hat also insgesamt dasjenige Teammitglied, auf das viele Interaktionen bezogen sind – ob diese nun direkt oder indirekt, mit Worten, Blicken oder Gesten durchgeführt, von Ängsten oder Aggressionen, Anerkennung oder Mitleid, Sympathie oder Abneigung motiviert sind. Macht kann von denen, denen gegenüber sie ausgeübt wird, unterschiedlich erlebt werden – als Ausgeliefertsein mit dem Gefühl der Ohnmacht, als Konkurrenz oder als willkommene Führung, die Schutz, Sicherheit und Orientierung schafft. Häufig wird übersehen, dass Macht- und Einflussfaktoren nicht nur mit Stärke, sondern auch mit Schwäche verbunden sind. Macht und Einfluss beziehen sich deshalb auch nicht nur auf Durchsetzen, sondern auch auf Verhindern, zum Beispiel in Form von Veto- oder Blockademacht. Macht und Einfluss treten keineswegs immer offen zutage. Gerade die Macht durch Schwäche funktioniert häufig verdeckt und manipulativ. Die Ausübung von Macht wie auch die Reaktion auf Macht hat sowohl aggressive als auch depressive Gefühlstönungen beziehungsweise kann diese auslösen. Solch aggressive oder depressive Gefühle können sich – auch bei einer Person – abwechseln. Der aggressive Impuls kann sich zum Beispiel gegen die Macht des Schwachen richten, dessen Schwäche als manipulierend erlebt wird – das Krankenbett wird sozusagen zum Feldherrnhügel. Diese Ausrichtung hat die Funktion, depressiv getönte Schuldgefühle und Handlungsängste zu mildern. Der aggressive Impuls kann sich aber auch gegen die Schwäche des Mächtigen richten, von dem man mehr Orientierung oder auch Heldentum erwartet hätte. Das wiederum mindert eigene Gefühle der Angst und Ohnmacht.

Macht und Konkurrenz sind siamesische Zwillinge. Wo Macht zu vergeben ist, kommt Konkurrenz ins Spiel. Dabei gibt es aber einen wesentlichen Unterschied: Latente, unausgesprochene Konkurrenz schafft Verunsicherung und lähmt die Entwicklung der Gruppe hin zur kooperativen

Arbeitsfähigkeit. Sie lässt oder öffnet zu viel Raum für Spekulationen – und stabilisiert oder verstärkt dadurch das anfängliche Misstrauen. Dagegen steht die klar und offen geäußerte Konkurrenz. Sie macht bisher Unterschwelliges deutlich, schafft dadurch Handlungsfähigkeit und fördert eher den Gruppenprozess, indem sie die Differenzierung vorantreibt. Eine wichtige Funktion, um eine Gruppe handlungsfähig zu machen, besteht exakt darin, unterschwelliges Konkurrieren aufzugreifen, anzusprechen und sichtbar zu machen. Und dies selbst dann, wenn es einem selbst ebenfalls lieber wäre, einen Konflikt zu vermeiden, ihn rational wegzudrücken beziehungsweise ihn wieder ins Unterschwellige zu verschieben. Es gibt allerdings Konstellationen, die es kaum zulassen oder ratsam erscheinen lassen, den Konflikt aufzudecken. Dies ist zum Beispiel der Fall, wenn Mitglieder der Gruppe einfach als übermächtig erlebt werden, sei es durch ihre persönliche Stärke oder durch ihre geradezu erschütternde Schwäche, sei es durch äußerst stabil scheinende Pairings oder durch die Solidarität einer ganzen Untergruppe. Der Widerstand gegen eine offene Konfrontation auf der Basis (mikro-) politischen Klugheit oder auch aus der Angst vor deren fantasierten Folgen ist in dieser Phase kaum zu überwinden. Den Mächtigen gelingt es, mit (ihrer) Macht den Deckel auf dem Topf zu halten, obwohl über dessen brodelnden Inhalt jeder Bescheid weiß. Dann bleibt nur, die eigenen Hypothesen zu überprüfen, auf weitere Hinweise zu achten und die Situation neu anzusprechen, wenn die Behinderung der Gruppe das nächste Mal deutlich und lästig spürbar ist – oder einen Moment zu erwischen, in dem die Gruppe durch irgendein Ereignis entlastet wurde und der Angstpegel entsprechend gesunken ist.

Macht oder Einfluss kann – und wird in der Regel – im Verlauf des Prozesses der Gruppen- oder Teambildung wechseln. Dieser Wechsel ändert aber per se nichts an den hier beschriebenen Phänomenen, es werden nur Rollen getauscht. Wenn eine Gruppe oder ein Team wirklich gut werden will – und zwar im Hinblick auf seine Effizienz und auf die emotionale Zufriedenheit seiner Mitglieder –, führt kein Weg daran vorbei, die Machtfrage offensiv anzugehen und zu klären. Dazu muss es für alle Mitglieder möglich gemacht werden, unterschiedliche Bedürfnisse und Interessen benennen zu können, widersprüchliche Meinungen zu diskutieren, abweichende Meinungen ernst zu nehmen, gegeneinander abzuwägen, in gemeinsamer Kreativität zu ergänzen oder völlig umzudenken und neu zu formulieren. Denn nur so gibt es überhaupt eine Chance für neue Lösungen, die inhaltlich besser und emotional befriedigender sind als alle mitgebrachten vorgedachten Alt-Lösungen. Man könnte dies als

Fähigkeit zur gelingenden Integration bezeichnen. Integration in seiner ursprünglichen Bedeutung verstanden als etwas Neues, Unversehrtes, Ganzes. Integration in diesem Sinne setzt aber voraus, dass sich alte Muster wie *Vermeidung auf Teufel komm raus*, *Kampf und Flucht*, *Abhängigkeit* und *Gegenabhängigkeit* aufgelöst haben oder die Gruppe es zumindest schafft, diese zu reflektieren – und dadurch in ihrer Automatik auszubremsen. Die Macht- und Einflussstruktur wird immer wieder klärungsbedürftig sein, weil die gruppendynamischen Prozesse des Kampfes um Akzeptanz, Wertschätzung und Macht nicht abgestellt werden können. Dieser Kampf wird immer neu aufgelegt werden, wenn auch unter jeweils anderen Vorzeichen, zum Beispiel unter der Fragestellung: Was bleibt vom Schwachen, wenn seine Macht – und was vom Starken, wenn seine Schwäche entdeckt und bearbeitet wird?

Es gibt keine schöne neue Welt – ohne Kampf und ohne Macht(-bedürfnisse). Ein Team oder eine Gruppe ist dann arbeitsfähig, wenn diese Prozesse einerseits als normal akzeptiert werden und wenn sie, sobald es ihretwegen klemmt, bearbeitet werden – und zwar in einem Klima des Vertrauens, wo die eigenen Beobachtungen, Meinungen und Hypothesen unsortiert und angstfrei eingebracht werden können, ohne dass der Klärungsprozess selbst auch zum Machtspiel wird, weil sich auch hier die Matadoren in ihren Rivalitäten verstricken.

Die Gruppe als Energiesystem

Der Regelfall

Wir haben eingangs darauf hingewiesen: Die modernen Organisationsdesigns und die Konzepte zu ihrer Verwirklichung setzen wesentlich auf Kleingliedrigkeit, Vernetzung und horizontale Ausrichtung der Leistungs- beziehungsweise Wertschöpfungsprozesse. Solche Systeme weisen zwar nicht weniger, allerdings jedoch einen anderen Steuerungsbedarf auf. Dieser ist unter anderem dadurch geprägt, dass viel von dem, was bisher durch hierarchische Vorgaben oder formale Regelungen entschieden und festgelegt wurde, nun in und zwischen Gruppen zu gestalten und bewältigen ist. Dazu hilft ein klarer und nachvollziehbarer Rahmen, was Ziele und Strategien zu ihrer Einlösung anlangt. Das reicht aber nicht aus. Darüber hinaus bedarf es vielfältiger Bereitschaften und Fähigkeiten zur Selbststeuerung direkt in den verschiedenen Epizentren des

Geschehens – den Gruppen und Gruppierungen der Organisation. Es wäre blauäugig, dies von vornherein als gegeben anzunehmen. Während Vorgaben, Regeln und Anweisungen sich anonym-strukturell oder durch hierarchische Rollen legitimieren, beruht die Selbststeuerungsfähigkeit in Gruppen ganz wesentlich auf den vorgenannten vier Aspekten:

- Zugehörigkeit und Akzeptanz,
- Zielklärung und -bindung,
- Macht und Führung,
- Organisation und Kontrolle.

Und diese wiederum erfordern eine ausgegorene, gleichwertige Berücksichtigung: der *hard facts*, also der sachlichen Inhalte, wie zum Beispiel konkrete Aufgaben, Mittel, Methoden und Werkzeuge, Zeit, Sachinformationen und Fachkompetenzen und anderer Ressourcen auf der einen Seite, und der so genannten *soft facts*, also all der Subjektivitäten, welche die Motive, Interessen und Neigungen der Beteiligten betreffen, ihre Gefühle und Beziehungen und die Art, wie sie ihre Zusammenarbeit gestalten und diese bewerten, auf der anderen Seite. Die Leistungen, die für Klärung, Entwicklung und Pflege sowohl der harten wie der weichen Faktoren aufgewendet werden müssen, verbrauchen Energie, ebenso wie die Auseinandersetzungen mit äußeren Rahmenbedingungen und der entsprechende Grenzverkehr mit dem Umfeld. Wie sich die Energie konkret verteilt, wie viel Aufwand für die harten, wie viel für die weichen Faktoren und für die Außenverhandlungen jeweils aufzuwenden ist und wie viel für die inhaltliche Arbeit zur Verfügung steht, wird – je nach Zustand der Gruppe und der Gesamtwetterlage – unterschiedlich sein. Auf jeden Fall gilt eines: Keine der genannten Dimensionen darf völlig vernachlässigt werden.

Ein nicht unerheblicher Teil der Energie einer Arbeits- oder Projektgruppe muss in die Klärung, Entwicklung und Erhaltung ihrer Rahmenbedingungen, zum Beispiel in Räume und Einrichtung, Sachmittel, Dinge, die das körperliche Wohlbefinden ihrer Mitglieder betreffen, sowie in den organisatorischen Rahmen, zum Beispiel Beteiligung in (Entscheidungs-)Gremien, Eingliederung ins Berichtswesen, Verfügbarkeit von Ressourcen wie Reisemöglichkeiten, Besprechungsorte, Rechnerzeiten, Anbindung an Informationen oder Zugriff auf Expertisen investiert werden. Dazu gehören bisweilen auch energiezehrende Leistungen wie Mitarbeit in Ausschüssen, Nachbarschaftshilfe oder Aufbau von Netzwerken zur Pflege der Beziehungen zum engeren und weiteren Umfeld. Ein zweiter Teil der Energie wird für die Entwicklung, Pflege und Erhaltung der Gruppe selbst aufgewendet. Für die Betriebsfähigkeit ihres Binnensystems sind Checks der Befindlichkeiten und Stimmungen, die Behebung von internen Reibungsverlusten, Bruch- und Knirschstellen, Wartung und Pflege der Informationsflüsse und Interaktionen, Klärung und Entwicklung der Rollen und Beziehungen, Überprüfung der Prozesse des internen Interessenausgleichs und der darauf bezogenen Motivationslagen notwendig. Prüfinstrumente, Instandhaltungswerkzeuge und Schmiermittel bestehen dabei aus einem einzigen Stoff: Kommunikation in unterschiedlichster Form! Und diese kann sehr viel Energie binden. Und genau auf diesen Aspekt werden wir im Abschluss dieses Kapitels noch einmal zurückkommen. Ein dritter und letzter Teil der Energie fließt in die eigentliche Produktion des Arbeitsergebnisses. Das vorhandene Energiepotenzial flexibel und situationsgerecht auf diese drei Bereiche zu verteilen und die richtige Mischung zu erzielen, darin liegt die Kunst einer gut funktionierenden Gruppe.

Risikoreiche Ausnahmezustände

Im breiten Spektrum der Möglichkeiten können drei Zustände auftreten, die durch den extremen Grad ihrer Ausprägung kritisch werden:

1. Das Umfeld der Gruppe ist sehr turbulent oder chaotisch. Es ist äußerst aufwändig, ja, fast unmöglich, die grundlegenden Rahmenbedingungen zu klären und zu sichern.

Die Gruppe beziehungsweise die einzelnen Mitglieder sind dann so stark mit Existenzsicherung und Verteidigung der Grenzen beschäftigt, dass sie für Weiteres kaum Energie aufbringen können. Zum Beispiel eine teilautonome Fertigungsgruppe, deren vorgelagerte Lieferanten (Arbeitsvorbereitung, Materialwirtschaft oder betriebliche Instandsetzung) nachhaltig ihre Leistungen nicht erbringen. Oder eine Stabs-, Planungs- oder Projektgruppe, die zwischen unterschiedlichen Zielsetzungen oder unbereinigten Widersprüchen der auftraggebenden Manager zerrieben wird, entweder weil eine Auftragsklärung nicht gelingt oder weil ein Auftraggeber »moving target« spielt – nach dem Motto »Hasch mich, ich bin der Frühling« – und das Ziel ständig verändert. Auch reale oder vermutete Gefährdungen der Gruppe – Eliminierung oder Outsourcing im Zuge einer anstehenden Reorganisation oder die Gefährdung ihres Produkts durch eine strategische Neuordnung des Portfolios – können Auslöser sein. Handelt es sich um Gruppen, die nicht in einem Unternehmen, sondern in einer Region oder in einem Staat wirken, dann werden zum Beispiel Krieg, Hungersnot, Umsturz oder Naturkatastrophen diesen kritischen Energiezustand hervorbringen können, aber gelegentlich auch vermutete Gefahren wie zum Beispiel Gesetzesvorhaben, die für die Gruppe massive Veränderungen mit sich bringen würden.

2. Die Gruppe investiert ihre Energie fast ausschließlich in sich selbst, in ihre eigene Entwicklung und Transformation.

Die Gruppe koppelt sich ab und verliert den Kontakt zu ihrem Umfeld (Lieferanten, Kunden, Ressourcen) und dadurch zur Realität. Sie entwickelt ein Eigenleben aus sich selbst heraus mit eigenen Zielen, Normen und Ritualen – wie eine Sekte oder wie auf einer Insel. Sie kreist im Strudel innerer Ereignisse und Befindlichkeiten. Der zentrale Fokus des Gruppengeschehens liegt auf der Analyse der Beziehungen untereinander und der Klärung zwischenmenschlicher Konflikte. Die Produktion von Leistungen im Sinne des Auftrags beziehungsweise Ziels fällt in sich zusammen. Die Produktion von Beziehungsproblemen – in Klärungssitzungen auf den Objektträger des Gruppenmikroskops gelegt, betrachtet, seziert, diskutiert, aber nicht gelöst – gerät zur strapaziösen Dauerbeschäftigung. Die Gruppe degeneriert zur verqueren Selbsterfahrungsveranstaltung und die Lösung ist Teil des Problems: Die Dauerbeschäftigung mit scheinbarer Beziehungsklärung generiert immer neue Beziehungsprobleme. Wird ein solcher Zustand nicht – und sei es durch einen Realitätseinbruch von Oben – korrigiert oder vom Management mangels Leistung aufgelöst, entsteht häufig ein innerer Prozess der Korrosion: Die Bindungswirkung und Identifikation der Mitglieder nimmt kontinuierlich ab. Die Stimmung wird gereizter, die Nerven liegen blank. Die eher stabilen Personen verabschieden sich – erst innerlich, dann ganz real – und die Gruppe löst sich auf.

3. Die Gruppe investiert ihre Energie fast ausschließlich und dauerhaft in die Aufgabenebene.

Dies ist zweifellos der häufigste Fall. Die Gruppe beutet sich im sachlich-inhaltlichen Leistungsbereich aus, ohne für Erhalt und Regeneration des Binnensystems zu sorgen. Sie unterlässt Wartung und Pflege des Beziehungssystems und versucht, sich ausschließlich über formale Regelungen zu steuern. Die völlige Vernachlässigung der Beziehungsebene macht das Klima für Auseinandersetzungen und direkte konfliktklärende Dialoge mehr und mehr brüchig. Dabei gelingt es solchen Gruppen häufig, sich eine gewisse Zeit im sachlichen Hochleistungsbereich zu halten. Doch die Phase folgenloser Selbstausbeutung bleibt begrenzt. Irgendwann entstehen Überlastungssyndrome und in deren Folge Fluchttendenzen, zu erkennen an Abwesenheiten und Austritten. Schnell ist die Substanz der Gruppe verspielt, auch wenn die Leistungsprozesse noch einige Zeit roboterartig funktionieren. Die Vitalität schwindet, das Klima wird genervt, müde und resigniert: Man fühlt sich ausgebrannt. Wenn dann auch nur kurzfristig Erfolg und Anerkennung von außen sich vermindern oder ganz ausbleiben, wird deutlich, dass das Überleben der Gruppe nur noch solchen externen Transfusionen zu verdanken war. Mehr als pflichtgemäßes Abarbeiten ist nicht mehr drin. Wird mehr verlangt, ohne gleichzeitig eine grundsätzliche Erneuerung einzuführen, besteht eine hohe Wahrscheinlichkeit, dass sich die (Rest-)Gruppe still und lautlos auflöst.

Bei den drei beschriebenen Energiezuständen handelt es sich um Extremvarianten, die in dieser Form wahrscheinlich eher selten auftreten. Doch auch im Vorfeld voll ausgereizter Symptombilder werden hinreichend Erwartungen enttäuscht, Ziele verfehlt, das Engagement verbraucht und Ressourcen vergeudet, sodass es sich lohnt, an Vorsorgelösungen zu arbeiten.

Einstellungs- und Verhaltensänderung – und die Rolle der Gruppendynamik

Die Gruppe – Ort des sozialen Lernens und Verlernens

Menschen haben ihr soziales Verhalten, ihre inneren Einstellungen und Haltungen in und mithilfe von Gruppen – Familie, Kindergarten, Cliquen, Schulklasse – gelernt. Was für Kinder gilt, gilt für Erwachsene nicht anders: Ohne soziale Bezugsfelder wird es kaum gelingen, Altes zu ver- und Neues zu erlernen. Genau dies aber ist die Daueranforderung unserer Zeit. Wer Menschen dabei unterstützen will, sich die notwendigen sozialen Bezugssysteme zu schaffen, muss überschaubare Gruppenstrukturen schaffen. Der Grad der Zugehörigkeit und die Intensität der

Beziehungen können unterschiedlich sein. Die Mitgliedschaft in einer Arbeitsgruppe kann bedeuten, in wesentlichen Teilen der Arbeit mit anderen Mitgliedern der Gruppe so stark vernetzt zu sein, dass auch die emotionalen Zughörigkeits-Bedürfnisse darüber befriedigt werden können. Anders dagegen, wenn es sich um eine große Gruppe von Funktionsträgern handelt, zum Beispiel Piloten oder Flugbegleiter, die in jeweils wechselnden kleinen Teams, nur für einen bestimmten Flug zusammengestellt, ihrer Arbeit nachgehen. Hier könnte man über die flexible Arbeitsorganisation hinaus eine konstante Infrastruktur aufbauen, zum Beispiel jeweils 50 bis 80 Beteiligte zu einer festen, wenn auch eventuell virtuellen Gruppe zusammenführen, damit Menschen stabilere emotionale Beziehungen zueinander aufbauen können. Nicht selten wird zum Beispiel durch die Vermittlung von Informationen auch eine Veränderung der inneren Einstellung oder des Verhaltens erwartet. Hier schafft eine derartige Infrastruktur eine optimale Voraussetzung: Die Klärung der emotionalen Zugehörigkeit erleichtert es, sich solchen persönlichen Anforderungen zu stellen. Die Gruppe dient als Verarbeitungsinstrument für Zumutungen.

Es ist schon ein halbes Jahrhundert her, dass in sozialwissenschaftlichen Experimenten eine äußerst interessante Erkenntnis gewonnen wurde, die auch heute noch Geltung hat: Um Menschen dazu zu bewegen, ihre innere Einstellung zu bestimmten Verhaltensanforderungen zu ändern, gibt es kaum ein probateres Mittel, als sie darüber in einer gut geleiteten Gruppe miteinander diskutieren zu lassen. Das Ziel ist dann erreicht und der Erfolg in greifbare Nähe gerückt, wenn Teilnehmer der Diskussionsrunde ihre durch die gemeinsame Diskussion neu entstandene Absicht mitteilen, in Zukunft etwas anders zu tun als bisher. Das Phänomen, das hier deutlich wird, nennt man in Fachkreisen auch öffentliche Selbstverpflichtung. Die Gruppe hat in diesem Prozess eine doppelte Funktion: Sie ist einerseits der Ort, an dem unterschiedliche Meinungen aufeinander treffen können, und ist darüber hinaus ein wirksames Instrument der sozialen Beeinflussung und der sozialen Kontrolle, das die Gewähr bietet, dass sich jemand anderen gegenüber profilieren und verpflichten kann beziehungsweise muss. Dass solche Phänomene auch benutzt werden, um Gehirnwäsche zu betreiben, tut ihrer prinzipiellen Wirksamkeit keinen Abbruch.

Wenn Zumutungen ein bestimmtes Maß überschreiten, dann sind sie nicht mehr zu verkraften – auch nicht mithilfe einer noch so guten und professionell gesteuerten Gruppe. Ein gewisses Fundament von Sicherheit, zumindest vermuteter Vorausschaubarkeit und Machbarkeit, ist nötig, damit sich Menschen Veränderungen anschließen können. Selbst Personen, die alles aufgeben und verlassen, um in ein Kloster zu gehen, erwarten dafür eine Sicherheit, wenn auch eine der anderen Art, deren Einlösung vertagt werden kann, die erst in einer anderen Welt und in einer anderen Währung endgültig fällig wird. Veränderungen, die einerseits inhaltlich und zeitlich radikal sind und die andererseits keinerlei Anhaltspunkte beinhalten, wie das Ganze ausgehen und was die Betroffenen schlussendlich davon haben werden, haben keine Chance auf Realisierung, solange es in irgendeiner körperlichen oder geistigen Form Fluchtmöglichkeiten gibt. Wer, auch mithilfe einer Gruppe, eine derartige Radikalstrategie verfolgen würde, wäre nur unter hohem Energieaufwand in der Lage, diese durchzusetzen und die Mitglieder in der Gruppe zu halten. Im Regelfall zerbricht die Gruppe an solchen Radikalforderungen beziehungsweise wird von den Mitgliedern verlassen. Ähnliches passiert allerdings, wenn die Gruppe nicht stringent genug geführt wird und in ihrer inneren Ausrichtung, in ihrem Wertesystem und ihren Zielvorstellungen zerfällt. Die Kunst besteht also darin, die Veränderungen inhaltlich und zeitlich richtig zu portionieren und den Faktor Gruppe entsprechend dosiert einzusetzen.

Linear und naiv – ein Mangel im Konzept

Man mag es glauben oder nicht, Manager haben häufig ein recht klares Bild davon, wie Veränderungen verlaufen: Erstens, alles verläuft zielgerichtet. Zweitens, es gibt eine anspruchsvolle Zeitleiste. Drittens, der Prozess verläuft zügig und kontinuierlich ansteigend. Ob es darum geht, Einsparungen zu planen, ein neues Verfahren einzuführen, die Produktivität zu steigern oder auch Mitarbeiter dafür zu gewinnen, eine Veränderung zu akzeptieren und sich damit zu identifizieren – alles steigt kontinuierlich und linear an, wie bei dem Anlauf einer Maschine. Und mit einem solchen Verlauf wird auch fest gerechnet! Phasen, Meilensteine, Maßnahmen, Termine, das ganze Drehbuch der Veränderung wird auf der Basis dieser Vorstellung geplant, kalkuliert und konzipiert. Der Blick ist wie durch einen Tunnel auf das endgültige Resultat gerichtet. Der Weg dahin – der Tunnel also – erscheint als notwendige Mühsal, manchmal auch als Übel, insgesamt als eine Durststrecke, die es gilt, möglichst schnell und geradlinig zu überwinden. Sie mag zeitaufwändig und auch kostenträchtig sein, wird aber selbst nicht als wertschöpfend betrachtet.

In manchen Köpfen ist nach wie vor das Modell des Lichtschalters als Idealtypus einer Veränderungsstrategie fest verankert, auch wenn sich das heute immer weniger Menschen offen zu sagen getrauen. Unzählige Berichte über fehlgeschlagene Transformationen und eine Fülle einschlägiger Literatur über Change Management versuchen ja den Manager von seinen geradezu kindlichen, magischen Vorstellungen des schnellen Wandels abzubringen und ihn eines Besseren zu belehren. Ergebnis: Die naiven Vorstellungen haben sich um keinen Deut geändert, aber – um zeitgemäß zu erscheinen – behalten viele ihre eigentlichen Vorstellungen jetzt bei sich und äußern sie nur im kleinen vertrauten Kreis.

Das tief sitzende, magische Bild wirkt sich aus: Der kindlichen Schlichtheit des Lichtschalter-Modells folgt die vereinfachte Stringenz einer Mechanisierung im Masterplan: Eines hat logisch auf das andere zu folgen. Teilziele muss man ingenieurmäßig abhaken können. Prozesse des Verstehens und Nachvollziehens werden ausschließlich als kognitive Aspekte verstanden und als solche eingeplant. Prozesse des Verdauens, der mentalen Aneignung und des interaktiven Ausprobieren, die niemals geradlinig verlaufen, sondern in vielerlei, nicht vorsehbaren Schleifen und Umwegen, sind nicht gedacht und deshalb auch nicht vorgesehen. Deshalb gibt es weder Zeit noch Raum und schon gar nicht den Willen, solche Prozesse bewusst zu gestalten. Mögliche Konfliktlagen – und Murphys Gesetz: dass alles, was schief gehen kann, auch wirklich schief geht – werden ausgeblendet. Und so werden die Chancen für eine konstruktive Bewältigung vergeben. Zögern, Skepsis und Vorbehalten der Betroffenen wird mit knapper Information und knackigen Belehrungsritualen begegnet. Sie werden als Störungen des doch so professionell geplanten Prozesses erlebt, wie ein überraschender Verkehrsstau im Straßenverkehr, im Drehbuch nicht eingeplant. Qualifizierung und Lernen, wie man mit den neuen Strukturen und ihren absehbare Anforderungen, Defiziten und Tücken wirklich zurechtkommt, wird auf die Zeit danach, nach der offiziellen Einführung verschoben. Für die Zeit davor und dazwischen, die geprägt ist von Unsicherheit und Irritation, von Missverständnissen und drängenden Fragen der Beteiligten und Betroffenen, sind keine oder nur unzureichende begleitende Stütz-, Orientierungs- und emotionale Sicherungsmöglichkeiten eingeplant. Die Ansage, man wolle den Mitarbeiter nun vom reinen Befehlsempfänger zum verantwortlichen Mitunternehmer entwickeln, wird in dieser Dramaturgie zur Drohung. Wenn Betroffene einbeziehen sich darauf beschränkt, dass lediglich einige wenige ausgewählte Leistungsträger in einer Projektgruppe mitarbeiten können, wenn Beteiligung bedeutet, sich mit den kargen offiziellen Informationen zu begnügen und sowohl Sachverstand wie Kreativität der Mitarbeiter auf die formalen Wege von der Art eines ritualisierten, betrieblichen Vorschlagswesens verwiesen werden, dann wird der Anspruch, die Betroffenen zu Beteiligten zu machen, pervertiert in die Vorgehensweise, die Beteiligten betroffen zu machen. Und das gelingt allemal!

Nun kann sich die beschriebene Hinterbühne zur eigentlichen Arena entwickeln. Das Spiel, das ansteht, heißt: Unterlaufen. Widerstand in seinen unterschiedlichsten Formen wird vorbereitet und bald auch praktiziert. Die Methoden können unterschiedlich sein: Wegdrücken, Schlechtmachen, Dienst nach Vorschrift, Grundsatzdiskussionen führen, So-tun-als-ob. Und wiederum: Solche individuellen und gruppendynamischen oder auch kollektiven Phänomene aufzufangen, zu bearbeiten und zu bewältigen, ist im Masterplan nicht vorgesehen. Das Management, getrieben vom eigenen ingenieurmäßigen Denken, sieht sich vom Prozessgeschehen überrascht und reagiert ingenieurmäßig folgerichtig: mit wachsender Ungeduld und Erhöhung des Drucks. Was schon der Gesamtplanung zugrunde lag, wird lediglich noch einmal verstärkt. Das Problemlösungsmuster heißt: *mehr vom selben* (PAUL WATZLAWICK) – vielleicht ein bisschen angereichert mit Ärger und Enttäuschung. Die unmittelbare Konsequenz: Die Reaktion, die eigentlich zur Lösung führen sollte, verstärkt das Problem.

Darüber hinaus passiert aber noch etwas viel Gravierendes. Je stringenter ein Veränderungsprozess nur nach dem Prinzip ingenieurmäßiger Sach-Logik geplant wird, umso heikler wirken sich nicht vorgesehene Turbulenzen, Konflikte und Explosionen aus. Selbst wenn Brüche und Scherben nachträglich geklebt werden, ihre alte Festigkeit und Kohäsion gewinnen die Figuren nicht zurück. Die Kosten gescheiterter oder versandeter Veränderungsprozesse sind gemeinhin sehr viel höher und länger zu tilgen als die jener, die sich in ihrem Vorgehen an der Befindlichkeit und dem möglichen Tempo der Betroffenen orientieren – auch wenn die Investitionen in Zeit und Geld zunächst einmal größer scheinen. Gescheiterte, abgebrochene, folgenlos versandete oder äußerst umstrittene Prozesse bleiben lange im kollektiven Gedächtnis der Organisation. Die Folgen: Gerade die Energieträger dosieren ihr Engagement zukünftig sorgfältiger. Und wer ohnehin lieber alles beim Alten lässt, hat Oberwasser. Er hat gelernt, wie man Veränderungen erfolgreich abwehrt, ausbremst und unterläuft. Kann man überhaupt verhindern, dass es so kommen muss? Gibt es eine Alternative? Wie können wir verstehen, was eigentlich abläuft? Wie können wir gezielt eingreifen und durch unser Eingreifen destruktive Effekte vermindern oder auch verhindern – und stattdessen produktive Wirkungen auslösen oder verstärken?

Gruppendynamik verstehen

Allein schon das Wissen darum, dass Veränderungsprozesse nicht harmonisch-linear, sondern spannungsreich – mit Durchhängern, Krisen und Turbulenzen – ablaufen, schon das bloße Wissen um die Normalität dieses Geschehens – und der differenzierte Einblick in die wesentlichen Abläufe – hat positive Auswirkungen. Dieser Einblick bewirkt zunächst einmal eine gewisse Sicherheit, zumindest Hoffnung, auch kritische Ereignisse konsequent durchstehen und in schwierigen Zeiten souverän und handlungsfähig bleiben zu können. Eine Analogie: Die Azteken hatten – so wird berichtet – eine kollektive Angst, dass die Sonne, wenn sie abends im Meer versank, am nächsten Morgen nicht mehr auftauchen würde, sollten bestimmte Gottheiten erzürnt sein. Um dies zu vermeiden, brachten sie rituelle Opfer dar – Menschenopfer! Wir dagegen haben inzwischen – durch Erfahrung und naturwissenschaftliche Erkenntnisse – eine stabile innere Gewissheit, die uns davor beschützt, bei Einbruch der Dämmerung in Panik zu verfallen.

Zweitens, Gruppen sind Orte, in denen sich wie in einem Epizentrum die neuen Organisationsformen unmittelbar auswirken. Die Dynamik aus dem Verlauf des gesamten Veränderungsprozesses spielt sich an den verschiedensten Stellen der Organisation in einer Vielzahl von Gruppen und Gruppierungen ab – und wird zugleich aus den spezifischen Zuständen und Dynamiken dieser Gruppen gespeist. Solche Zustände und Dynamiken bergen latente Sprengkraft, unterliegen aber andererseits, wie wir eingehend beschrieben haben, einer gewissen Regelmäßigkeit. Man könnte von einem nahezu gesetzmäßigen Ablauf in bestimmten Phasen und spezifischen Situationen sprechen. Die Fähigkeit, Gruppenprozesse zu analysieren und das Wissen um ihre Steuerungsmechanismen gehört deshalb zum grundlegenden Handwerkszeug eines jeden, der erfolgreich Veränderung gestalten will. Dort liegen nämlich die Stellhebel für Kontinuität und Irritationsfestigkeit des Prozesses. Gruppendynamik ist der energetische Kern der gesamten Organisations- und Veränderungsdynamik. Wie die Elementarteilchen eines Atoms korrespondieren die Individuen innerhalb einer Gruppe – und Gruppen unterschiedlichster Art –

miteinander, beeinflussen sich wechselseitig, werden aktiv, explosiv, destruktiv oder stabil – und bilden so ein immer gefährdetes Gleichgewicht, reiben sich aneinander oder treiben auseinander.

Eine gute Gruppe muss entwickelt und gepflegt werden

Von HENRY FORD stammt der Satz: »Zusammenkommen ist der Anfang, Zusammenarbeit ist der Erfolg.« Im Rahmen von Veränderungsprozessen werden Gruppen der unterschiedlichsten Art gebildet oder bereits vorhandene ausgewählt und mit Aufträgen betraut. Gerade in Zeiten der Veränderung bringen es solche Aufträge mit sich, dass die Gruppen in aller Regel Neuland betreten müssen und nur begrenzt auf bereits Bestehendes und Bewährtes zurückgreifen können. Bisweilen gleicht die Forderung nach Innovation einem Sprung ins Leere. Gleichzeitig aber wird schneller Erfolg verlangt. Dies erzeugt zunächst einmal Unsicherheit, gegebenenfalls auch Verwirrung oder gar Bedrohung. Die neue Lage verändert auch die bisherige Eindeutigkeit von Rollen und (Arbeits-) Beziehungen, generiert Spannung und Konflikte, stellt den bisherigen Sinn und Zweck der Gruppe mehr oder weniger grundsätzlich infrage. Der immer vorhandene Druck, den Wandel kompetent und zügig zu bewältigen, und die gleichzeitige Unsicherheit, die dieser Druck auslöst, können leicht dazu führen, dass sich eine ganze Reihe der Mitglieder der betroffenen Gruppen zumindest streckenweise rat-, macht- und hilflos, also mehr oder weniger inkompetent fühlt. Eine derartige Befindlichkeit fördert aber kaum die notwendige Arbeits- und Leistungsfähigkeit. Dazu bedarf es eines Mindestmaßes an emotionaler Stabilität und der Beschäftigung mit den bereits angesprochenen Grundproblemen: Zugehörigkeit und Akzeptanz, Zielbindung, Macht und Führung, Organisation und Kontrolle. Wird eine Gruppe allerdings nicht gepflegt, entwickelt sie sich wie eine Neuanpflanzung, der man keine weitere Betreuung angedeihen lässt. Die Folge: Verwilderung. In solchen Fällen wird eine Gruppe leicht zu einem Ort und Instrument der Verhinderung: Die Mehrheit regiert und unterdrückt Minderheiten. Es siegt der kleinste gemeinsame Nenner. Häufige Phänomene sind Mobbing oder der Rückfall in kindliche Schulklassenmuster, wo es nur darum ging, den Lehrer zu ärgern oder möglichst viel Klamauk zu veranstalten. Gruppen sind sozusagen Verstärker – im Positiven wie im Negativen: Gruppen sind in der Lage, stärker als jeder Einzelne zu begeistern, individuelle Abwehrmechanismen zu überspringen und Zögerer mitzunehmen. Genauso sind Gruppen aber auch fähig, Menschen zu entmutigen, zu demütigen und ihnen jede Kraft und Lust zu nehmen. Gruppen haben ein sehr ambivalentes Potenzial: Sie können durch die prinzipiell vorhandene Vielfalt der Perspektiven den Realitätsbezug verbessern oder durch manipulative Eingrenzung der Wahrnehmung, wie es zum Beispiel in Sekten geschieht, diesen entscheidend verschlechtern. Gruppen verstärken gute und schlechte Überzeugungen, schaffen und stabilisieren gute und schlechte Sitten. Ohne Gruppe wird es kaum möglich sein, Einstellungen oder Verhalten zu verändern. Die besondere Macht von Gruppen liegt in ihren ausgefeilten und äußerst wirksamen Belohnungs- und Bestrafungsmechanismen, von der Anerkennung über Missachtung bis zum Entzug der Mitgliedschaft – und dies nicht immer auf formellen und deshalb auch halbwegs steuerbaren Wegen, sondern ebenso informell, unter der Decke und der offiziellen Einflussnahme völlig entzogen. Und das alles geschieht mit positiver oder/und negativer frühkindlicher Erfahrung und Erinnerung im Hinter- und Untergrund, die dem ganzen Geschehen oft eine ungeheure zusätzliche unbewusste, nicht durchschaubare und nicht steuerbare Dynamik verleiht.

Dreh- und Angelpunkt: Kommunikation

Echte Kommunikation ist einerseits die Grundvoraussetzung, damit sich überhaupt aus einer Ansammlung von einzelnen Menschen eine Gruppe bilden kann, indem es Menschen gelingt, die für ihr Ziel und ihre Aufgabe relevanten Daten zu sammeln, auszutauschen, sinnvoll zu verarbeiten und diesen Prozess über- und durchschaubar zu halten. Darüber hinaus bedarf es wiederum der Kommunikation, um die einzigartigen Kräfte einer Gruppe zur Erbringung der geschilderten Verstärkungsleistungen zu nutzen. Wir haben nicht ohne Absicht die Kommunikation mit dem Beiwort *echt* speziell charakterisiert. Vieles, was unter dem Oberbegriff Kommunikation gehandelt wird, hat damit eigentlich recht wenig zu tun. Wir möchten vor allem zwei Aspekte herausschälen: Kommunikation ist etwas völlig anderes als Information. Information ist ein Einweg-Vorgang, wo es darum geht, jemanden eine bestimmte Botschaft zu übermitteln. Was der Empfänger von dieser Botschaft hält oder was er mit ihr anfängt, ob sie überhaupt so ankommt, wie es der Intention des Senders entspricht, gehört nicht mehr zum Prozess der Information. Der Vorgang ist abgeschlossen, wenn die Botschaft gesendet wurde, bestenfalls wird noch überprüft, ob das Paket wirklich beim Adressaten abgeliefert wurde.

Es geht darum, das große Missverständnis zu überwinden, als ob geschliffene Rhetorik oder ausgefeilte Marketingstrategien auch nur das Geringste mit wirklicher Kommunikation zu tun hätten. Schon der Grundstock des Wortes *communis,* das bedeutet *gemeinsam,* weist die entscheidende Richtung: Kommunikation ist dann gelungen, wenn die an diesem Prozess Beteiligten sich eine gemeinsame Grundlage, eine Meinung, Anschauung, Überzeugung oder Ähnliches geschaffen, wenn sie sich wirklich verständigt haben. Sie müssen keineswegs inhaltlich übereinstimmen. Aber sie müssen sich gegenseitig verstehen und begreifen, was jeder meint, was er im Sinne hat, was er mit dem, was er sagt, bezweckt. Sie müssen erfassen, welche Annahmen und Denkmuster hinter den Worten stehen oder welche Empfindungen die Aussagen auslösen. Soll dies aber gelingen, gehört zur Kommunikation als wesentlicher Akt nicht nur das Reden und Senden, sondern auch das Zuhören und die Auseinandersetzung im Dialog. Alles was gesagt wird bedarf grundsätzlich immer der Übersetzung. Der Empfänger will mitbedacht sein, um neben Verständigung auch Verstehen und Verständnis zu bewirken. Ist dies nicht der Fall, geht viel Zeit und Inhalt mit dem bekannten Spiel – Ich denke, dass du denkst, dass ich denke … – verloren, das heißt, der Sender spekuliert über den Empfänger – und dieser über den Sender. Gefühle, Einstellungen, Motivationen sind deshalb im Telefon-Modell nur unzulänglich zu vermitteln. Kommunikation in Gruppen ist die wechselseitige Verarbeitung von relevanten Unterschieden, die aber im Dialog oft überhaupt erst entdeckt werden. Wenn jeder nur seine eigene Sprache spricht und die Informationen des anderen entsprechend eigener Präferenzen – angereichert mit seinen Assoziationen auf dem Hintergrund seiner spezifischen Erfahrungen – verarbeitet, kann Kommunikation nicht funktionieren.

Der Reifegrad einer Gruppe ist wesentlich durch die Qualität der Kommunikation in der Gruppe bestimmt. Wer also die Gruppe nutzen will, um Einstellungen und Verhalten zu verändern oder in Drucksituationen zu stabilisieren, muss in das System Gruppe selbst investieren. Er muss den Mitgliedern einer Gruppe Zeit und Gelegenheit geben für Begegnungen, die Gemeinschaft bilden, um Beziehungen zu stiften, Beziehungen zu klären und konstruktiv auch wieder zu lösen. Das Gelingen von Kommunikation hängt also einerseits von der Transparenz der subjektiven Wahrnehmungs- und Verarbeitungsmuster ab, in denen die persönlichen Einstellungen und Maßstäbe des anderen sichtbar werden, die seine subjektive Informationsverarbeitung bestimmen, *und* andererseits von der Güte der Beziehungen zueinander, insbesondere der Glaubwürdigkeit. Solange wir nicht erkennen, was und wie die anderen jeweils denken, wie sie das, was wir sagen, einordnen und einschätzen, und solange wir nicht einigermaßen darauf vertrauen können, dass sie uns wohl, zumindest aber nicht übel gesonnen sind, so lange sind wir mit offenherzigen Äußerungen zu unserer Sicht der Dinge eher karg, vorsichtig und halten uns diplomatisch zurück. Dies alles muss zumindest mitbetrachtet werden, damit nicht jeder isolierte Splitter an Information, jedes Gerücht und jeder Verdacht – und auf der anderen Seite nicht jede anfängliche Zurückhaltung – zu Irritation, Störung oder Krise führen können. Erst wenn die Dinge klar, transparent und nachvollziehbar sind, ist stringentes und überzeugtes *gemeinsames* Handeln möglich: Man blickt dann durch! Oder glaubt es zumindest. Aber das reicht für den Anfang.

Kapitel 3

Mythos Führung oder: Ein gruppendynamisches Führungskonzept

Das konventionelle Bild von Führung

Führung gehört zu den Begriffen, die sehr selbstverständlich ohne weitere Differenzierung benutzt werden, die klar, unstrittig und eindeutig scheinen. Steigt man tiefer in die Diskussion ein, um herauszufinden, was Menschen unter Führung verstehen, so ergibt sich häufig folgendes Bild:

- Führung heißt, andere Menschen zu führen oder von anderen geführt zu werden. Es wird als völlig selbstverständlich an- und hingenommen, dass Führung von außen über einen kommt.
- Führung wird vom Prinzip her als etwas gesehen, was notwendig, in sich gut und einfach so selbstverständlich ist, dass der generelle Anspruch, dass Führung notwendig sei, nicht weiter hinterfragt wird.
- Führung wird in aller Regel einzelnen Personen zugeordnet: Einer führt, einer muss das Sagen haben, die anderen haben zu folgen. Es gilt das Primat des Einzelnen.

Nach ihrem Rollenverständnis gefragt, schildern sich Führungskräfte häufig als Lokomotive. Jeglicher Antrieb ist nur in ihnen und mit ihnen garantiert. Alle und alles hängt an ihnen und von ihnen allein ab. So wie sie es berichten, scheint diese Rolle bei ihnen ein gutes Gefühl auszulösen. Als eine ebensolche Selbstverständlichkeit wird an- und hingenommen: Wer führt, ist *oben*, wer geführt wird, ist *unten* – wie schon das Wort Untergebener sagt.

Um dieses hierarchische Prinzip des Oben und Unten und den dahinter stehenden absoluten Herrschaftsanspruch zu begreifen, muss man das Wort *Hierarchie* ins Spiel bringen. Hierarchie bedeutet seinem Wortsinn nach *heilige Herrschaft* oder *Herrschaft der Heiligen*. Wer die Hintergründe zu deuten vermag weiß, was dadurch bewirkt werden soll: Das Heilige ist unberührbar – tabu – und damit auch unangreifbar, also nicht infrage zu stellen. Durch die Verheiligung des Begriffs wird die Oben-Unten-Situation stabilisiert und durch Verinnerlichung dermaßen zementiert, dass sie als völlig normal gilt und vom Prinzip her nicht infrage gestellt werden kann. CHRISTOPH LAUTERBURG hat dies schon vor Jahren in seinem Buch *Vor dem Ende der Hierarchie* ganz exzellent beschrieben.

Die Verlagerung der Verantwortung nach oben ergibt eine eindeutige Verantwortungspyramide: Nur ganz oben gibt es die ungeteilte Verantwortung und daraus abgeleitet den Anspruch auf umfassende Information. Unterhalb der Spitze herrschen Arbeits- und in ihrer Folge Verantwortungsteilung als Organisationsprinzipien. Die Arbeitsteilung wird stabilisiert, indem jeder darauf achtet, dass ihm niemand in die Quere kommt – weder in seinen Bereich hineinredet noch gar hineinregiert. Die Beschwörungsformel heißt *Zuständigkeit.* Wo keine durchgängige Verantwortung existiert, ist es wichtig, sich klar voneinander abzugrenzen, um sich vor falschen Zumutungen zu schützen. Deshalb besteht ein hohes Interesse, Zuständigkeiten klar zu regeln – und sich unter diesem unverdächtigen Titel einzugrenzen und abzuschotten. Der Wert einer Führungsposition und die Wertschätzung eines Anführers hängen maßgeblich davon ab, wie viele Mitarbeiter ihm unterstellt sind respektive wie viele Gefolgsleute er hat. Die Devise heißt nach wie vor: *Viel' Leut', viel Ehr'.* Wer heutzutage über Führung spricht, meint in aller Regel die Führung von Menschen. Führung wird gleichgesetzt mit Personalführung. Es gibt alte Begriffe, die noch etwas anderes deutlich machen, zum Beispiel Lokomotivführer oder Führerschein. Dort heißt führen, auch eine Sache, ein Projekt oder ein Thema verantworten. Wie wir später noch sehen werden, ist die Integration der Führung von Sachen und Menschen eine notwendige Voraussetzung für ein anderes Führungsverständnis.

Ableitungen

Dieses Führungsverständnis hat es in sich – und ist keineswegs so selbstverständlich, wie es scheint. Noch deutlicher: Mit der scheinbaren Selbstverständlichkeit von Führung wird bezweckt, Menschen davon abzuhalten, näher darüber nachzudenken. Bei genauerem Hinsehen lässt sich nämlich das so selbstverständlich scheinende Bild von Führung wie folgt ausweiten:

Heilserwartungen an den Anführer

Aus dem skizzierten Bild von Führung resultieren geradezu magische Heilserwartungen an die Rolle und das Verhalten des Führers. Anführer sind Heroen und Helden, die im Prinzip nahezu alles bewerkstelligen können und sollen. Notfalls helfen auch so genannte höhere Mächte, wie auch immer diese geartet sind. Einschlägige Mythen und Heldensagen verankern dieses Bild.

Autoritärer Führungsstil

Es dominierte – und dominiert zum großen Teil in der eigentlichen Unternehmenspraxis immer noch – der autoritäre Führungsstil: Einzig und allein der Vorgesetzte hat das Sagen. Er allein schafft an, hat das Recht zu tadeln und zu strafen oder auch Gnade walten zu lassen oder gar zu loben. Die Begründung dafür liegt auf der Hand: Er allein hat die Übersicht, er allein hat das Recht, weil dieses prinzipiell immer von oben kommt.

Diese autoritäre Art der Ausübung von Autorität wurde allerdings schon sehr früh zwar mit der gleichen Kompromisslosigkeit, aber in der gesellschaftlich doch akzeptableren patriarchalischen Form wahrgenommen. Die besondere Spezialität des Patriarchen ist seine Güte und Fürsorge. Allerdings gilt diese ausschließlich seinem eigenen Familienstamm. Die hierarchischen Werte durften und dürfen aber auch hier in keiner Weise infrage gestellt werden.

Ohne Untergebene kein Anführer

Ein Führer macht allerdings nur dort Sinn, wo es Menschen gibt, die diese Führung akzeptieren. Für die geschilderte Art von Führung besteht demnach eine Grundbedingung: absolute Unterwerfung der Untergebenen. Anpassung und Unterordnung bedeutet auch: alle Verantwortung an den Anführer abgeben. Je herausragender die Führungs- beziehungsweise Führerfigur, desto stärker die Unterwerfung. Dies gilt natürlich auch umgekehrt: Je stärker die Unterwerfungsbereitschaft, desto größer die Chancen, eine entsprechend absolute Führungsrolle zu gestalten.

Der Anführer als Beispiel und Ideal

Führer geben vor, Beispiel für ihre Untergebenen zu sein, an denen diese sich ausrichten sollen – nachzulesen in vielen Unternehmensleitlinien für Führung und Zusammenarbeit. Unterwerfungsbereite Untergebene fordern genau diese Beispielhaltung, ohne zu merken, dass sie damit ihre eigenen Entmündigung betreiben.

Gehorsam und Anpassung – Grundwerte der Erziehung

Jahrhundertelang funktionierte dieses Steuerungsmodell recht gut. Zumindest beim Militär, im Staat und in der Kirche – im Prinzip in allen Institutionen mit total(itär)em Anspruch an ihre Mitglieder im Hinblick auf Gehorsam und Folgeleistung. Um das Modell funktionsfähig zu machen und zu halten, wurden Werte wie Anstand, Ordnung oder Gehorsam als so genannte Sekundärtugenden zu zentralen gesellschaftlichen Leitwerten. Durch geistige und körperliche Erziehung wurden sie als Basis allen gesellschaftlichen Handelns und sozialer Anerkennung verankert.

Ein gruppendynamisches Führungskonzept

Selbstverständlich kann Führung durch einen Einzelnen in bestimmten Situationen ein funktionales Modell sein. Vor allem in Krisensituationen, die schnelles und koordiniertes Handeln erfordern, wo keine Zeit bleibt, sich miteinander abzustimmen, zum Beispiel im oft zitierten Falle eines Brandes oder bei Sturm auf hoher See. Problematisch wird es, wenn dies verallgemeinert wird. Erforschen wir ideologiefrei das freie Spiel der Kräfte, wie Menschen in unterschiedlichen führungsrelevanten Situationen miteinander umgehen, so ergibt sich ein durchaus differenziertes Bild.

Wie entsteht Führung?

Im Stadium des Entstehens einer Gruppe – wir haben diese Phase im vorhergehenden Kapitel über das Innenleben von Gruppen eingehend beschrieben – haben die Mitglieder unterschiedliche Wünsche, Vorstellungen und Erfordernisse. Schon um sich darüber austauschen und verständigen zu können, sind sie gezwungen, sich zu organisieren. Sie müssen sich über ein Vorgehen verständigen, das es ihnen ermöglicht, die vorhandenen Vorstellungen herauszufinden und diese organisationsfähig zu machen. Dazu müssen sie sich mit dem Thema Führung auseinander setzen: Wem geben sie das Recht und das Vertrauen zu strukturieren, zu moderieren und Entscheidungen über das weitere Vorgehen zu treffen oder solche herbeizuführen? Wenn die Führung nicht von vornherein durch eine klare Ausrichtung der Ziele inhaltlich und/oder durch Personen hierarchisch festgelegt ist, ist die Klärung dieser Fragen überhaupt nicht selbstverständlich. Wer zum Beispiel in der Anfangssituation einer solchen offenen, nicht vorstrukturierten Gruppe versucht, die Führung zu übernehmen, erleidet meist Schiffbruch – zumindest im ersten Anlauf. Solange die unterschiedlichen Bedürfnisse und Empfindungen der Mitglieder nicht auf dem Tisch und schon gar nicht miteinander verhandelt sind, sind sich die Mitglieder, ohne dass offen darüber geredet werden muss – sozusagen klammheimlich – über eines auf jeden Fall einig: Keiner bekommt die generelle Macht, nicht wenn es um die Moderation geht und schon gar nicht bei der Festlegung, welche Ziele die Gruppe verfolgen will. Jeder versucht, so lange wie möglich im Spiel zu bleiben, und wenn man schon nicht selbst die Steuerung übernehmen kann oder darf, so gilt es zumindest zu vereiteln, dass ein anderer diese Macht bekommt. Diese Verhinderung geschieht in den meisten Fällen nicht offen, sondern verdeckt – häufig durch ein so genanntes Vorschlags-Karussell: Auf jeden Vorschlag, wie man vorgehen könnte, folgt unmittelbar ein noch »besserer« Vorschlag – und verhindert so garantiert die Annahme des vorhergehenden. Die Prozesse in solchen Anfangssituationen und ihre Analyse machen im Hinblick auf Führung vier Dinge deutlich:

Erstens: Führung ist eine sehr differenzierte Funktion, die sich aus einer Reihe von unterschiedlichen Elementen, Rollen und Teilfunktionen zusammensetzt. Es gibt einen eher sachlichen Teil, wie zum Beispiel Ideen sammeln, strukturieren, Entscheidungen vorantreiben, analysieren oder kommentieren. Diese Rollen dienen dazu, die inhaltliche Ausrichtung der Gruppe auf ein gemeinsames Ziel zu erreichen. Daneben gibt es einen eher emotionalen Teil, wie zum Beispiel Mitglieder auffordern, ihre Meinung zu sagen, die Vorlauten ausbremsen, die Zurückhaltenden ermutigen, diejenigen, die sich unterdrückt fühlen, stützen oder Spannungen zwischen einzelnen Gruppenmitgliedern erkennen, aufgreifen und bearbeiten. Der amerikanische Psychologe R. BALES hat diese unterschiedlichen Dimensionen schon vor Jahren sehr detailliert und differenziert beschrieben. All diese Verhaltensweisen verfolgen den Zweck, aus einer Ansammlung von Einzelnen eine Gruppe zu machen, die sich gegenseitig verständigt, respektiert und in all ihrer Unterschiedlichkeit akzeptiert. Dass aus dem Nebeneinander von einzelnen, sich eher abgrenzenden Menschen eine Gruppe von Menschen wird, die beginnen, sich emotional einander zugehörig zu fühlen, ist Bedingung der Möglichkeit, dass sich sachlich orientierte Arbeits- und Handlungsfähigkeit überhaupt entwickeln kann.

Zweitens: Wer glaubt, all diese Funktionen in einer Person bündeln zu können, wird in den meisten Fällen scheitern. Die Gründe: Wer alles allein machen will, überfordert sich möglicherweise – denn er müsste für sehr unterschiedliche Ebenen gleichzeitig sowohl einen guten Blick als auch die erforderliche Interventionskompetenz haben – und verhindert zugleich, dass auch andere sich einbringen und profilieren können.

Drittens: In solchen Anfangssituationen darf vor allem führen, wer Vertrauen erweckt. Dieses Vertrauen basiert zunächst auf der Erwartung, dass nicht über die Köpfe und Bedürfnisse der Beteiligten hinweg strukturiert, sondern dass man selbst einbezogen wird. Eine weitere Basis für solches Vertrauen sind Beobachtungen, die hoffen lassen, dass der gewählte Führer anderen Raum geben wird, sich an der Führung zu beteiligen, oder bereit ist, sich in der Führung gegebenenfalls wie beim Stafettenlauf abzuwechseln, anstatt die anderen als Rivalen zu sehen, die es gilt rauszubeißen oder auszutricksen. Diesen Eindruck der Vertrauenswürdigkeit kann auch erwecken, wer zu schwach scheint, um die anderen zu überrollen.

Viertens: Es gibt insgesamt ein Dilemma mit der Zeit: Von der Klärung der Führungsfrage hängt einerseits die Arbeitsfähigkeit der Gruppe ab; deshalb ist sie wichtig und dringend. Andererseits ist dies auch ein emotionaler Prozess der Vertrauensbildung zwischen den beteiligten Personen. Es geht darum, Beziehungen aufzubauen und Beziehungen zu testen. Dies aber benötigt Zeit. Wer zu arg drängelt, riskiert, ein Gebäude ohne das notwendige Fundament zu schaffen, das keiner größeren Belastung standhält. Wer andererseits zu lange um den heißen Brei herumschleicht, wird nicht arbeitsfähig.

Führungsmuster in Gruppen –
Versuche auf dem Weg zum Optimum

Es kann ein längerer Weg werden, bis sich in einer Gruppe ein optimales Führungsmuster herausgebildet hat, in dem sich erstens alle Mitglieder mit ihren individuellen Ansprüchen einigermaßen wieder finden, das zweitens gleichzeitig – wie ein Schlüssel ins Schloss – in die aktuelle psychologische Situation der Gruppe passt und das drittens auch noch den Erfordernissen entspricht, die sich aus dem Thema ergeben, um das es bei der Gruppe geht. Auf diesem Weg wird einiges ausprobiert, verworfen, korrigiert werden – und das eventuell in mehrfachen Schleifen. Je nach gruppendynamischer Gesamtlage, persönlichen Veranlagungen und äußerem Druck, der auf die Gruppe ausgeübt oder erlebt wird, können vorübergehend folgende Muster auftreten – und sich mehr oder weniger lang halten:

Der Projektleiter – das Herz aller Dinge

Werden gruppenorientierte Arbeitskonzepte in einem traditionell hierarchisch geprägten Umfeld installiert, kann es leicht passieren, dass sich sehr schnell ein Projektleiter alle Verdienste der Gruppe als schmückende Feder an seinen Hut heftet – und dadurch die Motivation der Mannschaft zermürbt. Dem oberen Management fällt dies unter Umständen überhaupt nicht negativ auf, entspricht es doch den bisherigen Gewohnheiten und Beurteilungskriterien im Hinblick auf Führung. Dieser Projektleiter macht es sich unnötig schwer. Er verschenkt vorhandene Möglichkeiten und Bereitschaften der Gruppenmitglieder zur Mitgestaltung und eine prinzipielle Flexibilität in der Übernahme und Gestaltung der Führungsfunktionen. Zwei mögliche Ursachen können diesem Muster zugrunde liegen: der Wunsch nach Selbstprofilierung oder abgrundtiefes Misstrauen in die Motivation und Energie der anderen – selbstverständlich legitimiert durch die so genannte langjährige Erfahrung. Die Folgen liegen auf der Hand: Demotivation und brachliegende Ressourcen auf der einen, persönliche Erschöpfung, manchmal bis zur Ausbeutung, auf der anderen Seite – und insgesamt nur eine begrenzte Antriebskraft, häufig sogar eine prinzipielle Abwehrbereitschaft in der Gruppe. Aber immerhin liegt der Führungsanspruch hier über kurz oder lang klar auf dem Tisch des Hauses – und ist damit angreifbar. Es gibt andere Modelle, wo das Thema Führung verdeckt ausgetragen wird – und deshalb weniger zugänglich ist.

Primus inter Pares (Erster unter Gleichen) oder:
Der kleinste gemeinsame Nenner

Im Rahmen der Beratung einer größeren kommunalen Klinik hatten wir
über einige Zeit die Sitzungen des Leitungsteams begleitet. Das Direktorium, bestehend aus dem Ärztlichen Direktor, dem Verwaltungsdirektor
und dem Direktor der Pflegedienste, traf sich wöchentlich. Durch Beschluss des Stadtrats wurde das Direktorium zum gleichberechtigten und
gleichwertigen Team verpflichtet, seine Beschlüsse waren gemeinsam,
das heißt im Konsens zu fassen, sonst bestand das Risiko, dass sie in der
folgenden Stadtratssitzung aufgegriffen, parteipolitisch verargumentiert
und – wenn das Thema verwertbar war – in der örtlichen Presse als Ge-
zänk im Krankenhaus publiziert wurden. In den Sitzungen ergab sich bei
nahezu jedem Tagesordnungspunkt ein Stellungskrieg der Ressortinte-
ressen – gegebenenfalls unterstützt durch zugeladene Berichterstatter aus
den jeweiligen Ressorts. Die Bereitschaft, die Lage oder Sichtweise anderer Ressorts zu verstehen und einzubeziehen war gering und die Bereitschaft zur Kompromissbildung lediglich politisch motiviert, also durch
den Zwang zur gemeinsamen Entscheidung bewirkt und entsprechend
halbherzig dosiert. Was blieb, war ein Nullsummenspiel, ein Geschäft,
um das eigene Überleben zu sichern beziehungsweise nicht am Pranger
des Stadtrats oder der Presse zu stehen. Fast jede Entscheidungsfindung
war zudem – entgegen der formellen Teamregelung – durch eine klare
hierarchische Struktur geprägt. Informell stand der Ärztliche Direktor
an der Spitze – gleichzeitig Professor an der nahe gelegenen Universität
–, der seine Interessen mit der ärztlichen Verantwortung, der Meinungsbildung unter den Chefärzten, dem Status als Lehrkrankenhaus der me-
dizinischen Fakultät, der nicht gefährdet werden dürfe, oder seiner persönlichen Autorität verband und damit die Grundrichtung und die
Grenzen möglicher Entscheidungen vorgab. Der Pflegedienstdirektor –
häufig anderer Meinung – positionierte sich anschließend meist nur noch
innerhalb dieser Rahmensetzung und gab gleichzeitig zu erkennen, dass
er die Chancen seiner Argumente ohnehin eher zurückhaltend ein-
schätzte. In den Kernfragen seines Verantwortungsbereichs allerdings,
zum Beispiel Arbeitsgestaltung der Pflegekräfte, Zusammenarbeit und
Weisungsbefugnis auf den Stationen, abstrahierte er von seiner Rolle beziehungsweise Funktionsverantwortung und führte ebenfalls externe
Drohpotenziale ins Feld, also zum Beispiel die für ihn zuständige Ge-
werkschaft, den Personalrat, die Belegschaftsversammlung, den Kreis

der leitenden Stationspfleger, aber auch Stadtratsfraktionen und Presse: Man müsse bedenken, wie diese auf eine Entscheidung reagierten, inwieweit ein Beschluss Dritter vermittelbar und für Dritte akzeptabel sei. Der Verwaltungsdirektor, der formell die Sitzung leitete, zu ihr einlud und dem zuständigen Dezernenten der Kommune zu berichten hatte, verhielt sich in den Sitzungen wie ein Stadtschreiber oder versuchte wie ein Advokat Formulierungen und (Kompromiss-) Formeln zu finden, die das Ganze protokollfähig machten. Seine eigenen Themen bezogen sich vor allem auf die Kosten beziehungsweise einen ordnungsgemäßen verwaltungstechnischen Ablauf. Hinsichtlich der Interessen seines Ressorts argumentierte er häufig, man müsse ihm jetzt auch einmal etwas geben, damit er in seinem Zuständigkeitsbereich etwas vorzuweisen habe. Das Team, auf dessen internen Interessensausgleich, inhaltliche Diskussion und kooperative, qualitäts- wie effizienzsichernde Abstimmungen man infolge des Konsenszwangs glaubte bauen zu können, hatte sich zum Basar entwickelt, auf dem es sich angesichts der Dominanz des Ärztlichen Direktors – bei möglichst geringer Anstrengung und unter Umgehen einer Klärung von Konflikten – als politisch geschickt erwies, jeweils den kleinsten gemeinsamen Nenner zu suchen. Eine ernsthafte Reform und Restrukturierung des Klinikums war vor diesem Management-Hintergrund kaum denkbar. Die Position des Ärztlichen Direktors war so viel gleicher als die der anderen Gleichen im Leitungsteam, dass die Resonanzschwingungen dieses Kraftfelds sich bis in die peripheren Subsysteme des Klinikums fortsetzten. Was als Realität zu gelten hatte und wo Veränderungsbedarf zu sehen war, wurde entsprechend auf jeder Ebene, in jeder Abteilung und auf jeder Station von jenen bestimmt, welche die Definitionsmacht über den Konsens hatten, aber die Welt nur durch ihr Guckloch zu betrachten bereit waren.

Das Primus-inter-Pares-Muster konnte erst durchbrochen werden, als der Gesundheitsdezernent der Stadt auf unseren Vorschlag hin an den Sitzungen teilnahm, sie zwar einesteils zurückhaltend moderierte, andererseits aber auch provozierende Fragen stellte, politische beziehungsweise strategische Absichten als Maßstab etablierte und auf inhaltlichen oder organisatorischen Klärungen bestand. Seiner Macht konnte sich der Ärztliche Direktor nun ohne Gesichtsverlust beugen, und seinen Kollegen wurde hierarchisch geboten, sich nicht vorauseilend zu unterwerfen. Der subjektive Nutzen des Musters – das offensive und direkte Vertreten eigener Interessen und daraus resultierende Konflikte im Leitungsteam zu vermeiden, im eigenen Ressort aber die Schuld auf andere, Ressortfremde schieben zu können – war stärker als all die Hinweise und Interventionen der Berater gewesen. Erst die wirkliche Hierarchie konnte die magische Hierarchie in den Köpfen bannen.

Die Delegierten-Runde oder: Puppets on the Strings

Ähnliche Konstellationen ergeben sich häufig in Projektteams, die keine eigene Managementfunktion aufweisen. Werden Mitarbeiter aus unterschiedlichen Funktionsbereichen und Disziplinen in ein Projekt entsandt, um gemeinsam eine Situation zu analysieren, zu bewerten und neue Lösungen zu entwickeln, gerät eine solche Gruppe bisweilen zu einem Kreis von Delegierten ihrer Fachbereiche. Die jeweilige Linien- oder Fachhierarchie lässt die Zügel nicht aus der Hand. Die Projektmitglieder werden auf die Bereichsinteressen eingeschworen, müssen regelmäßig berichten, werden korrigiert, instruiert und kontrolliert. Sie sollen ihr Denken und Handeln nicht durch die Anliegen des Projekts, nicht durch funktionsübergreifenden Interessensausgleich oder ganzheitliches Verständnis mitbestimmen lassen. Sie sollen im Projekt als Stimme ihres Herren agieren, die Bereichssicht vertreten und letztlich ihren Vorgesetzten die Kontrolle – auch über das Projekt und dessen Ergebnisse – sichern und bewahren helfen. Dass solche Muster die bestehenden hierarchisch-funktionsorientierten Einfluss- und Interessenstrukturen festschreiben und innovativen Ansätzen nur beschränkte Chancen bieten, ist offensichtlich. Oft hilft nur ein klarer Wille von oben – zum Beispiel ein Promotor oder Schirmherr des Projekts –, der dafür sorgt, dass die Führungsebene zwar eingebunden, aber gleichzeitig wirklich bereichsübergreifend gearbeitet wird.

Herrenreiter und Indianer

In Projektteams entwickelt sich nicht selten eine Struktur, in der einige eloquente oder bereits mit Status und spezifischer Geltung in die Gruppe eingetretene Mitglieder aus Dünkel, Faulheit oder Berechnung jene Aufgaben an sich ziehen, die mikropolitische Wertigkeit aufweisen, also zum Beispiel mit externer Kommunikation, Präsentation vor der obersten Ebene oder ähnlichen bedeutsamen Aktionen zu tun haben. Der operative Rest, also die eigentliche Projektarbeit, wird jenen zugeteilt, die ohnehin das meiste machen, den Acker- und Arbeitspferden, den so genannten Projekt-Indianern. Insgesamt reproduziert sich die klassische

Pyramide; und dies in einer Form, wie sie in der normalen Organisation
– um deren Veränderung es ja geht – nicht mehr akzeptiert würde. Das
Engagement der einfachen Projektmitglieder für das Projektziel wird von
den Herrenreitern ausgebeutet. Sie (re-)präsentieren und kommunizieren
Ergebnisse, die sie nicht selbst erzeugt haben. Die Indianer sind von der
Darstellung und Verwertung ihrer Erzeugnisse sowie von deren weiterer
Entwicklung abgekoppelt. Nicht selten reagieren diejenigen, denen im
Herrenreiter-Modell die Arbeit überlassen bleibt, zunehmend verärgert
und demotiviert. Diese Reaktion kann sich in zwei Varianten nieder-
schlagen:

Variante 1: Die Leistung wird dosiert. Man macht Dienst nach Vorschrift und vermeidet, so weit es irgend geht, Überzeiten. Interesse und
Engagement bröckeln ab bis zum völligen inneren Ausstieg aus der Verantwortung für das Projekt.

Variante 2: Das System wird unterlaufen. Die Arbeitsergebnisse werden
vorzeitig und informell in Fragmenten intern kolportiert, das bedeutet
mit eigenen Schlussfolgerungen, sprich Duftmarken, versehen und an interessierte Stellen zum Zwecke der Selbstvermarktung »verkauft«. Auf
diese Weise wird den Herrenreitern die Schau gestohlen, wobei sich die
Loyalität zum Projekt zwangsläufig reduziert, weil man die gesuchte
Wertschätzung dort nicht erhält und sich der eigenen Bedeutung auf der
Hinterbühne individuell versichern muss.

Profis und Lehrlinge

Viele Projekte sind im Senior-Junior-Prinzip, also als ausgewogene Mischung von alten Hasen und Neulingen, angelegt. Ein Modell, das sich
vielerorts als erfolgreich, leistungsstark und innovativ erwiesen hat, allerdings nur, wenn die Gruppendynamik produktiv funktioniert! Freilich
tut sie das nicht immer, und so stagnieren solche Gruppen bisweilen aufgrund eines einfachen Mechanismus: Diejenigen, die über Wissen, Erfahrung und methodisches Know-how verfügen, ziehen die Arbeit zunehmend an sich, weil es ihnen sonst zu lange dauert, weil sie ohnehin alles
erklären und überwachen müssten, weil es ihnen einfach langweilig ist
oder weil es sie treibt, immer wieder zu beweisen, dass sie die Routiniers
sind, denen es die Jüngeren doch erst einmal nachmachen sollten. Solche
Muster von Senioritäts-Beziehungen sind nicht durch Altersunterschiede
begründet. Der Effekt: Die Profis vertiefen ihr Wissen, erweitern ihre

Kompetenzen, verfeinern ihre Routinen und behalten ihr Know-how für sich. Die weniger Erfahrenen haben zwar weniger Stress, erkaufen sich dies aber mit einem Verzicht auf Qualifizierung und möglichen Gewinn an Kompetenz. Auch wenn der sachlich-fachliche Projekterfolg am Ende erreicht ist, bleibt die Produktivität der Projektarbeit eben lediglich auf diesen beschränkt. Der Mehrwert, der nur durch gemeinsames Lernen, durch das Entwickeln von verbreiterter und vertiefter Kompetenz entstehen könnte, bleibt gering – und somit auch die Produktion von Zukunftsfähigkeit der Organisation.

Modell Handwerkskammer oder: Jeder macht nur, was er ohnehin schon kann ...

Ein Muster, das nach dem Modell der Handwerkskammern gestrickt ist, spiegelt die funktionsteilige Architektur der traditionellen Organisation perfekt in der Arbeitsverteilung und -gestaltung eines Teams oder Projekts: Jeder macht das, was er schon immer gemacht hat und infolgedessen besonders gut kann. Ein Beispiel: Im Verlauf eines Projekts, das die Umwandlung einer Takt-Fertigung in teilautonome Fertigungsgruppen beinhaltete, konnten wir beobachten, dass die Gruppen auf den neuen multifunktionalen und unternehmerischen Plattformen darauf achteten, möglichst die Arbeitsumfänge beizubehalten, die sie vorher im Takt zu bewältigen hatten. Das führte dazu, dass zum Beispiel ein qualifizierter Maschinenführer, der auch kleine Programmierarbeiten an einem NC-Fräser zu leisten hatte, diese wie ein Geheimnis hütete und folglich weiterhin fast ausschließlich diesen NC-Fräser bediente. Das Interesse anderer Teammitglieder, den angeblich komplizierten Vorgang zu erlernen, war allerdings auch äußerst beschränkt. Es gab immer ausreichend Gründe, warum dies gerade jetzt nicht angesagt war. Ein anderes Teammitglied war vor allem mit der simplen Teilereinigung mittels Waschbenzin befasst und vermied – so gut es ging – die Übernahme anderer Arbeiten, die Erklärung und Einweisung erfordert hätten. Ziel dieses Projektschritts war jedoch die Mehrfachqualifizierung der Teammitglieder und damit die Fähigkeit aller Gruppenmitglieder, mehrere Tätigkeiten auf der Plattform ausführen zu können. Dies war eine fest vereinbarte Vorraussetzung für den Erwerb weiterer unternehmerischer Freiheitsgrade des Teams und entsprechender finanzieller Gratifikationen. Da nun aber nur ein Teammitglied den NC-Fräser wirklich bedienen konnte, die Gruppe sich

jedoch verpflichtet hatte, zu jeder Zeit alle Funktionen auf der Plattform zu gewährleisten, war dessen ständige Anwesenheit unverzichtbar. Während andere Gruppenmitglieder gelegentlich früher gingen
oder erst später zur Arbeit erschienen, waren solche Vereinbarungen
mit dem Maschinenführer des NC-Fräsers nicht möglich. Die Gruppe
geriet unter Druck. Als bei besagtem Maschinenführer ein familiäres
Ereignis eine außerplanmäßige längere Abwesenheit vom Arbeitsplatz
bedingte und die Gruppe sich einen befähigten Kollegen von einer anderen Plattform hätte teuer einkaufen müssen, um die Vollständigkeit
ihrer Funktionen zu sichern, entschlossen sich der Fräser und der
Waschbenzin-Spezialist zu einen Crashkurs von ungefähr drei Stunden. Von da an wurden NC-Fräser und der Reinigungsjob in den Rota-
tionsprozess des Teams integriert. Der Spezialisten-Mythos war gebro-
chen. Der bequeme »Ich-kann-es-nicht-« oder »Ich-mag-es-nicht-
mach-du«-Effekt hatte ausgedient, weil die persönlichen Kosten der
Inflexibilität zu hoch wurden. Löst sich eine solche Handwerkskam-
mer-Konstellation nicht auf und wird die Arbeit weiterhin so einge-
teilt, dass jeder nur das macht, was er ohnehin schon gut kann, und ist
jeder darüber hinaus kaum bereit, sich auszutauschen, dann geht der
Gruppe der Produktivitätsaspekt Lernen und Weiterqualifizieren verloren. Die erwartete Entdeckung und Erschließung von Produktivitäts-
reserven in Ablaufgestaltung und Zusammenspiel, indem unterschiedliche Handhabungen und Erfahrungen in der Gruppe diskutiert und
praktiziert werden, bleiben aus. Nur das ohnehin bereits Verfügbare
schleift sich vielleicht noch stärker ein. Die vorhandenen Kompetenzen
werden dadurch als Dauer-Engpässe einprogrammiert, und der Ausfall
einer solchen Engpassqualifikation kann zu Erschütterungen des gesamten Projekts führen.

Wir sind alle gleich oder: Keiner darf sich profilieren

Einesteils wissen wir – und die sozialwissenschaftliche Forschung hat es
immer wieder belegt –, dass Gruppen und Teams ihren Leistungsvorteil
durch die produktive Verarbeitung von Unterschiedlichkeit gewinnen:
Unterschiedlichkeit der Fach- und Funktionssichten, der Wissensbestände, der Erfahrungsfelder und – last, but not least – auch der Persönlichkeiten, die den Fokus ihrer Aufmerksamkeit, die Selektion ihrer
Wahrnehmung, die Art und Weise, wie sie ihre Aufgaben angehen und
ihre Rolle in der Gruppe kooperativ auf die jeweils anderen bezogen prä-

gen und gestalten. Gleichzeitig kann sich in Gruppen auch ein Zug zur Gleichmacherei zeigen. Man glaubt sich endlich befreit von den ärgerlich-lästigen Phänomenen des Oben und Unten, des Konkurrierens, der Prestige- und Machtkämpfe, des Rivalisierens um Anerkennung, Geltung und Einfluss – einfach darum, wer nun der Bessere ist. Man wünscht sich ein harmonisches Miteinander und trachtet deshalb danach, Konflikte zu vermeiden. Aus dem Wunsch nach gleicher Augenhöhe wird bisweilen der fatale Anspruch: Wir sind alle gleich. Alle wollen zumindest im Prinzip alles machen – ob sie es nun können oder nicht. Hat sich dieser Anspruch als Norm installiert, folgt daraus meist sehr schnell eine Verleugnung von relevanten Unterschieden, also gerade von dem, was die Gruppe besonders wertvoll macht. Hinweise auf Defizite und Schwächen, auf Grenzen und Lücken in Wissen und Erfahrung werden als Normverstoß gewertet und als wider den Gruppengeist kritisiert. Aussagen, welche die bestehenden Unterschiedlichkeiten aufgreifen oder daraus gar Handlungskonsequenzen ableiten, werden als unkollegial, als Sich-über-andere-Stellen, als Anmaßung oder Versessenheit auf Privilegien denunziert. Die Folge: Stärken und Potenziale werden kaum mehr offen gezeigt, Schwächen und Begrenzungen zunehmend nicht mehr offen benannt: Differenzierung unterbleibt. Und damit geht auch die Basis für Spitzenleistungen verloren. Das Niveau regelt sich auf unverfängliches Mittelmaß ein.

Der Gewinn dieses Musters? Standardleister schwingen sich zu Normsetzern auf, wenn sie Gleichheit als absoluten, normativen Anspruch aufrechterhalten und dabei auch starke Einzelleister moralisch und sozial einbinden können. Obwohl diese natürlich vorerst weiter Hochleistungen erbringen, allerdings eben unauffällig und im Team versteckt. Dass sie damit einige Trittbrettfahrer durchschleppen, darf ja nicht offen behandelt werden. Das Normdiktat stellt somit auf bequemem Weg sicher, dass auch jene mit durchschnittlichen Talenten, begrenztem Engagement und mittelmäßigen Fähigkeiten im Leistungszusammenhang des Teams scheinbar recht ansehnliche Ergebnisse erzielen. Die Kränkung, der eigenen Mittelmäßigkeit ins Auge blicken zu müssen, wird dauerhaft dadurch vermieden, dass relevante Unterschiede verleugnet werden. Die Leistungsstarken und -bereiten werden in diese Moral eingebunden, werden sozial gepflegt, aber auch kontrolliert. Viele beugen sich dem imperativen Normenkanon der Gleichheit und verzichten darauf, ihre Stärken sichtbar zu machen, um in den Genuss des kuschelig-familiären Wir zu kommen und dazuzugehören.

Dazu ein Beispiel: Bei der Beratung einer größeren sozialen Einrichtung, die ein Netz sozialmedizinischer Zentren unterhielt, arbeiteten wir mit mehreren Teams. Diese bestanden jeweils aus drei bis vier (Halbtags-) Ärzten, zwei Sozialarbeitern, einem Psychologen und zwei bis drei Sprechstundenhilfen, die meist ebenfalls halbtags tätig waren. Neben ärztlichen Leistungen (Diagnose und ambulante Behandlung) wurden – nach Anamnese und spezifischer Indikationsstellung – auch psychologische Beratung und konkrete Unterstützung durch die Sozialarbeiter, zum Beispiel Hilfe in der Familie, bei der Beantragung staatlicher Unterstützung oder bei Behördengängen – angeboten. Die Tätigkeit der Sprechstundenhilfen umfasste den Empfang, die Dokumentation der Patientendaten, Unterstützung bei ärztlichen Tätigkeiten, Abrechnungen mit externen Kostenträgern und – auf Anforderung der Ärzte und zu deren Entlastung – standardisierte Kurzanamnesen. Alle Mitarbeiter in den sozialmedizinischen Zentren duzten sich. Die Ärzte zogen sich nur im Behandlungsraum weiße Kittel über, die sie aber beim anschließenden Gespräch mit dem Patienten wieder ablegten. Bei unseren ersten Interviews in den Teams stellten wir schnell eine sehr unterschiedliche Auffassung über die Tätigkeiten im Zentrum und deren Zuordnung fest. So wurden die jeweils anderen Kollegen zwar durchaus in ihrer offiziellen Funktion gesehen, jedoch betrachtete man die eigene Tätigkeit häufig als die eigentlich therapeutische oder genauer psychotherapeutische. Dies führte zum Beispiel in einem dieser Zentren zu der Situation, dass die Sprechstundenhilfen Patienten nach der Aufnahme der persönlichen Daten nicht an die Fachfunktionen weiterleiteten, sondern eigene Beratungsgespräche führten und dafür auch Folgetermine vereinbarten. Sie belegten dafür unter anderem die Besprechungszimmer der Ärzte und der Psychologin und baten jene, dies bei der Terminplanung entsprechend zu berücksichtigen. Die Sozialarbeiter verfuhren ähnlich. Der in den Leitsätzen der Zentren angestrebte Anspruch konkreter sozialer Hilfe vor Ort – möglichst nah an den realen Lebensproblemen der Patienten – war nahezu aufgegeben. Stattdessen erfolgte weit überwiegend psychotherapeutische Beratung, und zwar in den Räumen des Zentrums. Die Dienstwagen der Sozialarbeiter wurden fast nur noch für die Strecke von und zur eigenen Wohnung gebraucht. Die Psychologin widmete sich vor allem den – in der Aufgabenbeschreibung des Zentrums ausdrücklich ausgeschlossenen – Langzeittherapien schwer gestörter Patienten. Die Ärzte verhielten sich unterschiedlich. Einige legten ebenfalls den Schwerpunkt auf psychotherapeutisch orientierte Beratungsgespräche, andere machten sozialmedizinische Praxis und verließen so schnell es ging die Zentrumsräume, wenn ihre Dienstzeit beendet war. Einer dieser Ärzte begrüßte uns bei der ersten Teambesprechung bitter-ironisch mit den Worten: Ich bin hier der sozial-medizinische Hausdepp. Als wir nach einigen Gesprächen die Differenzen zwischen offiziellen Aufgabenbeschreibungen und realer Tätigkeit ansprachen, reagierten vor allem die Sprechstundenhilfen spontan mit Empörung. Diese steigerte sich noch, als die Frage nach der Berater-Qualifikation aufkam. Eine der Damen – sie hatte vor, in naher Zukunft eine Ausbildung in Psychodrama zu beginnen – verließ die Besprechung unter Protest: Sie habe hier zwei Jahre für echten Teamgeist und gegen den Standesdünkel gekämpft und ließe sich jetzt nicht in ihrer Arbeit herabwürdigen. Beschwichtigend und ebenfalls nahezu psychotherapeutisch wurde uns nun erklärt, dass sich die Gruppe als Team verstünde und deshalb logischerweise Aufgabengrenzen sekundär seien und verschwommen. Eine Ärztin bemerkte dabei leise zu ihrem Nachbarn, so könne man es allerdings auch ausdrücken. Auf unsere direkte Nachfrage betonte sie, der Umfang der Beratungen durch die Sprechstundenhilfen und die Sozialarbeiter sei ihr bis jetzt nur nicht bewusst gewesen. Allerdings wolle sie ohnehin bald ausscheiden, um wirklich sozialmedizinisch arbeiten zu können. Dieser Nachsatz wäre untergegangen, wenn wir ihn nicht wiederum aufgegriffen und nachgefragt hätten. Daraufhin bedrängte die Gruppe die junge Ärztin, bis diese beteuerte, dass hier ein wundervolles kollegiales Klima herrsche, sie vollkommen damit einverstanden sei, dass hier jeder alles mache und sie niemandes Kompetenz in Zweifel ziehen wolle. Wir zogen zu diesem Zeitpunkt durchaus in Erwägung, die Situation offen zu legen und den Träger zum Eingreifen aufzufordern, haben dann aber doch noch lange mit diesem Team gearbeitet, bis über Unterschiede offen geredet und dann auch die Konsequenzen gezogen werden konnten. Unser Vorgehen bestand in nachdrücklichem und beharrlichem Bearbeiten der vier anfangs genannten Aspekte: Wir begannen bei der Auftragsklärung und einer adäquaten Zielbildung der Gruppe. Diese konnte sich durch das zunehmende Sicherstellen von Gemeinsamkeiten auch zunehmend über Unterschiede austauschen und die Notwendigkeit unterschiedlicher Rollen und Handlungsangebote erkennen. Das Wir-sind-alle-gleich-Muster wurde dadurch mehr und mehr relativiert – und war als Angstabwehrmechanismus nicht mehr nötig.

Zeitgemäße Führung?

Das übergreifende Erfolgskriterium jeder Organisation in instabilen Umwelten heißt Flexibilität. Das bedeutet, in der Lage zu sein, schnell zu reagieren, sich schnell anzupassen, mit Überraschungen aus der Umwelt besser umgehen zu können als der Wettbewerb und darüber hinaus fähig, anderen mit Überraschungen zuvorzukommen (R.Wimmer) – um damit die entscheidenden Sekunden schneller zu sein als andere. Zur erfolgreichen Führung derartig flexibler, schnell reagierender Organisationen reichen hierarchische Modelle – in welcher Form auch immer – nicht aus: Bis »die oben« mitbekommen, was im Markt, bei den Kunden und an der Basis der Mitarbeiter wirklich läuft, ist es fast immer zu spät.

Es gibt ein zweites Argument gegen die herkömmliche hierarchische Führung: Die hierarchische Befehlskette setzt Menschen voraus, die bereit sind, sich gehorsam und konsequent dem Denken und Führungsanspruch anderer zu unterwerfen. Diese Spezies wird aber, zumindest was die Gruppe derer angeht, die sich durch hohes Engagement und besondere Kompetenz auszeichnen, immer seltener. Wer fachlich viel zu bieten hat und zu überdurchschnittlichem Engagement bereit ist, hat in aller Regel auch den Anspruch, entsprechend mitgestalten zu dürfen. Zum einen sind die Menschen beruflich qualifizierter als früher und deshalb allemal in der Lage, in zunehmender Eigenverantwortung sich selbst zu steuern. Zum Zweiten: Vor allem für die jüngere Generation sind Selbstständigkeit und Handlungsspielraum wichtige Aspekte eines attraktiven Arbeitsplatzes. Demzufolge gilt mehr und mehr die Devise: So viel Selbstführung und Selbstverantwortung wie möglich!

Dies alles spricht für eine offenere gruppendynamische Form der Führung: Führung wird von mehreren gleichzeitig übernommen, sie wird kollegial kontrolliert und Führungsfunktionen werden rollierend ausgeübt. Es herrscht eine offene, ja, offensive Kommunikation. Auch heikle Fragen, ungünstige Ergebnisse oder Kritik werden nicht tabuisiert. Man mischt sich dort ein, wo man glaubt, einen kompetenten Beitrag leisten zu können – unabhängig von formeller Zuständigkeit. Auch zwischenmenschliche Themen werden offen angesprochen. Es herrscht keine Harmonie-, sondern eine konstruktive Streitkultur.

Zeitgemäß bedeutet aber noch lange nicht begehrenswert. Zwar werden Mitarbeiter zunehmend gemessen an ihrem Willen zur Selbstverantwortung, an ihrer Bereitschaft, sich permanent weiterzuentwickeln, sowohl fachlich als auch im Hinblick auf ihre Sozialkompetenz. Aber beileibe nicht alle wollen diese Ausweitung der Verantwortung. Die alten Muster der Abhängigkeit sind zutiefst eingeprägt – und haben ihre unübersehbaren Vorteile: Im Notfall kann man sich immer vor der Verantwortung drücken. Das Leben in Selbstverantwortung und im irreversiblen Stadium nicht mehr möglicher Rückdelegation von Verantwortung ist nicht jedermanns Sache, nicht unbedingt angenehm, schon gar nicht bequem. In schwierigen Entscheidungssituationen kommt leicht die Sehnsucht auf nach der früher gewohnten, wenn auch beklagten Entmündigung und den ebenso gewohnten Sündenböcken, auf die man notfalls alles abladen kann – insgesamt eine Komfortzone, die man nicht ohne Not verlässt, die immer verführerisch bleibt.

Die neue Führungswelt wird also nicht einfach als Geschenk wie göttliches Manna vom Himmel fallen. Altes muss dazu verlernt, das Neue eingeübt werden. Mit der Selbstverantwortung und Selbstführung ist es wie beim Heranwachsen von Kindern: Der Wandel von der Unmündigkeit, von der Abhängigkeit in Eigenständigkeit, Selbststeuerung und Selbstverantwortung passiert nicht von allein. Dazwischen haben die Götter den Schweiß vielfältiger Spannungen und Kämpfe gesetzt. Schwimmen lernt man durch schwimmen – und selbstverantwortliches Handeln braucht Freiräume, die erkämpft werden müssen. Denn diejenigen, die einen bisher in der Hand gehabt haben, werden nicht so ohne weiteres loslassen. Und: Selbstständigkeit bedarf der Einübung. Dies ist oft mühsam – und geht nicht ohne zahlreiche Misserfolge und Niederlagen. Freiheit will gelernt sein. Nachdem die Abhängigkeit auch ihre großen Vorteile hat, unter anderem vielgestaltige Verwöhnungsangebote, bedarf es des Verlernens und der Entwöhnung. Wer einmal versucht hat, vom Rauchen loszukommen, weiß, wie schwer das sein kann. Wer also meint, unternehmerisches Verhalten in Form von Selbstverantwortung und Bereitschaft zur Selbstführung wäre sozusagen zum Nulltarif zu haben, man müsse es nur anordnen und per Struktur vorgeben, der irrt gewaltig. Geburtswehen sind auf jeden Fall einzukalkulieren. Es kann allerdings durchaus Geburtshilfe geleistet werden, zum Beispiel, indem sich ein Arbeitsteam zu Anfang nicht einfach in die sachliche Arbeit stürzt, sondern sich zunächst mit diesen Fragen im Rahmen eines Workshops zur Teambildung intensiv auseinander setzt. Wer sich diese Starthilfe ersparen will, riskiert, im Nachhinein die Zeit zu verlieren, die er am Anfang zu gewinnen glaubte.

Verlockungen zur Inkonsequenz

Führungskonzepte, die auf dem Prinzip der Selbstverantwortung und deshalb weitgehender Selbstführung basieren, die zugleich die Energie der Gruppendynamik berücksichtigen und das gruppendynamische Kräftefeld nutzen, sind immer gefährdet, nicht konsequent in die Praxis umgesetzt zu werden. Und dies sind die hauptsächlichen Ursachen:

- *Nicht ernst gemeinte Scheindelegation*
  Die tatsächliche Praxis in den Unternehmen, die wirklich erlebte Realität, die den geheimen Spielregeln folgt – im Gegensatz zu dem, was in Leitlinien auf Glanzpapier veröffentlicht ist – zeigt, dass wirkliches Unternehmertum der Mitarbeiter keineswegs überall und schon gar nicht konsequent gewünscht und deshalb auch nicht entsprechend gefördert wird. Es werden nach wie vor Tätigkeiten oder Aufgaben delegiert, aber weder die dazu erforderliche Kompetenz noch die dazu notwendige durchgängige Verantwortung für eine ungeteilte Prozesskette. Nach wie vor wird nur Teilverantwortung delegiert. Nach wie vor gilt die Devise: Teile und herrsche! Nach wie vor wird ungeniert in delegierte Bereiche eingegriffen. Warum? Weil Manager Angst haben, die Kontrolle über das Geschehen zu verlieren. Angst, nicht mehr willkürlich eingreifen zu können. Angst, nicht mehr jederzeit über alles Bescheid zu wissen. Nach wie steht als handlungsleitendes Managerbild im Vordergrund: Ein Manager hat alles im Griff. Ein Manager ist ein Chef – und deshalb muss er jederzeit eingreifen können. Ein Manager ist oben – und dafür braucht es Leute, die ihm untergeben sind.

- *Statt Ganzheitlichkeit zu viele Löcher im Schweizer Käse*
  Es gab einmal eine aufregende Idee mit einem großen Anspruch – genannt: Mobilitätskonzept. Dieses Konzept war ganzheitlich gedacht und baute unter anderem auf folgenden relevanten Teilelementen auf: Lange Strecken sollte man per Flugzeug oder Bahn zurücklegen, um an den Endpunkten der großen Strecken kleine wendige Autos startbereit vorzufinden für den endgültigen Zielpunkt der Reise. Oder/und: ein kleines, äußerst parkfreundliches Auto für die Stadtfahrt zur Verfügung zu haben, dieses aber jederzeit ohne große Umstände zum Zweck einer längeren Urlaubsreise in ein entsprechend großräumiges Fahrzeug umtauschen zu können. Devise: Zugang statt Besitz, wie RIFKIN später formulierte – und ein Höchstmaß an Flexibilität. Da-

rüber hinaus: durch entsprechende Ausstattung jederzeit optimal über die Verkehrslage informiert zu sein und vieles mehr ... Und was ist davon übrig geblieben? Lediglich ein kleines, im Aussehen eher gewöhnungsbedürftiges, isoliert verkauftes relativ teures Fahrzeug – von dem Zyniker behaupten, beim Anblick dieses Fahrzeuges sei man spontan der Überzeugung, es müsse unbedingt noch ein Stück Auto nachkommen. Von Ganzheitlichkeit im Sinne eines umfassenden Mobilitätskonzeptes keine Spur und keine Rede mehr. Ein ähnliches Schicksal droht dem neuen (Selbst-) Führungskonzept. Die Idee ist aufregend, der Anspruch hoch. Das Denkmodell hätte aber nur dann eine Chance, in die Praxis des Unternehmensalltags umgesetzt zu werden, wenn es ganzheitlich konzipiert würde. Dazu müsste aber an allen relevanten Stellschrauben gedreht werden: Strategie, Struktur und Kultur. Es reicht eben nicht, nur eine neue Rollenbeschreibung anzufertigen oder entsprechende Fortbildungsmaßnahmen durchzuführen, ohne parallel dazu eine Unternehmenskultur und die Rahmenbedingungen zu schaffen, die es attraktiv, ja, geradezu unerlässlich macht, das mit Leben zu füllen, was strukturell vorgeschlagen wird – und darüber hinaus, die Unternehmensstrategie so auszurichten, dass ihre Ziele ohne diese neue Struktur und Kultur nicht zu erreichen sind.

- *Wo ein Wille, ist nicht immer auch ein Weg*
  Wer etwas tun soll, muss dieses auch können. Wenn im Hinblick auf das neu verlangte Verhalten sogar bislang das genaue Gegenteil gefordert war, werden Zeit und Mühe investiert werden müssen, um das Alte zu verlernen und das Neue einzuüben. Wer bislang mit autoritärem Führungsverhalten ganz gut gefahren ist, wer als davon Betroffener gelernt hat, dass Gehorsam auch Vorteile hat, zum Beispiel keine eigene Verantwortung tragen und keine eigenen Entscheidungen treffen zu müssen, der wird in Stress-Situationen ganz spontan zu diesem Muster wie zu einem Haltegriff greifen. Diese mentale Grundeinstellung und die daraus resultierende Verhaltensbereitschaft auf Selbstverantwortung umzuprogrammieren, erfordert harte Arbeit an sich selbst. Die mentale Grundüberzeugung reicht nicht aus, um einer veränderten inneren Einstellung auch Taten folgen zu lassen.

Mittel und Wege

Wer es nicht bei Führungsrhetorik belassen und sich nicht mit der kunst-
vollen Formulierung von anspruchsvollen Leitbildern zufrieden geben
will, wer tatsächlich den Ehrgeiz hat, Mitarbeiter zu Mitstreitern und zu
Unternehmern im Unternehmen zu machen, wird sein Ziel nur erreichen,
wenn er gleichzeitig mehrere Dimensionen im Blick hat:

Attraktivität

Das neue Verhalten muss einen inneren Sinn machen, es muss sich mehr
lohnen als das, was ihm entgegensteht, und die Betroffenen müssen in
der Lage sein, es zu können, vor allem und gerade dann, wenn sie unter
Druck stehen – und es wirklich darauf ankommt.

Widerspruchsfrei

Das gewünschte Verhalten darf nicht im Gegensatz zu anderen relevanten Verhaltensanforderungen stehen. Es muss vielmehr kompatibel und
widerspruchsfrei sein.

Keine Heldentat

Nur wenn gleichzeitig das Ego befriedigt und das gewünschte Verhalten
durch die Schaffung der entsprechenden Rahmenbedingungen erleichtert
wird, nur wenn innere Antriebsenergien mit äußeren Verlockungen ein-
hergehen, hat die Umsetzung auf Dauer eine echte Chance.

Eigentlich ist ganzheitliches Vorgehen angesagt. In der Praxis wird
man aber irgendwann einmal anfangen müssen und nie alles gleichzeitig
machen können. Allerdings muss eines klar sein: Jedes fehlende oder de
fizitäre Element gefährdet den Bestand des Führungskonzepts generell.
Als isolierte Maßnahme ist es nicht einzuführen, geschweige denn in
schwierigeren Zeiten aufrechtzuerhalten.

Kapitel 4

Die Neurosen der Chefs oder: Ein kurzer Ausflug in die Tiefenpsychologie

Zum einen orientieren wir uns an unserem Verstand und unserem Wissen, wenn wir über zeitgemäße und unzeitgemäße Formen der Führung nachdenken, um schlussendlich bewusst zu entscheiden – oder zumindest glauben, dass es sich um eine bewusste Entscheidung handelt –, wie wir unser Führungsverhalten ausrichten. Zum anderen gilt auch hier das Wort von GOETHE: »Du glaubst zu schieben, und Du wirst geschoben.« Wir sind immer auch gruppendynamischen Prozessen ausgesetzt, von denen wir, häufiger und stärker, als wir ahnen, mehr oder weniger verdeckt gesteuert werden. Und genau da gibt es einen zum Teil unbewussten Bereich, der eine oder auch mehrere Etagen tiefer liegt – und auf normalem Weg kaum zugänglich ist. Von dort wird unser Verhalten in bestimmten Situationen maßgeblich beeinflusst. Es sind innere Grundhaltungen, die wir uns im Lauf des Lebens angeeignet haben. Auf den uralten Expertenstreit, was und wie viel uns davon bereits in die Wiege gelegt wurde und welche Rolle Erziehung oder das frühe (familiäre) Umfeld dabei spielen, werden wir uns hier nicht näher einlassen. Nur so weit: Wir gehen davon aus, dass es eine gewisse körperliche Veranlagung gibt, die den einen dazu bringt, sehr dynamisch auf bestimmte Situationen zu reagieren, während sie den anderen eher träge abwarten lässt. Genauso überzeugt sind wir auch, dass solche angeborenen Anlagen durch spätere Erziehungs- und Umweltfaktoren beeinflusst – verstärkt, abgeschwächt oder auch kompensiert – werden können.

Wir konzentrieren uns hier auf typische Verhaltensstile oder Muster, die sich relativ fest eingeschliffen haben, die nicht ohne weiteres abgestellt oder verändert werden können und die nahezu automatisch ablaufen, unabhängig von den Besonderheiten der Situation und den Bedürfnissen der Beteiligten. Wir bezeichnen sie insofern als psychische Störungen oder eben Neurosen.

Einflussfaktoren des Verhaltens

Wenn Führungskräfte ihren beruflichen Alltag gestalten, so tun sie dies auf der Basis ihrer beruflichen Rolle, mit ihren fachlichen Fähigkeiten und mit den Instrumenten, die ihnen aufgrund ihrer Ausbildung und ihrer Erfahrung zur Verfügung stehen. Dabei orientieren sie sich einerseits an ihren eigenen (Werte-) Vorstellungen, andererseits an den Verhaltensstandards ihrer Umfelds, zum Beispiel Unternehmenskultur, Vorbilder, Regeln der Zusammenarbeit, aber eben auch – bewusst und unbewusst – an den eigenen tief eingeschliffenen Mustern und Grundhaltungen.

Verhalten ist nie wirklich nur spontanes einmaliges Ergebnis aus den Erfordernissen einer gerade aktuellen Situation und dem bewussten Bedürfnis, Willen und Können des Menschen, auf diese Situation zu reagieren – auch wenn es häufig nach außen so scheint. Drei Faktoren sind es vor allem, die mehr oder weniger verdeckt, direkt oder indirekt Verhalten beeinflussen:

1. Die persönliche Lebensgeschichte

Was wir von außen als Verhalten einer Person wahrnehmen, ist immer Ergebnis eines langen Entwicklungsprozesses und nicht akut entstanden. Genauso wenig wie es akute Erkrankungen gibt – von Unfällen einmal abgesehen. Eine Krebserkrankung kann eine zwanzigjährige, nicht erkannte Vorgeschichte haben, bis sie »akut« auftritt. Es gibt immer eine Inkubationszeit, eine unentdeckte Vorentwicklung bis zum sichtbaren Auftreten. Mit der Entwicklung von Verhalten ist es ähnlich: In der vorbewussten wie bewussten Reifungszeit des Menschen werden zunächst fragmentarisch, später immer komplexer und gefestigter die Grundlagen für den eigenen, für die Person typischen Verhaltensstil gelegt. Die persönliche Biografie, die Erziehung, die jemand genossen hat – und wie er damit fertig wurde –, prägen den persönlichen Verhaltensstil und sind die Grundlagen jener Muster, die oft eine erhebliche Veränderungsresistenz aufweisen.

2. Das allgemeine Umfeld

Menschen sind kontinuierlich in einem persönlichen Umfeld einer ganzen Reihe von Faktoren ausgesetzt, die auf ihr Verhalten Einfluss nehmen: Macht, Interessen und Erwartungen vonseiten dritter Personen, geschriebene und ungeschriebene Regeln, Koalitionen und Feindschaften und vieles andere. Diese Kräfte erzeugen unterschiedliche, zum Teil auch einander widerstreitende (gruppendynamische) Spannungsfelder. Es erfordert eine permanente Abstimmungsarbeit, um sich innerhalb dieser vorgefundenen Einflüsse zu behaupten und die eigene Position zu stabilisieren.

3. Das spezielle Umfeld des Unternehmens

Jedes Unternehmen definiert sich über Ziele, Aufgaben, kulturelle Werte und die Abgrenzung zu anderen Organisationen. Dies beinhaltet eine Reihe von Spielregeln, die einzuhalten das Überleben innerhalb der Organisation erleichtert und deren Nicht-Befolgung Sanktionen nach sich zieht. Solche Spielregeln betreffen zum Beispiel die Verteilung der Ressourcen, die Art der Kommunikation, das Erscheinungsbild des Unternehmens nach außen, die Art des Produkts und seiner Erstellung, die Führungsphilosophie und Ähnliches mehr.

Es besteht eine doppelte Art der Beeinflussung: Einerseits ist die Familie für die meisten Menschen die erste und damit grundlegende Form von Organisation, die sie erlebt haben. Kein Wunder, dass Muster, die in der familiären Erfahrung prägend waren, auf das Unternehmen projiziert werden. Andererseits bietet das Unternehmen teilweise eine ganze Reihe familienähnlicher Strukturen mit vertrauten Erlebniswelten, beispielsweise die strenge, väterliche Autorität, die schützende und versorgende Instanz, die Stellung in der Geschwisterreihe und die damit verbundene Konkurrenz, die Alt-Jung-Thematik, der Umgang mit Familiengeheimnissen, Autonomie und Abhängigkeit, Bevorzugungen und Abgrenzungen oder Leistung statt Liebe. Dadurch ist die Verführung groß, das eigene Verhalten nach alten Fernsteuerungen auszurichten. Die Biografie der eigenen Machterfahrung prägt den späteren Umgang mit der eigenen Macht in der Rolle des Chefs und bildet damit auch den Humus, auf dem Neurosen blühen: Quasi als Folie wird die Vergangenheit auf eine strukturell ähnliche Situation in der Jetzt-Zeit übergestülpt und quasi automatisch ein vertrautes Programm in Gang gesetzt, das – da es eingespielt ist und deshalb Verhaltenssicherheit gibt – nicht mehr auf seine Tauglichkeit überprüft, geschweige denn hinterfragt wird.

Je weniger bisher eine Auseinandersetzung mit der eigenen Person stattgefunden hat, umso automatischer werden unverändert die alten vertrauten Muster re-inszeniert. Die frühkindlichen Erziehungsinstanzen

behalten so als Ghostwriter des Lebens-Drehbuchs ihre Macht, und der
spätere Vorgesetzte – von der eigenen Originalität völlig überzeugt – ver-
tritt Werte und zeigt Verhalten, das letztendlich reine Auftragsarbeit von
Personen ist, die in frühen Jahren der Kindheit richtungsweisend waren.

Erst wenn die persönliche Reflektion über den Verlauf und den Preis
der Vergangenheit einsetzt, besteht die Chance, die Festplatte von Bio-
grafie-Viren zu säubern, die nicht selten eine außerordentlich zerstörende
Kraft besitzen. So kann neuer Speicherplatz für eine *selbst* gewollte Persönlichkeitsentwicklung gewonnen und der eigene Name als Autor des
Drehbuchs für künftige Kapitel eingesetzt werden.

Musterbeispiele

Wir werden an einigen Beispielen konkret aufzeigen, wie sich persönliche
Familien- beziehungsweise Erziehungsmuster in der Vorgesetztenrolle
wieder finden und diese so maßgeblich prägen, dass wir alltagssprachlich
von typischen Charakterzügen sprechen. Die Auswahl ist tendenziös. Wir
wollten uns bewusst auf Muster konzentrieren, die zwar unterschiedlich
durchgängig, aber insgesamt stark eingefahren, sozusagen chronifiziert
sind, die das Verhalten prägen, die Teil der Persönlichkeit und des eigenen
Selbstverständnisses und deshalb nur mit hohem persönlichen Einsatz
und Veränderungswillen überhaupt veränderbar sind.

Eines ist diesen Mustern und anderen hier nicht geschilderten positiv
erscheinenden Verhaltensvarianten allerdings gemeinsam: Sie bestimmen
sich nicht aus den Erfordernissen der aktuellen Situation sowie den Bedürfnissen und dem Vermögen der daran beteiligten Personen, sondern
aus der Konstellation, die der frühkindlichen Prägung zugrunde lag. Sie
folgen nur noch in einem sehr begrenzten Ausmaß der aktuellen bewussten Steuerung, sondern laufen sozusagen quasi-automatisch und fremd-
bestimmt ab. Insofern kommt es jeweils einem Glücksfall gleich, ob sie
zufällig passen oder eben voll daneben liegen.

Die Harmonie-Falle

In vielen Führungsetagen ist *Konfliktvermeidung* geradezu stilprägend.
Nicht selten edel kaschiert mit der generellen Etikette *Sozialkompetenz*

und der speziellen Ausformung *Sorge für den anderen.* Anlässe, dieses Muster zu aktivieren, gibt es jeden Tag: unliebsame Entscheidungen stehen ins Haus; Auseinandersetzungen mit Vorgesetzten, Kollegen und Mitarbeitern sind fällig; schlechte Nachrichten, wie zum Beispiel Einfrieren der Einkommen, Ablehnung von Beförderungen oder negative Beurteilungen müssen übermittelt werden.

Die Ursache, weshalb Menschen vermeiden, sich mit solchen Situationen auseinander zu setzen, scheint vordergründig betrachtet auf der Hand zu liegen: Diese Menschen befürchten den »Super-Gau«. Sie nehmen sozusagen die letzte Stufe einer eventuell drohenden Eskalation bereits am Anfang vorweg. Sie befürchten, sie müssten den anderen abmahnen, ihn kündigen, fristlos entlassen – und würden sich, was auch immer sie tun, dadurch unbeliebt machen, sich selbst ausgrenzen. Diese Befürchtung wird keinerlei Realitätsprüfung unterzogen, sondern bestimmt als innere Gewissheit das Verhalten. Und genau dieser quasiautomatische Schnelldurchlauf von der prinzipiellen Möglichkeit einer Eskalation überhaupt zur sicheren Gewissheit, dass die dramatische Endstufe eintrifft, ist das eigentliche Grundmuster, das unter der Oberfläche verborgen ist. Es geht darum, sich ein Alibi zu verschaffen oder eine Rechtfertigung dafür zu finden, dem Konflikt auszuweichen, ohne in ein schiefes Licht zu geraten. Und das funktioniert so: Sobald klar ist, zu welch schrecklichem Ende dies alles führt, gibt es gute, um nicht zu sagen lebenserhaltende Gründe, die Auseinandersetzung überhaupt zu vermeiden. Alles andere wäre Kamikaze. Also ist mein Einsatz für eine harmonische Beziehungsgestaltung nicht nur begründet, sondern sinnvoll und richtig. Damit bleibt auch meine Akzeptanz gesichert, aber ohne dass dieses Anliegen so offensichtlich im Vordergrund steht. In dieser eleganten Umwertung der Absichten kommt allerdings die Konfliktfähigkeit als wesentliche Steuerungskompetenz unter die Räder. Der innere Leitsatz heißt stattdessen: Ich muss für ein gutes Klima sorgen und deshalb einen harmonischen Umgang mit Mitarbeitern, Kollegen und Vorgesetzten pflegen. Darüber hinaus lehren unangenehme Erfahrungen mit Konfrontationen, dass man besser fährt, wenn man ihnen aus dem Weg geht. Die Fähigkeit zur ausgewogenen Beziehungsgestaltung als *einer* Facette von Führungsverhalten wird reduziert auf einen zwanghaften instrumentellen Ansatz im Dienst des nicht gereiften Ego: Harmonie als Abwehr von Ängsten, die sich um die eigene Positionierung drehen.

Wer diesem Muster unterliegt, sitzt gleich mehrfach in der Falle: Zum einen ist er Gefangener des eigenen Musters der Konfliktvermeidung. Je stärker es zum Programm erhoben wird als Ausdruck der eigenen Persönlichkeit, umso schwieriger ist es zu ändern. Zum anderen ist er, ob er dies beabsichtigt oder nicht, Modell für sein direktes Umfeld. Er steht als Beispiel für eine Kultur der Konfliktvermeidung und damit der Unaufrichtigkeit – und prägt diese wohl oder übel mit. Wird dieses Muster von anderen, die mit ihm zu tun haben, durchschaut, ist er zum Dritten willkommenes Objekt der Ausnutzung. Vorgesetzte, Kollegen, Mitarbeiter – im Prinzip alle, die mit ihm zu tun haben – stellen sich auf dieses Muster ein, wissen, sie können auch Unmögliches fordern, er wird mit hoher Wahrscheinlichkeit keinen ernsten Widerstand zeigen. Harmoniesüchtige Menschen sind gern gesehene Opfer für politische Spieler, die es verstehen, die Konfliktscheu des anderen gnadenlos für sich selbst auszunutzen – und damit die eigenen Interessen knallhart durchzusetzen.

Das Muster »Harmonie-um-jeden-Preis« hat – bewusst oder unbewusst – die Angst vor Zurückweisung und Abgelehntwerden zum Hintergrund. Gefragt, wann dieses Muster entstanden ist, kommt häufig die spontane Antwort: »Das war bei mir schon immer so.« Nicht selten lassen sich die Spuren bis in die frühe Kindheit verfolgen. Ein ganz bestimmtes Klima war für den Umgang in der Familie und damit auch für die Erziehung bezeichnend: Sanftmut war angesagt – und dies mit aller Gewalt. Anständig, ruhig, brav, freundlich, rücksichtsvoll, leise, verständnisvoll sein, die eigenen Interessen, Bedürfnisse und Gefühle zurückstellen – dies war die allgemeine Richtschnur. Wann immer auch nur im Ansatz dagegen verstoßen wurde, gab es nur eine einzige Konsequenz: den Entzug von Zuwendung und Liebe – in welcher sanften oder brutalen Form auch immer. KATHRYN HARRISON hat es in ihrem Roman *The Kiss* bestechend und beklemmend zugleich beschrieben: »*... and even at the age of seven I understand how damming is my success that my mother's love for me (like her mother's for her) depends on my capitulation.*« Und darüber hinaus mag es ganz frühe Erinnerungen geben, die sich geradezu traumatisch in Form seelischer Erschütterungen tief eingeprägt haben: wie die Eltern, von denen man doch so abhängig war, sich gegenseitig angegriffen und durch ihre zerstörerische Aggression in ihrer elterlichen Funktion lahmgelegt haben, oder wie Geschwister, die dem Harmoniegebot nicht gefolgt sind, als schwarze Schafe gebrandmarkt und ausgestoßen wurden.

Dies alles fördert absolut nicht das innere Selbstbewusstsein und die Standfestigkeit in konfrontativen Situationen. Der Boden für angstneurotische Entwicklungen ist bereitet. Hier liegt die Urquelle für die Energie, die später aufgewendet wird, es allen recht machen zu wollen. Der Drang, allseits beliebt zu sein, ja nicht anzuecken, wächst ins Grenzenlose und schränkt gleichzeitig in mitunter grotesker Akrobatik die Freiheitsgrade der Verhaltensmöglichkeiten ein. Unverständlich und geradezu widersinnig wird es für den Betroffenen dann, wenn das aktuelle Umfeld die so hoch geschätzte Harmonie nicht als soziale Einstellung sieht und deshalb auch nicht – wie erhofft – belohnt, sondern dieses Verhalten als mangelnde Durchsetzungsfähigkeit etikettiert und als fehlende Führungskompetenz sanktioniert. Ein ganzes Lebenskonzept kann dann ins Wanken geraten. Die Vergangenheit fordert völlig überraschend ihren Preis. Eine zunehmende Verunsicherung greift um sich – und strahlt aus. Für Feinde – und wer hat die nicht im mikropolitischen täglichen Kleinkrieg – ein gefundenes Fressen.

Wir haben über Unsicherheit und Angst geredet, die das Klima bestimmen, wenn Menschen neu zusammenkommen. In solchen Situationen ist natürlich derjenige König, der Harmonie ausstrahlt. Er baut die Ängste ab. Er bietet sich als sicherer Ort der Zuflucht an. Als Vorsitzender einer Konferenz kann es ihm leicht gelingen, am Anfang eine entspannte und gelassene Atmosphäre herzustellen. Doch die Königskrone wird schnell zur Dornenkrone, wenn Konflikte nicht mehr zu vermeiden sind, wenn Stehvermögen und deutliche Abgrenzung angesagt sind – und der Umstieg in ein anderes Muster nicht gelingt. Die von ihm abhängig sind, zweifeln an seiner Kompetenz und seiner Bereitschaft, ihre wirklichen Interessen zu vertreten. Und wer gesegnet ist mit einem Chef, der auch in Konfliktsituationen immer nur das Weichspüler-Programm parat hat, weiß hoffentlich auch, wie er zu reagieren hat: Sicher kann man auch im Einzelkampf gegen die pausenlosen Schönfärbereien des Chefs angehen, auf Klarheit und Klärung bestehen – das ist eine Frage nicht unbedingt der Ehre, wohl aber der Zivilcourage. Die Alternative wäre, sich zunächst im Team zu verständigen, ob es nicht erfolgversprechender ist, dem Chef gemeinsam den Marsch zu blasen. Beides wird einem Tabubruch gleichkommen, werden doch dadurch die hochheiligen Hallen der Harmonie entweiht.

Die Lichtgestalt

Das Sprichwort »Wo viel Licht, da viel Schatten« gilt zwar nicht immer, aber zumindest manchmal auch umgekehrt: Je dunkler das Umfeld, umso größere Chancen hat alles, was hell ist, so wie bei den Blinden der

Einäugige gar leicht zum König avanciert. Alles eine Sache der Relation! Und so schafft sich mancher Manager eine Inszenierung, die ihn zur Lichtgestalt macht, die – dem Titel einer vorweihnachtlichen österreichischen Fernsehsendung folgend – *Licht ins Dunkel* zu bringen verspricht. Es geht um den narzisstischen Führungstyp. Kennzeichnende Merkmale: Selbsterhöhung als Alleskönner, absolute Macherqualitäten und strahlende Aura, Jovialität bis zur Unerträglichkeit – und ungebremste Zuversicht.

Solche Typen fliegen auf kompensatorische Zusatzausstattungen wie jemand, der sein Auto bis zur Unkenntlichkeit des Basismodells aufmotzt: Finanzielle Zulagen, Dienstwagen, Handy, beste Kontakte zum Topmanagement und allen wichtigen Leuten – durch geschicktes Namedropping zelebriert, Titel und entsprechende Visitenkarten, Körper-Hysterie in Zeiten des Fitness- und Wellnesswahns und andere Eitelkeiten – dies alles und Ähnliches mehr gehört dazu.

Der Motor der narzisstischen Selbstinszenierung ist eine völlige Abhängigkeit von Bestätigung und Bewunderung von außen. Solche Menschen machen oft grandiose Karrieren – allerdings nur bis zu einem gewissen Punkt, dort droht dann – für sie völlig überraschend und unfassbar – der Absturz. Dann nämlich, wenn dieses Führungskonzept, das bis zur Besessenheit nur auf die Darstellung des eigenen Selbst konzentriert ist, sich als augenfällig ungeeignet erweist, auch komplexe Zusammenhänge zu steuern und Menschen zu führen, die in sich ruhende, starke und deshalb innerlich unabhängige Persönlichkeiten sind. Dieser Punkt kann mal früher oder auch erst später eintreten, wenn er aber eintritt, kommt er einer Katastrophe gleich: Das plötzliche Ausbleiben der bisher als selbstverständlich erlebten Bewunderung und Bestätigung führt zu einer tiefen Krise des Selbstwertgefühls. Erst in dieser Belastungssituationen zeigt sich, wie brüchig die Fassade ist und wie wenig im Grunde der Verputz das bröckelnde Mauerwerk zusammenzuhalten vermag. Für solche Menschen kommt schon die Empfehlung, sich einer Beratung zu unterziehen, einer Kränkung gleich und erreicht die Stufe der Beleidigung, wenn diese Anregung von einer höher gestellten Autorität ausgesprochen wird. Die Anfälligkeit für Kritik durch die Autorität ist deshalb so hoch, weil es ja gerade die frühen Bezugspersonen waren, die dieses Muster der Selbsterhöhung und Selbstverherrlichung gesetzt haben. Jedwede Kritik von dieser Seite wird mit tiefer Kränkung beantwortet, ihr folgt die Empörung und die Abwehr, erst dann vielleicht – wenn überhaupt – die Selbstanalyse und die Neuorientierung.

Bei der biografischen Spurensuche finden wir oft ein Elternhaus, in dem alle kindlichen Bedürfnisse, die um das eigene Ich kreisen, genau beachtet und nicht selten in abgöttischer Liebe auch erfüllt wurden. Das Kind im Erwachsenen erinnert sich und spürt eine tiefe innere Sicherheit, dass es etwas ganz Besonderes ist und dass Bedürfnisse ohne jeden Verzug wie selbstverständlich befriedigt werden. Nicht selten sind es Einzelkinder, die dazu benutzt wurden, stellvertretend einen lang gehegten Wunschtraum der Eltern zu erfüllen, wozu diese selbst nicht mehr in der Lage waren. Das Motto: »Werde Du der Star, wozu wir nicht mehr fähig sind ... Wir sonnen uns in Deinem Glanz!« Solche Eltern tun oft alles, bis zur völligen Hingabe von Geld, Zeit und anderen Formen der Investition, um ihr Ziel zu erreichen. Der Preis dafür: totale Dankbarkeit, die gleichzeitig in Form prinzipiell immer möglicher Enttäuschung als äußerst wirksames Druckmittel eingesetzt wird. Das Glückskind erhält im Gegenzug dafür Größenzuschreibungen, ungetrübte Geborgenheit und die zweifelsfreie Überzeugung, dass ihm im Leben alles gelingen wird. Mit diesem Selbstwert ausgestattet mag es ihm zunächst nicht schwer fallen, eine so ausgeprägte Aura der Selbstverständlichkeit von persönlicher Erfolgsaussicht und entsprechender Selbstsicherheit auszustrahlen, die ausreicht, um quasi sich selbst zu hypnotisieren – und andere von sich einzunehmen. Das Leben solcher Menschen und ihre Gefühlslage ist durchgängig von der eigenen Anspruchshaltung geprägt. Selbstverliebt verlieren sie oft völlig den Blick für das Leben außerhalb des eigenen Universums, ging es doch schließlich früher immer nur um sie. Erst die massive Konfrontation mit der sozialen Unverträglichkeit dieses Musters kann Einstellungs- und Verhaltensänderung bewirken.

Manager dieser Couleur brillieren und faszinieren als schillernde Figuren. Sie verstehen es meisterhaft, mit persönlichem Charme zu operieren, um andere für sich einzunehmen. Letztendlich fehlt aber der echte Kontakt zur Umwelt. Die Zentrierung auf das eigene Selbst lässt kaum Raum für die Interessen und Bedürfnislage von anderen.

Was tun, wenn wir es mit einem solchen Menschen in unserem direkten Umfeld zu tun haben? Es gibt nur eine Medizin: unverblümtes Feedback – das allerdings im Wissen und der daraus abgeleiteten Souveränität: Wer so auftritt, hat es nötig – und je stärker, desto mehr! Das heißt sich klar darüber sein, dass hinter der Fassade der völligen Selbstüberschätzung die pure Unsicherheit steckt. Und diese Fassade ist in der Regel ziemlich brüchig. Wenn aus dem Umfeld deutlich Korrekturen angemahnt werden, stehen die Chancen nicht schlecht, auf eine gewisse

Empfänglichkeit zu stoßen. Je vertrauter derjenige ist, der die Botschaft überbringt, umso geringer die Kränkung der Eigenliebe und umso höher die Bereitschaft hinzuhören. Merke: Der Verlust der Akzeptanz wäre für die Lichtgestalt weitaus schlimmer als das nach außen sichtbare Verhalten, wenn schon nicht die innere Einstellung zu modifizieren! Man kann durchaus damit rechnen, dass das kleinere Übel gewählt wird.

Der Eisblock

Es gibt eine nahezu entgegensetzt scheinende Form, in der sich das gleiche selbstbezogene Imponiergehabe als Grundmaterial für ein Führungsmuster findet: Im Gegensatz zum gewinnenden Charmeur steht der Kühle und Unnahbare. Manchmal zusätzlich mit der Aura des Sauertöpfischen garniert. Die speziellen Kennzeichen: betont männliche Attitüde, reine Sachorientierung – und humorlos bis in die Knochen. Seine emotionale Befindlichkeit ist absolute Verschlusssache mit höchster Geheimhaltungsstufe. Sollten bestimmte Ereignisse bedenklich nahe an die Emotionsgrenze zu gelangen drohen, hilft ätzender Sarkasmus die Form zu wahren. Das Klima um ihn herum ist frostig und von Ordnungsprinzipien geprägt.

Hinter dieser »Vereisung« steckt eine tiefliegende Angst vor Verletzung, die aber auf keinen Fall thematisiert werden kann und deshalb durchweg verdrängt wird. Jede derartige Erklärung würde der Eisblock weit von sich weisen. Es besteht ein erklärtes Desinteresse an Mitmenschlichkeit: »Ihre privaten Probleme interessieren mich nicht ... Wir sind hier nicht das Sozialamt ... Jammern Sie nicht, handeln Sie! ... Kommen Sie mir nicht damit, wir haben hier anderes zu tun ...« – so ähnlich tönen die Äußerungen. Diese Form von grimmiger Abweisung wird im Umfeld sehr wohl richtig verstanden, nämlich als eindeutiges Signal für gewollte Distanzierung. Die Auswirkungen im abhängigen Umfeld: hoher Angstpegel, niedriges Motivationsniveau – und in deren Folge Tratschkultur auf den unteren Ebenen sowie passive Abgrenzung nach oben. Wir-Gefühl: Fehlanzeige! Biografisch dominiert eine freudlose Kindheit, von Entbehrung, Beziehungskälte, Ordnungsstrenge und Lieblosigkeit gekennzeichnet. Das Kind musste sehr früh lernen und üben, in einem Umfeld zu überleben, in dem Gefühle keine Rolle spielten beziehungsweise zu spielen hatten. Gefühle wurden in keiner Weise wertgeschätzt, nicht einmal beachtet. Das galt für eigene und fremde Gefühle. Kältetod in der emotionalen Tiefkühltruhe. »Ich fühle nichts« als

Ausdruck für das innere Vakuum, Ergebnis einer langjährigen Unterdrückung von Gefühlen und Verdrängung von Sehnsüchten. Die einzige Rettung schien darin, seine Rolle einzunehmen, seinen Job zu tun und nichts und niemanden wirklich zu brauchen, von niemand abhängig, auf niemand angewiesen zu sein – egal in welcher Lage man sich auch immer befinden mag. Alles hat einfach nur zu funktionieren wie eine Maschine. Man selbst ist ein austauschbarer Funktionsträger, die anderen um einen herum sind »Menschenmaterial«. Enge Zwangsführung und starrköpfige Willkür sind die Instrumente der späteren Führung. Nichts ist weniger willkommen und für das eigene Konzept gefährlicher als Gefühlsduseleien der Mitarbeiter – sie könnten ja die mühsam aufgebauten Staumauern bedrohen. Dasselbe gilt für sich ständig ändernde Umweltbedingungen, die nach Flexibilität statt nach Ordnungsprinzipien verlangen.

Solchen Menschen auf der Beziehungsebene Feedback geben zu wollen, ihnen mitteilen, wie sie wirken, was sie ausstrahlen und welches klimatische Desaster sie anrichten, ist äußerst schwierig. Denn genau diese Ebene ist in ihren Augen für die Zusammenarbeit völlig irrelevant. Sie existiert quasi überhaupt nicht. »Das ist nicht sachdienlich«, ist das häufig aufgeführte Argument, mit dem sie die allein geltende Sachorientierung verteidigen. Sie gelten in ihrer Umgebung – auch privat – als Menschen, die schwer zu überzeugen sind, über die man im Grunde nichts weiß, an die man einfach nicht herankommt. Die Folgen: Distanzierung auf der einen Seite, mürrische Einsamkeit auf der anderen. Solche Kühlschränke lieben die kalte, emotionsfreie Umgebung. Sie schützen sich dadurch vor Nähe, die ja im Gegensatz zur Distanz verletzbar wäre. Die Wahrung der Distanz kaschiert sozusagen die Angst vor Nähe. So wird die scheinbare Unangreifbarkeit aufrechterhalten. Mitarbeiter fühlen sich in ihren menschlichen Bedürfnissen nicht ernst, ja noch nicht einmal wahrgenommen. Es gilt das Leistungsprinzip als einzig akzeptable Motivation unter Missachtung jeglicher persönlicher oder emotionalgruppendynamischer Prozesse auf der Beziehungsebene.

Wie kann es gelingen, an solche Vorgesetzte heranzukommen? Der erste Schritt kann in einem Mitarbeitergespräch, in einer 360-Grad-Beurteilung oder auch im Rahmen einer gut geleiteten Teamentwicklung erfolgen. Ziel: das Führungsdefizit klar benennen und für seine Auswirkungen auf der persönlichen und in der direkten Folge auf der Leistungsebene sensibilisieren. Speziell die Verknüpfung mit den Auswirkungen auf der Sachebene bietet eine gewisse Chance, dass die Botschaft ankommt. Im Übrigen hören solche Führungskräfte den Vorwurf der Kaltherzigkeit in aller Regel nicht zum ersten Mal. Häufig gab es schon ähnliche Versuche im Privatleben – vonseiten der Lebenspartner, Kinder oder Freunde. Deshalb ist es durchaus erfolgversprechend, diese Baustelle anzusprechen, vorausgesetzt, es geschieht in geeigneter Form und Atmosphäre.

Der Zauderer oder Bedenkenträger

Es geht sozusagen grundsätzlich darum, den bereits fahrenden Zug anzuhalten, alles im Einzelnen und von allen Seiten – und vor allem ganz grundsätzlich – zu bedenken, um dann schließlich zu einem Schluss zu kommen, den alle im Umfeld schon befürchtet haben, nämlich dass es zum derzeitigen Stand besser sei, noch keine Entscheidung zu treffen, sondern dass man erst noch Informationen und Meinungen Dritter einholen sollte, um sich ein abschließendes Bild machen zu können. Mitarbeiter, Kollegen und Vorgesetzte werden dadurch wenn nicht in den Wahnsinn, so aber sicher in gereizte Ungeduld oder auch Resignation getrieben. Nichts geht wirklich weiter, Eigeninitiative verpufft, das Engagement für gemeinsame Ziele wird zusehends schwächer. Häufig bleibt nur als Ausweg, Bypässe an diesem Chef vorbei zu legen – entweder seitwärts oder direkt nach oben.

Hier hilft nur, schonungslos sowohl die persönlichen Kosten dieses Verhaltens als auch die Konsequenzen für das Umfeld deutlich zu machen. Solche Chefs sind dankbare Opfer für ambitioniertere Kollegen oder Mitarbeiter, die genau diese Entscheidungsschwäche zu ihrem Vorteil ausnutzen und sich als entscheidungsfreudige Alternativkandidaten ins Spiel bringen. In Zeiten des schnellen Wandels ist ein solches Muster für das Geschäftsleben geradezu kontraindiziert. Wir glauben nicht, dass diese persönliche Verhaltenstendenz in ihrer Grundsubstanz ohne weiteres zu ändern wäre. Aber manchmal reicht es ja auch schon, wenn jemand unter äußerem Druck eine schnelle Entscheidung trifft – auch wenn er dabei noch so starke innere Bauchschmerzen hat.

Der Choleriker

Das prägende Wesensmerkmal des Cholerikers besteht darin, das gesamte Umfeld mit ungesteuerten Impulsausbrüchen zu terrorisieren. Es gibt diesen Typus in zwei Spielarten.

Variante Nummer 1: Dem aufbrausenden Auftritt folgt so sicher wie das Amen in der Kirche jedes Mal relativ schnell die wortreiche Entschuldigung mit vielerlei Erklärungen und der Bitte, man solle ihm das nicht übel und es selbst nicht persönlich nehmen – Überengagement, aber immer um der Sache willen. Dieser Spezies ist relativ leicht beizukommen. Man verwahrt sich in der aktuellen Situation gegen diesen Stil oder steigt unmittelbar in der Situation aus der Interaktion aus mit dem Hinweis, er möge doch Bescheid geben, sobald er wieder in einen vernünftigen Zustand zurückgefunden habe, in dem man normal weitermachen könne. Der Choleriker braucht für seinen Auftritt Publikum. Nichts macht ihn deshalb ohnmächtiger als ein Publikum, das den Ort des Geschehens verlässt – und damit die Bühne für den Auftritt entzieht – und das mit einer Begründung und in einem Stil, der es ihm nicht möglich macht, diese Reaktion selbst wieder zum Anlass für einen Auftritt zu nutzen.

Variante Nummer 2: Hier handelt es sich um Menschen, die grundlegend mit sich und der Welt unzufrieden sind. Sie tragen permanent ein aggressives Potenzial mit sich, das immer nur knapp davor steht durchzubrechen. Es bedarf oft nur eines kleinen Auslösers, um ohne jede Hemmung loszuschlagen – mit einem Rundumschlag, der alle und jeden trifft. Diese zweite Variante ist die wesentlich unangenehmere. Die Beeinflussbarkeit durch das Umfeld ist minimal. In der Regel liegt eine tiefergehende Persönlichkeitsstörung vor. Hier sollten sich Vorgesetzte nicht scheuen, auf Konsequenzen hinzuweisen. Das Realitätsprinzip mit klaren Vorgaben und gegebenenfalls engem Rahmen kann für so jemanden durchaus hilfreich sein, sich im Zaum zu halten. Um an die inneren Quellen dieser Haltung heranzukommen, bedarf es allerdings mit hoher Wahrscheinlichkeit der intensiven Arbeit mit einem erfahrenen Coach. Voraussetzung dafür ist allerdings die innere Bereitschaft.

Der Tempo-Bolzer

Die hauptsächlichen Symptome: immer gehetzt und keinen Blick – und schon gar keinen Überblick – für Prozesse, die Zeit und Ruhe brauchen. Es geht nie schnell genug. Etwas in Ruhe abwägen oder überdenken und analysieren wird als kleinkariert abgetan. Wenn ein Arbeitsprozess behindert oder blockiert ist, gibt's nur eines: aufs Tempo drücken. Und so wird die Lösung in der Form »mehr vom selben« Teil des Problems. Es geht nicht um Analyse und Fehlerbehebung, sondern ausschließlich um

Vollzug – ohne jegliche Differenzierung. Die eigene innere Getriebenheit, die fehlende innere Ruhe und Gelassenheit, wird zum Maßstab für die Anforderungen an die Umwelt. Da nun aber jeder Mensch sein eigenes Tempo hat, sind Konflikte unvermeidbar.

Manchmal kann man nicht umhin, mitunter kann es sogar Methode der Wahl sein, die Karre vor die Wand fahren zu lassen – bis selbst der Tempo-Bolzer kapiert: Funktionierende Bremsen und langsames vorsichtiges Fahren können in Zeiten der Gefahr äußerst nützlich sein, um eine unfallfreie Fahrt zu gewährleisten. Es ist wie auf der Autobahn. Nichts gegen hohes Tempo, wenn der Weg frei ist. Das Tempo aber bei hohem Verkehrsaufkommen oder Baustellen grundsätzlich nicht anzupassen führt über kurz oder lang zum Zusammenstoß. So manchem Geschwindigkeitsfanatiker kann man allerdings diese körperliche Erfahrung nicht ersparen, weil vielleicht erst ein Crash sein unbegrenztes Vertrauen in seine Unverletzbarkeit zu erschüttern in der Lage sein wird.

Der geborene Zweite oder: Der Diplomat

Man liebt zwar die Macht, nicht aber die offizielle Letztverantwortung auf offener, hell ausgeleuchteter Bühne. Der Diplomat bleibt lieber im Hintergrund, betätigt sich als Einflüsterer, zieht die Fäden – zeigt aber nicht wirkliches Profil. Er ist mehr Regisseur, nicht Hauptdarsteller; Verhandler, nicht Heerführer. Der »Chef« im Hintergrund wird im Allgemeinen nicht unbedingt als störend empfunden. Er ist oft ein geschickter Verhandler und Vermittler, versteht es, die richtigen Dinge zum richtigen Zeitpunkt den richtigen Leuten zu sagen – wie früher manche Beichtväter am französischen Königshof. Nicht selten mit hoher Sozialkompetenz ausgestattet, versteht er es, seine Interessen sozialverträglich an die Frau oder den Mann zu bringen. Häufig bringt man ihm deshalb in seinem Umfeld breite Akzeptanz entgegen. Warum also hier von einem kritischen Führungsmuster sprechen? In der Tat, solche Führungskräfte werden selten anecken. Kritisch wird es allerdings, wenn es um eine klare direkte Übernahme von Verantwortung und schnelle Entscheidung geht, wo nichts mehr nach oben oder sonstwohin delegierbar oder mit anderen verhandelbar, wenn sozusagen der Terminator und nicht der Cunctator gefragt ist. Wer in einer solchen Situation weiterhin seinem Muster verhaftet bleibt, lieber von hinten zu steuern als ungeschützt im Wind zu stehen, der wird nicht nur den Anforderungen nicht gerecht, sondern kommt dann auch leicht unter Beschuss. Im Ernstfall werden nämlich Verzögerungen, die unweigerlich mit einem solchen Muster verbunden sind, mehr oder weniger hohe Folgekosten nach sich ziehen.

In einem solchen Fall ist in erster Linie der nächst höhere Vorgesetzte gefragt. Das kann allerdings unter Umständen mit gewissen Tücken verbunden sein. Denn oberflächlich gesehen kann es dem oben nur lieb sein, einen loyalen und akzeptierten Menschen in der nächsten Ebene unter sich zu haben, an dessen Rückhalt er nie zweifeln muss und der auch mit an Sicherheit grenzender Wahrscheinlichkeit nicht an seinem Stuhl sägen wird. Wenn sich hier etwas ändern soll, müssen sich also zwei ändern: der eine mit seiner verdeckten Verantwortung und der andere, der diese Rolle unverkennbar schätzt und dadurch stabilisiert.

In Arbeitsgruppen können wir diesen Typus häufig an folgenden Verhaltensweisen erkennen: Er ist sehr redegewandt, macht viele Vorschläge – vor allem an die Adresse der anderen. Wenn es darum geht, Dinge konkret festzulegen und klare Entscheidungen zu treffen, bleibt er bescheiden im Hintergrund, wartet dort ab und taucht erst wieder auf, wenn die Verantwortung klar verteilt ist. Das geht allerdings häufig nur eine Zeit lang gut. Mit zunehmendem Leistungsdruck in der Gruppe kann so jemand leicht ins Kreuzfeuer der Kritik geraten, vor allem vonseiten derer, die sich den Anforderungen direkt stellen: »Immer nur die anderen vorschieben ... immer nur Vorschläge für andere, statt eigene Angebote machen ... Wegtauchen, wenn die konkrete Vergabe von Aufgaben ansteht ...« – dies und Ähnliches sind die Vorwürfe, die ihm gemacht werden. Ist das Spiel erst einmal entlarvt, ist es auch um die Reputation geschehen, zumindest ist der Lack angekratzt.

Die Chancen für eine Verhaltensänderung sind prinzipiell nicht schlecht, weil überhaupt kein Bedürfnis vorhanden ist, sich zu isolieren oder ausgegrenzt zu werden – und weil andererseits die grundsätzliche soziale Kompetenz gut ausgeprägt ist. Es gilt »lediglich«, die Scheu zu überwinden, eine Hauptrolle auch offiziell zu übernehmen, die man indirekt sowieso schon spielt.

Der Erbsenzähler

Vom Typus her ist er ein Verwandter des Kühlschranks beziehungsweise kommt diesem oft sehr nahe. Kommunikativ zählt er zu den Sparschweinen, deren potenziellen Reichtum man erst mit einem Hammer erschließen kann. Ordnung, Regelwerke, Vorschriften, Daten, Fakten und sachlogische Hintergründe sind sein Lebensraum. »Ich bin Informatiker und kein Psychologe«, könnte so eine typische Bemerkung lauten, wenn es ihm darum geht, eine Erklärung dafür zu geben, weshalb man bei ihm kein Gespür oder kein Interesse für Emotionales feststellen könne. Alles, was der Sache dient und was schneller zum Ziel führt, hat absolute Priorität, ebenso wie die permanente Sicherstellung vertrauter Ordnungsprinzipien. Psycho-Logisches, Zwischenmenschliches, eben alles, was die Substanz menschlicher Beziehungen ausmacht, gehört in die Abteilung fremde Planeten und unbekannte Lebensformen. Dass sie selbst die eigentlichen Aliens sind und auch so erlebt werden, kommt solchen Menschen zunächst überhaupt nicht in den Sinn. Die Angst vor Defiziten auf dem Gebiet zwischenmenschlicher Beziehungen ist vielfach nicht (mehr) spürbar, sie ist abgespalten. Sie steht deshalb auch nicht als Hinweis oder als Druckmittel zur Verfügung, um herauszufinden, was der Grund in einem selbst sein könnte, weshalb andere Menschen einem aus dem Weg gehen. Damit fehlt eine entscheidende Fähigkeit, um für die Zusammenarbeit optimale Voraussetzungen schaffen zu können, nämlich Emotionen, zum Beispiel Ängste, Widerstände oder Abneigungen zu thematisieren und damit für die Verbesserung der Zusammenarbeit nutzbar zu machen, statt sie zu verdrängen.

Eigentlich sind solche Typen relativ leicht in ihrer Haltung zu verunsichern – wenn sie es denn gesagt bekommen! Dass ganz offensichtlich etwas Wichtiges im Miteinander – beruflich wie privat – fehlt, ist für den Erbsenzähler, ähnlich wie für den Kühlen, meist nichts Neues. Es fehlt nur das Unvermögen, aus sich heraus Wege zu finden, aus der Spur herauszukommen. Vorgesetzte, Kollegen, Mitarbeiter und echte Freunde sind mit ihrem konkreten und ungeschönten Feedback oft die einzige Hoffnung.

Der Oppositionelle

Prinzipiell immer mal erst dagegen sein, ist nicht die dümmste Art, sich Aufmerksamkeit zu verschaffen. Misstrauen als Grundhaltung und Abgrenzung um jeden Preis ist oberstes Prinzip. Gerechtfertigt wird dies mit der scheinbar edlen Motivation, man sei ja schließlich nicht dazu geboren, es nur den anderen recht zu machen und die eigene Meinung wie das Hemd zu wechseln: »Ich gehöre schließlich nicht zu den Jasagern und Duckmäusern dieser Welt!« Die Reaktionen aus der Umwelt schwanken zwischen Belustigung und Verärgerung, letztere vor allem dann, wenn die Erleichterung über eine endlich zustande gebrachte gemeinsame Entscheidung durch den habituellen Bedenkenträger, der in jeder Suppe ein Haar zu finden pflegt – und wenn er es selbst hineingelegt hat –, zunichte gemacht wird. »Sollten wir nicht doch noch einmal überlegen ... ich weiß, dass ich mir jetzt Feinde mache ... bevor wir vielleicht endgültig ...« und so ähnlich lauten die unverfänglichen Einleitungen des oft großen Fiaskos.

Die prinzipielle Oppositionsrolle als Mittel der Profilierung führt nur begrenzte Zeit zum Erfolg. Die Nebenwirkungen – Distanz, Ärger und Ausgrenzung – treten relativ schnell auf.

In solchen Situationen gibt es nur eines: Umgehend das gruppendynamische Spannungsfeld zum Thema machen. Dem »Täter« den Blick öffnen für das, was er im Umfeld anrichtet, welche Rolle er wirklich einnimmt und wie die anderen auf ihn reagieren. Dabei sollte die Forderung keineswegs lauten: Anpassung um jeden Preis. Es wäre Wasser auf seiner Mühle. Vielmehr geht es darum, ruhig und gelassen – geradezu modellartig – zu versuchen, die Einsicht zu vermitteln, worin das Geheimnis erfolgreicher Verhandlungsführung liegt; nämlich dass der Respekt vor der Meinung anderer nicht kleiner sein darf als der vor der eigenen. Wird einem solchen Kollegen dieser Respekt trotz seiner prinzipiellen Abwehr entgegengebracht, erfährt er am eigenen Leib ein alternatives Modell und kann lernen, dass man nicht grundsätzlich auf Abwehr spielen muss, um seine Positionsmacht in der Gruppe zu erhalten.

Die autoritäre Dampframme

Erstens wird gemacht, was der Chef will – und das immer! Zweitens, überleben kann nur, für den auch im profanen Geschäftsleben das dritte klösterliche Gelübde gilt, nämlich absoluter Gehorsam. Wer glaubt, solche Formen der Diktatur wären längst ausgestorben, irrt gewaltig. Es gibt noch viele Menschen, die in diesem Klima der Angst und Unterwerfung leben – und sich damit abfinden, dass alle ihre Ideen, die nicht regierungskonform sind, gnadenlos unterdrückt werden. Die Starrköpfigkeit solcher Vorgesetzter, ihre Unfähigkeit, ein Unternehmen nach modernen partizipativeren Gesichtspunkten zu führen, ihre Machtgier, die alles und alle kontrollieren muss, kennt keine Grenzen. Dass sie in Zeiten des Wandels, die Flexibilität, Change Management, Team- und Projektarbeit und weitgehende Delegation von Verantwortung erforderlich machen, Auslaufmodelle sind und sich mit schnellen Schritten dem Elefantenfriedhof nähern, begreifen sie selbst zuletzt. Bis zum wirklich letzten Moment versuchen sie, über machtpolitische Interventionen ihren Untergang zu verhindern, zumindest zu verzögern. Drohende Zeichen ihrer Endlichkeit werden verleugnet. Das Einzige, was ihnen zur Verarbeitung des unausweichlichen Schocks der Entbehrlichkeit zur Verfügung steht, ist, sich selbstgerecht über die Niedertracht und Undankbarkeit derer zu empören, die ihnen an den Karren gehen wollen.

Ihnen als Mitarbeiter im realen Abhängigkeitsverhältnis von Angesicht zu Angesicht direkt widerstehen zu wollen, grenzt an versuchten Selbstmord. Hier kann nur das Kollektiv etwas bewirken – und das auch häufig nur in verdeckter Opposition. In erster Linie sind allerdings die jeweiligen Vorgesetzten oder Kontrollorgane gefragt, den Gemeinschaden zu verhindern. Denn Macht reagiert nur auf Gegenmacht.

Der Egomane

Eine Sonderform der autoritären Dampframme ist der *Egomane*, *Patriarch* oder *Pate*. Gutmütig, aber neurotisch. Neurotisch deshalb, weil er total auf Macht fixiert ist. Er schafft sich seinen Hof, sprich Anhängerschaft, um sich herum. Verlangt wird absolute Ergebenheit. Dafür gewährt er – gnädig! – seinen Schutz und sorgt für ein gutes Auskommen. Aber eben nur für *seine* Leute. Seine Getreuen macht er so stark von sich abhängig, dass sie nur mit großer Mühe wieder in die Eigenständigkeit zurückkehren könnten. Er ist zutiefst misstrauisch und immer auf der Hut, sammelt über jeden Informationen, legt geheime Dossiers an – und inszeniert in bestimmten Abständen eine Hinrichtung, damit alle wissen, wie sehr sie von seiner Güte abhängen. Gleichzeitig ist er äußerst empfindlich, akzeptiert keinerlei Kritik an sich selbst – ist sozusagen beratungsresistent und nachtragend. Ihn zum Feind haben kann nur, wer es sich auf der Basis von Reichtum, persönlicher Macht oder innerer Unabhängigkeit leisten kann. Ansonsten kann ein Egomane nur Kinder um sich haben, Vasallen oder Behinderte – die sich alle in einem Merkmal gleichen: Sie sind noch nicht oder nicht mehr selbstständig, sondern auf andere angewiesen. Der Umgang ist entsprechend durch ein Von-oben-nach-unten-Muster gekennzeichnet. Der Pate nimmt sich selbstverständlich, ohne um Einverständnis zu fragen, das Recht heraus, alle, die zu seiner Familie gehören, zu duzen. Dies sieht er als Zeichen seines persönlichen Wohlwollens. Er besteht aber darauf, dass es die Familie ihm gegenüber nicht an der gebührenden Ehrerbietung fehlen lässt. Nur einen ganz engen inneren Kreis von Dienern zieht er zumindest teilweise ins

Vertrauen – weil er auf deren Zuarbeit angewiesen ist. Es gibt eine entscheidende Spielregel: Gut geht es allen, die kein störendes Eigenleben entwickelt, sondern sich freudig und dankbar verhalten, weil der Herr sie auserwählt hat und geruht, sich mit ihnen abzugeben. Wer sich ihm entzieht, den wird er bis zur Vernichtung verfolgen.

Gegen den Paten gibt es nur zwei erfolgversprechende Gegenmuster: entweder sich ihm völlig entziehen oder selbst genügend Gegenmacht aufbauen – um gegen ihn anzutreten. Letzteres ist allerdings keine einfache Angelegenheit. Es wird nicht leicht sein, Menschen zu finden, die nicht in irgendeiner Weise von ihm abhängig sind – und genügend Nutzen darin sehen, sich mit ihm anzulegen – oder die nicht zu seinen Informanten gehören und ihn rechtzeitig warnen. Darüber hinaus muss, wer sich mit ihm anlegt, damit rechnen, dass ihn oder seine Bundesgenossen im letzten Moment – schon absprungbereit auf dem Zehnmeterbrett – die Unsicherheit befällt und dazu bringt, den Rückzug anzutreten.

In einem Unternehmen sind fast immer alle Facetten in unterschiedlich starker Ausprägung irgendwo vertreten. Das Kaleidoskop von Verhaltensmustern, mit denen Schlüsselsituationen immer wieder in gleicher Weise beantwortet werden, geht gegen unendlich. Welche Besonderheiten in der Persönlichkeit von Führungskräften man auch ins Auge fasst – vorausgesetzt, es gelingt, sich dabei nicht von eigenen Emotionen und Projektionen steuern oder überlagern zu lassen –, man kommt zu einem verblüffenden Ergebnis: Alles ist menschlich und psycho-logisch erklärbar. Dieses Verstehen ist schon die Hälfte der Miete. Die Hintergründe zu verstehen ist die Bedingung dafür, dieses Verhalten nicht als unabänderliches Schicksal hinzunehmen, sondern sich unverzagt daranzumachen, es zu beeinflussen. Allen Verhaltensmustern gemeinsam ist bei genauerer Betrachtung, dass an ihnen früh gestrickt wurde. Das Fatale daran ist, dass solche Muster zum Zeitpunkt ihrer Heranbildung für den Einzelnen eine ganz wichtige Funktion hatten. Sie dienten dem eigenen emotionalen Schutz. Sie waren notwendig, um überhaupt in einem bestimmten Umfeld zu überleben. Das Drama entwickelt sich erst später, wenn sich die Umwelt ändert, andere Möglichkeiten bietet und andere Anforderungen stellt: Die frühen Muster werden auf einmal nicht mehr geschätzt, sogar bestraft. Sie sind so hinderlich wie Krücken für einen ehemals Gehbehinderten, der mittlerweile wieder genesen ist. Für viele völlig überraschend und innerlich kaum nachvollziehbar muss die Vergangenheit in einem anderen Licht gesehen und neu bewertet werden. Die Vergangenheit fordert ihren Preis.

Verhaltensänderung – und die Möglichkeiten des gruppendynamischen Trainings

Manager sind in Bezug auf ihre emotionalen Defizite in ihrem geschäftlichen Umfeld oft sprachlos. Hauptgrund für diese Sprachlosigkeit ist Angst. Man fürchtet zum Beispiel, verspottet, ausgenutzt, öffentlich bloßgestellt zu werden oder ganz einfach die Kontrolle über sich und die Situation zu verlieren. Wer über Gefühle redet, zeigt Schwäche. Wer Schwäche zeigt, ist verwundbar. Wer verwundbar ist, wird angegriffen. Diese drohende Verkettung von eskalierenden Ereignissen ist in den Köpfen vieler Führungskräfte verhaltenssteuernde Realität: Man fühlt sich von Gegnern umzingelt, die nur darauf warten, eine verletzbare Stelle zu finden, um die Geschütze scharf zu stellen. Von wenigen, die tatsächlich ihr Hauptaugenmerk auf die Eliminierung von Gegnern legen mögen, wird auf die Allgemeinheit geschlossen. Mit dieser »Wahrheit« verschafft man sich ein perfektes Alibi für die eigenen Abgrenzungs- und Verteidigungsmuster. Und das Ganze wird noch überlagert von einem Muster, das wir bei allen Kindern beobachten können: Hände vors Gesicht – weil es dann so dunkel ist, dass du selbst nichts mehr siehst, wirst du auch nicht gesehen. Oder hier: Worüber nicht geredet wird, das gibt es auch nicht – und dann passiert dir auch nichts.

Das gruppendynamische Verhaltenstraining wirkt dieser Sprachlosigkeit und allgemeinen Verdrängung entgegen. Wie ein solches Training konkret ablaufen kann, haben wir an anderer Stelle beschrieben. Alles in allem bietet ein derartiges Training den bisher nicht vorhandenen Raum, ohne Angst vor Sanktionen den Verhaltensmustern auf die Spur zu kommen. Für unsere Zwecke hier möchten wir zwei Formen des Trainings grundsätzlich unterscheiden: *Erstens*, das Training als externe, prinzipiell für alle möglichen Teilnehmer offene firmenübergreifende Veranstaltung, bei dem die Teilnehmer weder vor noch nach dem Training beruflich etwas miteinander zu tun haben und aus unterschiedlichen Firmen kommen. *Zweitens*, das Training als Veranstaltung im eigenen Haus, bei dem die Teilnehmer aktuell miteinander in Beziehung stehen – und für die Zukunft zumindest potenziell immer damit rechnen müssen.

Das externe Training

Als Fremder unter Fremden gibt es nach dem Training nicht das Gesetz des Wiedersehens im normalen Unternehmensalltag. Sicherungsmaßnahmen sind also nicht in dem Maß erforderlich wie zu Hause. Als unbeschriebenes Blatt, das nach der Veranstaltung wieder abtauchen kann, steigt die Bereitschaft, Persönliches im öffentlichen, aber doch auch geschützten Raum des Trainings zum Thema zu machen. Der Zugang kann die Analyse des Verhaltens in konkreten Arbeitssituationen aus der eigenen Alltagspraxis sein. Und zwar Verhalten, mit dem man entweder selbst nicht zufrieden ist oder mit dem Personen aus dem Arbeitsumfeld nicht zurechtkommen. Bedingung: echtes persönliches Interesse, daran zu arbeiten. Das Vorgehen im gruppendynamischen Training ist speziell dadurch gekennzeichnet, dass nicht der Trainer die einzelnen Teilnehmer nacheinander in der Gruppe berät, sondern eine kollegiale Beratung stattfindet. Die Gruppe ist also nicht nur Ort, sondern auch das wesentliche Instrument des Geschehens.

Der unschätzbare Vorteil dieser gruppendynamischen Form der kollegialen Beratung besteht in der Dichte und Gleichzeitigkeit von Wahrnehmungen der anderen Teilnehmer und des Trainers. Bei jedem Teilnehmer läuft sozusagen der innere Film als Heimkino mit. Damit werden die Lernmöglichkeiten potenziert: Die Bereitstellung der Erfahrungen der anderen und ihrer Empfindungen, das Erlebnis, nicht der Einzige zu sein, dem in Konflikten die Standfestigkeit fehlt, die Überraschung, dass auch andere ständig etwas tun oder nicht tun, nur um wertgeschätzt zu werden, verstärkt den Mut, die Augen für die Muster zu öffnen, die das eigene Verhalten bestimmen. Die Enteinzelung der Symptome ist eines der größten Aha-Erlebnisse in einer Trainingsgruppe. Jeder, der Zahnschmerzen hat ist der festen Überzeugung, dass es nur ihm momentan so schlecht geht; erst im Wartezimmer wird ihm deutlich, dass es offenbar noch viele Leidensgenossen gibt. Die selbst verordnete innere Einzelhaft kann beendet, Angst enttabuisiert werden.

Und noch etwas Wesentliches passiert: Eigene Schwäche führt in aller Regel dazu, andere Menschen in Bezug auf ihre Stärke zu überschätzen, sie sozusagen aufzublasen. Aufgrund dieser Einschätzung ist nachvollziehbar, dass viel Anstrengung unternommen wird, die eigenen Defizite zu kaschieren – zumal es sich bei diesem für sicher gehaltenen Stärkeverhältnis sowieso nicht lohnt, den Kampf des Veränderns überhaupt erst aufzunehmen. Auf der Rüttelstrecke des gruppendynamischen Trainings entlarvt sich die Überschätzung des anderen relativ schnell als Täuschung. Das angstreduzierende Umfeld führt dazu, dass dann auch die eigene Abwehr erschüttert und Offenheit freigelegt werden können. Das ist der erste wichtige Schritt und die Bedingung der Möglichkeit, sich mit den eigenen Persönlichkeitsmerkmalen auseinander zu setzen, sie überhaupt als eigene zu akzeptieren, sie auf ihre aktuelle Tauglichkeit überprüfen – und daran zu arbeiten, sie weiterzuentwickeln, zu verlernen oder neue heranzubilden. Dazu gilt es, die Hintergründe des bisherigen Vermeidungsverhaltens zu verstehen und die biografische Entwicklung einzubeziehen, um vielleicht plausible Erklärungen zu finden oder zumindest Hypothesen zu bilden, warum sich solche Muster entwickelt haben, welche Funktion sie früher hatten – und warum sie sich so lange halten konnten. Solche Erklärungen schaffen die Voraussetzung für Neuorientierung. Ein bestimmte Verhalten ändern bedeutet zunächst einmal, die Einstellung dazu ändern. Gab es doch bisher zur Änderung keinen Anlass. Das Arrangement war in Ordnung. Alles hatte man sich zurechterklärt – inklusive der eventuell nicht übersehbaren negativen Reaktionen des Umfelds. Dieses Arrangement wird erst dann wirklich infrage gestellt, Änderungsabsichten gehen erst dann über den Wert von Silvesterversprechen hinaus, wenn der aktuelle Preis, der dafür bezahlt werden muss, nicht (mehr) mit dem Wert übereinstimmt, den man dafür erhält.

Im gruppendynamischen Training geht es nicht darum, was richtig und falsch, was gut und was schlecht ist, sondern zu reflektieren und zu erfahren, was die Funktion und der Gewinn – und was der Preis für das Verhalten ist. Da Menschen häufig vorrangig nur den Gewinn ihres Verhaltens im Auge haben, macht es sie kurzsichtig für den Preis. Ähnlich wie bei Medikamenten: Wenn man auf die in Aussicht gestellte Therapieleistung angewiesen ist, übersieht man leicht die Nebenwirkungen. Die pure körperliche Gewöhnung, wie zum Beispiel bei Schlafmitteln, macht es schwer, davon Abstand zu nehmen – selbst wenn die Nebenwirkungen mehr schaden als die intendierte therapeutische Hauptwirkung je nutzen kann. Und genau hier setzt die Gruppe an: Mithilfe von Verhaltensfeedback liefert sie unerbittlich Hinweise über den blinden Fleck. Dazu braucht sie sich nicht ausschließlich auf das zu verlassen, was jemand über seine Situation in seinem beruflichen oder auch persönlichen Umfeld berichtet – und auf den persönlichen Eindruck, der sich aus dieser inhaltlichen Schilderung ergibt. Es gibt eine viel heißere Ware. So wie man nicht nicht-kommunizieren kann, kann man sich auch nicht nicht-verhalten.

Und so passiert in aller Regel Folgendes: Während jemand seine Situation darstellt, verhält er sich – und die Art und Weise, wie er dies tut, lässt eine sehr spezifische Beziehungsdynamik in und mit der Gruppe entstehen. Das Muster bildet sich sozusagen in der Gruppe ab. Eine optimale Möglichkeit, das, was von *dort und dann*, also von draußen aus der Arbeitswelt berichtet wird, mit dem zu verbinden, was gerade *hier und jetzt* real abläuft – das heißt die taufrischen Beobachtungen und Empfindungen der Teilnehmer mit den Erzählungen des Teilnehmers aus seiner Situation zu Hause in Beziehung setzen und abgleichen.

Da jeder immer auch etwas dazutut, dass eine Situation so ist, wie sie ist – und dies natürlich auch im Training –, kann die Suche nach Schuldigen nur kurzfristig vom eigenen Anteil am Geschehen ablenken. Wie wortreich und kunstvoll auch immer sich jemand als Opfer widriger Umstände präsentiert oder auch zelebriert – er wird über kurz oder lang im Hier-und-Jetzt des Trainings als (Mit-) Täter entlarvt. Und exakt dies ist die entscheidende Chance für ihn: die (Mit-) Täterschaft übernehmen für das, was (geworden) ist – mit allen Folgen und Zumutungen, die das eigene Verhalten für das Umfeld bedeutet.

Das Prinzip des eingebauten Transfers in die Praxis

Die Verantwortung, die Täterschaft für die persönliche Geschichte und das eigene Verhalten als Ergebnis daraus übernehmen, dieser Schritt ist die Voraussetzung für einen weiteren, nämlich auch die Verantwortung dafür zu übernehmen, nicht nur das eigene Verhalten zu ändern, sondern das Umfeld, das sich mit dem alten ja auch arrangiert hat, auf die Veränderung einzustellen und für die Veränderung aufzuschließen.

Es nützt nichts, einen Schlüssel zu verändern, ohne gleichzeitig auch das Schloss dazu passend zu machen. Nachdem der erste Schritt also ein Blick in die Entstehungsgeschichte war und der zweite die Aktualisierung in der Trainingssituation beinhaltete, heißt es in einem dritten Schritt, ein Modell der Zukunft zu entwerfen, in dem nicht nur die eigene Veränderung von Rolle und Verhalten im Fokus steht, sondern die damit auch geänderte, immer wirksame Beziehungsdynamik mit dem Umfeld:

- Wie wird die neue Rolle erlebt?
- Welche Reaktionen sind zu erwarten?
- Wie stelle ich mich selbst und die anderen darauf ein?

- Welche Verführungen könnte ich mir selbst und könnten andere mir bieten, in alte Gleise zurückzugehen?
- Wie passt das neue Verhalten in das bestehende Kräftefeld der Menschen und ihrer Absichten, die mein Umfeld bilden? Welche Verschiebungen könnte es mit sich bringen? Welche Widerstände sind zu erwarten?
- Wie könnte ein Stütz- und Leitsystem für das ausschauen, was anders werden soll, welches gewährleistet, dass die Veränderung nicht nur begonnen, sondern beibehalten wird?

Wenn Chefs ihre neurotischen Muster ablegen, dann gilt, was für jede Verhaltensänderung gilt: Auch das Umfeld muss sich neu einstellen. Alle müssen ihr Verhalten neu justieren. Am Anfang sind die Widerstände nicht selten hoch, obwohl doch der Chef jetzt endlich das verändert, was man ihm bisher immer so angekreidet hatte. Die Erklärung dafür ist relativ einfach: Das neue Verhalten des Chefs nimmt zwar ein Problem weg – der Chef ist jetzt viel verträglicher und kommunikativer –, schafft aber zugleich ein neues: Es fehlt der Sündenbock. Alle hatten sich in der doch so beklagten Situation gut eingerichtet.

Das hausinterne Training

So genannten Inhouse-Seminaren kann eine vergleichbare Wirkung zukommen – aber nur unter einer Bedingung: Neurotizismen müssen aufgedeckt werden können, ohne dass daraus für spätere mikropolitische Machtspiele Kapital geschlagen wird. Das ist nicht einfach zu bewerkstelligen. Die Grundvoraussetzung dafür ist, Vertrauen über die Schweigepflicht herzustellen. Dies wird nicht immer gelingen. Und dann gilt es, das Gesetz des Wiedersehens außerhalb der Trainingssituation – frei nach dem Motto »Die Rache ist mein, spricht der Herr (Kollege)« außer Kraft zu setzen. Dazu werden ein paar fromme Hinweise nicht ausreichen. Es bedarf vielmehr eines Kulturrahmens, der es nahezu unter Todesstrafe stellt, Internes aus Trainings herauszutragen und für sich oder gegen andere, die ihre Schwächen offen gelegt haben, auszunutzen. Kann dieser Schutz nicht gewährleistet werden, ist von gruppendynamischen Inhouse-Seminaren abzuraten. Die negativen Nebenwirkungen wären zu hoch. Die Gruppendynamik könnte leicht für die Fortsetzung mikropolitischer Kriegsführung instrumentalisiert werden.

Andererseits lohnt es sich, den notwendigen Rahmen zu schaffen, auch wenn dies nicht einfach ist. Denn die Vorteile von Inhouse-Trainings sind verlockend. Zwei Aspekte stehen im Vordergrund: *Erstens*, die intimere Kenntnis der Schleichwege und all der ungeschriebenen Gesetze, die das Verhalten im Unternehmen bestimmen; *zweitens*, stärkere gegenseitige Unterstützung vor Ort bei der Umsetzung und last, but not least, eindrucksvollere Modellbildung für andere. Wenn es zum Beispiel gelingt, durch gezielte Inhouse-Trainings bei einer ganzen Gruppe von Führungskräften eines Unternehmens ein neues, zeitgemäßeres Führungsverständnis zu entwickeln, so ist damit gleichzeitig auch ein Netzwerk etabliert, das im anderen Fall der isolierten Teilnahme Einzelner bei externen Veranstaltungen sich erst noch bilden müsste. Wird eine solche Keimzelle im Rahmen der gegenseitigen Unterstützung in ihrem Umfeld als erfolgreich erlebt, dann erzeugt sie nicht selten einen regelrechten Nachfragesog. Auch andere, die bisher außen vor waren, drängen auf solche Maßnahmen. Dass dabei nicht nur edle Motive, zum Beispiel sich fortbilden und besser qualifizieren zu wollen, eine Rolle spielen, sondern auch die Sorge, die anderen könnten sich einen nur schwer einholbaren Vorsprung verschaffen, kann hier außer Acht gelassen werden. Wem daran liegt, die neuen Kräfte für das Unternehmen insgesamt zu bündeln und zu verhindern, dass sich die Fortgebildeten in elitären Cliquen abgrenzen und mehr auf ihre persönlichen Karriereziele als auf das allgemeine Wohl des Unternehmens bedacht sind, tut gut daran darauf zu achten, dass alle derartigen Maßnahmen im Unternehmen, die auf Führungskräfte-Entwicklung abzielen, koordiniert und die Teilnehmer später miteinander vernetzt werden.

Es bleiben immer noch genügend Themen, für die es sich empfiehlt, sich externer Maßnahmen zu bedienen. So zum Beispiel wenn es darum geht, gezielt an der Persönlichkeit zu arbeiten, bewusst ohne Bezug zu Kollegen und ohne direkten Bezug auf das Arbeitsumfeld. Als »Weichmacher« für Psycho- oder Sozialsklerosen empfiehlt sich zum Beispiel ein Sensitivitäts-Training mit dem eindeutigen Schwerpunkt, an den Verhärtungen und Erstarrungen der eigenen Person zu arbeiten. Ziel ist das persönliche Wachstum im geschützten, weil von Bestrafungsritualen temporär freien Raum einer Gruppe von Gleichen und Fremden. Trainingsgegenstand ist die persönliche (Nach-) Reifung im Sinne der Wieder- oder Neuentdeckung eigener Ressourcen und der Erprobung, Veränderung und Stabilisierung neuen Verhaltens. Die Gruppendynamik liefert den Resonanzboden für die Selbstdarstellung und ist damit Korrektiv und Verstärker für Verhalten zugleich.

Kapitel 5

Teams als Schlüssel zur Hochleistungsorganisation?

Team ist ein Schlüsselwort in der Betrachtung und bei der Gestaltung neuer Organisationen sowie deren Leistungssteigerung. Teams sind modern; dabei ist das Wort *Team* jedoch vielfach zum bloßen Modewort verkommen. Führungskräfte sprechen von *ihren Teams*, auch wenn dort von Teamarbeit keine Rede sein kann. Entsprechend erweist sich *Teamfähigkeit* – eine Tugend, an der jeder Nachwuchsmanager angeblich gemessen wird – auf konkrete Nachfrage häufig als die altbekannte Forderung *nach oben* duldsam und pflegeleicht, *nach unten* aber fordernd und durchsetzungsstark zu sein. Die Neigung zum Etikettenschwindel besteht nicht nur von den oberen Rängen her. Auch von der Arbeitsebene aus wird Team häufig als Indiz interpretiert, dass Arbeit abgeschoben werden soll oder die direkte Verantwortung für Aufgaben und Entscheidungen gescheut wird. Die Aussage *Das haben wir im Team so festgelegt* klingt häufig wie eine Distanzierung – und der Verweis auf das Team ist oft genug auch Ausrede für durchaus selbstverschuldete unübersichtliche und unkoordinierte Abstimmungs- und Arbeitsprozesse oder überzogene Termine. Teamsprüche, welche die Situation hämisch, aber zum Teil eben auch charakteristisch illustrieren, gibt es genug. Beispiel: T.e.a.m. = *Toll, ein anderer macht's.*

Der Gebrauch des Begriffs Team kann auf sehr Unterschiedliches abzielen: Einerseits benennen wir damit den organisatorisch-strukturellen Aspekt – also kleingliedrige, relativ autonome, unternehmerisch und vernetzt handelnde Leistungseinheiten. Andererseits verbirgt sich hinter dem Wort Team aber so etwas wie das Credo vieler Hoffnungen und Sehnsüchte nach partnerschaftlicher, hierarchiefreier, konfliktarmer und harmonischer (Zusammen) Arbeit. Team wird dann zum Codewort einer ersehnten Revolution der Arbeitsbeziehungen fast im Sinne von *Freiheit – Gleichheit – Brüderlichkeit*. Diese – hier durchaus etwas überpointierte – Bedeutung bezieht sich dabei allerdings nicht auf die Struktur, sondern auf die Form der Zusammenarbeit: die Art und Weise des Umgangs miteinander.

Diese Doppeldeutigkeit und der unterschiedliche Gebrauch des Teambegriffs werden häufig zur Quelle von Missverständnissen. Ein Beispiel: Ein süddeutscher Konzern hat im Zuge einer neuen Führungsstruktur alle Gruppen- und Hauptgruppenleiter in *Teamleiter* umbenannt. Die Folge: Eine Führungsebene wurde abgespeckt und eine Reihe von Führungskräften abgestuft, ohne dies auf den jeweiligen Visitenkarten und Türschildern allzu deutlich auszudrücken. Die betroffenen Organisationseinheiten – bis dahin *Gruppen oder Hauptgruppen* – fanden sich nun als *Teams* wieder, ohne dass sich dadurch irgendetwas anderes geändert hätte als der bloße Name. Wer allerdings auf diese Begriffsveränderung hinwies, um ihm Bedeutung im Denken und Handeln zu verschaffen, erntete – verständlicherweise – Spott und Hohn. Dass auf diese Weise flexible und unternehmerisch handelnde Unternehmensstrukturen entstehen, wird kaum jemand unterstellen.

Teamarbeit, die sich theoretisch fugenlos in die neuen Organisationskonzepte einpasst, wird dennoch als Schlüssel zur Hochleistungsorganisation angesehen und angefordert. Sie wird bereits seit vielen Jahren von der Sozialwissenschaft auf ihre Effizienz hin untersucht und gelegentlich auch sehr erfolgreich praktiziert. Neben den immer wieder zitierten integrierten Fertigungsteams bei VOLVO in den 70er Jahren erkannten Beobachter bei Analysen des Innovationsprozesses in Forschungslaboratorien bereits zehn Jahre früher die praktische Unergiebigkeit klassischer Hierarchien. Dies zeigt sich, wenn Wissenschaftler komplexe Forschungs- oder Planungsaufgaben zu lösen versuchen. Statt sich auf Vorgesetzte und deren Koordination von Tätigkeiten in großen wissenschaftlichen Projekten zu verlassen – eine typisch hierarchische Praxis –, übergingen diese Teams die Vorgesetzten und arbeiteten informell untereinander zusammen, um Innovationen möglich zu machen. Ähnliche Phänomene wurden in den frühen 80er Jahren bei Investmentbanken beobachtet, als die Instabilität auf den Finanzmärkten Innovationen und rasche Maßnahmen erforderlich machte. Dennoch hat man sich – zumindest in der Breite – Teamstrukturen widersetzt, weil man sie lange für ein Trojanisches Pferd unerwünschter Entwicklungen gehalten hat. Vielen Unternehmen und ihren Führungskräften war bange bei dem Gedanken an die damit verbundene Teilautonomie und den entsprechend reduzierten hierarchischen Zugriff. Und den Gewerkschaften war an einem Ausbau der betrieblichen Mitbestimmung gelegen, die sie nicht durch zu viel *Mitbestimmung am Arbeitsplatz* unterlaufen sehen wollten.

Kein vernünftiger Mensch – so möchte man meinen – wird sich heute noch derartigen Kräftepotenzialen ernsthaft widersetzen: nämlich motivierten, sich selbst beauftragenden und unternehmerisch denkenden Mitarbeitern, die gleichberechtigt und gemeinsam verantwortend zusammenarbeiten und ihre Ziele verfolgen. In der Praxis gibt es jedoch Hemmnisse von mehreren Seiten:

Immer mehr deutsche **Manager** stehen zwar Teams als Organisationseinheiten positiv gegenüber – in einer sozialwissenschaftlichen Langzeitstudie (GARATH-Studie; auszugsweise vorgestellt in der FINANCIAL TIMES vom 12. April 2000) äußern dies 78 Prozent von mehr als 1000 Führungskräften mit voller Überzeugung, im Gegensatz zu knapp 30 Prozent vor 20 Jahren – doch in der Praxis sind die Vorbehalte relativ ähnlich geblieben:

- Es wird zu viel leeres Geschwätz (ca. 60 Prozent) vermutet.
- Man befürchtet zu viel Streit um nichts und wieder nichts (ca. 50 Prozent) und
- man mag das *Rudel-* beziehungsweise *Herdenhafte* nicht oder meint, es sei ob seiner mangelnden hierarchischen Ordnungsstruktur und der daraus resultierenden *Führungslosigkeit* ineffizient (ca. 40 Prozent).

Zu diesem – trotz aller positiven gewendeten Grundeinstellung – deutlichen Unverständnis für die Funktionsweisen eines Teams passt gut, dass nur etwas mehr als zehn Prozent der Befragten selbst bevorzugt in Gruppen arbeiten, nur knapp 20 Prozent bekunden, dass sie ihre Arbeiten am liebsten im Dialog oder Diskurs bewältigen, aber fast 70 Prozent feststellen, dass sie sich dann am wohlsten fühlen, wenn sie allein und ungestört arbeiten können. So verwundert es nicht, dass von den in der Studie befragten Unternehmen nur ein knappes Drittel Teams für die Bewältigung von Aufgabenumfängen einsetzt, die nicht lediglich zeitbegrenzt beziehungsweise projektförmig konzipiert sind.

Auf der anderen Seite passen Teams zwar vielfach wie der Deckel auf den Topf der neuen Organisationsarchitekturen, allerdings sind diese selbst in der Regel nicht wirklich und flächendeckend umgesetzt. Die neuen Architekturen leben meist als mehr oder minder große Inseln in den traditionellen Unternehmensquartieren, die weiterhin nach den Regeln der Alten Welt gebaut sind. Und nicht alle Bewohner »wollen« gern umziehen! Das Neue ist gewöhnungsbedürftig und die Inhaber der

Wohnungen in den höheren Etagen – aber nicht nur diese – sehen häufig zuerst die Bedrohung und befürchten, viel zu verlieren. Und selbst wenn sie zum Umzug bereit sind, nehmen sie gern alte Gewohnheiten, Gewissheiten und die Insignien ihrer Bedeutung mit in die neuen Zeltstädte. Auch zeigt sich zwischen den alten und den neuen Strukturen keine automatische Anschlussfähigkeit. Im Gegenteil: Es besteht ein natürliches Spannungsverhältnis, das manchmal einem Kulturkampf gleicht.

Als Problem erweist sich dann, dass die *Bewohner* nicht beiden Verhaltenserfordernissen gleichzeitig entsprechen können. Wenn man in den neuen Strukturen – zum Beispiel in Teams, aber auch in Centern oder Clustern – erfolgreich sein will, kann man dies nicht unter gleichzeitiger Beibehaltung der Denk-, Sicht- und Handlungsweisen der Alten Welt. Es ist wie beim Trapezartisten in der Zirkuskuppel: Um die neue Stange zu fassen, muss er die alte loslassen. Sein Risiko ist, dass er für einen kurzen Moment gar keinen Halt hat, dass er frei und ungesichert in der Luft hängt – und es ist nie sicher, ob er die neue Stange wirklich zu fassen bekommt. So kleben Führungskräfte samt ihrer Organisationseinheiten häufig angstvoll an ihrer alten Trapezstange, selbst wenn die neue einladend und durchaus team- und tragfähig vor ihrer Nase schwingt.

Dies führt zu einem weiteren Hindernis: Teams sind ebenso schwierige wie sozial empfindliche Gebilde. Und sie entstehen nicht durch schlichte Ansage. Sie stellen ihre Leistungsüberlegenheit auch nicht gleich von Anfang an zur Verfügung, sondern bedürfen der Entwicklung, der Bewältigung von Unsicherheit und Unterschiedlichkeit, des Sich-zurecht-Schaffens und des Zusammenraufens. Das alles braucht kostbare Zeit. Cattell, ein amerikanischer Sozialpsychologe, hat einmal gesagt, die tatsächliche Produktivität eines Teams sei gleich seiner potenziellen, also der erwarteten Produktivität minus seiner internen Prozessverluste.

Führungskräfte stehen diesen Hemmnissen häufig hilf- und ratlos gegenüber. Da sie den Zeitbedarf von Veränderung und mentaler Neuorientierung systematisch und nachhaltig unterschätzen, glauben sie, ein allen gestecktes Ziel würde spontan einigen, die Befreiung von der Beengung der alten funktionsteiligen und hierarchischen Organisation würde automatisch Effizienz, umgehend Euphorie und auf der Stelle Spaß an der Zusammenarbeit bewirken. Entsprechend frustriert klingen dann die Erfahrungsberichte. Hier ist – zumindest anfangs – mehr von Konflikten, Emotionen, Störungen, Widerständen und Blockaden, von Rivalität, Streit und Konkurrenz, von zeitzehrenden und dennoch faulen Kompromissbildungen, halbherzigen Commitments und durch Intrigen oder gar Sabotage verzögerten Prozessen die Rede; selbst Manager, die veränderungserfahren, team- und projekterprobt sind, berichten von Anlaufschwierigkeiten, zähen Überzeugungsritualen, vom kleinsten gemeinsamen Nenner und von Verstecken hinter vermeintlicher Kollegialität, das heißt vom Unwillen zur offenen Klärung der Meinungsverschiedenheiten.

Wie also ein Team führen und (sich) gestalten (lassen)? Wie solche Schwierigkeiten umgehen oder ausräumen? Wie die Mitglieder auf das gemeinsame Ziel einschwören und das Zusammenwirken beflügeln? Was heißt es denn, die Verschiedenheit – und damit das Konfliktpotenzial des Teams – zu integrieren und produktiv zu bearbeiten, um es systematisch zu nutzen? Was bedeutet, dass die relevanten Unterschiede wie die Hefe im Teig sind, nämlich der Nukleus von Synergie und Innovation? Doch beginnen wir mit der gar nicht so simplen Grundsatzfrage: Was ist eigentlich ein Team? Teams kann man sich am besten als lebende soziale Systeme vorstellen. Neben ihrem sachlichen Ziel, ihren inhaltlichen Aufgaben und einem auftragsbezogenen Rahmen – also meist von außen festgelegten Strukturen – verfügen sie über eine innere Identität, die weitgehend selbstgesteuert und von außen nur sehr beschränkt determinierbar ist, zum Beispiel: Rollen, Spielregeln, Austauschprozesse, Kommunikationsmuster und Formen der Entscheidung. Durch sie gestalten sich Beziehungen, sowohl im Innenbereich als auch nach außen, zu anderen Systemen.

Die dadurch bewirkte und ausgeprägte Dynamik im Innern entscheidet letztlich darüber, wie intelligent das Team ist; also wie viel Komplexität es verarbeiten, wie sensibel es Impulse aus dem Umfeld beziehungsweise vom Kunden aufnehmen und wie variabel und flexibel es darauf reagieren kann. Als Illustration kann der Vergleich zwischen einer normalen Straßenkreuzung mit komplizierter Ampelregelung und einem Kreisverkehr dienen, der mit wenigen einfachen Spielregeln ein erheblich höheres Maß an Varianz und Komplexität bewältigt. Team ist ein Arbeitsbegriff, der auch bedeutet, dass es sich dabei um mehr als eine Gruppe handelt. Folgende Merkmale sind dabei eher mehr als minder ausgeprägt:

– Wie beim Verkehrskreisel fordert und ermöglicht ein Team einen höheren Grad an *Selbstorganisation*. Dies bedarf einer erhöhten Auseinandersetzung mit sich selbst und erzeugt eine spezielle Art von Dynamik: Der Verkehr im Kreisel muss sich gegenseitig im Auge haben und ist ständig in einer aufeinander bezogenen Bewegung. Entsprechend stimmt das Team die Fähigkeiten und Interessen seiner Mitglieder aufeinander ab, kompensiert Schwächen und nützt Stärken mehrfach und rivalitätsarm. Die Leistungen an Selbststeuerung, Querinformation und Selbstbeauftragung sind vergleichsweise hoch entwickelt.

– Dabei herrscht ein Prozessdenken vor, das an einem Fluss-Diagramm (Verkehrskreisel), nicht an einem hierarchischen Organigramm (Ampelkreuzung) orientiert ist. Das bedeutet neben Kleingliedrigkeit flexible, fließende Aufgabenzuordnungen, direkte Von-Punkt-zu-Punkt- und Von-Angesicht-zu-Angesicht-Verbindungen, also spontane Ordnungen aufgrund vereinbarter Spielregeln statt starrer Takte und Strukturen. So können die menschlichen Ressourcen besser genutzt werden, als es die Mitglieder für sich allein oder in einer weniger integrierten Gruppenkonfiguration – arbeitsteilig neben oder nacheinander – fertig bringen würden.

– Aufgabenentwicklung und Gestaltung der Arbeitsweisen finden laufend und zielbezogen statt und geraten methodisch relativ vielfältig. Sie erfolgen – immer im Vergleich zu weniger integrierten Gruppen – flexibel, unter Berücksichtigung eines hohen Maßes von Einflussfaktoren und wechselseitigen Abhängigkeiten, komplex und einfühlsam. Das breite Spektrum von Interessen, Motiven und Expertisen im Team sorgt für vielfältige und sensible Antennen zum Umfeld, die auch schwache Signale, latente Konflikte und frühe Trends aufnehmen und flexibel verarbeiten. Funktionen wie Überprüfung, Reflexion, Koordination, flexible Arbeitsteilung und Motivation werden dabei weitgehend und ohne großen Aufwand selbst gesteuert und integriert wahrgenommen.

– Ein Team kann Leistungen unter schwierigen Bedingungen mit relativ kurzer interner Rüstzeit (also fast aus dem Stand) erbringen. Das Bewusstsein, von den anderen anerkannt, geschätzt und einbezogen zu werden, verschafft Energie, die sich nicht in offenen oder verdeckten Kämpfen um Geltung wieder verbraucht.

Im Team halten Menschen stärker zusammen als in weniger integrierten Gruppierungen und fühlen sich mitverantwortlich für die gemeinsame Aufgabe. Man entwickelt Gruppenloyalität, ohne sich im Wir-Gefühl zu sonnen, in Elite-Träume abzuheben oder sich von anderen zwanghaft abgrenzen zu müssen. Vom Team aus formuliert heißt dies:

Wir wissen,
wer wir sind,
wozu wir da sind – und
wie wir die Dinge miteinander regeln.

Eine Klarstellung solcher Fragen ist in Arbeitsorganisationen nicht unbedingt die Regel. Die Folgen sind häufig Fehlerwartungen, Schuldzuweisungen und die kollektive Abwertung ganzer Gruppen oder Abteilungen. Darum besteht die Herausforderung an dieser Stelle in einem Balanceakt: couragierten Teamgeist – *Wir sind die beste Gruppe* – zu schaffen und zu unterstützen, ohne dabei die Beiträge anderer Gruppen abzuwerten.

Das Verhalten in Teams ist direkt, eher locker und partnerschaftlich. Jeder, der jemals einer gut zusammenarbeitenden Gruppe angehörte, kann sich erinnern, wie wohl ihm diese Erfahrung getan hat: Die Arbeit ähnelt einem intensiven Gespräch, bei dem die Beteiligten auf der gleichen Wellenlänge liegen; Arbeit ist nicht nur produktiv, sondern auch kreativ, innovativ und macht Spaß. Schranken und Barrieren – wie in einer funktionalen Hierarchie, hinter denen sich der Einzelne als Positionsinhaber und Rollenträger verstecken kann – sind kaum möglich. Die Mitglieder anerkennen und unterstützen sich in ihren Aufgaben und Rollen, haben Verständnis für die Interessen der anderen und klären diese effektiv und kooperativ. Dies bedeutet aber nun keinesfalls, dass man in Teams sachliche Meinungsunterschiede oder störende Handlungen eines anderen einfach hinnimmt. Kritik, Konflikt und Auseinandersetzung können jederzeit stattfinden. Dies geschieht jedoch in einer Vertrauensatmosphäre, die Offenheit erlaubt, weil man sich der Fairness sicher ist und das Team eine ausgleichende oder auch korrigierende Funktion zu übernehmen fähig ist. Es trägt! Der Respekt vor der Integrität des anderen und die Loyalität zum Team sind zwei wesentliche soziale Gegebenheiten, die dort ungleich gesicherter erscheinen als in vielen anderen Situationen. Diese Sicherheit begrenzt destruktive Umgangsformen mit Konflikten, wie zum Beispiel Schuldzuweisung, Feindseligkeit und Herabsetzung der Person. Klare Interessenbenennung *und* der Wille zum Miteinander, auf der Basis von gegenseitiger Anerkennung und Verständnisbereitschaft, führen in stärkerem Maße zu konstruktiven Kompromissbildungen. Diese Aushandlungsprozesse sind zwar anstrengend – aber auch genau das, was jeder eigentlich gern möchte. Ein Team entwickelt sich selbst weiter. Jede Handlung wirkt sowohl auf das Verhalten des Einzelnen als auch auf die Regeln zurück.

Teams werden in Situationen, deren Entwicklung unwägbar oder nicht absehbar ist, selbst ein geeignetes Gefüge der Zusammenarbeit suchen und finden.

Doch es besteht eine Grenze, welche die sozial- und verhaltenswissenschaftliche Forschung nur beschreiben, nicht aber präzise definieren kann: *Genialische Spitzenleistungen* und *kreative Höchstleistungen* sind nicht das klassische Spielfeld von Teams. Sie kommen vor, sind aber nicht zwangsläufig erwartbar und sind deshalb auch nicht als signifikantes Leistungsmerkmal von Teams zu bezeichnen. Zu den Vorteilen von Teams gehören breite Wissensbestände und ein umfangreiches Knowhow mit der Chance der Synergie, die sich allerdings erst entwickeln muss. (Unter dem Begriff *Synergie* verstehen wir, *sich im Zusammenwirken gegenseitig kommunikativ zu inspirieren, zu optimieren und zu ergänzen.*) Ein weiterer Vorteil besteht im Ausgleich von Fehlern, Verzerrungen und Einseitigkeiten. Dieser umfasst sowohl die Korrektur individueller Fehler, also etwa logisch falsche Operationen, als auch den Ausgleich einseitiger Annahmen über die Realität und die Ergänzung unterkomplexer Wirkungs- und Folgeneinsschätzung. Diese Merkmale sind allerdings eher reaktiv als proaktiv angelegt. Sie sichern ab, begrenzen Risiken und verbessern die Ergebnisqualität durch gegenseitige Einbindung und Abstimmung. Genialität und extremen Spitzenleistungen, wie sie in Kunst, Architektur oder Wissenschaft gelegentlich aufscheinen, würde diese Eingebundenheit nicht immer gut bekommen. Teams (ver-)mitteln – sie verhindern Eskapismus, aber sie begrenzen durch diesen sozialen Mechanismus auch Höhenflüge, die genialischen Einzeltätern durchaus gelingen können. Ob EINSTEIN seine Relativitätstheorie oder der fast taube BEETHOVEN seine Neunte Sinfonie im Teamwork noch hätten optimieren können oder ob ihre Genialität dem Anschluss an die Verständnisfähigkeit des Mainstream – wenn auch im Spitzenbereich – kollektiv geopfert worden wäre, ist eine durchaus offene Frage.

Welche Voraussetzungen braucht ein Team?

Damit sich die Leistungsvorteile von Teamarbeit realisieren lassen, müssen bestimmte Voraussetzungen sowohl in den Rahmenbedingungen wie in der inneren Struktur des Teams gegeben sein.

1. Das Team braucht Autonomie und Rahmensetzung

Der Auftraggeber beziehungsweise Manager verhält sich in gewisser Weise wie ein Wagnisfinanzier. Er beschränkt sich darauf, etwa am Start eines Projekts, wenn Aufwand, Chancen und Risiken bewertet sind, für Ressourcen und moralische Unterstützung zu sorgen. Er greift nur selten in die Tagesarbeit ein und gibt dem Team die Freiheit, sich zu finden, zu strukturieren, seine eigene Vorgehensweise zu bestimmen, sich Teilziele zu setzen, sie im Laufe des Entwicklungsprozesses zu verfeinern und in Ergebnisplänen zu präzisieren. Die zentrale Frage für den Auftraggeber lautet letztlich: *Können alle Mitglieder des Teams den grundlegenden Zweck benennen, den das Team erfüllen soll, wird die sich daraus ergebende Zielrichtung von allen geteilt und gibt es ein von allen akzeptiertes Vorgehen, das die Zielverfolgung erfolgreich zu unterstützen verspricht?* Darüber hinaus öffnen wir die Brieftasche, aber wir halten den Mund, sagt ein betroffener Manager bei IBM: Eine kleine Gruppe hatte im abgelegenen Boca an einem neuen Rechner zu arbeiten begonnen. Das Team erhielt die für IBM ungewöhnliche Erlaubnis, auch die Auswahl der externen Zulieferer für Prozessoren, Betriebssystem und Anwendungssoftware selbst zu treffen. Abgesehen von einer vierteljährlichen Prüfung ließ die Zentrale in Armonk das Team völlig eigenverantwortlich arbeiten, auch als es anfangs anscheinend widersprüchliche Ansätze verfolgte.

2. Das Team braucht eine Aufgaben- und Rollenverteilung

Ob die Aufgabenverteilung durch die Fachlichkeiten in gewissem Maße vorgegeben ist oder das Team sich selbst freier strukturieren kann, spielt dabei eine untergeordnete Rolle. Wichtig ist jedoch, dass jedes Teammitglied eine bestimmte Funktion beziehungsweise Rolle innehat oder übernehmen kann. In dieser Rolle oder Aufgabe muss es nicht nur vom Team akzeptiert sein, sondern es muss sich darin auch selbst akzeptieren (können). Diese Rollen- beziehungsweise Aufgabenstruktur muss auch nicht permanent und festgeschrieben sein, sondern soll arbeits- und interessenbezogen flexibel gehandhabt werden. Von dieser richtigen Verteilung hängen weitgehend Produktivität und Effektivität im Team ab.

Sowohl bei der Aufgabenstrukturierung als auch bei der Rollengestaltung geht es eher darum, produktive Schnittstellen im Sinne von Mitdenken für andere und Anlässe für Zusammenarbeit, Kommu-

nikation, Lern- und Austauschprozesse zu schaffen als scharfe Abgrenzungen, wo es darum ginge sicherzustellen, dass sich kein anderer einzu-
mischen hat. Um selbst effektiv zu arbeiten, muss sich jeder zunehmend
auf andere verlassen, die über Fähigkeiten und Mittel verfügen, die er
weder kontrollieren kann noch immer begreift. Da im Ergebnis die eigene Leistung direkt davon abhängt, was Kollegen erreichen, hat jeder,
während er sich vor allem auf seine eigene Aufgabe konzentriert, zugleich lebhaftes Interesse an den Problemen der anderen, die auf ihre
Weise den Erfolg des Teams bestimmen. Dies bedeutet aber gerade nicht,
dass Unterschiede in Bezug auf Autorität und Erfahrung, Fähigkeiten
und Fertigkeiten, Talent und Neigung einfach verschwinden. Diese Unterschiede stellen das Team vielmehr vor eine zusätzliche Herausforderung. So zeigte sich in der GARATH-Studie ein deutlicher Zusammenhang zwischen dem Erfolg eines Teams und der Vielfalt in seiner
Zusammensetzung. Die höchste Teamrendite erzielten Teams, die sich
aus Mitgliedern mit relativ unterschiedlichen Persönlichkeitsprofilen zu-
sammensetzten und die zudem über unterschiedliche Kultur- und Erfah-
rungshintergründe verfügten. Andererseits kann es in solchen gemisch-
ten Teams allerdings auch sehr schnell Probleme geben, die dann
unlösbar erscheinen. Denn natürlich ist es für die Teammitglieder erst
einmal unangenehm, neben verschiedenen fachlichen Kompetenzen und
diversen funktionalen Perspektiven auch noch bunt zusammengewür-
felte Charaktere mit heterogenen Arbeits- und Lebensauffassungen unter einen Hut zu bringen.

Analysen von internationalen Projekten haben die Bewusstheit für
und die Wertschätzung von Vielfalt und Unterschiedlichkeit als primäre
Bedingung dafür herausgestellt, dass solche Teams produktiv werden;
wenn dann auch noch die Kommunikation funktioniert, entsteht schnell
Wissen darüber, warum die Kollegen manches anders sehen oder anders
angehen und manchmal anders denken und handeln. Während aus Wissen häufig Verständnis erwächst, entsteht durch Unwissen oft Ablehnung. Um solche Austauschprozesse, gegenseitige Seh-Hilfen und Ver-
ständnis-Krücken erstens aufzubauen und zweitens auch anregend und
befruchtend zu erhalten, bedarf es eines Mechanismus, der die Spannung
erhält, ohne jedoch Konflikte zu eskalieren oder zu verfestigen. Jeder im
Team muss herausfinden, welche Rolle er/sie zu übernehmen hat und wie
die Arbeitsbeziehungen zu gestalten sind, um die Unterschiede in diesem
Sinne effektiv zu nutzen. Eine Hilfe dabei sind Rollen und die sich zwischen ihnen entwickelnden Muster.

Rollen sind Bündel von Erwartungen und Regeln, die das Verhalten einer Person bei einer Tätigkeit oder in einer sozialen Situation vorprägen, charakterisieren und typisieren. Wie im Theater werden auch in den Arbeits- und Führungszusammenhängen eines Teams Rollen zugeordnet, die aufeinander bezogen sind. Diese Rollen sind sicherlich individuell gestaltbar, die Gestaltbarkeit ist jedoch begrenzt durch einige Kernerwartungen. Werden diese vom Rollenträger nicht erfüllt, heißt es schnell: »Er wird seiner Rolle nicht gerecht.« Rollenzuschreibungen und -übernahmen gibt es in Unternehmen natürlich auch außerhalb von Teams. Sie geben uns Sicherheit und Orientierung. Sie sind nicht so starr und auf Dauer angelegt wie Positionen oder durch Stellenbeschreibungen festgelegte Verantwortungen und Pflichten in der klassischen Organisation, aber sie schaffen Verlässlichkeit und strukturieren Situationen eher flexibel. Sie reduzieren dadurch Zufälligkeit, Willkür und Irritation. Stellen Sie sich zum Beispiel vor, Sie gehen zu einer Besprechung und Herr X ist Einladender beziehungsweise Leiter dieser Sitzung. Sofort haben Sie bestimmte Erwartungen an ihn in seiner Rolle! Setzt er sich wie die anderen Teilnehmer hin, sagt nichts und blättert in Papieren, werden sie warten, bis er die Sitzung eröffnet. Sagt er weiterhin nichts, werden die Augen auf ihn gerichtet sein und irgendjemand wird ihn ansprechen und fragen, was denn nun los sei. Spätestens jetzt muss Herr X sich entweder rollenkonform verhalten, also die Sitzung eröffnen, oder aber seine Rolle klären, das heißt sein eigenes abweichendes Verständnis den Erwartungen der anderen Teilnehmer gegenüberstellen und erläutern. Es gibt eine Vielzahl weiterer Rollen, die von den Teilnehmern mehr oder minder konsistent, wenn auch nicht unbedingt bewusst, übernommen werden: So existiert vielleicht der *Spaßmacher* oder *Entertainer,* der immer einen flotten Spruch parat hat. Oder es gibt den *Rationalen,* den Analytiker, der zwar über kaum einen Witz lacht, aber jedes Problem sofort seziert und äußerst exakt auf den Punkt bringt. Vielleicht trifft man auch auf eine Art *Mutter,* die Anteil nimmt, Gefühle ausdrückt und immer zur Stelle ist, wenn Unterstützung benötigt wird; einen *Macher,* der stets die praktische Umsetzung mit bedenkt und anspricht; einen *Prüfer,* der kompromisslos nachhakt und auf Abweichungen vom Soll hinweist; ein *Arbeitstier,* einen *Tüftler,* einen *Berater,* der sich selbst raushält, aber die relevanten Faktoren gut reflektiert und, und, und ... Alle Rollen entwickeln sich, werden zugestanden, akzeptiert – oder eben nicht – und charakterisieren, binden und prägen die Person, der sie zugeschrieben und von der sie erwartet werden. Rollen können auch aufeinander bezogen sein und sich dabei gegenseitig bestätigen, fixieren und stabilisieren. Dies birgt allerdings die Gefahr, dass ehemals erfolgreiche Rollen immer wieder (re-)konstruiert werden, unabhängig vom Bedarf der spezifischen Situation.

Übertragen wir dies nun auf Teams: Bei der Zusammenstellung von Teams – so sagt man – soll darauf geachtet werden, dass die Charaktere zueinander passen! Was heißt das? Ist Homogenität der Persönlichkeiten gefordert, wo Unterschiedlichkeit der Expertisen und Funktionen als Wert, als Hefe im Teig angesehen wird? Sicherlich gibt es Personen, die Eigenbrötler und egozentrisch sind, sicher gibt es – wie in der Familie – persönliche Muster, die für andere schwer erträglich, anstrengend und manchmal auch dauerhaft störend, in diesem Sinne sogar neurotisch sind. Im Kreis eher penibler Menschen mit Ordnungs- und Regulierungsbedürfnissen wird ein eher spontanes Mitglied mit geringer Rollenkonstanz leicht zur »schwierigen Person« oder gar zum »Chaoten«. Aber in turbulenten Phasen gelingt es vielleicht gerade ihm, spröde Ordnungsstrukturen elastisch zu handhaben. Nach unserer Erfahrung ist aber meist nicht (nur) die Verhaltensneigung des Einzelnen das Problem, sondern die förderliche oder eben unterbleibende oder nicht gelingende Integration in das Team: das interaktive Aushandeln ohne Abwertung, mit Blick auf das Nützliche, das fehlen würde, wenn diese Rolle nicht *auch* besetzt wäre. So mögen beispielsweise manchem – besonders in kreativen Phasen – die Zwanghaftigkeit, die penible Art und die nicht abzustellenden kleinlichen Bemerkungen eines Teammitglieds auf den Geist gehen. Aber was wäre, gäbe es diese Buchhalter-Funktion nicht? Oder: In einem Team lähmt und nervt ein ständiger Besserwisser. Was wäre, wenn genau diese Rolle – nämlich Vorschläge zu machen, mit denen sich das Team dann auseinander setzen muss, defizitär ist oder ganz fehlen würde. Auch ein *Späßchenmacher* oder *Witzbold*, der manchmal dem Team höchst überflüssig und nervend erscheint, kann in bestimmten Situationen genau den entlastenden Spruch einwerfen, der die resignative Gestimmtheit überwinden hilft und so das Team wieder arbeitsfähig machen. Die (selbst-) kritische und reflektierende Beschäftigung mit »schwierigen Mitgliedern« ist deshalb meist eine implizite Selbstanalyse des Teams. Denn solche Mitglieder sind selten *das* eigentliche Problem. Sie sind eher Symptom, also Ausdruck eines Problems *im* Team – und ein Signal dafür, dass seine Bearbeitung ansteht.

3. Das Team braucht ein Ziel

Ob von außen gesetzt oder im Rahmen übergeordneter Ziele selbst festgelegt und spezifiziert – wesentlich ist, dass Zielsetzungen anerkannt
und als wichtig erachtet werden. Dies ist in der Regel eher zu erwarten,
wenn das Team Gelegenheit hat, an der Zielformulierung und
Aufgabenstellung mitzuarbeiten. Dabei ist wichtig, das gewünschte Resultat zu quantifizieren und klar zu umreißen, mit welchen Maßstäben
das Team seine Leistung messen (lassen) will. Dazu allerdings braucht es
Wissen und Verständnis über Hintergründe, Strategien und Zusammenhänge. Komplexe Ziele, die über längere Zeit verfolgt werden sollen,
müssen nicht nur akzeptiert, sondern wirklich mitgetragen werden.
Identifikation bedeutet, die Ziele und Aufgaben des Teams als eigene
Zukunftsdefinition mit zu übernehmen. Dabei wollen Menschen in der
Regel mitdenken, mitreden und mitgestalten. Ein solches Ziel-
Commitment entsteht deshalb nicht durch nachgängige Detailspezifika-
tionen oder nachträglich zugestandene Freiheitsgrade bei der Aufteilung
der Arbeit, sondern durch einen engagierten Dialog und die Einladung
zur frühzeitige Mitwirkung und zum Austausch, der differenziertes Verstehen ermöglicht und kritische Einwände, alternative Überlegungen
und persönliche Vorbehalte ernst nimmt. Aber selbst ein solches Ziel-
Commitment am Start hält nicht ewig. Es braucht Pflegeleistungen in
Form von nachfolgenden Überprüfungsrunden, um weiterhin die Basis
gemeinsamer Ziele und damit das dauerhafte Ziehen an einem Strang –
und zwar in einer Richtung – sicherzustellen. Bei komplexen Aufgabenstellungen sind Ziele bisweilen diskrepant und nicht widerspruchsberei-
nigt. Manchmal sind sie nicht einmal so klar, dass sie sich von Anfang
an spezifizieren oder operationalisieren ließen. Oder aber es gibt zwar
durchaus Klarheit, aber eben eine unterschiedliche, zum Beispiel zwischen verschiedenen Organisationsbereichen. Ist mehr Auftragsklärung
mit dem Management oder dem Kunden im Moment nicht möglich,
dann entsteht aus solchen Gemengelagen ein besonderer Synchronisati-
onsbedarf. Das erfordert eine Zielvernetzung, Feedbackschleifen zur
Überprüfung von Wechselwirkungen und einen ständigen interaktiven
Abgleich der Zielerreichungsgrade – und ein einfühlsames *Political Engineering*. Häufig haben wir es auch mit einem Ziel zu tun, das in Bewegung ist. Auch dieses erfordert – neben einer erheblichen Enttäu-
schungsfestigkeit des Teams, die auch erarbeitet werden muss –
fortlaufende Austausch- und Kommunikationsprozesse. In diesen kön-

nen die jeweils aktuellen Einflüsse auf das Koordinatensystem der Ziele reflektiert, schwache Signale überprüft, veränderte Sichten oder Interessenlagen der Auftraggeber recherchiert und die *neue Basis* für die nächsten Arbeitsschritte jeweils *ausgehandelt* werden, um abgeleitete Team- und Individualziele möglichst zeitnah zu korrigieren beziehungsweise anzupassen. Gelegentlich ändern sich auch die Ziele eines Verhabens völlig oder eine Revision des Gesamtauftrags ist erforderlich, weil Ereignisse im Umfeld Prämissen verändert oder Prioritäten verschoben haben. Aber auch für die Situation von Zielen, die in Bewegung sind, gilt: Ein Team funktioniert umso besser, je mehr die individuellen Ziele und Interessen mit den übergeordneten betrieblichen Teamzielen übereinstimmen. Ist es über längere Zeit nicht möglich, persönliche Ziele, wie zum Beispiel Anerkennung, Erfolg, Entwicklung, Sichtbarkeit, Einkommen, Qualifizierung oder fachliche Interessen, in einem gewissen Maß zu befriedigen, reduziert sich der teamspezifische Motivationseffekt. An seine Stelle tritt Gleichgültigkeit oder Unlust.

4. Das Team braucht schnelle Kommunikation

Schnelle, gegenseitige, direkte und reibungsarme Kommunikation ist das zentrale Arbeitswerkzeug und der Träger der gesamten Teamdynamik. Sie verknüpft sich zu einem Kernprozess des Teams, in dem Probleme analysiert, Erfahrungen ausgetauscht, Wissen transportiert, Entscheidungen getroffen, Synergien geschaffen, das Zusammenspiel gewährleistet, das Klima erhalten und dadurch ein Mehr an Produktivität erzeugt werden. Durch Kommunikation tritt das Team zudem mit anderen Gruppen in Kontakt, nützt außen liegende Ressourcen, klärt Schnittstellen, stimmt ab und vereinbart. Diese Kommunikation muss schnell und offen sein, das bedeutet möglichst wenig durch starre, formale Abläufe verzögert, nicht durch hierarchische Stufen unterbrochen oder gar durch außerhalb des Teams liegende politische Interessen ausgelöst.

Ein Team erhält und schafft sich Einfluss durch Kommunikation, nicht durch einen fest zugeordneten Rang im Gefüge einer Hierarchie. Es erhält vor allem dadurch Wert und Bedeutung in der Organisation, weil es wichtig und nützlich ist, mit ihm zu kommunizieren, weil es etwas zu bieten hat und dies auch tut. Kommunikation ist gleichzeitig ein wesentlicher Teil der Selbstvermarktung des Teams und seiner Mitglieder. Ein Team kann die Kommunikation fördern und intensivieren, indem es eine Analyse hinsichtlich der wechselseitigen Informationsbedürfnisse aller

Beteiligten und Betroffenen – und der Art und Weise, wie diese zufrieden gestellt werden können – fertigt und diese regelmäßig fortschreibt. Kommunikation muss gemanagt werden – und deshalb als Aufgabe einem der Mitglieder oder dem Teamleiter selbst klar zugeordnet werden.

5. Das Team braucht Führung

Team ist kein demokratisches oder antiautoritäres Konzept. Eine durch einen Teamleiter geführte Gruppe kann ein ebenso gutes Team sein wie eine Gruppe Gleichgestellter. Infrage steht hier eher die Art und Weise, wie Führung praktiziert und organisiert wird. Führung im Team ist nicht Selbstzweck, sondern hat eine Dienstleistungsfunktion für die Leistungserstellung, Problembewältigung und Teamerhalt und -entwicklung. Sie ist abhängig von der Art und den Umständen des Auftrags, den strukturellen Bedingungen und der personellen Zusammensetzung des Teams. Damit ist Führung ein Vorgang in und mit dem Team und in diesem Sinne partizipativ. Sie darf nicht dauerhaft ohne das Team oder auf Kosten des Teams geschehen, indem Teamleiter oder Vorgesetzte zum Beispiel den Leistungsvorteil des Teams als Bühne für eigene Profilierungsrunden benutzen. Ein gutes Team führt sich in Teilbereichen selbst, das heißt, es entwickelt und akzeptiert ein prozesshaftes und komplexes Vorgehen auf den verschiedenen Ebenen der Zusammenarbeit.

In dem Bestreben, Mitwirkung und Eigenverantwortung bei den Mitarbeitern zu fördern, glauben Führungskräfte in Teamzusammenhängen allerdings häufig, sie müssten ihre eigene Autorität aufgeben. Häufig reagieren Teams auf ein dadurch entstehendes Führungsvakuum, indem sie passiv werden. Statt ihre Differenzen und Konflikte zu bereinigen, lassen sich die Teammitglieder von ihnen lähmen. Weil keine Autorität vorhanden ist, welche die unvermeidlich aufkommenden Spannungen anspricht, konstruktiv hilft, auf Klärung besteht oder eingrenzt, glauben sie, dass die sichtbar vorhandenen Konflikte eben ungelöst bleiben, und jeder versteift sich auf die Verteidigung seines Terrains. Die Mitarbeiter fühlen, dass es kein oberstes Gericht für Streitfälle gibt, keinen Garanten für faire Entscheidungen. Die Lösung des Problems liegt darin, dass Teamleiter Autorität praktizieren, aber auf eine neue Art und Weise. Im Team geht es bei der Führung nicht darum, zu kontrollieren, sondern einzudämmen – nämlich die Konflikte und Ängste, welche die produktive Arbeit stören. Teamleiter müssen in dieser Weise präsent sein, bereit, jene Konflikte zu regeln, mit denen die Gruppe allein nicht zurande kommt, und innerlich zu akzeptieren, dass bei der Arbeit in einem risikobehafteten Umfeld zwangsläufig Ängste und Spannungen entstehen.

6. Das Team braucht Unterstützung

Meist sind Teams auf Zuarbeit angewiesen, denn nicht alle Arbeiten können in dem einen Team erledigt werden. Das heißt, die normale Linienorganisation muss funktionale Unterstützung bieten. Dabei können jedoch Immunreaktionen auftreten. Es ist unwahrscheinlich, dass ein Team völlig boykottiert wird, aber energiezehrende Reaktionen vom Typus »*Da könnte ja jeder kommen!*« oder – da Teammitglieder zumeist über wenig hierarchische Positionsmacht verfügen – »*Wer ist Ihr Chef? Machen Sie das schriftlich über Ihren Chef!*« sind durchaus zu erwarten. Wenn Mitarbeiter sich für neue Ideen und Vorhaben persönlich einsetzen, Neuland betreten und in Innovations- beziehungsweise Veränderungsprozessen verantwortliche und koordinierende Funktionen übernehmen sollen, müssen die Vorgesetzten glaubhaft machen, dass eigenverantwortliches und initiatives Handeln Vorrang hat und dass dabei auch Fehler unterlaufen können und dürfen. Wer ohne formale Weisungsmacht Dinge in Bewegung bringen soll, braucht Ermutigung und Förderung.

7. Das Team braucht ein Leistungserlebnis

Ein Team, das keine Herausforderung erkennt, das zu wenig Resultate erzielt, dessen Output nicht dem Aufwand entspricht, verliert seine Motivation. Und dies schwächt das Team. Bleibt der Erfolg länger aus und können weder ein externer Sündenbock noch widrige Umstände dafür haftbar gemacht werden, beginnen Selbstzweifel. Fragen nach der Existenzberechtigung oder dem Sinn des gemeinsamen Zusammenwirkens breiten sich unterschwellig aus. Nur ein neuer Erfolg kann wieder Wind in die Segel blasen.

Aufgabenfelder integrierter Teams und Kennzeichen von Entwicklungsstörungen

Ein Anspruch an Teams ist, dass sie Mehrwert, das bedeutet Nutzen für das Unternehmen, auf mehreren Feldern schaffen. Und, dass sie dies integriert tun, also zum Beispiel die Erledigung der Aufgaben, deren Überprüfung und das Lernen dabei nicht separiert oder fraktioniert, nach- oder nebeneinander stehen, sondern miteinander im Arbeitsprozess verflochten sind.

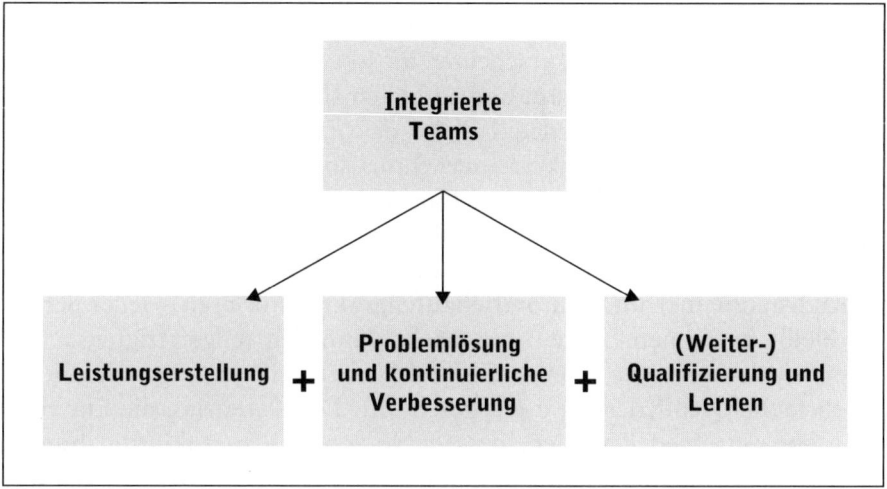

Abbildung 3: Aufgabenfelder integrierter Teams

Neben der angestrebten Leistung, dem Produkt, soll dabei also auch der Prozess, die Art und Weise, wie die Leistung erbracht wird, innovativ weiterentwickelt und laufend optimiert werden. Das Team arbeitet seine Aufgaben nicht nur ab, sondern gestaltet und entwickelt Methoden, verbessert Routinen, entdeckt dabei neue Ansätze, erprobt sie, überprüft sie und führt sie weiter. Das schafft ebenfalls Mehrwert über das Produkt hinaus! Solcher Zusatznutzen stiftet sich allerdings nicht von selbst. Er entsteht durch die Auseinandersetzung mit dem eigenen Leistungsprozess durch eine eingehende Abweichungsanalyse, die Kommunikation darüber, gemeinsame Reflexion und die Chance, quer zu denken, quer zu probieren, Ungewisses zu überprüfen und beim Verdacht auf zu schnelle Lösungen nachzuhaken. Für all dies hätte der operative Hektiker keine Zeit.

Ein weiterer Indikator bezieht sich schließlich auf den gemeinsamen Entwicklungs- und Lernprozess der beteiligten Personen. Über die eigene Fachlichkeit hinausgreifend zu diskutieren, für andere Disziplinen und

Funktionen mitzudenken, bei der gemeinsamen Arbeit unterschiedlicher Expertisen und Kompetenzen voneinander zu lernen, bewirkt Qualifizierung und Wissenserweiterung. Neben vertieftem Wissen – das vor allem aus dem Prozess der Leistungserstellung selbst erwächst – entsteht aus dem Bemühen um ständige Verbesserung fundiertes Breitenwissen, das Zusammenhänge, Wechselwirkungen, Vergleichbarkeiten und Übertragbarkeiten erkennbar und verstehbar macht. Teilprozesse, die gemeinhin isoliert betrachtet wurden, erscheinen im so vernetzten Kontext transparent oder gar in neuem Licht, und so bieten sich bisweilen überraschend neue Perspektiven. Auf jeden Fall ist das Zusammenwirken verschiedenster Teilfunktionen in den Unternehmensprozessen klarer zu überblicken und deren Komplexität zunehmend besser zu bewältigen. Gelingt dies nur mangelhaft, bleibt das Denken im Fokus der eigenen Fachlichkeit gefangen und im Team macht sich die klassische Arbeitsteilung in Spezialistenmanier und mit Staffellaufcharakteristik breit – jeder Schuster bleibt bei seinen Leisten und reicht dann den teilgefertigten Schuh eine Stufe weiter. So bleibt das Feld übergreifender, ganzheitlicher (Mehrfach-)Qualifizierung unausgeschöpft. Das Potenzial, die Entwicklung der einzelnen Personen, dessen Nutzen sich in zukünftig breiten Einsatzmöglichkeiten auswirken soll, zum Beispiel in der Übernahme von übergreifenden Aufgaben, die Überblickswissen voraussetzen und unternehmerisches Denken erfordern, wird nicht ausgereizt. Neben Mängeln in der Leistungserstellung selbst und fehlenden gestaltenden Eingriffen in den eigenen Arbeitsprozess sind Defizite im Feld der eigenen (Weiter-)Qualifizierung und des gegenseitigen Lernens ein dritter Indikator für die Stagnation eines Teams. Wie kann es aber nun gelingen, neue Impulse, Energie und Bereitschaft für eine Weiterentwicklung zu mobilisieren?

Wesentlich ist vor allem, dass die Beschreibung der Situation im Team und die Bewertung seines inneren Zustands nicht dem informellen Raum der Einschätzung einzelner Personen oder Teilgruppierungen überlassen bleibt. Es nützt nichts, wenn in der Kantine, in Sitzungspausen oder bei der gemeinsamen Heimfahrt kritische Punkte benannt und kluge Diagnosen ausgetauscht werden, wenn übereinander statt miteinander geredet wird oder in Untergruppen und Cliquen gemeinsame Sichtweisen erzeugt und dann gegeneinander ins Feld geführt oder – um des lieben Friedens Willen – zurückgehalten werden. Zu einem guten Team gehört vielmehr, dass es sich regelmäßig einem formellen Teamcheck unterzieht – nach allen Regeln der Kunst.

Kapitel 6

Die Sache mit den Gefühlen

Gruppendynamik fasziniert zunächst durch das, was vor aller Augen sichtbar auf der Bühne passiert – im vielfältigen Alltagsleben, in beruflichen Situationen oder auch im Training. Wie in einem guten Bühnenstück spielt jeder seine Rolle, die Darsteller entblättern nach und nach ein komplexes Beziehungsnetz, die Handlung erfährt ihre Spannung und Attraktivität sowohl aus dem Thema selbst, um das es jeweils geht, als auch aus der Art und Weise, wie die Einzelnen ihre Fäden ziehen und ihre Interessen verfolgen. Hinzu kommt die schauspielerische Qualität.

Ob es auf der Vorderbühne allerdings gut läuft oder nicht, ob ein großartiges Schauspiel oder eine Schmierenkomödie aufgeführt wird, ob flüssiges Zusammenspiel oder eine stockende Vorstellung geboten werden – das alles ist auch eine Frage der Hinterbühne. Stimmt es unter den beteiligten Personen, sind Rang und Statusfragen geklärt, steht der gemeinsame Erfolg im Vordergrund und verträgt sich die Lust der Selbstdarstellung mit dem Willen zur gemeinsamen Leistung, dann ist großer Beifall sicher. Wenn es aber hinter der Bühne kracht, Neid, Missgunst, Intrigen und Machtspiele an der Tagesordnung sind, dann kann es auf der Vorderbühne nichts Gescheites werden. Merke: Die Animositäten einer Diva können auch millionenschwere Filmprojekte zu Fall bringen! Jeder Regisseur wird sich daher nicht nur darum kümmern, dass alle Schauspieler ihren Text beherrschen, sondern dass alle auch *miteinander* gut können. Es ist das Beziehungsklima hinter der Bühne und hinter dem geschlossenen Vorhang, das die Qualität des Geschehens auf der Bühne bestimmt – und das bei schlechtem Zustand selbst hochkarätige und glanzvolle Akteure draußen auf der Bühne glanzlos aussehen lässt.

Die Spitze des Eisbergs – und was darunter liegt

In gruppendynamischen Konstellationen ist es nicht anders: Je spannungsgeladener die Beziehungen untereinander, je ungeklärter, weil nicht angesprochen, umso handlungsunfähiger ist die Gruppe. Dabei ist das Sichtbare nur die Spitze des Eisbergs, nur die Sachebene mit allen ihren inhaltlichen Themen – auf der eben auch, sozusagen unter falscher Flagge, die Beziehungsstörungen ausgetragen werden. Wenn es in der Sache nicht weitergeht, lohnt allemal der Blick unter die Oberfläche. Das Beispiel der Titanic lehrt, welche verheerenden Folgen es haben kann, zu spät nachzusehen oder nicht ernst zu nehmen – weil nicht sein kann, was nicht sein darf! –, was unter der sichtbaren Oberfläche gefährlich werden könnte und stattdessen das Tempo, mit dem man das Ziel erreichen will, über alle notwendige professionelle Sorgfalt zu stellen. Wir alle kennen aus dem Alltag einschlägige Beispiele: »*Wenn es nicht bald weitergeht, dann steige ich aus … Ich habe keine Lust, hier meine Zeit zu vertun … Zu Hause wartet genug Arbeit auf mich …*« Die Blockade in der Gruppe wird als reines Sachproblem verstanden, das einfach zu lösen wäre, wenn es eben zügig – aber bitte rein sachlich! – weiterginge. Der ganze Eisberg ist aber unterhalb der Oberfläche um ein Vielfaches größer als sein sichtbarer sachlich geflaggter Teil und dazu häufig auch noch gefährlich bizarr geformt. Es wird nur auf der sachlichen Ebene Druck gemacht, statt die hintergründigen Motive für die eigene Blockade und die der Gruppe zu erforschen, um letztendlich zu entdecken, wie sich ungelöste Spannungen auf der Beziehungsebene als verdeckte Störung auf die Sachebene, das heißt auf das offizielle Geschehen, auswirken. Es gibt kein Gespür für das Zusammenwirken von Sach- und Beziehungsebene und für die Macht von Störungen im Untergrund über das »offizielle« Geschehen auf der Oberfläche. Wir wollen dies in einem Beispiel deutlich machen:

Eine Gruppe von so genannten Nachwuchsführungskräften eines Unternehmens diskutiert im Rahmen eines Lehrgangs für *General Management Qualifikation* ausführlich über die Selbstverantwortung von Führungskräften im Allgemeinen und in diesem Unternehmen im Besonderen. Man diagnostiziert eine dramatische Entscheidungsschwäche der Geschäftsführung, die aus Sicht der Teilnehmer die Zukunft des Unternehmens gefährdet und für viele Negativ-Schlagzeilen in der Öffentlichkeit sorgt. Auf dem Hintergrund der generellen Unzufriedenheit mit dieser Situation im Unternehmen beschließt die Gruppe, ihre Gedanken dazu den Geschäftsführern mündlich vorzutragen. In fast euphorischer Stimmung, die Gemeinsamkeit in der

Sache und den Mut zur persönlichen Auseinandersetzung gefunden zu haben, wird in einer konzertierten Aktion noch aus dem Plenum heraus das Sekretariat angerufen, um die beiden Geschäftsführer zu einer Diskussion in die laufende Veranstaltung einzuladen. Ergebnis der Einladung: Der eine der beiden Geschäftsführer ist krank, der andere terminlich anderweitig gebunden. Daraufhin verfliegt die Euphorie in der Gruppe und die Stimmung sinkt auf einen Tiefpunkt. Es wird erstmals davon gesprochen, ob es nicht ratsamer wäre abzuwarten, vielleicht gebe es ja gute Gründe dafür, dass die Geschäftsführung so zögerlich handle. Außerdem wisse man ja nicht, ob man nicht doch mit Sanktionen rechnen müsse, wenn man sich jetzt so weit aus dem Fenster lehne. Dies ruft die Aktivisten der ersten Phase auf den Plan. Sie appellieren daran, dass man angesichts der wirklich bedrohlichen Lage des Unternehmens und vor dem Hintergrund des im Rahmen der Qualifikation immer wieder geforderten unternehmerischen Denkens doch nun wirklich nicht schweigen dürfe. Nach einiger Zeit einigt sich die Gruppe auf ein gemeinsames Schreiben an die Geschäftsführung. Kaum scheint das Einvernehmen wiederhergestellt, treten die Besorgten erneut auf den Plan: Ob ein Schreiben nicht für den Papierkorb wäre, man kenne doch seine Geschäftsführer. Im Übrigen sei einmal Gedrucktes schnell in der Öffentlichkeit, und wie stünde dann das Unternehmen da ... Die Stimmung sinkt wieder auf einen Tiefpunkt. In diesem Stadium wagt ein bisher eher stiller Kollege einen erneuten Vorstoß: Man möge doch wenigstens das in die Tat umzusetzen, auf was man sich bisher mühsam geeinigt habe. Er selbst gehöre ja bekannterweise eher zu den Stillen im Lande, müsse jetzt aber doch an die Handlungsfähigkeit der versammelten Führungsriege appellieren; es sei ja schon geradezu peinlich – selbstverständlich auch verursacht durch eigene Zurückhaltung –, wie man sich hier gegenseitig blockiere und insgesamt nicht zu Potte komme. Daraufhin breiter Beifall. Nun geht es aber um die Formulierung: Eher deutlich oder vage, freundlich oder konfrontierend, distanziert oder einladend ... Schließlich wird ein kleines Team von drei Teilnehmern, in dem zwei der bisherigen Aktivisten vertreten sind, beauftragt, ein Schreiben zu formulieren, das am nächsten Tag im Plenum abschließend diskutiert werden soll. Zum Teil erleichtert, zum Teil gedankenschwer, beendet die Gruppe diesen Tag. Am nächsten Morgen ist die Stimmung verhalten. Zunächst wird die Frage diskutiert, ob jeder eine ausgedruckte Unterlage bekommen sollte (wegen der besseren Kommunikation) oder ob es reiche, die Gruppe den Zehnzeiler vorlesen zu lassen. Man einigt sich auf Ausdrucken. Dann entsteht erwartungsgemäß eine endlose Diskussion über Details in den Formulierungen. Einzelne beginnen dafür zu plädieren, die Sache ganz sein zu lassen. Immer mehr treten die Vorsichtigen, sich selbst eher als umsichtig bezeichnend, in den Vordergrund. Die Warnungen vor möglichen Sanktionen werden immer lauter. Die Gruppe versackt in einem Brei von Depotenzierung, Frust und Lähmung. An dieser Stelle interveniert der Moderator und gibt den Auftrag, in kleinen Gruppierungen die Unterwelt des Systems zu erforschen, die Ergebnisse später im Plenum vorzutragen und gemeinsam zu diskutieren. Leitfragen für die Analyse sind:

– *Was läuft hier ab?*
– *Was sind die eigentlichen Themen, die nicht offen angesprochen werden?*
– *Wie wirkt sich das auf das aktuelle Geschehen aus?*

Erst jetzt wird es möglich, behutsam in die Tiefe des Eisbergs zu schauen. Ungeklärt und nicht angesprochen war bisher, dass die Aktivisten in ihrem Führungsanspruch von den Übrigen in der Gruppe äußerst misstrauisch beäugt wurden. Also war klar, dass alles zu torpedieren war, was von ihnen kam, allerdings mit unverfänglichen Bedenken in der Sache. Erst als dem stillen Teilnehmer die Führungsrolle, weil er sich als unschuldig präsentierte und nicht wegen verdeckter Machtgelüste verdächtigt werden konnte. Des Weiteren wurden unverarbeitete Kränkungen angesprochen, die schon früher vonseiten der Geschäftsführung erfolgt waren und weshalb man keinen Grund sah, sich erneute Abfuhren zu holen. Dies war aber öffentlich noch nicht diskutierbar gewesen, da die Spannungen zwischen Anhängern und Gegnern der Geschäftsführung bisher noch nie Thema waren. Schließlich wurde von mehreren Teilnehmern das grundsätzliche Misstrauen gegenüber dem angeblich neutralen Moderator vorgebracht, der ja schließlich von oben bezahlt werde und dem unterstellt wurde, als verdeckter Spion und Informant zu dienen, der mit seinem Wissen im Prinzip jeden zu Fall bringen könne. Die dunklen Seiten der Gruppe und die Angst vor der Autorität der Geschäftsführung wurde auf den Moderator übertragen; somit war die Schuldfrage für die Arbeitsunfähigkeit geklärt, das Thema Zivilcourage konnte damit bequem vom Tisch gewischt werden. Alle Verhinderungstaktiken waren also auf dem Boden ungeklärter, zum Teil äußerst spannungsgeladener Beziehungsstörungen entstanden und nicht etwa, weil es an der Kompetenz gefehlt hätte, eine gute Diagnose zu erstellen und zu wissen, wie darauf angemessen zu reagieren wäre. Erst die Auseinandersetzung mit den unterirdischen Altlasten entwirrte den Knäuel, machte klar, was eigentlich »Sache« war, und schaffte die Voraussetzungen, dass auch das Geschehen auf der offiziellen Bühne wieder seinen geplanten Verlauf nehmen konnte. Wie zeitraubend solche nachträglichen Klärungen für den Gesamtprozess sind und wie viel schneller mit einem zufrieden stellenden Arbeitsergebnis zu rechnen ist, wenn dies rechtzeitig parallel zur Sacharbeit geschieht. Die Gefühle dominieren nun einmal die Sache, auch wenn diese Erkenntnis vielen nicht in den Kram passt – vor allem nicht Managern, die meinen, alles auf der für sie gewohnteren unverfänglichen Sachebene bewerkstelligen zu können.

Die Flucht in die Versachlichung und ihr Preis

So weit, so gut! Aber was macht es denn so schwierig, diese Erkenntnis in die Tat umzusetzen, oder anders herum formuliert, was müssen wir verstehen und beherrschen, um uns angemessener zu verhalten? Oder geht es gar nicht (nur) um Verstehen und Fähigkeiten? Sind noch andere Dinge im Spiel, zum Beispiel Unsicherheit und Angst?

»Das ist doch unsachlich!«, ist ein häufig gehörter Satz in Gruppen, wenn es um Gefühle geht. Gemeint ist damit, dass eine emotionale Botschaft qualitativ weit unterhalb einer Sachaussage liegt und daher zur Klärung nichts beitrage, sondern Kommunikation eher erschwere. Dies geschieht unter strikter Leugnung der Tatsache, dass immer gleichzeitig auf zwei Ebenen kommuniziert wird, der Sach- *und* der Beziehungsebene. Das Schwierige ist dann häufig, Bewusstsein dafür zu schaffen, den emotionalen Boden in Gruppen für die Arbeitsfähigkeit zu nutzen statt ihn abzuqualifizieren oder einfach zu verleugnen. Die häufigste Form, mit der versucht wird, die brodelnde Unterwelt unterm Tisch in Schach zu halten, ist die übermäßige, manchmal geradezu beschwörende Überbetonung der so genannten Sachebene: *»Bleiben Sie ja sachlich! Werden Sie nur nicht emotional!«* Dies kommt geradezu einem Gefühlsverbot gleich. Oder: *»Dieser Hinweis von Ihnen ist nicht sachdienlich beziehungsweise zielführend!«* Gemeint ist in der Regel: *»Wenn Sie emotional argumentieren, sind Sie ein Weichei und verstehen nichts von Ihrem Job.«* Ist die Kompetenz nicht vorhanden, das anzusprechen, was unterhalb der Sachebene schwelt, fehlt die Möglichkeit, Gruppenprozesse, Konflikte und Widerstände ohne größere Reibungsverluste zu managen. Häufig ist die fehlende Kompetenz gepaart mit der Angst, was alles passieren könnte, wenn man auf die Ebene der Gefühle geht. Man könnte zum Beispiel die Fassung verlieren, auf jeden Fall viel Porzellan zerschlagen, nicht mehr weiter wissen, sich blamieren, sich ewige Feinde schaffen, die bestehende, wenn auch vielleicht äußerst labile Harmonie – oder auch nur den frommen Schein – zerstören. Was bleibt, wenn aus Angst oder Unfähigkeit die Beziehungsebene vermieden wird, ist nicht selten der Versuch, nicht zu kommunizieren: Man macht ein demonstrativ neutrales Gesicht, hält seine Aussagen so allgemein wie möglich, vermeidet Blickkontakt, spricht niemanden direkt an, kurz: Man steigt ins U-Boot und zieht sogar noch das Sehrohr ein. Dafür aber arbeiten Echolot und Tiefensonar auf Hochtouren – in der Annahme, das es keiner merkt.

Das Zusammenspiel zwischen Sachebene und Beziehungsebene

So gebräuchlich diese Methode des Verdrängens auch ist, so illusionär ist sie. Man kann nicht *nicht-kommunizieren* (PAUL WATZLAWICK), das heißt man kann sich nicht aus dem Spiel nehmen, man kann sozusagen keine Verhaltenspause einlegen. Man kann nicht verhindern, auf die anderen zu wirken. Wir sind immer der Interpretation und damit generell auch möglichen Fehlinterpretation des eigenen Verhaltens vonseiten unseres Umfelds ausgesetzt, ob es uns passt oder nicht. In Gruppen potenziert sich dieses Geflecht wechselseitiger Kommunikation und Interpretation ins Unüberschaubare. Die Unsicherheit bleibt so lange, wie im Keller nicht nachgeschaut wird, auf welchem Fundament das Haus steht. Zwar tritt die Instabilität durch unübersehbare Risse im sichtbaren Bereich in Erscheinung. Es macht aber keinen Sinn, diese zu kitten, wenn die eigentliche fundamentale Störung im nicht sichtbaren unteren Bereich liegt. Es wäre reine Reparaturkosmetik. Das emotionale Leben in Gruppen kann in seinen positiven Auswirkungen nur genutzt und in seinen möglichen negativen Wirkungen nur so gut im Zaun gehalten werden, wie es gelingt, das Wissen und das Einfühlungsvermögen für die Anfälligkeit der Beziehungsstruktur unter den Gruppenmitgliedern kontinuierlich einzusetzen und deshalb synchron mit den Sachthemen im Auge zu halten.

Dass sich die Mitglieder einer Gruppe untereinander ausreichend vertrauen, ist eine der wesentlichen Voraussetzungen für ihre Arbeits- und Leistungsfähigkeit. Dies ist auf der Sachebene nicht zu lösen. Denn die Themen, die in diesem Zusammenhang die Mitglieder einer Gruppe beschäftigen und die ihre Zusammenarbeit und ihr Engagement bestimmen, vor allem in Anfangssituationen, gehören vornehmlich in die eher unterschwellige Welt der Gefühle, zum Beispiel:

- Ungeklärte Machtverhältnisse, zum Beispiel:
  Wer spielt hier welche Rolle? An wem muss ich mich orientieren?
- Unsicherheiten und Ängste im Hinblick auf die eigene Positionierung, zum Beispiel:
  Was werde ich hier gelten?
- Egoismen, zum Beispiel:
  Was will beziehungsweise kann ich mir hier erlauben?
- Befürchtungen, dass Status und Privilegien eingeschränkt werden könnten.

Sachebene

Prinzipien der Sach-Logik

Ziele, Aufgaben, Themen, Projekte etc. konzipieren, strukturieren und nach allen Regeln der Kunst durchführen ...

Wertschätzung versus Missachtung; Vertrauen versus Misstrauen; Rangreihe und Positionierung in einer Gruppe; emotionale Beziehungen zu anderen beziehungsweise Abgrenzungen und Rivalitäten; Verteilung von Macht und Einfluss: eigene und fremde Ansprüche – und ihre Akzeptanz; Blockaden; Gruppendruck und Gruppensog; persönliche Stimmungslage beziehungsweise Befindlichkeit: sich wohl fühlen oder sich schlecht fühlen

Emotionales, Gruppen- und Beziehungsdynamik

Beziehungsebene

Abbildung 4: Sach-Beziehungs-Ebene

- Persönliche Attraktionen, Vorbehalte und Distanzierungen bis zu geheimen Bündnissen oder Ausgrenzungen (Mobbing) gegenüber anderen Gruppenmitgliedern.

Werden diese Themen nicht zur rechten Zeit, auf der richtigen Ebene und in der richtigen Weise angegangen, sind sie nicht etwa weg, sondern suchen sich ein Ventil, um möglichen Überdruck ablassen zu können. Gleichgültig in welcher Form dies vonstatten geht, ob in unangreifbarer Tarnung unter einem Sachmantel, ob in eruptiven emotionalen Entladungen gegenüber Einzelnen oder »öffentlich« inszeniert – allen Strategien gemeinsam ist der Preis, den man zahlt, wenn man den Deckel draufhalten will: Die nicht behobene Störung in der Beziehung, die weiterhin ungelösten gärenden Beziehungskonflikte wirken sich als vorübergehende oder dauerhafte Störung der Arbeitsfähigkeit der Gruppe aus, obwohl der notwendige Sachverstand durchaus vorhanden wäre. Diese negative Auswirkung wiederum legitimiert und verstärkt die Störungen auf der Beziehungsebene, ganz nach dem Motto »*Wie recht ich doch hatte, anzunehmen, dass …*« LORIOT hat dieses Phänomen in einem seiner Sketche mit der ihm eigenen Scharfsichtigkeit karikiert:

Szene: *Sie* in der Küche lautstark und geschäftig hantierend, *er* im Wohnzimmer in einem Sessel sitzend.

Sie: »*Was machst Du?*« (Meint: »*Du könntest mir mal helfen!*«)

Er: »*Sitzen!*« (Meint: »*Wenn Du glaubst, Du kriegst mich hier raus, dann hast Du Dich gewaltig getäuscht!*«)

Sie: »*Geh doch mal spazieren!*« (Meint: »*Wenn Du mir schon nicht helfen willst, kannst Du Dich ja wenigstens bewegen!*«)

Er: »*Ich will aber sitzen!*« (Meint: »*Von Dir lasse ich mir schon gar nichts vorschreiben!*«)

Sie: »*Dann lies doch wenigstens irgendetwas!*« (Meint: »*Ich werde schon dafür sorgen, dass Du keine Ruhe findest.*«)

Er: »*Ich will einfach nur sitzen!*« (Meint: »*Versuch's nur weiter, Du wirst es nie schaffen!*«)

Sie: »*Was willst Du denn jetzt? Lesen oder spazieren gehen oder was?*« (Meint: »*Ich werde es Dir so unbequem machen wie möglich.*«)

Es geht noch einige Zeit so weiter. Am Ende des Dialogs kommt es zur unausweichlichen Provokation:

Sie, nachdem alle Versuche gescheitert sind, ihn aus dem Sessel zu bringen, geschweige denn, ihn zu veranlassen, ihr zu helfen, sehr laut: »*Schrei mich nicht so an!!*«

Er, bis dato nicht aus der Ruhe zu bringen, laut schreiend: »*Ich schrei Dich nicht an!!*«

Schöner und eindrucksvoller geht es nicht mehr. Der eigentliche Konflikt, nämlich ihre Kränkung darüber, dass er sie allein die Küche machen lässt beziehungsweise dass sie dies ohne die von ihr gewünschte Beachtung tun soll, und ihre Retourkutsche, die darin besteht, ihm einfach keine Ruhe zu lassen, sondern ihn herumzukommandieren, ihm also das Leben ebenfalls schwer zu machen, wird nie direkt zum Thema. Es wird vielmehr verdeckt über Scheinthemen verhandelt, nämlich über den Versuch einer scheinbar unschuldigen Befragung. Den Gipfel erreicht die Auseinandersetzung dort, wo sie seine Kommunikation moralisierend ohne reale Entsprechung abwertet und in seinem Unvermögen, dieser letzten Falle zu entweichen, indem er schließlich, emotional hochgeschaukelt, schreit – und ihr damit einen siegreichen Abgang ermöglicht. So werden Konflikte, die unterm Tisch liegen, in ihrem Status quo stabilisiert und das eigentliche Beziehungsthema vermieden. Der Preis dafür, die Gefühle zu tabuisieren, wenn sie der Grund für Störungen in der »Oberwelt« sind, wird allerdings unübersehbar.

Nicht psychologisieren um jeden Preis oder: Die Kunst der Unterscheidung

Nun ist nicht jedes Unternehmen und nicht jede Gruppe willens oder in der Lage, Beziehungsaspekte bei Problemlösungen zu berücksichtigen. Abhängig davon, welche Werte in einer Organisation vorherrschen, gibt es unterschiedliche Vorstellungen, inwieweit von Führungskräften und Mitarbeitern außer Sachkompetenz noch die Schlüsselkompetenz erwartet wird, Beziehungsstörungen rechtzeitig wahrzunehmen und richtig zu handhaben. Und einen weiteren Unterschied macht es, ob diese Sozialkompetenz lediglich erwünscht ist oder ob sie als unabdingbare Voraussetzung gilt, um anspruchsvolle Führungs- und Steuerungsaufgaben wahrnehmen zu dürfen.

Andererseits ist es sicherlich auch nicht sinnvoll, einer allgemeinen Psychologisierung zu verfallen und die generelle Regel aufzustellen, immer erst emotionale Nabelschau zu betreiben, bevor mit der eigentlichen Arbeit begonnen werden kann. Trotzdem: Wir leben in einem Umfeld, wo Personen, Gruppen, Prozesse und Organisationen immer häufiger und zum Teil auch überraschender miteinander vernetzt werden. Menschen müssen vor diesem Hintergrund immer stärker in der Lage sein, schnell mit anderen in Kontakt zu treten und arbeitsfähig zu werden. Was alle trifft, gilt in besonderer Weise für Führungskräfte jeder Couleur: Sie müssen neben der Fachkompetenz in der Lage sein, sich in die Gefühlswelt anderer Menschen hineinzuversetzen, Beziehungen und Netzwerke aufzubauen, zu pflegen, und insgesamt die hohe Fähigkeit der Integration beherrschen. Grundlage dafür ist Selbstreflektion. Die eigenen emotionalen Erfahrungen zu verallgemeinern, reicht nicht aus. Sonst trifft zu, was der Volksmund sagt: »Man klopft auf keinen Busch, hinter dem man nicht selbst einmal gesessen hat« – und diese rein persönliche Perspektive ist sicher nicht immer eine ausreichende Basis für professionelles Handeln. Dabei ist stets abzuwägen, welcher Vorrang einer Störung überhaupt zu geben ist und wie weit eine offene Ansprache gehen soll beziehungsweise gehen kann. Die Angst vieler, dass unüberbrückbare Kluften aufgerissen werden, wenn man sich dem schwelenden Untergrund nähert, ist nicht immer unbegründet, wird aber genauso gern als Alibi benutzt, um zu vermeiden, sich überhaupt damit zu beschäftigen. Hier ist ein feinfühliges Gespür gefragt, das Grenzüberschreitungen nicht zulässt und trotzdem beharrlich auf Klärung besteht. Wenn es in der Sache nicht mehr weiter geht, gilt es die Muster aufzudecken, mit denen die Gruppe oder der Einzelne die Zusammenarbeit hindert oder blockiert – oder von den anderen so erlebt wird.

Spezielle Formen der Notlüge

Was gesagt wird von dem unterscheiden zu können, was eigentlich gemeint ist, gehört allerdings zur Grundausstattung jedes Überlebenspaketes. Umwertungen und Umcodierungen gehören zum Alltag jeglicher zwischenmenschlichen Interaktion. Der propagierte Mythos der offenen Kommunikation ist weitgehend eine Farce und entspricht in den wenigsten Fällen der Realität. So wenig man immer *mit dem Grundgesetz unter dem Arm durch die Gegend laufen* kann, wie es vor Jahren ein ehemaliger deutscher Innenminister einmal formulierte, genauso wenig ist es möglich und sinnvoll, jede zwischenmenschliche Beziehung zu jedem Zeitpunkt exakt in ihre Sach- und Beziehungsaspekte zu zergliedern und dann auch noch die entscheidende gegenseitige Beeinflussung genau zu analysieren. Wir würden uns jeglicher Spontaneität berauben. Wir würden uns wahrscheinlich in einer unendlichen Schleife verstricken – von der Analyse zur Analyse der Analyse. Sachcodierungen und altruistische Veredelungen der eigenen Motive dienen zwar häufig der Verschleierung der wahren Absichten und bedürfen deshalb prinzipiell der permanenten Übersetzungsarbeit, will man nicht in die Falle tappen. Andererseits sind sie aber auch wichtiger Teil des täglichen Kampfes um emotionale Anerkennung und Zugehörigkeit und müssen deshalb – teils bewusst, teils unbewusst – auch verdeckt betrieben werden können. So wie im Fall der Notlüge gilt es auch hier, eine Reihe von sozial anerkannten und in der Praxis bewährten Formen, nicht legitimierte Egoismen unverfänglich zu etikettieren:

Mitarbeiter, die man sonst nicht loswerden kann, werden zum Beispiel in einen anderen Bereich weggelobt, nach oben befördert – und damit aus dem normalen Verkehr gezogen. Auch in der römischen Kirche war es früher ein nicht seltenes Entsorgungsmodell, missliebige Diözesanbischöfe in die römische Kurie zu »befördern«, sie dort mit Sonderaufgaben zu betrauen und damit für die Gläubigen unschädlich zu machen. Wenn es nicht beim Einzelfall bleibt, ist im betrieblichen Volksmund schnell von so genannten Elefantenfriedhöfen die Rede. Nicht selten werden in diesem Zusammenhang Mitarbeiter auch besonders gut beurteilt, sozusagen aufpoliert, um sie marktgängiger zu machen – wobei der Satz »Wir wünschen ihm für sein weiteres Fortkommen alles Gute …« in diesem Fall durchaus wörtlich zu nehmen ist – oder man macht ihnen einen anderen Bereich, wo man sie gern hinschieben würde, besonders attraktiv. Oder man spielt den scheinbar zutiefst Verständnisvollen, solange man eben nicht selbst betroffen ist, um eine Beziehung herzustellen, die es möglich macht, die eigentlich unangenehmere Botschaft des Veränderungswunsches besser zu transportieren, oder … Die Reihe könnte noch lange fortgesetzt werden.

Allen »Methoden« ist gemeinsam: Verpackung und Etikette entsprechen nicht dem wirklichen Inhalt. Die hehren Ziele sind nicht die wahren Ziele – und es gibt viele Virtuosen, die das Klavier der Verschleierung und Vernebelung meisterhaft beherrschen. Misstrauen ist in der Regel im Hinblick auf zwischenmenschliche Beziehungen ein sehr zerstörerisches Muster, in diesen Fällen hat es allerdings den positiven Effekt, wachsam zu sein für verdeckte Absichten. Auf solche Strategien sozialkompetent zu reagieren heißt, nach zwei Seiten hin handlungsfähig zu sein: einmal durchaus auch in der Lage sein, auf der mikropolitischen Ebene mit gleicher verdeckter Münze zurückzuzahlen und unter dem Deckmantel des naiv Gläubigen und des So-tun-als-ob seine eigene Gegenstrategie aufzubauen. Auf der anderen Seite bedeutet es, bereit und fähig sein, zum richtigen Zeitpunkt das Spiel aufzudecken, eine offene Aussprache über die verschleierten Inhalte herbeizuführen und die Täuschungsmanöver damit unwirksam zu machen. Die Klugheit besteht darin, sich nicht emotional steuern zu lassen, sondern eine bewusste Entscheidung zwischen den beiden Möglichkeiten zu treffen.

Kapitel 7

Die Kunst der sozialen Wahrnehmung oder: Der wundersame Herr X

Angemessen mit Gefühlen umgehen, die Unterwelt zwischenmenschlicher Beziehungsdynamik aufdecken und ihre Wechselwirkung mit der sachlichen Arbeits- und Leistungsfähigkeit von Gruppen aufzeigen, festgefahrene Beziehungsstörungen beheben – das alles ist eine hehre Herausforderung. Dazu bedarf es allerdings einer grundsätzlichen Fertigkeit aus dem Bereich der Sozialkompetenz, nämlich der sozialen Wahrnehmung. Was wir nicht wahrnehmen, damit können wir nicht arbeiten. Oder anders formuliert: Unser Handeln folgt unseren Eindrücken und dem Urteil, das wir uns daraus bilden. Schon zum Ausgang des 19. Jahrhunderts haben sich Psychologen mit dem Phänomen der Wahrnehmung befasst. Denn Wahrnehmung ist alles andere als ein objektiv, mit rein sachlichen Kriterien messbares Geschehen. Es ist vielmehr hoch komplex und subjektiv. Und so ist die Wahrnehmung das A und O für kompetentes Sozialverhalten, Schlüsselfaktor und Dilemma zugleich.

Von der Sinnesreizung zur Wahrnehmung

Physikalische und chemische Prozesse

Wahrnehmung ist ein psychologischer Vorgang, mit dem wir über die Sinne mit unserer Umwelt in Beziehung treten. Mithilfe der Wahrnehmung nehmen wir Informationen über den Zustand und die Veränderungen der Außenwelt auf und verarbeiten diese Informationen im Hinblick auf die anstehende Entscheidung, wie wir uns dieser Welt gegenüber verhalten sollen. Unsere sieben Sinnesorgane sind für uns zunächst einmal der Zugang zur Außenwelt. Beim Menschen spielen Sehen und Hören wohl die größte Rolle, gefolgt vom Geruchs-, Geschmacks- und Tastsinn. Gerade Eindrücke, die aus Berührungen oder Geruchsempfindungen gewonnen werden, spielen für die Beurteilung von Beziehungen – häufig unterschwellig oder unbewusst – eine maßgebliche Rolle. So können Gerüche an ganz bestimmte sehr angenehme oder sehr unangenehme Kindheitssituationen erinnern, entsprechende Empfindungen hervorrufen – und damit korrespondierende Reaktionen der Vertrautheit oder Ablehnung. Man kann jemanden riechen oder eben nicht riechen. Ähnliches kann uns bei Berührungen passieren: Eine Berührung kann uns geradezu vor »Kälte« schaudern lassen oder emotional aufwärmen und zu jemanden hinziehen wie zur wärmenden Frühlingssonne.

Sinnesorgane sind spezialisiert und grenzen ein

Die einzelnen Sinnesorgane sind darauf spezialisiert, nur auf ganz bestimmte Umweltreize zu reagieren und entsprechende Informationen an das Zentralnervensystem weiterzugeben, wo die aufgenommenen Informationen verarbeitet werden. Diese Spezialisierung hängt wohl mit unserer Entwicklungsgeschichte zusammen: Wir sind auf das geeicht, was für unser Überleben als Primaten relevant war, nämlich körperlich erfahrbare Bedrohungen aus der natürlichen Umwelt. Röntgenstrahlen und Radiowellen sind wir zwar auch ausgesetzt – und nicht zu wenig, wie wir wissen –, wir nehmen sie aber nicht direkt wahr, obwohl wir zum Teil sehr darunter zu leiden haben. Phänomene der Umwelt werden nur dann zum Sinnesreiz, wenn sie in Interaktion mit einem geeigneten Sinnesorgan treten. Unsere Sinnesorgane sind außerdem in ihrer Aufnahmefähigkeit und -kapazität begrenzt. Wir nehmen nur einen Bruchteil der unzähligen und vielfältigen unentwegt auf uns einströmenden Umwelteinflüsse auf. Von diesen ist uns wiederum nur einen Teil bewusst, andere gehen vom Bewusstsein unbemerkt direkt in die Verarbeitungszentren des Gehirns.

Vom Reiz zur Empfindung und zur Wahrnehmung

Sinnesreize von außen, Sinneseindrücke durch entsprechende Reaktionen der inneren Sinnesorgane und schließlich Empfindungen – das ist die Reihenfolge. In einem komplexen Verarbeitungssystem von Selektion und Differenzierung werden die von den Sinnesorganen kommenden Informationen im Gehirn verarbeitet und werden zu Auslösern von Gefühlen, Vorstellungen, Gedanken, Erinnerungen und Träumen. Was wir empfinden, setzen wir in Bezug zu dem, was wir zu wissen glauben, was wir schon einmal erfahren oder gelernt haben – und geben ihm eine vorläufige oder abschließende Deutung. Dies nennen wir Wahrnehmung. Das heißt ganz einfach: Wir halten es für die Wahrheit, für *unsere* Wahrheit! Die Kette verläuft zum Beispiel in folgenden Schritten: (1) Reiz – goldbrauner Stoff; (2) Empfindung – süß, klebrig; (3) Wahrnehmung – »das ist Honig«. Schon J. W. GOETHE sagte: »Wir sehen nur, was wir wissen.« Für unsere Theorie heißt dies: Wir nehmen nur wahr, was wir kennen.

Wahrnehmung ist also kein neutrales, automatisches Geschehen, das uns sozusagen garantieren würde, dass alle Umweltinformationen von uns objektiv aufgenommen werden, sondern ein aktiver Prozess des Aneignens und der Auseinandersetzung, der nur Bruchteile der Realität erfasst – und das noch bei jedem anders, je nach subjektiven Voraussetzungen und Befindlichkeit. Und dies ist der Schlüsselprozess, durch den Menschen ihr Bild von der Welt und von sich selbst entwickeln, also auch ihre eigene Identität. Wie die physiologischen, zum Teil genetisch programmierten Faktoren im Einzelnen funktionieren und welche Rolle sie bei der Aufnahme und Verarbeitung von Informationen im Gehirn spielen, sodass im Endeffekt unsere Wahrnehmung im Prinzip unterschiedliche Wirklichkeiten konstruiert, dieses Thema werden wir hier nicht weiter verfolgen. Unserem Fach gemäß konzentrieren wir uns im Folgenden auf die psycho-logischen Einflussfaktoren und Prozesse.

Voraussetzungen und Einflussfaktoren bei der Wahrnehmung

Wahrnehmung haben wir als einen Vorgang beschrieben, mit dem wir über die Sinne mit unserer Umwelt in Beziehung treten (können). Die Art und Weise, wie wir unsere Umwelt wahrnehmen und wie wir auf sie reagieren, ist unter anderem abhängig von unserem aktuellen Bewusstseinszustand, ob wir zum Beispiel wach sind, und dem Ausmaß, wie stark wir unsere Aufmerksamkeit auf etwas gerichtet haben und von unseren aktuellen Empfindungen und Gefühlen.

Steuerung durch den Bewusstseinszustand

Unser Bewusstseinszustand bestimmt, ob und wie wir überhaupt mit unserer Umwelt – und diese mit uns! – in Kontakt treten können, inwieweit wir jeweils körperlich und seelisch fähig und bereit sind aufzunehmen, was sich um uns herum abspielt, und darauf zu reagieren. Dies ist zum Beispiel im Schlaf anders als im Wachsein, unter extremem Stress anders als in entspannten Situationen. Die ganze Praxis des mentalen Lernens, und verallgemeinert der mentalen Steuerung zum Beispiel im Hochleistungssport, zielt nicht zuletzt darauf ab, den optimalen Bewusstseinszustand zu erzeugen, um in diesem Zustand Spitzenleistungen zu erbringen.

Einerseits ist unser Wahrnehmungsapparat voll darauf ausgerichtet und darauf angewiesen, ständig mit Informationen versorgt zu werden, die er aufnehmen und verarbeiten kann. Das führt bei reizarmer Umwelt oder Reizentzug, zum Beispiel in Isolationshaft, dazu, dass wir solche Reize in Form von Tagträumen oder Halluzinationen selbst produzieren.

In anderen Situationen, wenn Reize überhand nehmen oder widersprüchlich sind, stehen uns exzellente Mechanismen zur Verfügung, um zu filtern und auszuwählen, was wir in uns hereinlassen und was nicht. Ohne Schwerpunkte zu setzen, ohne das Prinzip der Selektion wären wir der Reizüberflutung hilflos ausgeliefert – und nicht fähig, unter all den vielen Möglichkeiten zu entscheiden, wie wir handeln oder uns verhalten sollen.

Selektion durch die Lenkung der Aufmerksamkeit

Eine erste Selektion findet durch die Auswahl statt, worauf wir unsere Aufmerksamkeit richten und was wir eher übersehen oder unterdrücken. Wir richten unsere Aufmerksamkeit zum Beispiel eher auf

- *Veränderungen*, also auf etwas Neues oder Unerwartetes: Ein Vortragender ändert überraschend seine Lautstärke oder steht plötzlich auf; ein sonst eher stiller Mitarbeiter erzählt begeistert von einem neuen Projekt;
- etwas, das *in Größe oder Gestaltung herausragt*: eine humorvolle Zeichnung zwischen lauter sachlich-trockenen Folien, ein legerer Pullover-Träger in einer konventionellen Anzugs-Runde ...;

- etwas, das *innerhalb der gleichen Art von Reizen besonders intensiv* ist: hohe Töne vor tiefen, leuchtende satte Farben vor Pastelltönen, Kitzeln vor leichter Berührung;
- *Wiederholungen:* Wiederholte schwache Reize sind eventuell wirkungsvoller als einmalig ein starker: Jemand, der uns einmal anbrüllt, sonst aber Konflikte scheut, hat langfristig weniger Wirkung auf uns als jemand, der immer dann, wenn es notwendig ist, deutlich und bestimmt, aber in angemessenem Tonfall sagt, was ihn ärgert. Ein einmaliges überschwängliches, aber ganz unspezifisches Lob wirkt weniger als eines, das – jeweils bezogen auf konkrete Situationen – immer wieder ausgesprochen wird.

Selektion durch persönliche Empfindungen

Eine zweite Art von Selektion erfolgt auf der Basis unserer inneren Empfindungen und den daraus resultierenden Bereitschaften:

- Reize, die den jeweils *aktuellen biologischen Bedürfnissen* entsprechen: Wer hungrig durch die Straßen streift, ist besonders aufmerksam für alles, was Nahrung verspricht, was er in einem gesättigten Zustand wahrscheinlich völlig übersehen würde. Und wer in hungrigem Zustand auf dem Münchener Viktualienmarkt einkaufen geht, muss nicht selten Freunde einladen, die mithelfen, die eingekauften Bestände auf ein Normalmaß zu reduzieren. Analog ist es bei sexuellen Bedürfnissen; je nach Intensität der Entzugserscheinungen geraten Dinge als Reize in den Blickpunkt, die im Normalzustand völlig übersehen würden.
- Reize, die mit *persönlichen Interessen* korrespondieren: Wer einen Brief einwerfen will, sieht Briefkästen, die er bisher nie richtig wahrgenommen hat, er interpretiert auch andere Gegenstände aus der Ferne als Briefkästen. Wer auf der Suche nach neuen herausfordernden Aufgaben ist, geht mit einer ganz anderen Aufmerksamkeit durch die Welt und nimmt auch sehr dezente Hinweise völlig anders auf als jemand, der nicht im Geringsten daran denkt, sich zu verändern.
- Reize, die eine eigene *aktuelle Lebenssituation* betreffen: Wer mit einer Schwangerschaft konfrontiert ist, sieht plötzlich überall dicke Bäuche. Wer sich damit beschäftigt, ein bestimmtes Auto zu kaufen, sieht verstärkt Autos des gleichen Typs.

- *Persönliche Ansprache oder Kontaktaufnahme:* In einer eher anonymen Situation (zum Beispiel Vortrag, Versammlung, Besprechung) macht andere besonders aufmerksam, wer sie beim Namen nennt, oder es in einer anderen Weise schafft, die Anonymität aufzubrechen und einen persönlichen Bezug herzustellen, zum Beispiel durch einen gemeinsamen Bekannten oder einen gemeinsamen Hintergrund.

Davon lebt die ganze Werbeindustrie: die Bedingungen herausfinden, wie Menschen am besten in ihrer Wahrnehmung zu beeinflussen sind – und dies gezielt und gnadenlos ausnutzen. Man bedient sich dabei Mechanismen, die geradezu die Kraft und Beständigkeit von psychologischen Naturgesetzen haben, und es funktioniert – trotz aller Aufklärungen, die mittlerweile erfolgt sind. Wer immer Menschen erreichen und sie für etwas gewinnen will, tut gut daran, sich diese Erkenntnisse nutzbar zu machen.

Selektion durch den Wunsch nach Bestätigung

Dietrich Dörner hat sich speziell mit den Defiziten des strategischen Denkens auseinander gesetzt und unter dem Titel *Die Logik des Misslingens* beschrieben, wie es zu solchen Fehlleistungen kommt. Ergebnis: Wir sind stark bemüht, Komplexität zu reduzieren. Wir sind sozusagen ökonomisch veranlagt. Deshalb planen wir lieber linear und lassen Neben- und Fernwirkungen möglichst außen vor. Wir extrapolieren gern von gestern auf heute und von heute auf morgen. Und dieses unser Bestreben beeinflusst maßgeblich unsere Wahrnehmung. Wir nehmen verstärkt wahr,

- was unser vorhandenes Wissen bestätigt,
- was in unser Konzept passt (das bedeutet, wir bevorzugen erwünschte Informationen), und
- was uns momentan am meisten beschäftigt.

Darüber hinaus legen wir großen Wert auf ein Selbstbild, das geprägt ist von persönlicher Kompetenz und Handlungsfähigkeit. Das bestätigt übrigens nochmals aus einer anderen Perspektive die Erkenntnisse aus der Stressforschung und was wir im Zusammenhang mit dem Selbstverständnis eines Managers aufgezeigt haben. Alles, was nicht in dieses (positive) Selbstbild passt, grenzen wir aus – und überbetonen, was dieses Bild bestätigt.

Selektion durch persönliche Filter

Was und wie wir etwas wahrnehmen, wird auch durch die eigene Le-
bensgeschichte beeinflusst, zum Beispiel Erziehung, Vorstellungen *(mental models)*, Werte, Verhaltensmuster, Denk- und Wahrnehmungsweisen,
Erwartungen an Situationen aufgrund von guten oder schlechten Vorer-
fahrungen, kulturelle Prägungen sowie sonstige Rahmenbedingungen
und Situationsvariablen. Je stärker Stress, Erregtheit oder auch Isolation
eine Situation emotional aufladen, desto ungenauer wirken die Reize,
desto mehr wird unsere Wahrnehmung von inneren Gefühlen, Be- und
Empfindlichkeiten bestimmt – und desto größer wird natürlich auch die
Wahrscheinlichkeit von Verfälschungen.

Wozu dient die Selektion?

Nachdem wir nun ein Bild davon haben, wie wenig objektiv eigentlich
unsere Wahrnehmung ist, wie sehr wir aus einer riesigen Fülle von Informationen mehr oder weniger bewusst auswählen, nachdem wir weiterhin eine grobe Ahnung davon bekommen haben, nach welchen Prinzipien dieser Prozess abläuft, möchten wir noch genauer verstehen, warum
das so ist. Denn nur auf dem Hintergrund eines besseren Verständnisses,
warum die Dinge so verlaufen, wie sie es tun, können wir uns besser in
das Geschehen einfügen oder auch so manches durch geeignete Gegen-
maßnahmen zu beeinflussen versuchen.

In allererster Linie dient die Selektion dazu, uns vor Reizüberflutung
zu schützen und die ungeheure Komplexität unserer »objektiven« Umwelt für uns subjektiv zu reduzieren. Dadurch machen wir uns die Welt
überschaubarer und schaffen ein Gefühl von Sicherheit, Steuerbarkeit
und Kontrollierbarkeit. Damit ist ein Zweites verbunden. Wir müssen
uns in all dem Geschehen um uns herum orientieren, in ihm einen Sinn
finden oder ihm einen solchen geben. Dazu müssen wir ausgrenzen, Ak-
zente setzen, Ereignisse deuten, miteinander verknüpfen und in Beziehung setzen. Und beides dient schlussendlich dazu, uns handlungsfähig
und verhaltenssicher zu machen. Der Mensch hat ein Grundbedürfnis
nach Orientierung, Sicherheit, Stabilität – und ein Grundstreben nach
Macht und Kontrolle über das, was passiert. Wenn dieses Bedürfnis
nicht ausreichend befriedigt ist, geht es an die seelische Grundsubstanz,
wie wir in den Ausführungen über Stress aufgezeigt haben.

Die Wahrnehmung von Mensch zu Mensch

Wir sind ständig mit anderen Menschen zusammen, einzeln oder in Gruppen. Wir sind somit andauernd damit beschäftigt, andere Menschen wahrzunehmen, sie einzuschätzen und ihr Verhalten zu verstehen beziehungsweise zu interpretieren. Ist dieses doch Voraussetzung dafür, dass wir uns ihnen gegenüber angemessen, also »richtig« verhalten können. Dazu bilden wir uns laufend Urteile über ihre Beweggründe, ihre Absichten, ihre Emotionen und Eigenschaften. Und all dieses tun die anderen auch im Hinblick auf uns – jeder in Bezug auf jeden, mit dem er etwas vorhat oder den er in sein Kalkül einbeziehen muss, weil er mit ihm etwas vorhaben könnte. Hinzu kommen die Annahmen und Hypothesen, die jeder darüber bildet, was er denkt, was der andere denkt: *Ich denke, dass Du denkst, dass ich denke, dass du denkst ...* Eine unendliche Schleife! Die vielfältigeren Interpretationsmöglichkeiten und die größere Unschärfe der Signale machen es aus, dass die Wahrnehmung zwischen Personen noch stärker als die von Objekten anfällig ist für Täuschungen und Verfälschungen. Aber auch hier haben wir mittlerweile einiges darüber gelernt, wie die Prozesse ablaufen. Auch hier geht es darum, Komplexität zu reduzieren und schnell handlungsfähig zu werden. Dazu bedienen wir uns der folgenden Mechanismen:

Der Halo-Effekt

Wir beurteilen Menschen aufgrund verhältnismäßig weniger Informationen relativ schnell. Wir schließen aufgrund weniger beobachteter Merkmale auf die ganze Persönlichkeit, wir unterliegen dem so genannten Halo-Effekt. Dieser besagt, dass ein Merkmal alle anderen überstrahlen kann. Wir machen uns aus wenigen Puzzlestücken ein in sich schlüssiges Gesamtbild. Und das funktioniert folgendermaßen:

- Wir überbetonen einzelne Persönlichkeitszüge und lassen dafür andere aus.
- Wir verallgemeinern eine Verhaltensweise, die wir kurzfristig einmal wahrgenommen haben und halten sie zusätzlich für beständig. Wir machen zum Beispiel aus einem Lächeln, das wir einmal wahrgenommen haben, einen Menschen mit einem insgesamt freundlichen Wesen.

- Wir übertragen Erfahrungen mit anderen Personen, an die uns unser Gegenüber erinnert, auf diesen Menschen.
- Wir ordnen unser Gegenüber einer bestimmten Kategorie oder einem Klischee zu und mit dieser Zuordnung ist auch die entsprechende Beurteilung klar: ein typischer Beamter, Grüner, Lehrer, Südländer …
- Wir schließen von einem Merkmal auf ein anderes, zum Beispiel von gerader Haltung auf Selbstbewusstsein oder Charakterfestigkeit.

Die Macht der Vorurteile

Wir lassen uns in der Wahrnehmung durch Vorurteile beeinflussen, die zum Beispiel durch Vorinformationen über Personen, durch Zugehörigkeit zu einer speziellen Rasse oder Schicht oder aufgrund anderer direkter oder gesellschaftlich vermittelter Erfahrungen entstehen können. Wir nehmen dann bevorzugt solche Informationen auf, die unsere Hypothese bestätigen, was dies für ein Mensch ist, oder interpretieren solche entsprechend um, die nicht ins Bild passen. Das heißt, wir ordnen Menschen in Schubladen ein, ohne zu überprüfen, ob sie wirklich dort hinein gehören, und lassen sie nur schwer wieder hinaus. Ein regelrechter Teufelskreis: Unsere Vorurteile engen die Wahrnehmung ein – und was wir mit der eingeengten Wahrnehmung sehen, bestätigt selbstverständlich nur wieder unsere Vorurteile.

Der erste Eindruck

Wir brauchen in aller Regel nur wenige Sekunden, um uns von jemandem einen Eindruck zu verschaffen. Zur Erinnerung: Das war in frühen Zeiten, als wir in der freien Natur noch permanent um unser Überleben kämpfen mussten, ungeheuer wertvoll. Nun gibt es auch heute noch immer wieder solche Situationen, in denen es erfolgsentscheidend sein kann, zu einer schnellen Einschätzung eines Gegenüber zu kommen. Das Dilemma ist allerdings folgendes: Wie beim Vorurteil neigen wir dazu, den ersten Eindruck, den wir von einem Menschen gewonnen haben, beizubehalten und alle weiteren Informationen entsprechend zurechtzubiegen. Der erste Eindruck hat Auswirkungen auf die weitere Beurteilung der Person. Er dient als Bezugsrahmen für alle späteren Informationen und Interpretationen. Passen spätere Informationen nicht zum ersten Eindruck, wird tendenziell das erste Urteil beibehalten und ein Teil der neuen Information ignoriert oder so verzerrt, dass es zum Bezugsrahmen passt. Vor dem Hintergrund der beziehungsgestaltenden Macht des ersten Eindrucks ist auch der Sinn des englischen Sprichwortes zu verstehen: *You never get a second chance to make a first impression.*

Rückschlüsse und Verallgemeinerungen

Durch Erfahrungen mit anderen Menschen haben wir erlebt, dass es Zusammenhänge zwischen Persönlichkeitsausprägungen und Verhaltensgewohnheiten gibt und dass bestimme Verhaltensmerkmale mit einer gewissen Wahrscheinlichkeit gemeinsam auftreten. Können wir ein oder zwei dieser Merkmale beobachten, schließen wir daraus, dass auch die anderen für uns dazugehörigen bei dieser Person vorhanden sind. Jemanden, den ich als freundlich und warmherzig wahrnehme und einschätze, werde ich zum Beispiel auch als hilfsbereit beurteilen.

Schöne Augen machen lohnt

Und natürlich gelten auch hier die bereits oben beschriebenen Erkenntnisse von D. DÖRNER: Menschen, von denen wir annehmen, dass sie uns bestätigen und schätzen könnten, werden einen großen Stein im Brett unserer Wahrnehmung haben – und wie sich ein Ertrinkender an jeden Strohhalm klammert, werden wir gerade in Situationen, wenn wir unter Druck stehen, auf kleinste Signale achten, wie zum Beispiel bestätigendes Kopfnicken oder Zuwendung verheißendes Lächeln, oder uns ähnliche Signale entsprechend zurechtdeuten.

Wahrnehmung als Konstruktion von Wirklichkeit

Die Funktion der Wahrnehmung besteht darin, uns mit unserer Umwelt so in Verbindung zu bringen, dass wir uns in ihr zurechtfinden. Wahrnehmung ist damit ein Schlüsselfaktor für das gesamte Erleben und Verhalten des Menschen. Trotz all der subjektiven, mehr oder weniger bewussten Kräfte, die dieses Geschehen steuern und beeinflussen, neigen wir dazu, das, was wir sehen und hören, als »*wahr* zu nehmen«. Wir gehen davon aus, dass unsere Wahrnehmung eindeutig, genau, unmittelbar und objektiv ist – und wir gehen zweitens davon aus, dass andere Personen die gleiche Situation in der gleichen Weise wahrnehmen wie wir. Bestärkt in unserem Glauben werden wir durch die Erfahrung, dass unsere Wahrnehmung und was wir daraus interpretieren häufig gut zueinander passen und uns eine gute Grundlage für »richtiges« Verhalten liefern. Viele Experimente bestätigen, was wir theoretisch ausgeführt haben – und wie oft wir uns täuschen. Trotzdem, viele Menschen lassen sich in ihrem Glauben an die scheinbare Objektivität der Wahrnehmung nicht beirren. Und so passiert, was passieren muss: Jeder hat nur seine selbst konstruierte Wirklichkeit zur Verfügung, hält diese aber für die allgemeine und allgemein zugängliche Wahrheit. Und diese individuell geschaffenen Wirklichkeiten prallen häufig nahezu unversöhnlich aufeinander. Nur zwei steinige Wege führen aus diesem Konflikt:

Erstens, erkennen und zulassen, dass es keine objektive, sondern nur eine individuell oder gemeinsam konstruierte Wirklichkeit gibt, als eine von vielen möglichen Optionen, je nachdem, welche Informationen aus der Umwelt die Chance bekommen einzudringen. Und da bricht bei vielen ein bisher gut gehütetes Weltbild zusammen.

Zweitens, erkennen und daran arbeiten, dass die gemeinsam konstruierte Wirklichkeit, also ein gewisses Maß an Übereinstimmung in der Wahrnehmung und Interpretation der Umwelt, eine notwendige Basis ist für das Gelingen von Zusammenleben und Zusammenarbeit. Und dies ist in der Praxis des Zusammenlebens viel schwieriger als gedacht, nicht zuletzt deshalb, weil es etwas mit Macht zu tun hat; nämlich der Macht, Situationen so zu deuten, dass sie den eigenen Einfluss nicht schmälern, sondern möglichst ausbauen. Und wer verzichtet schon gern auf Macht?

Wahrnehmung steuert Verhalten

Die Wahrnehmung steuert und prägt maßgeblich, wie wir uns verhalten. Dadurch wird Wahrnehmung zur unumgänglichen Grundlage zwischenmenschlicher Beziehungen. Reize aus der Umwelt sind eben häufig vieldeutig und bedürfen deshalb der Interpretation. Kommt ein Unbekannter zum Beispiel wild gestikulierend auf uns zu, können wir dies als versuchten Angriff interpretieren, versuchen zu fliehen oder uns auf Verteidigung einstellen. Genauso gut können wir es aber auch als »Hilferuf« auslegen – und uns dem anderen entsprechend hilfsbereit nähern. Wer angebrüllt wird, kann dies als persönliche Attacke interpretieren oder als Versuch, ihn klein zu machen, sich gegen diese Behandlung verwahren, mit Empörung darauf reagieren oder mit gleicher Münze – aber höher dosiert – zurückzahlen und so die Situation hochschaukeln. Oder, er interpretiert beim anderen eine emotionale Stresssituation, die diesen im Moment überfordert, nimmt es also überhaupt nicht persönlich, reagiert gelassen und versucht, die Situation zu entschärfen – und den anderen zu beruhigen.

Wer verstehen will, warum Menschen sich so verhalten, wie sie es tun, wer darüber hinaus mit ihnen am Thema Verhaltensänderung arbeiten will, muss bei ihrer und seiner eigenen Wahrnehmung ansetzen. Es geht darum, sich der wesentlichen Prozesse bewusst zu werden, die bei der Wahrnehmung eine Rolle spielen. Es geht weiterhin darum, seine eigene Wahrnehmungsfähigkeit auch so zu trainieren, dass emotionale und andere aus der persönlichen Geschichte bedingte Überlagerungen greifbar und bearbeitbar werden. Nur so kann das Feld für falsche Generalisierungen und Projektionen bewusst gemacht und eingeengt werden.

Der Fall des Herrn X

Wer seine soziale Kompetenz überprüfen und weiter ausbauen will, für den gibt es eine sehr interessante Übung. Der Kern unserer Ausführungen über die Subjektivität der Wahrnehmung und die Tatsache, dass wir die Wirklichkeit weitgehend selbst erschaffen – ihr auf jeden Fall nur vermittelt über unsere eigenen Filter begegnen –, kommt in dieser Übung hervorragend zum Ausdruck. Es geht um das Thema Mitarbeiterführung. Eigentlich ist die Ausgangssituation ganz simpel: Ein nicht näher beschriebener Mitarbeiter, nennen wir ihn *Herrn X*, der bis vor wenigen Wochen immer verlässlich war, fehlt zum wiederholten Mal. Nun geht es um die Frage, wie der Vorgesetzte darauf reagieren soll. Die Übung ist als Entscheidungslabyrinth aufgebaut. Nach der ganz kurzen Schilderung der Ausgangssituation, die keinerlei weitere Informationen enthält, hat der Vorgesetzte fünf Möglichkeiten zu reagieren, unter denen er auswählen muss. Diese reichen von einfacher sachlicher Nachfrage nach dem Grund des Fehlens bis zur Abfuhr von aufgestautem Ärger wegen der früheren Fehlzeiten und spontanen Vorwürfen. Je nachdem zu welcher Reaktion sich der Vorgesetzte entschließt, begegnet er einem Mitarbeiter Herr X, der psycho-logisch exakt auf ihn und sein Verhalten reagiert, ohne eigene Impulse hinzuzufügen. Dieses Spiel geht über mehr oder weniger Stationen, je nachdem für welche Handlungen sich der Vorgesetzte jeweils entscheidet. Wenn der Vorgesetzte an seinem Ende des Labyrinths angelangt ist und der Mitarbeiter entweder wieder regelmäßig zur Arbeit erscheint, die Firma verlassen hat, vom Vorgesetzten entlassen wurde oder Ähnliches, werden die Teilnehmer gebeten, ganz spontan unabhängig voneinander den Mitarbeiter Herrn X zu charakterisieren.

Fasst man die Charakterisierungen des Herrn X durch die Teilnehmer zusammen, so ergibt sich in der Regel folgendes Bild: »Der Mitarbeiter Herr X ist faul … fleißig … hinterfotzig … vertrauenswürdig … stark … schwach; er braucht Hilfe … Prügel … Unterstützung … die harte Hand; er weiß, was er will; er ist wie ein Rohr im Wind; er ist ein Jammerlappen; er weiß sich zu helfen …« Insgesamt ist Herr X ein Mensch so voller Widersprüche, dass sich alle fragen: Wie ist das zu erklären? So etwas kann es doch nicht geben! Hatten wir verschiedene Unterlagen? Man versteht die Welt nicht mehr. Des Rätsels Lösung: Durch die Art, wie jeder reagiert, schafft er sich seinen eigenen Herrn X. Die einen bringen Herrn X dazu, dass er wiederkommt, ohne zu wissen, was eigentlich los war. Anderen erzählt Herr X, weil sie ihn eben danach fragen, ohne ihm gleich Vorwürfe zu machen, welche Probleme ihn derart in Beschlag nehmen, dass er es ein paar Mal einfach nicht schaffen konnte, pünktlich zur Arbeit zu kommen – und wie er sich vorstellt, sein Problem selbst und zwar in absehbarer Zeit in den Griff zu bekommen. Wieder andere bringen ihn durch ihre rüde Anmache dazu, widerborstig zu werden, was für sie der Grund ist, ihn zu entlassen. Darüber hinaus haben viele ihren ganz persönlichen Herrn X in petto, das heißt alte Erfahrungen aus scheinbar ähnlichen Situationen, die sie spontan auf die neue Situation übertragen, ohne vorher zu überprüfen, wie weit sie überhaupt darauf passen. Ein eindrucksvolles Beispiel, wie schnell mit wie wenig sachlich verfügbarer Information Wirklichkeiten konstruiert werden, die ihrerseits dann jede weitere Wahrnehmung entscheidend beeinflussen. Ein unendliches Band von Schleifen, die sich gegenseitig hochschaukeln und irgendwann derart eskalieren, dass sie entweder ex- oder implodieren.

Kapitel 8

Die Kunst des Feedback

Norbert Wiener, ein tatsächlich aus Wien stammender Kybernetiker, hat es einmal so formuliert: »*Ich weiß nicht, was ich gesagt habe, bevor ich nicht die Antwort darauf gehört habe.*« Das Prinzip der Rückkoppelung wurde schon früh als wesentliches Element zur Steuerung technischer Systeme erkannt. Später hat man entdeckt, dass dieses Prinzip de facto eine ebenso wichtige Rolle im zwischenmenschlichen Umgang spielt. Mittlerweile ist das Prinzip unter dem Fachbegriff *Feedback* in unterschiedlichsten Wissenschafts- und Alltagsbereichen zum gängigen Hilfsmittel geworden, wenn auch nicht immer einheitlich verstanden und schon gar nicht professionell genutzt.

Begriffsklärung und Geschichtliches

Feedback bedeutet ganz allgemein Rückkopplung, Rückmeldung – wörtlich genommen eigentlich Rückfütterung – von Informationen innerhalb bestimmter Regelungsprozesse.

Für uns hier ist der zwischenmenschliche Bereich und damit das personbezogene Feedback von Bedeutung. In diesem Zusammenhang verstehen wir unter Feedback die *Rückmeldung* darüber,

- wie ich eine *Person* wahrnehme,
- welche *Wirkung* dies in mir auslöst und
- welche *Konsequenzen* dies auf mein Handeln ihr gegenüber hat.

Die Gruppendynamik entdeckte die Bedeutung von Feedback eher zufällig: Während eines Seminars zur Fortbildung von Erwachsenenbildnern traf sich das Leitungsteam regelmäßig am Abend mit den Beobachtern, um sich mit ihnen über ihre Beobachtungen auszutauschen, die sie tagsüber über die Prozesse in den einzelnen Gruppen und das Verhalten der Leiter sowie der Gruppenmitglieder zueinander gemacht hatten, diese Beobachtungen zu analysieren und zu interpretierten. Die Teilnehmer wussten um diese Zusammenkünfte und begannen zunächst vereinzelt als Gäste daran teilzunehmen. Mit zunehmender Erfahrung stellten alle fest, dass sie in diesen Auswertungssitzungen viel mehr und eindrücklicher über ihr eigenes Verhalten und das ihrer Gruppe lernen konnten als während der offiziellen Lern- und Trainingseinheiten. Man war damit auf ein wirkungsvolles Verfahren gestoßen, wie Menschen über sich selbst und über die Reaktionen, die sie bei anderen hervorrufen, über das Verhalten und die Entwicklung von Gruppen bedeutsame Lernerfahrungen machen können, die es ihnen nicht nur möglich machen, das eigene Verhalten im Kontext zwischenmenschlichen Beziehungen zu reflektieren, sondern auch Änderungen des eigenen Verhaltens einzuleiten.

Die Betroffenen gehen gemeinsam und mithilfe von »neutralen« Beobachtern auf die so genannte *Meta-Ebene*, also eine Ebene über dem operativen Geschehen, und lassen aus dieser Helikopter-Perspektive nochmals das ganze Geschehen Revue passieren, zum Beispiel: Was ist abgelaufen? Wer hat was auf welche Weise wahrgenommen? Wie haben die Betroffenen darauf reagiert – innerlich und im Verhalten? Welche Unterschiede gab beziehungsweise gibt es im subjektiven Erleben der Einzelnen und in der Interpretation? Der operative Prozess wird gewissermaßen angehalten, seziert, reflektiert und analysiert – und dies mit einer relativ großen Chance, dass es im Moment der Reflektion keine zu starken emotionalen Überlagerungen gibt, die mit entsprechender Abwehr verbunden wären. In dieser gemeinsamen Reflektion schafft man sich eine gemeinsame Wirklichkeit als neue Basis und neuen Ausgangspunkt für das weitere Geschehen auf der operativen Ebene, zu der man ja wieder zurückkehren muss, wenn man handeln will. Und das war einhellige Erkenntnis: Die dazwischen geschobene Reflexionsschleife führte fast immer dazu, dass man das Geschehen in einem neuen Licht beurteilte – und somit der nächste operative Schritt von einer neuen Ausgangsposition her startete. Die Schrittfolge war: Handeln → Reflektieren → Lernen → Handeln fortsetzen → Reflektieren … da capo sin al fine. In der Weiterentwicklung der Gruppendynamik wurde Feedback in modifizierter und differenzierter Form zu einem zentralen Kernelement, das nicht mehr wegzudenken ist.

Die Bedeutung von Feedback

Wenn Menschen miteinander zu tun haben, sind es die folgenden Fragen, die sie immer (auch) beschäftigen:

- *Wer (wie) bin ich?*
- *Wer (wie) ist der andere?*
- *Wie will ich von den anderen gesehen werden?*
- *Wie sehen mich die anderen?*

Wer Antworten auf diese Fragen will, ist auf Informationen vonseiten der anderen angewiesen. Denn: Uns ist nur zum Teil klar, wie wir uns verhalten, und zu einem noch viel geringeren Teil, welche Wirkung unser Verhalten auf andere ausübt. Auch wenn wir unsere Worte noch so bewusst wählen und kontrollieren, irgendwie drücken wir immer auch das aus, was wir wirklich denken – und wie es uns wirklich geht –, was wir aber manchmal aus guten Gründen lieber nicht mitteilen wollen. Parallel zur Sprache senden wir vielfältige Botschaften, zum großen Teil uns nicht bewusst oder zumindest nicht beabsichtigt. Diese Botschaften liegen in den Untertönen – der Ton macht die Musik! – und in der Körpersprache. Manchmal unterstreichen diese Botschaften das, was wir sagen, manchmal stehen sie in direktem Widerspruch dazu. Es hängt eben ganz davon ab, was wir wirklich denken. Aber eines ist klar: Diese Botschaften sagen immer etwas darüber aus, wie wir unsere grundsätzliche Beziehung zu unserem Gesprächspartner definieren oder welche wir anpeilen – ob wir ihn eher mögen oder nicht, ihn schätzen oder eher missachten, ihm eher vertrauen oder misstrauen. Und genau auf diese Kernaussage konzentriert sich der Empfänger unserer Sendung zunächst einmal – und färbt damit alles ein, was er von uns hört beziehungsweise wahrnimmt.

Entscheidend für das Gelingen dieser speziellen Form der Kommunikation ist also keineswegs nur, was gesagt wird, sondern was beim anderen ankommt, wie er die Botschaft versteht und interpretiert. Und das also ist das Geheimnis für Erfolg und Effektivität, ebenso für die vielen kleinen und großen Katastrophen im Miteinander von Menschen – privat wie beruflich: Es ist letztlich weniger ausschlaggebend, wie ein Mensch in Wirklichkeit ist oder wie er zu sein glaubt – und mag er davon noch so überzeugt sein –, sondern wie er vom jeweiligen Gegenüber wahrgenommen und was dadurch beim anderen ausgelöst wird. Das ist deshalb so entscheidend, weil das gesamte Verhalten des anderen mir gegenüber durch diese seine Wahrnehmung und daraus folgende Beurteilung gesteuert wird. Um die Aussage von WIENER zu variieren: *Wir wissen nicht, wer wir sind, bevor wir nicht wissen, was die anderen von uns halten.* Und um das Problem noch zu vergrößern: In unterschiedlichen Situationen können wir auf die gleiche Person unterschiedlich oder auch gleich wirken – und bei unterschiedlichen Personen müssen wir auch in der gleichen Situation mit unterschiedlichen Bildern über uns rechnen. Denn der Mensch ist ja, wie wir bei dem Thema Wahrnehmung diskutiert haben, kein unbeschriebenes Blatt, kein jungfräuliches und kein prinzipiell empfangsbereites Wesen, durch welches diese ganzen Prozesse ungestört durchlaufen könnten. Er ist vielmehr voll mit eigenen Erfahrungen und Vorurteilen, demnach mit ganz personspezifischen Filtern und Selektionsmechanismen ausgestattet, die aus jeder Kommunikation ein sehr individuelles Ereignis machen. Dass sich dann insgesamt bestimmte allgemeine Bilder über uns herauskristallisieren und durchsetzen können, ist eine andere Sache. Aber zumindest in Anfangssituationen von Beziehungen tun wir gut daran, von der Gültigkeit des Spruches auszugehen: Drei Menschen, vier Meinungen – und zwar über uns! Sich seiner Person und seiner möglichen Wirkung auf andere bewusst zu sein und von der Möglichkeit, sogar Wahrscheinlichkeit auszugehen, dass das Verhalten anderer auch die Reaktion auf unser eigenes Verhalten oder seine Interpretation sein könnte, ist unverzichtbare Grundlage der viel geforderten Sozialkompetenz. Nur mit einem solchen Ansatz verstehen wir einerseits besser, was zwischen Menschen abläuft, und schaffen andererseits die Voraussetzung dafür, das eigene Verhalten bewusster und zielgerichteter zu gestalten und einzusetzen. Und nicht zuletzt: So können wir es auch besser schaffen, uns genauer zu beobachten – und auf die Schliche zu kommen.

Die Kunst des Feedback, sowohl geben als auch gezielt einholen, gehört also keineswegs zur Gattung »brotlose Kunst«. Sie ist das unverzichtbare Instrument, mit dem wir alle unsere zwischenmenschlichen Beziehungen steuern und regelmäßig diagnostizieren können. Der Abgleich darüber, wie wir uns gegenseitig sehen, erleben und beurteilen, wie diese Einschätzungen zueinander und zu den Selbstbildern passen oder auch nicht, das gegenseitige Feedback, mithilfe dessen wir die Chance haben, unser Selbstbild (wie wir uns sehen) mit dem Fremdbild (wie andere uns sehen) abzugleichen, hilft Gemeinsamkeiten und Diskrepanzen zu erkennen und schafft schließlich die Voraussetzung, dort, wo es uns (oder anderen) notwendig erscheint, Verhalten zu ändern – oder es zumindest besser zu verstehen.

Probleme beim Feedback-Geben

Kinder dabei zu erleben, wie sie ihre Wahrnehmungen, Empfindungen und Schlussfolgerungen spontan und unüberlegt, das heißt ungefiltert mitteilen, wie sie zum Beispiel den Handwerker neugierig fragen, ob er auch so einen großen Pimmel habe wie der Vater, wie sie der Tante mitteilen, dass sie aussehe wie die alte Hexe in der Geschichte von Hänsel und Gretel, ist oft eine herzerfrischende Angelegenheit. Ein nicht unerheblicher Teil der Erziehung, ob im Elternhaus, im Kindergarten oder in der Schule besteht genau darin, Kinder dazu zu bringen, »anständig« zu werden, also Prüfschleifen einzuziehen, was sich gehört oder eben nicht gehört, aber auf jeden Fall nicht einfach offen und selbstverständlich Auskunft darüber zu geben, was sie denken und empfinden – und was sie bewegt. Erzieher haben ja häufig das Anliegen, Kinder lebenstauglich zu machen. Also bringen sie den Kindern bei, dass Offenheit und Ehrlichkeit im Umgang miteinander sehr gefährlich sein können – die Tante könnte sich nämlich über eine solche direkte, wenn auch treffende Beschreibung so ärgern, dass sie nochmals darüber nachdenkt, ob ihr Erbe in einer solch verwahrlosten Familie wirklich gut aufgehoben ist, und der Handwerker könnte ein Sittenstrolch sein – und man tut deshalb gut daran, vorsichtig zu sein, zu taktieren, hinter dem Berg zu halten und eher mit verdeckten Karten zu spielen. Wir lernen früh, dass es in vielen Situationen aus Gründen des Status, der Autorität, des Alters, der Beziehung eigentlich viel gescheiter ist, den Mund zu halten und sich eher dreimal zu überlegen, ob man überhaupt und wenn ja, wie man dem anderen etwas sagt, was sein Verhalten und seine Wirkung auf uns betrifft. Darüber hinaus befürchten wir, missverstanden zu werden, dem anderen zu nahe zu treten, ihn zu kränken, Konflikte dadurch noch schlimmer zu machen und nicht zuletzt auch Beziehungen zu gefährden. Das alles bringt uns in vielen Situationen dazu, lieber auf so manches Feedback zu verzichten. Zur Rede gestellt, würden wir uns vermutlich damit rechtfertigen, dass wir dadurch den anderen schonen beziehungsweise ihm nicht schaden wollen. Wenn wir allerdings ehrlich zu uns selber wären, dann wüssten wir sehr wohl: Wir schonen in erster Linie uns selbst. Wir schützen uns davor, »Farbe zu bekennen«; wir vermeiden, uns dem anderen wirklich zuzuwenden, zuzumuten, uns zur Verfügung und gleichzeitig auch der Auseinandersetzung zu stellen – und damit das Risiko eigener Kränkungen und Verletzungen einzugehen. Wir haben Angst, uns angreifbar zu machen, Schwäche zu zeigen, die dem anderen ermöglicht, uns an unseren wunden Punkten zu erwischen und uns auszunutzen. Kurzum, wir haben schon im Normalfall tausend Gründe, im direkten Kontakt Offenheit zu vermeiden. Das Ganze potenziert sich noch in Situationen und mit Menschen, wo Abhängigkeit und Angst im Spiel sind, wo wir uns klein und unterlegen fühlen oder wo besondere Zuneigung und der Wunsch nach Nähe die Beziehung bestimmt. Und so wie Kinder durch die Erziehung ganz schnell ihre Spontaneität verlieren, »verlernen« wir auch als Erwachsene immer wieder ganz schnell, wie durch eine offene Aussprache, einen ehrlichen Hinweis auf störendes oder hilfreiches Verhalten oder eine Auskunft darüber, wie es mir mit dem anderen gerade geht, eine Situation geklärt oder entspannt, Missverständnisse ausgeräumt und die Beteiligten einander näher gebracht werden könnten – oder sogar mal wurden. Es ist nicht zu unterschätzen: Wir haben gelernt, kühl zu kalkulieren und clever zu taktieren. Wachsende emotionale Nähe und Vertrautheit sind auch Risikofaktoren. Wer sich durch persönlichere Beziehungen, Emotionen und Vertrautheit bindet, schränkt sein Handeln und die Durchsetzung seiner Interessen insofern ein, als Distanz und Abgrenzung für ihn jetzt schwieriger werden. Folge: Unser Feedback-Haushalt ist meist unausgeglichen – wir können oft nicht verhindern, dass wir Feedback erhalten, selbst wenn wir überhaupt keinen Wert darauf legen. Im Geben allerdings sind wir eher knauserig.

Probleme beim Feedback-Annehmen

Die meisten Menschen haben reichlich Erfahrung mit Kritik gemacht, die von oben nach unten, also in Situationen geäußert wurde, wo sie sich als abhängig und ausgeliefert erlebt haben. Die Täter in der Erinnerung: Eltern, Erzieher, Lehrer und andere Autoritätspersonen. Dazu kommt: Häufig wurde negative Kritik in Form von Zurechtweisung gegeben. Wertschätzung war meist Fehlanzeige, stattdessen wurde Abwertung vermittelt. Man kam sich klein und minderwertig vor, hatte den Eindruck, nicht geliebt zu werden. Die bedrückenden Gefühle, die dadurch ausgelöst wurden, sind manchem noch in greifbarer Erinnerung. Durch das Verhältnis *oben – unten* wurden selbst positive Rückmeldungen nicht immer ungeteilt positiv erlebt. War doch häufig eine mehr oder weniger unterschwellige Bewertung eingebaut, die je nach Beziehung zum Gegenüber als Anmaßung erlebt *(Wie kommt er dazu, mir so etwas zu sagen?)* oder mit Misstrauen bedacht wurde *(Warum lobt er mich? Warum lobt er gerade mich? Was will er von mir?)*. Natürlich haben wir in und aus dieser Erfahrung gelernt: Wir schützen uns, indem wir distanziert reagieren, bagatellisieren oder möglichst schnell darüber hinweggehen. Viele Menschen haben etwas Zweites gelernt: Es schickt sich nicht, auf sich selbst und seine Leistungen stolz zu sein, zumindest nicht öffentlich. Deshalb fällt es so manchen schwer, sich über positive Rückmeldungen zu freuen. Stattdessen reagieren sie auf Anerkennung häufig peinlich berührt, zumindest unsicher.

Dies alles bleibt nicht ohne Wirkung auf den Feedbackgeber: Er spürt, dass seine Rückmeldung zumindest Probleme bereitet. Er kann glauben, dass Feedback offenbar nicht erwünscht ist. Von da ist der Schritt nicht weit, den geordneten Rückzug anzutreten und seine Rückmeldung zu relativieren. Enttäuschung wäre eine fast zwangsläufige Folge. Aber dabei muss es nicht bleiben. Mancher ärgert sich auch über die Zurückweisung und überlegt sich gut, ob er diesen Schritt noch einmal tun wird. Die Beziehung ist auf jeden Fall zunächst einmal gestört. Und so kann es uns passieren, dass uns eigentlich viel daran liegt zu erfahren, wie wir gesehen werden und wie unser Stellenwert ist, wir aber Feedback systematisch verhindern, ohne es zu wissen und ohne es zu wollen.

Feedback einfordern

Wenn wir nun, aus welchen Gründen auch immer, von anderen kein Feedback bekommen, bleibt uns immer noch die Möglichkeit, es uns zu holen. Wir können aktiv auf diejenigen zugehen, an deren Meinung wir interessiert sind, und sie danach fragen. Aber auch hier gibt es möglicherweise Stolpersteine: Nicht wenige halten es für unpassend, sich selbst zum Thema zu machen und zum Beispiel nach der eigenen Wirkung zu fragen. Das könnte als persönliche Schwäche oder gar als narzisstische Selbstbespiegelung ausgelegt werden. Keines der beiden dient, so wird befürchtet, dem persönlichen Image. Die Alternative: Cool sein oder so tun, als ob. Diese Haltung wird möglicherweise noch aus einer zweiten Quelle gespeist: Wer Wert darauf legt, selbstständig und unabhängig zu sein, zumindest so zu wirken, dem wird es nicht leicht fallen, andere danach zu fragen, was sie über ihn denken, wie sie ihn einschätzen und welche Verhaltensempfehlungen sie ihm geben. Im Endeffekt könnte leicht ein Doppelspiel herauskommen: Man fragt zwar nach, möchte es vielleicht auch wissen, aber keine Spur von Souveränität in diesem Prozess; man schämt sich eher der Frage und setzt damit den oben schon beschriebenen bremsenden Kreislauf in Gang.

Feedback: Ziele, Chancen und Voraussetzungen

Um es auf den Punkt zu bringen: Wir geben jemandem Feedback, um seine Selbstwahrnehmung zu schärfen – und konkrete Hinweise, wie er in Zukunft sein Verhalten besser steuern kann. Dasselbe gilt, wenn wir Feedback erhalten. Ohne Feedback kann sich weder Offenheit, noch Ehrlichkeit, noch Vertrauen entwickeln. Denn all dieses ist nicht einseitig definierbar, sondern bedarf immer der Bestätigung durch den anderen. Und ohne dieses Miteinander kann es keine effektive Zusammenarbeit geben. Darüber hinaus: Feedback dient dazu, verdeckte Spiele aufzudecken, Transparenz zu schaffen über Wahrnehmungen, Empfindungen, Absichten und Ziele – und dadurch insgesamt die Orientierung und Sicherheit im Handeln zu stärken. Die Energie, die bisher für verdeckte Spiele, Verschleierungen und Scheingefechte aufgewendet werden musste, wird frei und kann neu investiert werden. Vier Dinge sind allerdings Voraussetzung, damit Feedback seine volle Wirkung entfalten kann:

Grundsätzliches Interesse füreinander: Die Feedbackpartner gehen grundsätzlich positiv und konstruktiv an diesen Prozess heran. Alle Beteiligten sind prinzipiell an einer Kommunikation, Kooperation und tragfähigen Beziehung zueinander interessiert.

Persönliche Bereitschaft zum Risiko: Wer Feedback gibt und sich dadurch öffnet, geht immer ein Risiko ein. Trotz aller Beteuerungen weiß er im Endeffekt nicht, wie der andere darauf reagieren wird.

Ausreichende Sensibilität und soziale Kompetenz: Auf der einen Seite bedarf es genügend eigener Stabilität, um Feedback akzeptieren zu können, es nicht als Angriff zu erleben und glauben abwehren zu müssen. Auf der anderen Seite muss genügend Feinfühligkeit dem anderen gegenüber vorhanden sein, um die richtigen Worte, den richtigen Ton und den richtigen Zeitpunkt zu wählen.

Wissen um die allgemeine Subjektivität und entsprechende Relativität:
Feedback ist keine objektive Bestandsaufnahme. Wer Feedback gibt, hat
immer auch Interessen im Spiel. Minimal möchte er mit dem Adressaten
besser kooperieren. Das heißt, Feedback ist nicht wertfrei. Deshalb sollte
man Feedback nicht als Aussagen eines heiligen Officiums nehmen, sondern immer auch darüber nachdenken, welche persönlichen Ziele der
Feedbackgeber damit verfolgt – und entsprechende Überlagerungen he-
rausfiltern.

Spielregeln

Wer sich vor Augen hält, dass es sich bei Feedback grundsätzlich darum
handelt, Informationen auszutauschen, und wer sonst nichts im Schilde
führt, für den ist die generelle Grundregel selbstverständlich: *Beschreiben – nicht bewerten!* Es geht darum mitzuteilen,
- welches Verhalten ich konkret sehe, erlebe, erfahre, beobachte, zum
  Beispiel: *»In der letzten Sitzung haben Sie mich mehrere Male unterbrochen, ohne auf meinen Beitrag Bezug zu nehmen oder Ihre Unterbrechung zu begründen.«* (richtig)
  »Sie sind ein unmöglicher Mensch! Immer unterbrechen Sie mich ...«
  (falsch, weil Bewertung und Verallgemeinerung);
- welche Gefühle, Empfindungen, Fragen dies bei mir auslöst, zum Beispiel:
  *»Ich ärgere mich über Sie und bin unsicher, ob mein Beitrag und
  meine Person für Sie überhaupt eine Bedeutung haben.«* (richtig)
  *»Die anderen hier sehen das bestimmt ähnlich und finden das über-
  haupt nicht gut.«* (falsch, weil Ausweichen auf andere);
- wie sich dies auf mein Verhalten und die Zusammenarbeit auswirkt,
  zum Beispiel:
  *»Ich muss immer wieder neu ansetzen, um meine Ideen einzubringen.
  Deshalb hänge ich oft hinterher. Außerdem vergeht mir so langsam
  die Lust, mich hier überhaupt an der Diskussion mit Ihnen zu beteiligen.«* (richtig)
  »Sie können sich wohl denken, was in mir vorgeht!« (falsch).

Bewertungen können in vielfältiger Form stattfinden, zum Beispiel durch
pauschale Werturteile *(»Sie sind rücksichtslos!«)*, persönliche Vorwürfe

(»*Ihre ständigen Unterbrechungen verhindern jegliches zielgerichtetes Arbeiten.*«) und persönliche Unterstellungen (»*Sie sind nur an Ihrer eigenen Profilierung interessiert, nicht an einem gemeinsamen Ergebnis.*«). Wer sich in einem Feedbackprozess darauf konzentriert, nur zu beschreiben und nicht zu bewerten, schafft einen doppelten Nutzen: Der Feedback-Empfänger kann leichter auch kritische Rückmeldungen akzeptieren, weil er sich in seiner persönlichen Integrität nicht verletzt fühlt. Person und Verhalten werden auseinander gehalten. Dies ist eine Grundvoraussetzung für die Bereitschaft zur Verhaltensänderung. Der Feedback-Geber lernt, seine subjektive Wahrnehmung infrage zu stellen, genauer zu beobachten und behutsamer zu urteilen – statt seinen Vorurteilen freien Lauf zu lassen und stolz darauf zu sein, schnell etikettieren und generalisieren zu können.

Management der Veränderung – und die Rolle von Feedback

Worum es auch immer gehen mag – Einzelpersonen, Paare, Gruppen, Teams oder Unternehmensbereiche –, Veränderungen haben immer auch etwas mit Menschen und ihrem Verhalten zu tun. Feedback hat in jedem Prozess der Veränderung eine zentrale Bedeutung: Für den Einzelnen ist Feedback ein unverzichtbares Instrument für den Ausbau seiner Sozialkompetenz und die Entwicklung seiner Persönlichkeit. Feedback trägt dazu bei, dass sich Menschen ihrer Stärken und Schwächen bewusst werden, ihre Wirkung auf andere erkennen und in der Lage sind, ihr Verhalten angemessen auf die Erfordernisse der jeweiligen Situation auszurichten. Dies stärkt das Selbstbewusstsein und das Gespür für sich selbst und steigert die Fähigkeit, mit anderen Menschen, vor allem in angespannten Situationen, so umzugehen, dass der Faden nicht reißt und die Beziehung nicht über Gebühr belastet wird. Und genau dies sind die Voraussetzungen, die jeder Manager schon jetzt und in Zukunft immer stärker benötigt: Veränderungen als Herausforderung zu begreifen und sie zu gestalten statt zu fürchten; fähig zu werden, mit Unsicherheit und Widersprüchen zu leben und trotzdem handlungsfähig zu bleiben; sich auf Chancen statt auf Verluste oder Defizite zu konzentrieren; sich als Treiber des Wandels, als so genannter Change Agent zu sehen, der andere ins Boot holen und Energie und Vertrauen schaffen kann. Auch wer sich selbst erfolgreich als *Selbst GmbH* oder *Ich AG* managen und mit anderen kooperieren will, ist auf Feedback angewiesen. Auf diesem Weg erhält er aus seinem Umfeld, von Mitarbeitern, Kollegen, Vorgesetzten oder Kunden die relevanten Steuerungsinformationen, anhand derer er sein Verhalten überprüfen – und Diskrepanzen zwischen seinen angestrebten Zielen und Absichten einerseits und seiner erlebten Wirkung andererseits feststellen und beheben kann. In Gruppen und Teams hilft Feedback, tragfähige emotionale Beziehungen zu entwickeln und eine teamorientierte Führungskultur aufzubauen. Sich offen damit auseinandersetzen, was sich jeder Einzelne im Hinblick auf Führung und Zusammenarbeit vorstellt und erwartet, daran führt kein Weg vorbei. Noch existenzieller sind diese Fragen, wenn eine Gruppe den Anspruch hat, sich selbst zu organisieren und zu steuern. Für das Unternehmen und die Organisation insgesamt schafft Feedback die Voraussetzung für einen verlässlichen Austausch von Informationen und wechselseitigen Erwartungen zwischen allen Bereichen und Ebenen der Organisation, ebenso zwischen Unternehmen, Lieferanten und Kunden, als Bedingung der Möglichkeit, eine Führungs- und Unternehmenskultur zu entwickeln, die auf Offenheit und Vertrauen beruht.

Feedbackschleifen sind ein hervorragendes Mittel der Systemkontrolle und Voraussetzung für seine Weiterentwicklung. Alle, die in irgendeiner Form in den Unternehmensprozess involviert sind, können darüber mit den anderen in Austausch treten, immer wieder neu die für sie relevante Lage erkunden und entsprechend reagieren. Feedbackprozesse schaffen Transparenz und dienen gleichzeitig als Frühwarnsystem, indem sie auf Handlungsbedarf hinweisen. Die Themenfelder und Ansatzpunkte sind vielfältig. Wir werden das an einigen Beispielen beschreiben:

Beispiel Nr. 1: *Die Stimmung an der Basis.* Wer im Unternehmen etwas gravierend verändert, löst immer Befindlichkeiten aus. Er tritt immer einigen auf die Füße. Während die Gewinner ihre Billigung in aller Regel offen kundtun, die opportunistischen Jasager sowieso – ist doch die Akklamation nach oben wichtiger Teil ihrer persönlichen Vermarktungsstrategie –, sind Störungen, Hemmnisse und Blockaden oft viel schwieriger zu orten. Es ist wie beim Arzt: Vor, während und eine bestimmte Zeit nach der Operation muss er genau beobachten, wie der Patient auf den Eingriff reagiert. Gezielt angelegte Feedbackprozesse sind der Königsweg, um sich Informationen zu beschaffen, wie die Betroffenen individuell und auch kollektiv reagieren. Einerseits kann man zum Beispiel

Ängste und Widerstand besser verstehen und deshalb auch besser damit umgehen, andererseits können in dem ein oder anderen Fall bisher nicht bekannte Bedürfnisse und Interessen entdeckt werden, an die man vielleicht sogar andocken kann. Voraussetzung für beides: Man muss es nur wissen.

Beispiel Nr. 2: *Führung und Zusammenarbeit.* Die Steuerung von Führung und Zusammenarbeit ist ohne Feedbackprozesse nicht denkbar. Ein wesentlicher Ort dafür sind professionell durchgeführte Mitarbeitergespräche statt unverbindliche Äußerungen bei eher zufälligen Begegnungen zwischen Tür und Angel. Der regelmäßige offene Austausch zwischen Vorgesetzten und Mitarbeitern darüber, wie sie die Führungs- und Kooperationssituation erleben, gibt dem Mitarbeiter Orientierung, wie der Vorgesetzte ihn erlebt und einschätzt, wie zufrieden er mit ihm ist und welche Erwartungen im Hinblick auf Veränderung bestehen. Der Vorgesetzte erhält Informationen darüber, wie der Mitarbeiter mit seiner Führung zurechtkommt, wo er sich unterstützt, wo irritiert fühlt, wie zufrieden er mit seiner Arbeitssituation ist und welche Vorstellungen über die weitere Entwicklung vorhanden sind. Beide erfahren durch das Feedback eine Intensivierung ihres Kontakts, erhöhen die Sicherheit in ihrer Beziehung und verstärken die Grundlage, um ihr Zusammenspiel noch besser zu gestalten. Und wenn nicht alles isoliert und zerstückelt wird in bilaterale Gespräche zwischen dem Vorgesetzten und jedem einzelnen Mitarbeiter, sondern (auch) ein Austausch innerhalb der gesamten Gruppe stattfindet, kann auch das Thema der Zusammenarbeit untereinander und wie Führung in Zeiten gesteigerter Selbstverantwortung und Selbstführung stattfinden soll, offen behandelt werden. Instrumente, die dazu als Hilfe herangezogen werden können, haben wir im dritten Teil beschrieben.

Beispiel Nr. 3: *Besprechungskultur.* Wenn Veränderungen ins Haus stehen, haben Sitzungen und Besprechungen Hochkonjunktur. Mittlerweile gibt es zahlreiche Bücher mit Hinweisen, wie man die Effektivität von Sitzungen und Besprechungen steigern kann. Dass diesen instrumentellen und methodischen Ansätzen nur ein begrenzter Erfolg beschieden ist, ist jedem bewusst, der einen etwas besseren Einblick in die Alltagspraxis solcher Begegnungen hat. Es liegt sicher weniger daran, dass Menschen nicht wüssten, dass es gute Hilfsmittel und geeignete Spielregeln gäbe, wie man Besprechungen effizienter moderieren, visualisieren, vorbereiten, durchführen, nachbereiten – und so ihre Effizienz maßgeblich steigern könnte. Nein, der Kern liegt ganz woanders. Es sind maßgeblich gruppendynamische Aspekte, welche die Situation bestimmen: Positionierungskämpfe um die Rangreihe, Inszenierungen von Ritualen der Macht oder der Unterwerfung, eben Spiele der Erwachsenen. Aber wer ernsthaft darum bemüht ist, das gruppendynamische Kräftefeld nicht derart zu »missbrauchen«, sondern es im Hinblick auf Ergebnisorientierung zu kanalisieren, für den ist Feedback unentbehrlich, und zwar als zweifacher methodischer Eingriff, um das Verhalten in Arbeitsgruppen zu beeinflussen.

1. *Situativ aktuelle Störungen bearbeiten*: RUTH COHN wurde speziell im pädagogischen Raum bekannt und erfolgreich durch die Einführung einer dreidimensionalen Betrachtungsweise für Besprechungen beziehungsweise die Arbeit von Gruppen. Sie sprach von der Balance zwischen dem *Thema* (die Sache, worum es geht), dem einzelnen *Ich* (die individuellen Bedürfnisse der beteiligten Personen) und dem *Wir* (den Bedürfnissen der Gesamtgruppe und den gruppendynamischen Prozessen). Eine der Hauptregeln, um diese Balance zu halten, heißt: *Störungen haben Vorrang*. Man kann durchaus die Absolutheit dieser Anforderung relativieren und auf die Anregung fokussieren: In Situationen, in denen es nicht so läuft, wie man möchte – gleichgültig ob in der Rolle als Leiter oder als Teilnehmer einer Sitzung –, wenn man spürt, wie die Stimmung immer aggressiver oder auch depressiver wird, wenn man merkt, dass es nicht vorangeht, die sachliche Diskussion unterbrechen, die eigenen Beobachtungen und damit verbundenen Empfindungen schildern, die anderen bitten mitzuteilen, wie es ihnen geht – um schließlich dann gemeinsam zu beratschlagen, wie man weiter vorgehen soll. Nach unserem Sprachgebrauch heißt dies: Die Bühne drehen von der Vorderbühne zur Hinterbühne beziehungsweise die Ebenen wechseln von der Sachebene zur Beziehungsebene, die emotionalen Störungen zum Thema machen mit dem Ziel, die Arbeitsfähigkeit wiederherzustellen.

2. *Feedbackschleife fest installieren*: Am Ende jeder Besprechung sollte anhand von gezielten Fragestellungen eine Auswertung durchgeführt werden, die alle Dimensionen berücksichtigt, welche die Effizienz einer Besprechung beeinflussen. Die Fragen könnten in etwa so lauten:

– Wie zufrieden bin ich mit dem inhaltlichen Ergebnis?
– Wie zufrieden bin ich mit dem methodischen Vorgehen?
– War die Vorbereitung o. k.? Waren die Unterlagen angemessen?

- Sind wir mit der Zeit richtig umgegangen? War unsere Reihenfolge diszipliniert: Sammeln → Ordnen → Gewichten → Entscheiden? Oder ging alles wie Kraut und Rüben durcheinander?
- Konnte ich mich selbst gut entfalten – oder fühlte ich mich gebremst?
- Wie habe ich die Atmosphäre erlebt: offen, kreativ, verspannt, vorsichtig, taktierend?
- Wie habe ich die Zusammenarbeit untereinander und die Führung erlebt?
- Wie zufrieden bin ich mit mir und meiner Rolle heute?
- Was hat den Arbeitsprozess besonders gefördert, was hat ihn besonders behindert?
- Auf was sollten wir in Zukunft mehr achten?

Solche und ähnliche Fragen zwingen die Teilnehmer, sich regelmäßig mit ihrer Besprechungskultur auseinander zu setzen und sich der Tatsache zu stellen, dass sie für all die angesprochenen Dimensionen und Aspekte selbst die Verantwortung haben. Es handelt sich um eine vorbeugende Systempflege mit dem Ziel, die generelle Sensibilität für solche Fragen zu erhöhen und insgesamt, Schritt für Schritt, die Effizienz zu steigern. Dass durch regelmäßige Metakommunikation auch der Zusammenhalt der Gruppe gestärkt wird, weil man mehr übereinander erfährt, wird dann zu einem erwünschten Nebeneffekt, wenn diese Metakommunikation nicht zum folgenlosen Ritual erstarrt, sondern daraus echte Konsequenzen abgeleitet werden.

Feedback und Kommunikation

Führen und Verändern ist zu einem wesentlichen Teil gleichzeitig angewandte Kommunikation. Wer führen oder beeinflussen will, muss einerseits seine Anliegen und seine Sichtweisen anderen deutlich machen können, und andererseits in der Lage sein, sich in diejenigen hineinzuversetzen, mit denen er zusammenarbeiten will, um zu verstehen, wie sie ihrerseits die Dinge sehen und erleben, um es dann schließlich zu schaffen, die anderen für sein Vorhaben zu gewinnen. Nur wo Verständigung mit anderen gelingt, kann Führung und Zusammenarbeit von Erfolg gekrönt sein. Dazu bedarf es allerdings als Basisvoraussetzung der Fähigkeit, sich selbst und andere genau zu beobachten und wahrzunehmen. Genauso wichtig ist dann aber auch die Fähigkeit, was man sieht und empfindet in geeigneter Weise anderen mitzuteilen. Und wieder sind wir bei der Fähigkeit des Feedback als eine der Grundvoraussetzungen für Kommunikation, Führung und Veränderung in allen Spielarten.

Vier hilfreiche Regeln für persönliches Feedback

Wer mit Feedback arbeitet, tut manchmal gut daran, einige Spielregeln zu formulieren, auf die sich alle während dieser Arbeit verpflichten – und diese in Kurzform als Hinweis gut sichtbar für alle im Raum zu platzieren. Folgende Formulierungen haben sich als nützlich erwiesen:

- *Es geht um subjektive Wahrnehmungen, nicht objektive Wahrheiten.*
  Rückmeldungen über persönliches Verhalten sind ein Angebot, mehr darüber zu erfahren, wie andere einen wahrnehmen. Sie sind keine objektiven Wahrheiten. Und: Sie betreffen nicht den Kern der Persönlichkeit, sondern das, was von außen wahrgenommen oder in diese Wahrnehmungen zusätzlich hineininterpretiert wird.
- *Beschreiben – nicht bewerten.*
  Wer Rückmeldung gibt, beschreibt seine Wahrnehmungen und Beobachtungen – also das, was ihm am anderen aufgefallen ist – und die Gefühle und Überlegungen, die dadurch in ihm ausgelöst wurden. Er fällt keine Werturteile, er macht keine Vorwürfe, er moralisiert nicht.
- *Möglichst konkret, beobachtbar und nachvollziehbar.*
  Rückmeldungen sollten aus konkreten und zeitlich nachvollziehbaren Beispielen bestehen. Mit Verallgemeinerungen, Allgemeinplätzen und abstrakten Betrachtungen kann der »Empfänger« nichts anfangen.
- *Wer Feedback gibt, spricht nur für sich selbst.*
  Der Feedback-Geber spricht den Empfänger direkt und persönlich an, nicht in Form von »man« oder »wir« – und bezieht sich dabei ausschließlich auf seine eigenen Erfahrungen und Empfindungen.

Anleitung zum Schutz vor Feedback – ein Paradox

Der amerikanische Kommunikationswissenschaftler PAUL WATZLAWICK kam eines Tages zur Erkenntnis, dass es zur Natur und zur Selbstinszenierung nicht weniger Menschen gehört, unglücklich zu sein. Überzeugt davon, dass Belehrungen noch kaum jemand dazu gebracht haben, sich in seinem Verhalten beeinflussen zu lassen, wählte er für sein Vorhaben die Methode des Paradoxon, also einer scheinbaren Widersinnigkeit. Er verfasste ein kleines Buch mit dem Titel *Anleitung zum Unglücklichsein*. Die Botschaft: Also, meine lieben Mitmenschen, wenn schon unglücklich, dann bitte nach allen Regeln der Kunst! Und wer kann es dann noch, ohne nicht wenigstens ab und zu, wenn auch im tiefsten Keller versteckt, über sich zu schmunzeln. So ähnlich könnten wir es mit dem Thema Feedback versuchen. Wer auf Feedback im Grunde keinen Wert legt, weiß eigentlich schon, wie er es beziehungsweise sich anstellen muss, damit auch noch der zaghafteste Versuch zum Scheitern verurteilt ist. Oder anders herum formuliert: An bestimmten Verhaltensweisen lässt sich ziemlich genau erkennen, wer eigentlich auf Feedback keinen Wert legt.

Aber wir sind in einem Dilemma: Einerseits sagt uns jeder Change Agent, jeder Kommunikationsfachmann, jeder Beziehungscoach, wie wichtig, ja, unverzichtbar Feedback ist. Unser eigenes Buch ist voll von solchen Annahmen und Hinweisen. Andererseits passt Feedback nicht nur in asiatischen Kulturen nicht in die zwischenmenschliche Landschaft, sondern im Grunde auch im Westen nicht. Nicht nur im Fernen Osten ist Gesichtswahrung ein hohes Gut. Wir reden zwar viel von Sozialkompetenz, schreiben es auch bunt und in schönsten Formulierungen in viele Unternehmens- und Führungs-Leitbilder. Aber so richtig einfordern wollen wir es häufig denn doch nicht. Kollidiert es doch mit dem nach wie vor so mächtigen hierarchischen Denken, wo klar sein muss, wer wem was und wie zu sagen hat beziehungsweise darf – und wer eben nicht! Und mal ganz ehrlich! – wir haben doch alle von Kindsbeinen an gelernt, uns genau in dieser Welt ganz gut zurechtzufinden. So gut, dass wir durchaus in der Lage sind, uns durchzulavieren – und Karriere zu machen. Deshalb wird zur Preis- und Gretchenfrage: Wie kann man Feedback schnell zum Erliegen bringen oder gar total verhindern? Zumindest, worauf muss man achten, um niemanden dazu zu ermutigen? Noch besser, wie könnte man glasklar signalisieren, dass man von Feedback verschont bleiben will, ohne sich selbst in einer sich kommunikativ gebenden Welt zu desavouieren? Geht es doch darum, unbedingt den Schein der Bereitschaft zu wahren, wo doch Feedback als Basiselement jeglicher Sozialkompetenz angesehen und propagiert wird. Wie kann man sich sozusagen waschen lassen, ohne das Risiko einzugehen, nass zu werden? Dazu die folgenden Hinweis und Spielregeln:

1. Ermuntern Sie offiziell immer dazu, Ihnen ganz offen Feedback zu geben. Das gehört heutzutage einfach zum guten Ton. Tun Sie das in allen jeweils gängigen Varianten, zum Beispiel durch *open door policy* (Sie müssen nur dafür sorgen, dass Sie nicht zu oft drinnen sind), *offenen Mitarbeiter- oder Managementdialog* (Sie müssen lediglich häufig genug das Adjektiv *konstruktiv* beifügen – und jeder wird sofort Ihre Botschaft verstehen, nämlich dass er nur das zu sagen hat, was Ihnen in den Kram passt ...), oder *walk the talk,* mancherorts auch *wandering around* genannt (Sie müssen bloß gut überlegen, wo Sie hingehen und durch gezielte Hinweise den Mitarbeitern die Chance geben, potemkinsche Dörfer zu bauen – spätestens dann, wenn Sie zum zweiten Mal dort auftauchen). Sie werden selbst noch weitere Spezifikationen kennen oder auf Ihre Person und spezielle Situation maßgeschneidert welche entwickeln (lassen).

2. Bedanken Sie sich für jedes erbetene und auch nicht erbetene Feedback – und tun Sie das, wenn immer möglich, in öffentlicher Inszenierung! Diese sich als lernend und zugleich wertschätzend gebende Verhaltensgeste bewirkt zweierlei: Einerseits wird sie als eindrucksvoller Vorgang symbolischen Managements interpretiert. Andererseits wird dies als untrügliches Zeichen Ihrer persönlichen Offenheit und Lernbereitschaft gesehen und Ihnen als persönliche Eigenschaft zugeschrieben. Vergessen Sie aber bitte nicht – und jetzt wird es ganz wichtig! –, ein entscheidendes Wort hinzuzufügen, nämlich das Wort ABER! Und nach diesem »*Ja, aber...*«-Modell sind die folgenden Regeln zu spielen. Das heißt, Sie sollten vor jedem ABER immer wieder betonen, wie dankbar Sie *eigentlich* für die offene Rückmeldung sind, *wenn auch* .... (wie wir im Folgenden gleich sehen werden). Um ganz sicherzugehen, dass Sie die Feinheiten nicht überlesen haben: Das Wort *eigentlich* ist unverzichtbar. Handelt es sich doch um eine äußerst elegante Form der Einschränkung, die der Verneinung gleichkommt. Für den Fall, dass Sie variieren wollen: Statt *eigentlich* können Sie auch *im Prinzip* oder *im Grunde* sagen.

3. Es geht darum, die Dinge zurechtzurücken, sie wieder in die ursprüngliche Lage zurückzuversetzen, so wie man ein Bild wieder gerade hängt, das beim Staubwischen in die Schräglage geraten ist. Dies können Sie auf unterschiedliche Weise tun, zum Beispiel indem Sie

   • erklären, was die eigentlichen Hintergründe Ihres Handelns waren, was die anderen ja nicht wissen konnten. Achten Sie allerdings darauf, dass Sie nur Ursachen nennen, wofür Sie nun wirklich nichts können;

- aufzeigen, dass diejenigen, welche die Situation und Sie wirklich kennen, alle uneingeschränkt mit Ihnen Ihrer Meinung sind. *»Danke für die offene Rückmeldung! Ich kann gut verstehen, dass Sie aufgrund der kurzen Zeitspanne, in der wir uns kennen, zu keinem anderen Ergebnis kommen konnten; aber wer mich wirklich kennt, weiß, dass ich eigentlich ... (auf jeden Fall ganz anders bin).«;*
- versprechen, dass dies ein einmaliger Ausrutscher war. Spekulieren Sie ruhig darauf, dass Menschen vergesslich sind. Wahlversprechen sind ein gutes Beispiel dafür. *»Das hier ist eindeutig eine Ausnahmesituation; im normalen Leben verhalte ich mich völlig anders.«;*
- sich verwundert zeigen: *»Das ist mir völlig neu. Das kann ich kaum glauben. Wenn es nämlich so wäre, müsste ich das ja schon öfter gehört haben!«;*
- daran erinnern, dass Sie das, was man Ihnen vorwirft, eigentlich schon viel früher angekündigt hatten, dass man es aber wohl überhört oder vergessen habe. Nein, sagen Sie lieber, Sie hätten sich damals wohl missverständlich ausgedrückt – es weiß dann jeder, was Sie meinen.
- über Begriffsdefinitionen streiten und dadurch die Aussagen relativieren. Sollte Ihnen zum Beispiel jemand die Rückmeldung geben, Sie würden auf ihn autoritär wirken, so lassen Sie ihn seine Definition des Begriffs *autoritär* geben. Verstehen Sie ihn aber nicht zu schnell, sondern lassen Sie ihn sich genügend abstrampeln. Schlussendlich stellen Sie fest, dass Ihr eigenes Verständnis dieses Begriffes doch erheblich davon abweicht – und dass es deshalb für sie völlig klar ist, wie es zu einer derartigen (Fehl-) Einschätzung kommen konnte.

4. Zeigen Sie als Alternative zum dritten Schritt oder als schmückende Beigabe ein gehöriges Maß an persönlicher Betroffenheit. Mischen Sie aber durchaus eine kleine Menge an Vorwurf hinzu, allerdings möglichst als Überraschung getarnt. Halten Sie sich aber so weit im Zaun, dass dahinter nicht Ihr eigentlicher Ärger zum Vorschein kommt. Hier einige Formulierungshilfen: *»Das überrascht und enttäuscht mich jetzt ganz persönlich. Ich wollte doch nur ... gerade bei euch ... ich war immer der Meinung ... Ich bin darüber sehr betroffen und überlege mir ... Ich brauche einfach Zeit, um mir darüber klar zu wer-*

den...« Nahezu jeder kennt schon aus frühen Kindertagen die Wirksamkeit elterlicher (meistens mütterlicher) Vorwürfe, die als persönliche Enttäuschung verkleidet waren.

5. Vergessen Sie abschließend auf keinen Fall, die Menschen einzuladen, Ihnen auch weiterhin ganz offen und ehrlich Feedback zu geben und zu sagen, was immer sie Ihnen sagen wollen (siehe Punkt 1).

6. Gehen Sie generell davon aus, dass der einzige Mensch, der Sie wirklich kennt, nur Sie selbst sein können. Alle Bilder, die von Ihrem Selbstbild abweichen, sind Ausdruck der sozialen Inkompetenz Ihres Gegenüber: Er kann entweder nicht gut beobachten oder aus seinen Beobachtungen nicht die richtigen Schlüsse ziehen – oder beides. Nachfragen ist zwecklos. Verweisen Sie notfalls auf Ihre langjährige Erfahrung: *»Da bin ich mir nun wirklich sicher und vielfach bestätigt aus meiner langjährigen Erfahrung im Umgang mit Menschen: Ich bin das genaue Gegenteil von dem, was Sie behaupten ...«*

7. Werden Sie auf diesem Weg ein klassischer Feedback-Killer. Solche Menschen sind zwar nicht immer beliebt, aber viele sind durchaus erfolgreich.

Kapitel 9

Virtuelle Teams

Wenn man bisher sagte, man arbeite in einem Team, dann war es für die meisten selbstverständlich, dass man mit anderen am gleichen Ort, für die gleiche Organisation an einem gemeinsamen Thema zusammenarbeitet. Die damit unterstellte Arbeitsbeziehung war Zusammenarbeit Seite an Seite, mit Blickkontakt. Der direkte, intensive, persönliche Kontakt und die damit verbundene persönlich geprägte Beziehung wurden als unabdingbar (mit-)gedacht. In vielen Beratungsprojekten wird immer wieder die räumliche Nähe, die möglichst unmittelbare Kommunikation gefordert oder – bei Problemanalysen – deren Fehlen als grundlegendes Defizit und wesentliche Ursache von Misserfolgen beklagt. Dies betrifft insbesondere Teams, die über organisationsinterne Grenzen hinweg – also aus verschiedenen Abteilungen, Bereichen und Spezialistenfunktionen – gebildet werden. Wir gestehen offen: Bis vor kurzem haben wir solchen Diagnosen meist zugestimmt. Örtlich verteilte Teams – und sei es nur innerhalb des Betriebsgeländes, geschweige denn bei geografisch unterschiedlichen Standorten oder gar international verstreut – bewerteten wir als Hemmnis für Kommunikation, Teamdynamik und Teamentwicklung und damit als kritisch bezogen auf den Teamerfolg. Was aber nun, wenn Unternehmen verstärkt übergreifende Aufgaben in strategische Allianzen und internationale Arbeitsgruppen verlagern? Wenn die Organisationsgrenzen auch nach außen zunehmend durchlässiger, zumindest aber undichter werden und immer mehr Prozessketten sowohl Zulieferer als auch Kunden einbeziehen? Wenn die Außenmauern der Unternehmen mit ihren konventionellen organisatorischen Abschottungen und Barrieren beginnen, im Gefolge von Engpass-Kompetenzen, von Zeit- und Kostendruck, von Out- beziehungsweise Insourcing-Strategien, von Partnerschaften und Kooperationsverträgen, wechselseitigen Beteiligungen und vor allem von gemeinsamen – häufig vom Kunden aus initiierten – Projekten zu zerbröckeln und sich aufzulösen? Die Teams, welche die Durchgängigkeit solcher Prozesse sowie die effiziente Steuerung der darin enthaltenen Schnittstellen zu bewältigen haben, sind absolut organisationsüberschreitend. Im IT-Bereich ist es fast schon zur Regel geworden, dass sich Hardware-Hersteller und Software-Lieferanten sowie die Unternehmen, deren spezifische Dienstleistung die Integration ist, in Partnerschaften verbinden, um den Auftrag des Kunden gemeinsam zu realisieren. Die Schnittstellen liegen sozusagen in einem gemeinsamen Back Office und werden dort in Teams bewältigt, die in ihrer (Zusammen-) Arbeit mehr auf den Kunden und seine Probleme bezogen sind als auf ihre Herkunftsunternehmen und deren organisatorische Identität. Der Kunde jedenfalls kauft und erhält eine funktionierende und bereits integrierte Gesamtlösung für sein Problem.

Ähnliche Konzepte, die organisatorische und räumliche Grenzen überwinden, finden sich zunehmend auch im Non-Profit-Bereich. So verknüpfen zum Beispiel verschiedene medizinische, soziale und kommunale Trägerorganisationen ihre Spezialkompetenzen und -einrichtungen zu einer durchgängigen Prozesskette im Interesse der Patienten beziehungsweise Klienten. Selbsthilfegruppen, Beratungsangebote in unterschiedlichen Ämtern, ambulante und stationäre Kliniken bis hin zu Therapie-, Kur- und Nachsorgeeinrichtungen verfolgen gemeinsam die Optimierung der Gesamtleistung – zum Beispiel im Drogenbereich –, alle sind dabei, untereinander und miteinander zu kommunizieren, zu koordinieren, abzustimmen, aber auch gemeinsam zu überprüfen und zu verbessern. In einer süddeutschen Großstadt wird zurzeit ein virtuelles Altenheim erprobt, in dem die Bewohner in ihren eigenen Wohnungen bleiben. Dabei wird ihnen jedoch ein ihren Wünschen und ihrem Bedarf individuell angepasster Betreuungs- und Versorgungsumfang geboten, dessen Variabilität und Flexibilität jedes klassische Altenheim organisatorisch völlig überfordern würde. Diese virtuelle Gesamtleistung wird in stadtteilbezogenen Teams erzeugt, die sich darüber hinaus stadtübergreifend zu einem Support-Netzwerk verknüpfen, das Synergien bildet und Qualifikationen, Kompetenzen und Kapazitäten ausgleicht. Was anfangs niemand glauben wollte, scheint auf der Arbeitsebene durchaus zu funktionieren. Das Hauptproblem lag allerdings von Anfang an in der Koordination und Abstimmung der unzähligen Trägerorganisationen, Fach- und Berufsverbände und Verrechnungseinrichtungen für die je spezifischen Teilleistungen – und natürlich auch bei den unterschiedlichen betroffenen Kostenträgern. Jene Stadtteilteams, denen es gelang, ihren

Existenzzweck in dem Wohlbefinden der alten Leute – der Kunden sozusagen – und im gemeinsamen Neuerfinden eines optimalen gesellschaftlichen Modells – also der sozialen Innovation – zu sehen und zu definieren, begannen ihre Zugehörigkeit zu ihrer jeweiligen Trägerorganisation mehr und mehr hintanzustellen und diese Haltung auch an die verschiedenen Mitarbeiter vor Ort weiter zu vermitteln. Sie erwiesen sich schon nach kurzer Zeit als die eigentlichen Goldstücke des Modellprojekts.

Auch großflächige Veränderungsprozesse und Post-Merger-Integrationsmaßnahmen erfordern es unweigerlich, Teams über Organisations-, Raum- und Zeitgrenzen hinweg zu bilden. In Zeiten wie diesen sind solche Teams in Bereichen, die von großen Veränderungen betroffen sind oder von denen solche ausgehen, zum fast alltäglichen Werkzeug geworden. Denn die Fähigkeit, mit anderen über organisatorische, räumliche und unternehmenskulturelle Grenzen hinweg auf diese neue Weise zusammenzuarbeiten, wird mehr und mehr zur erfolgskritischen Schlüsselkompetenz.

Mit dem Vordringen von Internet, Intranets und lokalen Netzwerken, von Informationsökonomie, IT-gestützten Dienstleistungen und digitalisierten Gütern verändern oder verlieren vertraute organisatorische Regeln ihre Bedeutung. Schon heute ist bei uns fast jeder zweite Erwerbstätige mehr oder minder ein Informationsarbeiter, der, wenn auch in unterschiedlichem Umfang, daran mitwirkt, aus vorhandenem Wissen neues Wissen zu erzeugen. Die bei uns noch weitgehend vorherrschenden industriellen Organisationskonzepte, die sich an der Verwertung von Rohstoffen durch den Einsatz der Produktionsmittel Kapital, Energie und Arbeit orientieren, greifen nicht mehr wirklich und geraten zunehmend unter Druck. Überall wird sichtbar: Mit der Veränderung der Aufgaben verändern sich auch die Formen ihrer Erledigung. Die neuen entscheidenden Produktionsfaktoren – also jene, die Wettbewerbsvorteile schaffen und damit ausreichende Wertschöpfung sichern – heißen Wissen und Kommunikation. Das Wissen aber steckt in den Köpfen der Mitarbeiter. Es wird, wenn alles klappt, durch Kommunikation verknüpft und an den Ort des Bedarfs gebracht. Diese Kommunikation ist umso effizienter, je besser es gelingt, formale und bürokratische Hürden zu umgehen und funktionelle Hierarchien zu überwinden.

Der Weg zu dieser neuen Form wird leichter, wenn einige Voraussetzungen gegeben sind: Ein gemeinsames Wollen beziehungsweise ein gemeinsames Interesse, die Grundidee der lockeren Verknüpfung, die Bereitschaft zur Verlässlichkeit und die Lust an gegenseitig sich unterstützendem Zusammenwirken. Ist dies zumindest ansatzweise vorhanden und sind die informationstechnischen Bedingungen in Ordnung, besteht zumindest die Möglichkeit, als Team über Raum-, Zeit- und Organisationsgrenzen hinweg – eben als virtuelles Team – erfolgreich zu arbeiten.

Das Neue an den neuen Kommunikationstechnologien

Die neuen Kommunikationsformen und -verbindungen unterstützen den Kontakt und prägen Beziehungen auf eine ganz neue, ganz andere Weise als direkte persönliche Gespräche und Besprechungen. Eine Videokonferenzschaltung unterliegt spürbar anderen Bedingungen und entwickelt auch eine andere Dynamik als ein unmittelbares Team-Meeting. Und ein Voice- oder E-Mail-Disput über Zeitzonen und Kulturschranken hinweg unterscheidet sich vom unmittelbar-direkten persönlichen Fachdiskurs. Für diese virtuelle Teamwelt haben wir allerdings noch sehr wenig erprobtes Wissen. Uns fehlen innere Landkarten und die, die wir schon besitzen, weisen noch viele weiße Flecken auf. Es fehlt zum Teil das Bild, auf jeden Fall der Geruch, das direkte Beschnuppern vor Ort – und damit fällt eine wesentliche Komponente der Bildung von Vorurteilen flach, die in massiver Weise Verhalten mit steuern. Es ist wie bei einer Weinprobe, bei der man weder den Wein noch seine Herkunft und Machart kennt und auch keinen Kontakt zu anderen Beurteilern hat – also keine Möglichkeit, sich bei der persönlichen Meinungsbildung in irgendeiner Weise anzulehnen. Der so genannte *Halo-Effekt* reduziert sich deutlich und damit auch der (vor-)schnelle Rückgriff auf stereotype Vorbehaltsmuster.

Virtuell bedeutet ursprünglich *der Möglichkeit nach* und hat eine Verschiebung seiner Bedeutung erfahren, hin zu irgendwo zwischen nicht wirklich, nicht real, *nicht in der herkömmlichen Form der Realität beziehungsweise Organisation abgebildet, sondern konzentriert auf die Zielsetzung, die dem Geschäftsprozess zugrunde liegt* und *fast wie*. Im Zusammenhang der Informationstechnologie soll das Wort virtuell eine Art digitaler Existenz markieren; eine Realität, die zwar als aggregierte Information vorhanden, beschreibbar und handhabbar ist, aber eben nicht so, dass sie deshalb auch physisch bestünde. In Verbindung mit Team meint virtuell aber nun nicht, dass es dieses Team gar nicht gibt, dass dessen Mitglieder nur so tun als ob. Virtuelles Team bedeutet vielmehr, dass ein Team die üblichen Arbeitsmethoden und organisatorischen Begrenzungen erweitert hat durch Formen der Interaktion, des Know-how-Managements und Wissenstransfers, eine Prozess-, Beziehungs- und Netzwerkgestaltung, die an elektronische Medien, Prozessoren und Speicher gebunden sind. Diese waren in solchem Maße in den bisherigen Möglichkeiten – und dem Bedarf – konventioneller Teams nicht enthalten.

Wenn eine wöchentliche Teambesprechung, das Prinzip der offenen Türen oder spontaner Terminvereinbarungen, das zufällige Treffen auf dem Flur, ein gemeinsames Essen in der Kantine, die institutionalisierte Tee-Stunde oder das Power-Breakfest zur Verfügung stehen, entfällt ein Problem, das virtuelle Teams markant kennzeichnet. Wenn die Teammitglieder an verschiedenen Ecken einer Stadt, über ein Land verteilt oder auf der ganzen Welt verstreut sitzen – in Teilgruppen oder völlig vereinzelt –, dann bekommen sie einander kaum zu Gesicht. In extremen Fällen trifft sich das Team nie persönlich, sondern arbeitet ausschließlich online zusammen. Und je weiter die Teammitglieder physisch-geografisch voneinander entfernt sind, umso mehr Zeitzonen müssen überwunden werden, um den Informationsaustausch zu organisieren und die Zusammenarbeit zu synchronisieren. Den Kommunikations- oder Wissensbedarf möglichst im Augenblick des Entstehens zu befriedigen, ist dadurch erschwert. Aber dies ist auch in konventionellen Teams nicht immer einfach. Anders ist es mit den persönlich-zwischenmenschlichen Beziehungen, die dadurch beeinflusst und geprägt werden, dass sich die Partner vielleicht auf den entgegengesetzten Seiten des Globus befinden, wodurch der eine zwangsläufig schläft, während der andere (zusammen-) arbeitet. Erfahrungen zeigen allerdings, dass Menschen auch über sehr große Distanzen hinweg Vertrauensbeziehungen entwickeln können. Briefkorrespondenz, die sich gelegentlich zur dichten Freundschaft entwickelt oder intensiv erlebte Kontakte, die in virtuellen Chatrooms entstanden, können dies ebenso illustrieren wie dies Kim Basinger und Bruce Willis in der Filmkomödie *Blind Date* getan haben oder wenn Chuck Berry in seinem Klassiker aus den 50er Jahren *(Long Distance Operator, this is Memphis, Tennessee…)* darstellt, wie dem technischen Routinevorgang einer Telefonvermittlung emotionale und existenzielle Beziehungsaspekte entspringen können. Auch der Erfolg von Einrichtungen wie der Telefonseelsorge, der anonymen Hilfestellung und Beratung bei sehr persönlichen Schwierigkeiten, zeigt seit nun fast 50 Jahren, dass ein technisches Medium durchaus in der Lage ist, emotional intensive und dichte Beziehungsformen zu ermöglichen und zu tragen – auch zwischen Menschen, die sich weitgehend unbekannt sind (oder vielleicht **gerade** deswegen). Virtuelle Verbindungen wie Funk, Kabel und Server transportieren und vermitteln also durchaus Impulse, die emotionale Zuschreibungen erfahren, gegebenenfalls nachhaltige Spuren hinterlassen, sich zu Beziehungsmustern verdichten können und so die nachfolgenden Interaktionen prägen. Zwar sind Datenbanken und Netzwerke vor **allem** dazu da, technische, organisatorische und wirtschaftliche Informationen auszutauschen, aber sie ermöglichen auch den Austausch persönlich gefärbter Informationen. Neben Facts and Figures lassen sich eben auch Gedanken und Konzepte mitteilen, Tipps und Ratschläge geben, Hintergrundinformationen, Befindlichkeitsdaten und Zustandsbeschreibungen vermitteln. Und genau dadurch entsteht eine neue Qualität. Durch Austausch, wechselweise Bestätigung und Bezugnahme auf diese weichen Informationen entsteht so etwas wie Zusammengehörigkeit, ein virtuelles Wir-Gefühl, dem kein technisch stimulierter Beziehungswahn zugrunde liegt, sondern durchaus reale, von den Teammitgliedern geteilte und gelebte Beziehungen – nur eben virtuell – und nicht eingebunden in Herrschafts-Gefängnisse, sondern ermöglicht durch Beherrschung von Fähigkeiten. Gleichzeitig – und darin unterscheiden sich virtuelle Teams wiederum nicht von konventionellen – sind sie verankert oder verwurzelt in ihren Herkunftsorganisationen, ihren Ländern, ihrer Volkszugehörigkeit, ihren Professionen und ihren Kulturen. Was wegfällt, sind die sinnlich wahrnehmbaren Barrieren. Was sie zusammenführt und -hält ist ein Auftrag, der ihrem Zusammenwirken den Rahmen bietet und den Sinn gibt. Der Auftrag ist der gemeinsame Fokus des Teams. Aus ihm müssen sich nicht nur Aufgaben ableiten, mit denen sich die Teammitglieder identifizieren können, sondern auch der Sinn, dass gerade sie und zwar in dieser Zusammensetzung diese Aufgabe erledigen, weil die Prozesse, die erforderlich sind, erkennbar bedingen, dass bestimmte Fähigkeiten, Wissensbestände und bestimmte Personen im Team eingebunden sind. Und in ihm müssen sie sich auch mit ihren persönlichen Interessen wieder finden. Mehr als konventionelle Teams scheinen solche virtueller Art abhängig vom Sog eines gemeinsamen Ziels und – als Markierungen der Zeitstrecke – von konkreten (Zwischen-)Ergebnissen und deren ausreichender Bestätigung. Aus der Differenz zwischen dem Ziel und dem aktuellen Status der Zielerreichung entwickelt sich die Spannung, welche die (Arbeits-)Beziehungen vitalisiert. Weil erlebbare hierarchische und bürokratische Kontrollmechanismen meist nur schwach ausgeprägt sind und Führung kaum vor Ort ist, digitales Controlling anhand von Excel-Kennzahlen und Netzplan-Software aber einen straffen Projektmanager kaum ersetzen kann, müssen Teilumfänge eines solchen Managements in hohem Maße durch verlässliche Vereinbarungen untereinander und Vertrauen in deren Umsetzung ersetzt werden – in Form partnerschaftlicher Spielregeln, ohne dass einer dem anderen durch hierarchische Positionsmacht etwas anschaffen kann. Und dies von Anfang an. Das bedeutet nicht nur eine erhebliche Autonomie der Teammitglieder gegenüber teamfremden heimischen Beanspruchungen vonseiten ihrer jeweiligen Herkunftsorganisation, sondern setzt auch voraus, dass die Teammitglieder je nach Bedarf zu verschiedenen Anlässen und Zeitpunkten immer mal wieder in eine Führungsrolle schlüpfen, um ihre Interessen (der Zusammenarbeit) als Scout, Lotse oder Kapitän auf Zeit durchzusetzen. Da solche Führung meist informeller Natur und ein virtuelles Team ein (zwischen-)menschliches System ist, erwächst daraus das Risiko, dass Spannungen entstehen, Missverständnisse sich häufen, Misstrauen sich einschleicht und Konflikte um sich greifen. Und dies ohne die Möglichkeit des kurzfristigen persönlichen Kontakts, der die Chance bietet, solche Unstimmigkeiten umgehend zu bereinigen. Genau hier entsteht wohl ein Feld, das der intensiven Bearbeitung harrt: virtuelle Gruppendynamik! Genau hier bedarf es zwischen den Mitgliedern virtueller Teams neuer Einsichten in die Unterwelt ihres Netzwerks – das eben nicht nur ein technisches System ist – und neuen Rüstzeugs zur Behebung von Störungen, die dort entstehen können. Auch wenn dies die Komplexität des Teamgeschehens am Anfang nochmals deutlich erhöht! Mehr als bei konventionellen Teams wird in solchen Spannungssituationen auch die Unterschiedlichkeit ihrer Mitglieder, ihrer Kultur, ihrer Lebens-, Denk- und Arbeitsweisen eine Rolle spielen. Vielleicht werden Vorbehalte hinsichtlich Nationalität, Geschlecht, Religion und Hautfarbe auch hier virulent und wird jedes Anders-Sein, das nicht nach dem jeweiligen Geschmack ist, mitgebrachte Stereotypien mobilisieren. Deshalb heißt es auch im virtuellen Kontext immer wieder zu erkennen und zu betonen, welche Qualität, welcher Zugewinn gerade in der Unterschiedlichkeit liegt. Nur die ständige Auseinandersetzung mit dem Fremden hilft, die Verschiedenheit zu verstehen und sie möglichst zu nutzen, um das eigene Denken zu erweitern und dabei die eigene Haltung zu öffnen. Dies möglichst so, dass dem anderen nicht nur Anpassung an die eigenen Spielregeln nahe gelegt wird, sondern dass die virtuellen Handlungsspielräume des Teams insgesamt erweitert und ausgeschöpft werden. Das Ziel und die wirklich neue Herausforderung einer virtuellen Gruppendynamik ist: ein bisher ungewohnt hohes Maß an Differenzen und Distanz produktiv zu bewältigen und zu integrieren. Und dies ohne die reale und unmittelbare Gelegenheit, sich direkt und persönlich auf gleicher Augenhöhe zu begegnen, sondern eben virtuell, das heißt technisch abgepuffert, digital vermittelt und gegebenenfalls fremdsprachlich und zeitverzögert.

Neues Spiel, neue Chancen?

Nun gibt es warnende Stimmen aus der Psychologie und Soziologie, die ihre Sorge zum Ausdruck bringen, mit dem Fehlen der körperlichen Nähe würde zugleich ein Grundpfeiler zur Bildung von sozialer Verantwortung fehlen. Mitte des 20. Jahrhunderts machte STANLEY MILGRAM bereits seine Experimente zum Thema der Abhängigkeit von Autoritäten. Es ging darum zu erforschen, bis zu welchem (erschreckenden!) Ausmaß völlig normale Menschen bereit waren, anderen Menschen Grausamkeiten zuzufügen, solange es nur eine Autorität gab, die dafür scheinbar die Verantwortung übernahm. Aus diesen Forschungen ließ sich eine zweite Schlussfolgerung ziehen: Nicht nur dass eine Autorität die Verantwortung übernahm, sondern dass es zudem nur einen indirekten und eben keinen unmittelbar persönlichen Kontakt mit dem angeblichen Opfer gab, war wohl ein entscheidender Antriebsfaktor.

Wir sind sehr vorsichtig, solche Forschungserkenntnisse zu verallgemeinern – und das Prinzip körperlicher Nähe zum Grundpfeiler zwischenmenschlicher Kooperation und Kommunikation hochzustilisieren. Oder andersherum formuliert: dass mit dem Fehlen körperlicher Nähe alle Hemmungen und jegliche soziale Verantwortung schwindet. Uns erinnert das an eine ähnliche Diskussion zum Thema Anonymität in städtischen Wohnbezirken, wo diese zunächst für die Destruktivität zwischenmenschlicher Beziehungen verantwortlich gemacht worden war, bis man entdeckte, dass Anonymität auch vor Zudringlichkeit schützt. Wir möchten deshalb auch einige gegenteilige Erfahrungen im Hinblick auf das Kriterium Nähe in Erinnerung rufen: Körperliche Nähe hat noch keinen Folterer davon abgehalten, seine Werkzeuge zu gebrauchen. Partnerschaften, die sich extrem nahe sind, können sich gleichzeitig über

Jahre hinweg gegenseitig ausnutzen, manipulieren, geradezu genussvoll seelisch zermürben und zerfleischen. Und so manche Familie und so manches Dorf ist aufgrund der gegenseitigen Nähe für die Mitglieder schlimmer wie der Hochsicherheitstrakt eines Gefängnisses: immer unter Beobachtung, radikale Forderung nach Konformität und Anpassung – und keinerlei Freiheitsgrade zur persönlichen Entfaltung. Auch so manches Team betreibt unter dem Deckmantel der Bedeutung und Pflege zwischenmenschlicher Beziehungen hemmungslose Cliquenwirtschaft – und mobbt alle hinaus, die nicht dazugehören (wollen). Nähe kann hilfreich, aber auch erdrückend sein. Genauso ist es mit der Anonymität: man kann sich in ihr und damit auch sich selbst verlieren, gleichzeitig ist sie eine Grundbedingung der persönlichen Entfaltung. Wir gehen von zwei Extrempolen aus, an denen unserer Meinung nach die Wahrheit mit hoher Wahrscheinlichkeit *nicht* liegt: Zu starke Nähe verhindert Selbstentfaltung – man kann Menschen auch umbringen, indem man sie fest genug umarmt –, kein persönlichen Kontakt, jeder für sich wie die Houellebecq'schen Elementarteilchen und alles auf rein sachlichtechnologischer Basis scheint uns auch nicht der Weisheit letzter Schluss. Es könnte zwar unter Kostengesichtspunkten äußerst verlockend sein, die Virtualität bis an die Grenzen ihrer Möglichkeiten auszuschöpfen. Der Preis dafür könnte allerdings der soziale Kältetod sein.

TEIL III

Der Werkzeugkasten
Konzepte, Instrumente
und Verfahren

Kapitel 1

Die Unterwelt von Gruppen –
und wie man sie erkundet

Damit wir uns mit der Gefühlswelt von Gruppen auseinander setzen können, müssen wir zunächst einmal akzeptieren, dass es neben dem, was wir sehen und hören, eine verdeckte Unterwelt gibt. Ähnlich wie bei einem Eisberg ist der Teil unterhalb der sichtbaren Oberfläche um ein Vielfaches größer und in seiner Form wenig kalkulierbar. Die Themen aus der Unterwelt haben alle etwas zu tun mit Aspekten der eigenen Positionierung, der Zugehörigkeit zu anderen, der Beziehungen mit anderen – und damit verbundenen positiven und negativen Befindlichkeiten: *Wer spielt hier welche Rolle? Wie sind die Machtverhältnisse? Mit wem kann beziehungsweise will ich, mit wem nicht? Wie geht es den anderen mit mir? Wie steht es mit der Konkurrenz, und wie wird sie ausgetragen?* Werden diese Themen vermieden oder ihre Bearbeitung blockiert, sind gravierende Auswirkungen auf das Geschehen an der Oberfläche unvermeidlich. Die Beantwortung dieser Fragen ist der eigentliche Schlüssel, um die Motive und Gefühle, die dem Prozess sein charakteristisches Profil geben, wirklich zu verstehen. Es ist wie beim Autofahren: Stottert der Motor oder gibt es sonst ein Anzeichen einer größeren Störung, fährt ein vernünftiger Autofahrer nicht einfach weiter, sondern hält an, um nachzuschauen oder nachschauen zu lassen, um die eigentliche Ursache der Störung zu lokalisieren. Nichts anderes gilt für die Arbeitsfähigkeit von Gruppen. Wenn es massiv klemmt, wenn die Effizienz und Leistungsfähigkeit der Gruppe beeinträchtigt ist und man feststellt, dass die Störungen mit den üblichen rein sachlichen Hilfsmitteln nicht zu beheben sind, gibt es nur eine vernünftige Reaktion: anhalten, den aktuellen Arbeitsprozess unterbrechen und das Augenmerk auf die Unterwelt richten. Anders formuliert: Man geht auf eine Über-Ebene (so genannte Meta-Ebene), man verlässt für eine gewisse Zeit die unmittelbare Arbeitsebene, um aus einer breiteren und tieferen Perspektive die Unterwelt zu erkunden. Die Aufgabe lautet: das Ausmaß und die Beschaffenheit des gegebenenfalls vorhandenen Eisbergs unterhalb der Wasserlinie erkunden und die Wahrscheinlichkeit einer Havarie analysieren. Das Ziel ist: Das Schiff gekonnt aus der Gefahrenzone steuern. Die grundsätzliche Leitfrage für diese Untersuchungsphase lautet: *Was ist eigentlich los? Welche verdeckten Themen* (hidden agenda) *überlagern zurzeit die offiziell verhandelten Themen – und wie wirkt sich diese Überlagerung auf den Arbeitsprozess aus?* Wir haben dieses Thema in Teil III, Kapitel 6 *»Die Sache mit den Gefühlen«* ausführlich beschrieben.

Es gibt keine besonders raffinierten Interventionen, die quasi automatisch funktionieren und eine Gruppe des Dilemmas entheben würden, selbst kreativ auf Störungssuche zu gehen. Allerdings sind bestimmte Themen nicht von ungefähr unterhalb der Wasserlinie angesiedelt. Sie scheuen das Tageslicht und werden deshalb nicht ohne Not von selbst auftauchen und sich auch nicht so ohne weiteres nach oben ziehen lassen. Manchmal bedarf es dazu bestimmter professioneller Verfahren, manchmal auch spezieller professioneller Hilfe. Es ist wie bei der Gesundheit. Gesundheit ist die ureigenste Angelegenheit jedes einzelnen Menschen. Jeder kann viel dafür tun, gesund zu bleiben oder zu werden. Aber manchmal reichen die natürlichen Mittel nicht aus. Dann, aber auch erst dann, bedarf es der ärztlichen Expertise. Einige der gebräuchlichsten Instrumente werden wir nun erläutern.

Bilder und Collagen

Der Auftrag an eine Gruppe, ein Bild über sich selbst oder über eine bestimmte Situation zu malen oder eine Collage zu erstellen, löst in aller Regel zunächst eine gewisse Irritation aus, die – wie kann es anders sein – mit Sachargumenten verschleiert wird: *»Was soll das hier, wir sind doch erwachsene Menschen und keine Kinder!? Ich konnte noch nie malen ...«* Aber es gilt der alte Spruch: *Ein Bild sagt mehr als tausend Worte.* Die gewohnten Verfahren, über Sprache Inhalte zu codieren, zu verschleiern, aufzubauschen oder zu verharmlosen, zu verallgemeinern oder gänzlich verschwinden zu lassen, werden durch das andere Medium unterlaufen. Wird zum Beispiel ein Team anlässlich eines Workshops zur Team-Entwicklung gebeten, zum Einstieg ein Bild über die Art und Weise seiner Zusammenarbeit zu malen, so ergibt sich daraus bereits zu

Beginn eine Fülle von (oft unbeabsichtigten) Informationen über das Gruppenklima, über das Beziehungsgefüge, über Koalitionen und Außenseiter, über Machtverhältnisse und über Baustellen der Zusammenarbeit. Darüber hinaus gibt es erste Hinweise, wie mit unterschiedlichen Wahrheiten umgegangen wird. Dass im Bild deutlich werdende unbewusste Aussagen treffsicher von anderen wahrgenommen werden, wird in diesem Stadium der Auseinandersetzung mit der Unterwelt der Gruppe noch häufig verleugnet. Die Erkenntnisse oder Interpretationen aus der Unterwelt werden auf der Sachebene mit angeblichem zeichnerischen Unvermögen oder unzulänglichen Hilfsmitteln zu »erklären« und abzuqualifizieren versucht. Der Erkenntnisgewinn aus Bildern kann durch zwei Wege potenziert werden:

Erstens, egal wie groß die Gruppe auch ist, man unterteilt sie für diese Aufgabenstellung und erhält so mehrere Darstellungen zum gleichen Thema aus unterschiedlichen Perspektiven. *Zweitens*, bevor man die Hersteller eines Bildes ihr Werk selbst erläutern lässt, verdammt man diese zunächst einmal zum Schweigen – und lädt stattdessen all diejenigen ein, die nicht daran beteiligt waren, in freier Assoziation zu äußern, was sie denken, was die Produzenten wohl darstellen wollten. Hier fällt auch noch die letzte Hemmschwelle, alles zu benennen, was im Zusammenhang mit dem anstehenden Thema eine Rolle spielen könnte.

Auch im Rahmen der Zwischenbilanz eines Gruppenprozesses sind Bilder gut geeignet, die Selbstreflektion einer Gruppe anzustoßen. Die Frage, was im Training an Gruppendynamik abläuft und wie zufrieden Teilnehmer mit der Rolle sind, die sie bislang darin spielen, gibt – im Bild ausgedrückt – Auskunft über die Effizienz und Akzeptanz des bisherigen Vorgehens und ermöglicht gegebenenfalls notwendige Korrekturmaßnahmen.

Zur Vorurteilsforschung eignet sich »Das Bild über die anderen«. Zuschreibungen, die auf der sprachlichen Ebene in der Öffentlichkeit nur schwer erkennbar wären, sind im Bild bei freier Assoziation schnell auf dem Tisch und können helfen, die Beziehungen zwischen Gruppen unterschiedlicher Funktions- oder Leistungsträger deutlich zu machen und zu klären. Zur Beratung einer Führungskraft oder eines Teams bei Störungen in der Zusammenarbeit gehört die Analyse des dazugehörigen gruppendynamischen Kräftefeldes: *Welchen Einflüssen ist die Führungskraft oder das Team ausgesetzt? Wie sind die Machtverhältnisse? Wie ist das Betriebsklima? Welche Bedeutung haben Vertrauen oder Misstrauen? Wie wird Führung wahrgenommen – und wie geht es den anderen da-*

mit? Welche speziellen Reibungspunkte gibt es? Auch hier empfiehlt sich die bildliche Darstellung, weil sie in komprimierter Form Schlüsselinformationen liefert.

Stellübungen und Skulpturen

Um Themen so aufzubereiten, dass sie offen besprochen werden können, sind so genannte *Stellbilder* ein weiteres taugliches Mittel. Die Mitglieder einer Gruppe werden gebeten, zunächst Kriterien zu definieren, die für ihre Gruppe von Belang sein könnten. Anschließend werden sie angeleitet, sich im Raum auf gegenüberliegenden Seiten – mit einer klaren Trennmarkierung in der Mitte – nach diesen Unterscheidungsmerkmalen zu positionieren. Nach einer Phase der gegenseitigen Betrachtung und des »Nach-Wirkens« wird thematisiert, was wahrgenommen und erlebt wird und was dies über den Gesamtzustand der Gruppe und ihrer Mitglieder, das vorherrschende Klima und über mögliche verdeckte Themen aussagt, die möglicherweise einen bisher unbekannten Einfluss ausüben. Entscheidend bei Aufstellungen ist es, nach jeder Aufstellung jeweils Zeit zu lassen, damit sich die Wirkung der Konstellationen und die damit verbundenen Fantasien, Bewertungen und Gefühle entfalten können und man anschließend gemeinsam darüber reflektieren kann. Beispiele für Kriterien:

- Männer – Frauen
- eher abhängig – eher autonom
- voll motiviert – eher abwartend
- einflussreich – ohne Einfluss
- stark – schwach
- nach vorn preschend – abwartend
- erfahren – unerfahren,
- Auslaufmodell – Zukunftspotenzial
- progressiv – konservativ
- Einzelgänger – kooperativ

Skulpturen sind in besonderer Weise geeignet, in bestimmten typischen Phasen des Gruppenprozesses die Beziehungsdynamik und die Rollenverteilung gruppendynamisch aufzudecken. Zu einem anderen Zeitpunkt kann auch die Frage relevant sein, inwieweit sich die Teilnehmer dazugehörig, sozusagen im Boot fühlen und wie insgesamt die Rollen verteilt sind. Dazu wird angeboten, sich im Raum in einem imaginären Boot aufzustellen und gemäß der eigenen Rolle zu positionieren. Wenn jeder glaubt, seine Position einigermaßen gefunden zu haben, wird die Konstellation »eingefroren«. Die Bearbeitung erfolgt in ähnlicher Weise wie bei den Stellübungen: Die Teilnehmer lassen zunächst das Bild auf sich einwirken. Die Diskussion erfolgt darüber, welche Befindlichkeiten dadurch ausgelöst werden, inwieweit beispielsweise eingenommene Führungspositionen (Der Kapitän am Steuer) akzeptiert oder als anmaßend empfunden werden oder welche Positionen Erstaunen hervorrufen, weil sie bis dahin noch nicht so gesehen wurden. Auch hier wird ein Teil dessen, was bislang unterm Tisch wirkte, öffentlich und damit der Bearbeitung zugänglich gemacht.

Psychodramatische Aufstellungen

Wenn es darum geht, ein bestimmtes Thema aus verschiedenen Blickwinkeln wahrzunehmen und zu verstehen, kann auch eine der Methodik des Psychodrama entlehnte Vorgehensweise hilfreich sein. Angenommen, eine Abteilung tut sich schwer mit bestimmten Entscheidungen des Chefs und die Diskussion frisst sich fest. Es wird kein Verständnis für die jeweils andere Position erreicht. Hier kann es Sinn machen, die Brille des anderen aufzusetzen, um dessen Motive und Gefühle besser verstehen oder nachempfinden zu können. Das *Doppeln* in der Rolle des Protagonisten, der sich als *Alter Ego* hinter den Stuhl des Betreffenden stellt und von dort in der Ich-Form das sagt, was er denkt, was der Betreffende eigentlich meint oder fühlt, schafft die Möglichkeit, zwingt geradezu, sich voll in die Situation des anderen hineinzuversetzen – wobei natürlich auch die bittere Erkenntnis herauskommen kann, dass man genau dazu überhaupt nicht in der Lage ist. Eine ähnliche Wirkung kann erzielt werden, indem jemand, der mit einem anderen ein Problem hat – zum Beispiel ein Vorgesetzter mit einem Mitarbeiter oder umgekehrt , gebeten wird, die Situation mit dem anderen in einem Gespräch zu klären, in dem er beide Rollen im regelmäßigen Wechsel selbst übernimmt. Die beiden Rollen werden durch zwei Stühle symbolisiert, die jeweils mit einem entsprechenden Namensschild gekennzeichnet werden. Der Wechsel der Rolle muss jeweils durch den *Wechsel des Stuhls* deutlich gemacht werden. Die emotionale Verdichtung der Atmosphäre, die durch die Anstrengung erreicht wird, sich in andere – erfolgreich oder eben auch nicht erfolgreich – hineinzuversetzen, bewirkt auf jeden Fall ein tieferes Verständnis der Gesamtsituation mit der ihr eigenen Dynamik und kann durchaus Einstellungs- und in deren Folge Verhaltensänderungen bewirken – und dadurch ein erstarrtes Beziehungssystem wieder dynamisieren.

Kapitel 2

Selbsteinschätzung und Feedback

Aus der Psychologie der Wahrnehmung wissen wir: Selbstbilder haben die Tendenz, alles zu bevorzugen und zu beschönigen, was die eigene Meinung beziehungsweise die eigene Vorstellung bestätigt. Informationen, die dieses Bild infrage stellen könnten, laufen Gefahr, ausgeblendet oder verdrängt zu werden. Bei gelungener Verdrängung sprechen wir vom so genannten *blinden Fleck*. Wer den blinden Fleck identifizieren will, kommt nicht umhin, seine Selbstwahrnehmung damit abzugleichen, wie andere ihn wahrnehmen. Wie der Prozess der Rückmeldung solcher Wahrnehmungen durch »Fremde« gestaltet sein muss, damit er bewirkt, was er bewirken soll, nämlich anhand neuer Informationen eine echte Prüfschleife zu ermöglichen, haben wir in den Ausführungen über soziale Wahrnehmung und Feedback dargelegt.

Im Folgenden werden wir mehrere Verfahren beschreiben, die der Selbstüberprüfung dienen, die Wege aufzeigen, wie man die Selbstpositionierung in Gruppen besser steuern kann und die helfen können, die eigene Entwicklungsplanung auf eine breitere Basis zu stellen – speziell mithilfe der Informationen aus Fremdbildern. Insgesamt geht es bei allen Instrumenten darum, sich der eigenen Stärken bewusst(er) zu werden und sich seines ausbaufähigen Potenzials klarer sowie sicherer zu werden. Alle Instrumente haben ihre Grenzen insofern, als sie auf subjektiven Einschätzungen beruhen, die nicht als Daten objektiver Persönlichkeitsmessung (falls es solche überhaupt gibt) gehandelt werden können. Je nach Situation und Aufgabenstellung empfiehlt es sich, diese Instrumente und Verfahren auf die ganz speziellen Erfordernisse eines Teams oder einer Situation abzustimmen, das heißt aus dieser allgemeinen Vorlage Ihr eigenes maßgeschneidertes Instrument zu entwickeln, das Ihren speziellen Besonderheiten Rechnung trägt.

Übung zur Selbst- und Fremdeinschätzung in einer gruppendynamischen Veranstaltung

Diese Übung ist im Rahmen eines Seminars, Workshops oder auch Trainings geeignet, das den Ausbau der sozialen Kompetenz zum Thema hat. Der Zeitpunkt sollte so gewählt werden, dass die Teilnehmer bereits ausreichend Erfahrungen miteinander gemacht haben und dass der notwendige Grad von Offenheit vorhanden ist. Von daher empfiehlt es sich, die Übung eher in der zweiten Hälfte der Veranstaltung durchzuführen.

Hinweise zum Vorgehen

Der Fragebogen in Abbildung 5 wird in der Gesamtgruppe ausgeteilt und im Hinblick auf Zielsetzung, Aufbau und so weiter kurz erläutert. Die Teilnehmer wählen sich aus der Gesamtgruppe zwei oder drei Kollegen aus, mit denen sie während der Veranstaltung Erfahrungen sammeln konnten und an deren Rückmeldung sie vor allem interessiert sind. Jeder Teilnehmer füllt zunächst seinen Fragebogen für sich aus, im Anschluss daran beantwortet er den Bogen auf einem gesonderten Blatt für die anderen Mitglieder seiner Kleingruppe. Dies geschieht in Einzelarbeit, der Zeitbedarf für dieses ersten Schritt beläuft sich auf circa 30 Minuten. Danach setzen sich die Kleingruppen zusammen, jeder holt sich von den anderen Teilnehmern seiner Gruppe deren Fremdeinschätzungen, die ihn betreffen und überträgt diese – gekennzeichnet mit einem entsprechenden Symbol – auf seinen eigenen Arbeitsbogen, so dass danach jeder auf einem Blatt sowohl die eigene Selbsteinschätzung als auch die Fremdbilder von zwei oder drei Kollegen stehen hat. Erst jetzt beginnt die eigentliche Aufgabe: Überall dort, wo die Selbsteinschätzung deutlich von der Fremdwahrnehmung abweicht – offensichtliche Anzeichen dafür, dass ein blinder Fleck besteht –, gilt es die Möglichkeit zu nutzen, mehr darüber zu erfahren, wie die anderen zu ihrer Einschätzung gekommen sind. Dabei ist es wichtig, sich nicht mit allgemeinen Aussagen wie »Das ist so ein Eindruck von mir ...« oder »Mir geht es eben so mit Ihnen ...« zufrieden zu geben, sondern gezielt nachzufragen, an welchem vom anderen erlebten beziehungsweise beobachteten Verhalten sich die Einschätzung konkret festmacht. Ohne diese Konkretisierungen besteht keine Chance, die Fremdeinschätzungen auf das eigene Verhalten und seine Ausstrahlung rückzubeziehen. Die Ausbeute dieser Übung hängt davon ab, dass die Beurteilungen auf der erlebten Realität und nicht auf irgendwelchen Wunschvorstellungen basieren – und dass das Auswertungsgespräch, das eigentliche Feedback also, mit dem nötigen Interesse, der notwendigen Sorgfalt, dem erforderlichen Einfühlungsvermögen, aber auch mit einer gehörigen Portion Hartnäckigkeit – eben nach allen Regeln der Kunst – geführt wird.

Zeitbedarf insgesamt: etwa 2 bis 2 1/2 Stunden.

Fragebogen zur Selbst- und Fremdeinschätzung der sozialen Kompetenz

1. Klarheit im Ausdrücken von Gedanken, Absichten und Anweisungen

   eher diffus; bisweilen   **1 2 3 4 5 6**   sehr präzise, klar und ein-
   schwierig, sich daran   deutig
   zu orientieren

2. Neigung und Fähigkeit, Kontakt herzustellen und tragfähige zwischenmenschliche Beziehungen aufzubauen und zu pflegen

   sehr gering; gehe den Leu-   **1 2 3 4 5 6**   sehr hoch; gehe gern auch
   ten eher aktiv aus dem Weg   auf fremde Menschen zu

3. Fähigkeit, aufmerksam und verstehend zuzuhören

   sehr gering   **1 2 3 4 5 6**   sehr ausgeprägt

4. Fähigkeit und Neigung, sich in die Situation und Lage von anderen zu versetzen und die Dinge auch aus ihrer Perspektive zu sehen

   kaum vorhanden; neige da-   **1 2 3 4 5 6**   in hohem Maß vorhanden
   zu, zu verallgemeinern

5. Bereitschaft, eine breite und differenzierte Information – auch über Hintergründe und Zusammenhänge zu gewährleisten

   sehr ausgeprägt   **1 2 3 4 5 6**   informiere meistens nur
                                         ad hoc und dann nur über
                                         das Allernotwendigste

6. Bereitschaft, Problemlösungen gemeinsam mit den Mitarbeitern zu erarbeiten und den Teamgeist zu fördern

alles Wesentliche wird gemeinsam erarbeitet	**1 2 3 4 5 6**	die wirklich wichtigen Dinge behalte ich mir als Chef vor oder gebe sie einigen wenigen »Auserwählten«

7. Bereitschaft, den Mitarbeitern konsequent einen möglichst hohen Ent-
scheidungs- und Handlungsspielraum einzuräumen – und diesen auch bei
Turbulenzen einzuhalten

sehr hoch	**1 2 3 4 5 6**	eher gering

8. Mein generelles Selbstverständnis der Führungsrolle

mache am liebsten alles selbst; verstehe mich als »Lokomotive«; arbeite eher im System	**1 2 3 4 5 6**	verstehe mich in erster Linie als Katalysator und Ener-gieöffner für andere; arbeite eher *am* System

9. Neigung, die Leistungen anderer (Mitarbeiter, Kollegen, Vorgesetze) offen
anzuerkennen

hoch; auch Teilleistungen werden von mir gern an-erkannt	**1 2 3 4 5 6**	mit offener Anerkennung bin ich sehr sparsam: »nicht ge-tadelt ist gelobt genug … «

10. Neigung, sich bei Erfolg die Feder an den eigenen Hut zu stecken

sehr groß	**1 2 3 4 5 6**	eher gering

11. Vorherrschender Umgangsstil mit Mitarbeitern

gleichwertig, partner-schaftlich	**1 2 3 4 5 6**	lasse gern den »Chef raushängen«

12. Allgemeines Verhalten bei Spannungen und Konflikten

a) halte die Dinge möglichst lange unterm Tisch; versu-che auszuweichen und zu harmonisieren	**1 2 3 4 5 6**	die Dinge werden zügig und deutlich angesprochen, um aktiv eine Lösung herbei-zuführen

b) werde sichtlich nervös; **1 2 3 4 5 6** behalte die notwendige Ruhe
»drehe durch« und den Überblick

13. Neigung, in schwierigen Situationen autoritär zu reagieren

sehr stark **1 2 3 4 5 6** absolut nicht der Fall

14. Reaktion auf Kritik, die andere an mir üben

akzeptiere und »verwerte« **1 2 3 4 5 6** ich reagiere eher
ich gut abwehrend,
empfindlich,
nachtragend

15. Eigene Kritik gegenüber Mitarbeitern, Kollegen und Vorgesetzten ...

übe ich offen, klar, fair **1 2 3 4 5 6** übe ich verpackt;
unterschwellig;
verletzend
beziehungsweise zynisch

16. Mein Verhältnis zu Kollegen, Mitarbeitern und Vorgesetzten ...

ist geprägt von Vertrauen **1 2 3 4 5 6** man ist gegenseitig auf der
und gegenseitiger Unter- Hut
stützung

17. Beeinflussbarkeit durch Sympathie und Antipathie

lasse mein Verhalten fast **1 2 3 4 5 6** ich habe derartige Einwir-
nur dadurch steuern; fühle kungen voll im Griff und
mich solchen Strömungen kann gegensteuern
geradezu ausgeliefert

18. Umgang mit eigenem Machtanspruch

eher verdeckt taktierend; **1 2 3 4 5 6** ich trete an mit klaren
»Maulwurf«; Ansprüchen und kampfe mit
»Partisan«; offenem Visier
»Dornröschen«;

19. Persönliche Reaktion auf Widerstand und Konflikt

abwehrend, gekränkt   **1 2 3 4 5 6**   versuche, dies als Energie zu
                                                       verstehen und nutzbar zu
                                                       machen

20. Die allgemeine Art meines »Führungsstils«

ich bin beziehungsweise   **1 2 3 4 5 6**   ich wirke eher ermutigend
wirke eher kritisierend   und positiv verstärkend
und bestrafend

21. Meine drei herausragenden Stärken im Umgang mit anderen:

1.
2.
3.

22. Meine drei besonderen Schwächen im Umgang mit anderen:

1.
2.
3.

23. Meine bevorzugten »Vermeidungsstrategien«:

1.
2.
3.

Abbildung 5: Fragebogen zur Selbst- und Fremdeinschätzung der sozialen
          Kompetenz

Die Einführung in diese Übung eignet sich, je nach Stimmung in der Gesamtgruppe, auch ganz gut dafür, sie in einer paradoxen Form zu gestalten, wie wir es am Schluss vom Kapitel *Die Kunst des Feedback* näher
beschrieben haben. Dann könnten die Spielregeln zum Beispiel folgendermaßen lauten:

1. Arbeiten Sie grundsätzlich, nicht zuletzt wegen Ihrer generell wohl-
   wollenden Grundhaltung allen Menschen gegenüber, bei der Vergabe

von Zahlenwerten, die ja Ihre persönliche Einschätzung widerspiegeln sollen, mit *karitativer Mehrwertsteuer*. Wenn Sie also beispielsweise bei jemandem bei der Frage 3 *Fähigkeit, aufmerksam und verstehend zuzuhören* eigentlich aufgrund Ihrer Überzeugung die 1 oder 2 (sehr diffus) ankreuzen müssten, schlagen Sie auf jeden Fall zwei Punkte drauf; Sie landen dann im unverfänglichen mittleren Bereich. Hat der andere sich selbst ähnlich wohlwollend eingeschätzt, sind Sie nicht in der fatalen Situation, Differenzen erklären zu müssen. Das erhält die Freundschaft, möglicherweise sieht man sich ja noch einmal. Hat er sich selbst ehrlicherweise schlechter eingeschätzt, sehen Sie sowieso gut aus, liegt er höher, müssen Sie sich mit einer mittleren Position nicht sehr anstrengen, den Unterschied so zu erläutern, dass er eigentlich keinen mehr ausmacht.

2. Vergeben Sie überhaupt grundsätzlich nur die mittleren Werte 3 oder 4 – allerdings immer im Wechsel, damit es nicht so auffällt. Sie stellen so sicher, dass eventuelle Abweichungen von anderen nicht überhand nehmen. Genau die Mitte ist leider nicht wählbar, aber es bleibt ein immer noch breiter Spielraum, klare Positionierungen zu vermeiden.

3. Mitunter ist es bei diesem Verfahren nicht zu verhindern, dass Ihnen ein Kollege ein deutliches Feedback gibt, das Ihrem Selbstbild überhaupt nicht entspricht und Sie in ungünstigem Licht erscheinen lässt. In diesem Fall empfiehlt sich der wohlwollend-väterliche (natürlich auch mütterliche – auf jeden Fall freundliche!), dennoch aber pädagogisch-eindringliche Verweis auf dessen Wissenslücken, für die er aber selbstverständlich nicht verantwortlich gemacht werden könne: Zunächst bedanken Sie sich für die Offenheit, mit dem der andere Ihnen begegnet, und streichen diesen Umstand nochmals besonders heraus. So wird er empfänglicher für alles, was jetzt noch kommt. Dann erst kommt die wichtige klare Relativierung: »*... aber, wer mich wirklich kennt – und das können Sie ja selbstverständlich nicht, Sie können sich ja nur auf die wenigen Eindrücke dieses Seminars beziehen –, der weiß, dass ich ganz anders bin! Dennoch, ich danke Ihnen für die Offenheit, mit der Sie mir hier begegnen.*« Wenn Sie auf diese Weise zwei bis drei Mal verfahren, wird sich Ihr Gegenüber im Fall einer weiteren Abweichung ganz von allein bei Ihnen vorab entschuldigen mit den Worten »*Ich habe da zwar einen anderen Wert, aber im Grunde kenne ich Sie ja gar nicht ...*« Das Ziel ist erreicht. Ihr Gegenüber wird alle seine Einschätzungen entsprechend Ihren Wünschen relativieren. Sollten Sie ein weitaus positiveres Echo bekommen, als sie sich kluger-

weise selbst eingeschätzt haben, nehmen Sie dies in erkennbar demütiger Grundhaltung und tiefer Bescheidenheit zur Kenntnis.

4. Sollten alle bisherigen Wege zur Verwässerung nichts genutzt haben und feedbackversessene Kollegen in Ihrer Gruppe nicht davon abhalten, Sie hartnäckig mit unliebsamen Rückmeldungen zu konfrontieren, dann empfehlen wir einen letzten Weg, der unter Garantie alles relativiert: Eröffnen Sie eine Grundsatzdiskussion über einzelne Begriffe! Angenommen, bei Frage 11: *Vorherrschender Umgangsstil mit Mitarbeitern* konnte jemand nicht umhin, Sie als jemand einzuschätzen, der gern den Chef raushängen lässt – selbstverständlich völlig konträr zu Ihrem eigenen Bild. Sie bedanken sich zunächst wieder für den Mut und die Klarheit in der Aussage, dann aber fragen Sie, was der andere eigentlich unter dem Begriff »Umgangsstil« verstanden habe, als er den Fragebogen ausgefüllt hat. Wie immer auch seine Erklärung lauten wird, Sie selbst bleiben ganz ruhig und jovial, nehmen aber auf jeden Fall eine davon abweichende Position ein und beenden die Diskussion in etwa mit folgenden Worten: »*Sehen Sie, das habe ich mir schon gedacht, weil ich habe etwas ganz anderes darunter verstanden, nämlich .... Von daher ist es überhaupt kein Wunder, dass Sie zu einer anderen Bewertung kommen mussten. Es handelt sich einfach um ein Missverständnis, das wir nun Gott sei Dank klären konnten!*« Führen Sie dies einige Male durch und der andere wird von sich aus bereits im Vorfeld auf mögliche Unterschiede in der Interpretation einzelner Begriffe verweisen, wenn weitere Abweichungen in der Einschätzung zu erläutern wären.

Gruppendynamisches Kompetenzportfolio

Ziel: Die Verhaltenskompetenz in eher unstrukturierten gruppendynamischen Situationen zu überprüfen. Dazu ist eine gewisse Grunderfahrung im Erleben von und in der Auseinandersetzung mit unstrukturierten gruppendynamischen Prozessen erforderlich im Rahmen von gruppendynamischen Trainings oder analogen – auch innerbetrieblichen – Entwicklungsprozessen. Ohne reflektierte Erfahrungen zur Diagnostik und Steuerung von offenen Prozessen macht dieses Verfahren wenig Sinn, da die Grundlage für eine halbwegs treffsichere Selbstpositionierung beziehungsweise Fremdeinschätzung fehlen würde. Die Übung besteht aus zwei Schritten A und B, die allerdings auch voneinander unabhängig durchgeführt werden können.

Hinweise zum Vorgehen

Jeder beantwortet zunächst in Einzelarbeit sowohl für sich als auch für zwei bis drei ausgewählte Kollegen alle Fragen nach folgenden Vorgaben:

A) Gruppendynamisches Kompetenzportfolio

In diesem ersten Schritt geht es darum, sich in Bezug auf die Kompetenzen, die gruppendynamisches Know-how in typischen Situationen betreffen, zu positionieren. Ein gruppendynamisches Kompetenzportfolio wird in Abbbildung 6 dargestellt.

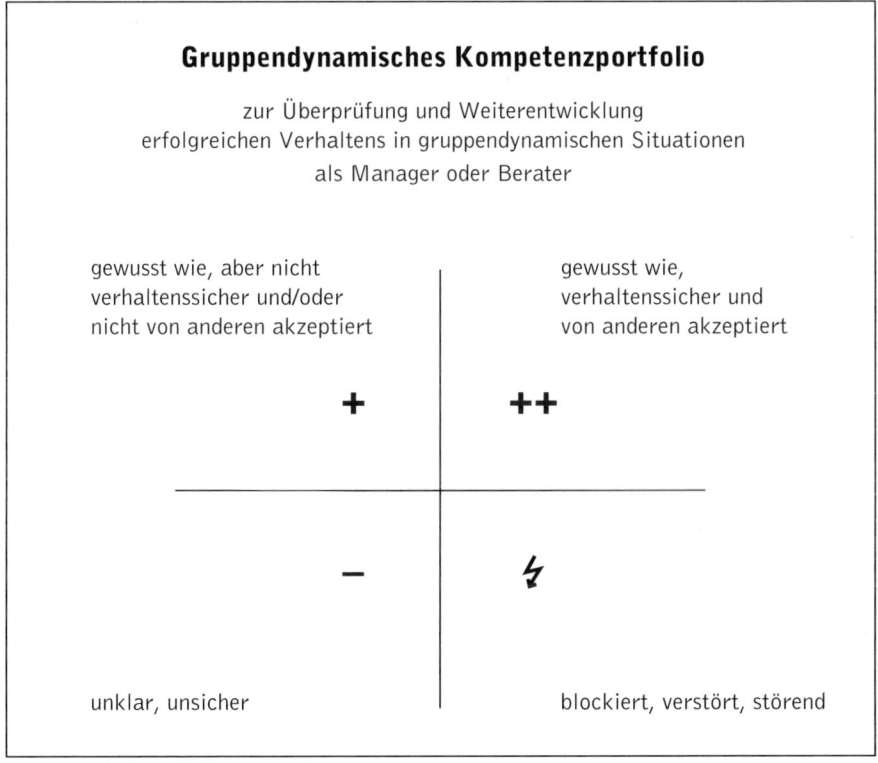

Abbildung 6: Gruppendynamisches Kompetenzportfolio

In die vier Quadranten werden alle Verhaltensweisen und Situationen eintragen, die in irgendeiner Weise als gruppendynamisch relevant beurteilt werden:

(+)
Situationen (in offenen Gruppenprozessen), in denen ich zwar weiß, was zu tun wäre oder wie ich den Prozess gezielt beeinflussen könnte, ich mir aber nicht sicher bin, was *genau* ich tun müsste und/oder ob ich die nötige Akzeptanz der übrigen Gruppenmitglieder finden würde.

(++)
Jener Bereich, in dem ich absolut verhaltens*sicher* bin, genau weiß, was zu tun ist, um die Dinge voranzubringen, und auch die Akzeptanz der anderen habe.

(−)
Unklar, unsicher, was in der aktuellen Situation zu tun wäre und/oder wie ich eigene und fremde Interessen einzuschätzen habe; wenig bis keine Ahnung, was wirklich läuft.

(⚡)
Für mich typische Situationen, in denen ich mich völlig blockiert fühle; ich bin verstört, da ich nicht in der Lage bin, Orientierung zu finden und/oder ich verhalte mich störend oder aggressiv als Ausdruck und Abwehr meiner inneren Anspannung.

B) Verhaltensneigungen und Rollenverständnis

Dieser zweite Schritt B bezieht sich auf die grundsätzlichen Verhaltensneigungen, die jeder von sich kennt und bei anderen sieht beziehungsweise vermutet, wenn sie in Situationen geraten, in denen die Vorgaben fehlen – einschließlich der Lieblingsrolle, die in solchen Situationen bevorzugt eingenommen oder als typisch erkannt wird. Die Auflistung (Abbildung 7) gibt nur einen möglichen Ausschnitt der real beobachtbaren Neigungen und Rollen wieder.

Im Anschluss an die Einzelarbeit setzten sich die Gruppen zusammen und diskutieren ihre Selbst- und Fremdbilder. Auch hier ist ergebnisentscheidend, möglichst konkret nachzufragen, an welchen beobachteten Situationen eine Verhaltenszuschreibung festgemacht wurde, insbesondere wenn es um Kompetenzen, Neigungen und Lieblingsrollen geht, die sich der eigenen Wahrnehmung bisher entzogen hatten. Zum Abschluss

---

Selbsteinschätzung

Verhaltensneigungen und Rollenverständnis
in offenen Situationen

1. Grundneigung in »offenen«, unklaren Situationen

... flüchten
... strukturieren
... normieren
... nörgeln
... tot stellen
... zulassen
... erkunden, sondieren
... Fäden suchen und verknüpfen
... sonstige Neigungen:

2. »Lieblingsrolle« in offenen Situationen

... die Dinge in die Hand nehmen, zum Beispiel Vorschläge machen, Interessen vertreten, moderieren etc.
... hinterrücks die Fäden ziehen (Spieler)
... Opferbereitschaft, Suche nach Führung, Orientierung am Täter
... Entsafter, zum Beispiel sich lustig machen, runterspielen
... Aggressor, Ankläger, Verurteiler
... Rotkreuzhelfer
... sonstige Rollen:

Abbildung 7: Selbsteinschätzung – Verhaltensneigung und Rollenverständnis in offenen Situationen

zieht jeder für sich selbst ein persönliches Resümee anhand der folgenden Leitfragen:

– Worauf kann ich mich bei mir wirklich verlassen?
– Wo ist ausbaufähiges Potenzial – und wie werde ich damit umgehen?
– Wo sehe ich/und andere riskante Lücken oder Defizite – und was werde ich dagegen tun?

Insgesamt gilt es immer wieder darauf zu achten, sich stärker an den ausbaufähigen Potenzialen statt an den Defiziten zu orientieren.

Zeitbedarf: etwa 2 bis 2 1/2 Stunden

Gruppendynamisches Resümee – »Gepäckkontrolle« als Zeitreise

Ein wesentliches Element der »Landung« eines gruppendynamischen Trainings oder einer entsprechenden Veranstaltung besteht in der Transferorientierung und -sicherung in die berufliche Alltagssituation. Neben der häufigen Bezugnahme während des Trainings (den Alltag in das Training hineinholen!) geht es auch darum, am Ende *über das Training hinaus* Visionen zu entwickeln, wie die Erfahrungen des Trainings in der Praxis wirksam werden können, dazu nochmals die kollegiale Beratung und das kritische Feedback der anderen zu nutzen und insbesondere sich möglicher Stolpersteine bei der Umsetzung bewusst zu werden und diese in das Transferkonzept einzubauen.

Ein Jahr danach …

Erster Schritt, Vorbereitung in Einzelarbeit anhand folgender Fragen:
- Welche Rolle spiele ich in meinem Bereich? Wie geht es mir und den anderen in meinem Umfeld damit?
- Was ist in der Zwischenzeit passiert und was habe ich dazu getan beziehungsweise nicht getan, dass es jetzt so ist, wie es ist?
- Was hat das Training in … damit zu tun? Wesentliche Rückerinnerungen, Erfahrungen, Impulse, Highlights und so weiter.
- Wenn meine Firma heute (= 1 Jahr danach!) verkauft würde, was würde dann in meiner Bewerbung stehen (persönliches Kompetenzprofil) beziehungsweise wenn ich mich selbstständig machen würde, zum Beispiel als Trainer oder Berater, was stünde dann in meinem Prospekt?

Im Anschluss an die Einzelarbeit setzen sich kleinere Gruppen von Personen zusammen, die im Verlauf der Veranstaltung ausreichend Kenntnis voneinander gewinnen konnten. Jeder bekommt die Möglichkeit, sein Resümee vorzustellen, die anderen geben Feedback. Leitfragen dazu:

- Wie passt das, was Du uns erzählst, zu dem, was wir hier von Dir gesehen, und zu den Eindrücken, die wir von Dir gewonnen haben?
- Wie glaubhaft wirken Deine Vorhaben?
- Welche Schwierigkeiten könnten aus dem gruppendynamischen Kräftefeld vor Ort entstehen – und wie sind diese berücksichtigt?

- Wie gut ist das Stützsystem, um die Umsetzung sichern zu helfen, zum Beispiel Arbeit mit einem Coach, Netzwerke, kollegiale Supervision und so weiter?

Zeitbedarf pro Person: ungefähr 20 Minuten

Der Lebensweg: Gruppen, die mich geprägt haben

In gruppendynamischen Trainings zur Persönlichkeitsentwicklung steht die Auseinandersetzung mit lebensgeschichtlichen Prägungen zeitweise stark im Vordergrund. Man will die Ursachen störender Verhaltensweisen besser verstehen (kausale Betrachtung) und zum anderen begreifen, welchen Sinn es macht, dass man sich so verhält und nicht anders (finale Betrachtung). Tatsache ist: Wir werden bereits mit der Geburt in Gruppen hineingeboren. In der Art, wie sie mit uns umgehen, beeinflussen sie uns, bestimmen unseren Platz, schreiben uns eine bestimmte Rolle zu, konfrontieren uns mit Normen und sanktionieren deren Nichteinhaltung. Im Laufe des weiteren Lebens sind wir permanent Mitglied lang- oder kurzfristig bestehender Gruppen, in unterschiedlichen Rollen, und bewegen uns immer wieder in gruppendynamischen Prozessen, von denen wir beeinflusst werden und die wir beeinflussen. Was an Gruppendynamik im gruppendynamischen Training abläuft, ist daher viel realitätsnäher als gemeinhin angenommen. Wir verhalten uns nicht sozusagen neu, sondern reproduzieren immer wieder Verhaltensmuster, die wir im Laufe früherer Gruppenerfahrungen entwickelt haben und von denen wir uns größtmögliche Sicherheit versprechen. Dabei wird oft übersehen, dass aktuell störende Verhaltensweisen zu einem früheren Zeitpunkt sehr wohl ihren Sinn, mitunter sogar einen existenzsichernden Zweck hatten, aber unter veränderten Bedingungen eine Neujustierung vonnöten ist. Vorraussetzung Nummer eins ist das *Bewusst Machen* der Verhaltensmuster, das erweiterte Wissen um deren Entstehungsgeschichte und die Auseinandersetzung damit, welchen Gewinn ich aus meinem Verhalten ziehe und welchen Preis ich dafür zahle. Die Selbstanalyse, das Feedback von anderen und das Bewusstsein um die gruppendynamische Kompetenz, die ich im Laufe des Lebens entwickelt habe oder auch habe entwickeln müssen – im Sinne eines »Stärken-Kontos« –, sind die Basis für eine stabile Selbstpositionierung gerade in schwierigen Gruppensituationen.

Zum Verfahren:

1. Selbstreflektion

Etwa in der Mitte des Trainings werden die Teilnehmer gebeten, einen Spaziergang zu einem vorher bestimmten Ort zu machen. Der Weg sollte so beschaffen sein, dass Außenstörungen wie Verkehr oder größere Aktivitäten anderer Personenkreise vermieden werden können. Mit Beginn des Weges ist die Stunde null, also die eigene Geburt, der Beginn von Gruppenerfahrungen. Während des Weges lassen die Teilnehmer ihren inneren Film ablaufen

- über die Etappen ihrer Gruppenzugehörigkeiten;
- über die Rollen, die sie in diesen Gruppen eingenommen haben;
- über Beeinflussungen, denen sie ausgesetzt waren;
- über die typischen Verhaltensmuster, die sie erkennen;
- über Erfolge und Misserfolge, die sie in der Bilanz ihres Gruppenverhaltens zu verzeichnen haben.

Am Ziel angekommen, gilt es, kurz innezuhalten und nochmals den Blick zurückzuwerfen auf den »Gruppen-Lebensweg« mit den Fragen:

- Wie ist mein Befinden bei der Betrachtung dieser Wegstrecke?
- Wie stehe ich heute eigentlich da, wenn es um meine Kompetenzen in Gruppen geht?
- Sind mir Muster klar geworden, nach denen ich mich (immer wieder) verhalte? Wenn ja, welche sind das und wie will ich damit in Zukunft umgehen?

Der Rückweg ist mit dem Auftrag versehen, das, was gesehen, erkannt oder erahnt wurde, auf das bisherige Verhalten im Training zu übertragen: » *Wie passt das, was mir aus der Erinnerung an frühere Gruppensituationen klar geworden ist, zu dem, wie ich mich hier verhalte?* « Der Spaziergang sollte allein gemacht werden. Wenn sich Teilnehmer unterwegs begegnen, sollten sie nicht miteinander reden, weil es sonst zu einem »Filmriss« kommt.

2. Kurzer Bericht und Feedback

Wenn alle vom Spaziergang zurück sind, berichten die Teilnehmer in der Gruppe über ihre Erlebnisse. Wer mag, gibt Feedback insbesondere zur

Frage: *» Wie passt das, was Du sagst, zu dem, wie ich Dich hier erlebt habe?«*

3. Persönliche Bilanz, Stärkenkonto und Aktionsplan

In Kleingruppen (3 bis 5 Personen) zieht jeder für sich Bilanz aus dieser Übung (Lebensweg und Feedback) und eröffnet ein persönliches Konto für sein gruppendynamisches Vermögen. Ausbaufähige Potenziale werden im Rahmen eines Aktionsplans als konkrete Verhaltensziele für die restliche Zeit des Trainings formuliert. Es geht darum, die Selbstverantwortung und Selbststeuerung für das eigene ICH-Unternehmen auf- und auszubauen.

Zeitbedarf: etwa ein halber Tag

Kapitel 3

Teamentwicklung – Konzepte und Modelle

Jede Art von Gruppenorganisation kann ihre prinzipiell mögliche Wirkkraft nur dann voll entfalten – und das übersehen viele, die gegenwärtig auf der Gruppenwelle schwimmen –, wenn ausreichend in die Entwicklung, Pflege und Wartung sowohl der Organisation als auch der menschlichen Beziehungen der Gruppenmitglieder investiert wird. Ein Nebeneinander von Einzelpersonen wird nicht anhand rein organisatorischer Spielregeln und Strukturen zu einer funktionierenden Gruppe, noch viel weniger zu einem Team. Um aus einer Ansammlung von einzelnen Personen – und das ist zunächst einmal die Startsituation – eine Gruppe zu machen, braucht es zweierlei: *Erstens*, ein gemeinsames Ziel, ein übergreifendes inhaltliches Interesse oder ein gemeinsames Anliegen. *Zweitens*, eine Qualität der Beziehungen untereinander, die ein grundsätzliches Interesse füreinander bedeutet. Und beides wird nicht so einfach vom Himmel fallen. Die Gruppe muss sich mit dem Thema Führung auseinander setzen und sich in irgendeiner Weise diesbezüglich einigen. Darüber hinaus können sich Gruppenmitglieder – selbst bei bestem Verständnis füreinander und eindeutiger Zielsetzung der Gruppe – immer wieder in Konflikte verstricken.

Geburtshilfe kann allerdings durchaus geleistet werden: Einerseits sollte sich jedes Arbeitsteam bei seinem Start mit all diesen Fragen im Rahmen eines mehrtägigen Workshops zur Teambildung so intensiv auseinander setzen, wie es seiner besonderen Ausgangssituation und den Anforderungen, die an es gerichtet sind, entspricht. Wer sich diese Starthilfe ersparen will, riskiert, im Nachhinein mehr als die Zeit zu verlieren, die er am Anfang zu gewinnen glaubte.

Gruppen können aber auch die Energie, die sie einmal hatten, wieder verlieren. Sie können erstarren und zum Selbstzweck degenerieren. So gibt es in manchen Unternehmen eine Fülle von obsolet gewordenen

Projektgruppen, Arbeitsteams oder Arbeitskreisen, die ohne klare Zielsetzung, ohne Führung und ohne besonderes Engagement ihrer Mitglieder vor sich hin dümpeln. Hier ist Pflegeaufwand anzuraten: Jede Gruppe sollte sich mindestens einmal pro Jahr in eine mehrtägige Klausur zurückziehen, um sich nach allen Regeln der Kunst einer Inspektion und Wartung zu unterziehen, die sowohl ihre strategische Ausrichtung, die Art, wie sie ihre Arbeitsprozesse organisiert und ihre emotionale Lage gründlich unter die Lupe nimmt. Je teurer eine Maschine, desto aufwändiger die Wartung. Die teuersten und störanfälligsten Systeme sind dort, wo wir es mit Menschen zu tun haben. Es wäre kein Zeichen besonderer Klugheit, gerade hier zu sparen.

Wir werden im Folgenden eine Reihe von unterschiedlichen Ansätzen und Instrumenten erläutern, die in verschiedenen Phasen der Gruppe zum Teil alternativ, aber auch simultan oder sequenziell eingesetzt werden können.

Für alle ist entscheidend, den richtigen Zeitpunkt zu erwischen sowie das richtige Klima und Engagement zu schaffen, um erfolgversprechend temporär aus der ausschließlich inhaltlich-sachlichen Ebene des *Was* auszusteigen und sich Zeit zu nehmen, das *Wie* zum Thema zu machen.

Und ein Zweites gilt: Maßschneidern ist allemal besser als Ware von der Stange.

Warum Teamentwicklung – und was heißt das?

Vor allem in der Startphase, in der die Aufgabenstellung noch Konturen gewinnen muss, wissen die Teammitglieder nicht wirklich, was die Kollegen aus anderen Funktionen an Kenntnissen, Leistungsmöglichkeiten und sonstigen Interessen mitbringen. Sie sehen anfangs nur unterschiedliches fachliches Wissen, andere Denkweisen und Verhaltensmuster und es gibt viele offene Fragen. Die Herausforderung in dieser Phase besteht darin, dass Personen aus ganz verschiedenen Arbeitsfeldern auf solche Fragen Antworten finden und ein Einvernehmen herstellen, das es ihnen erlaubt, zielführend zusammenzuarbeiten.

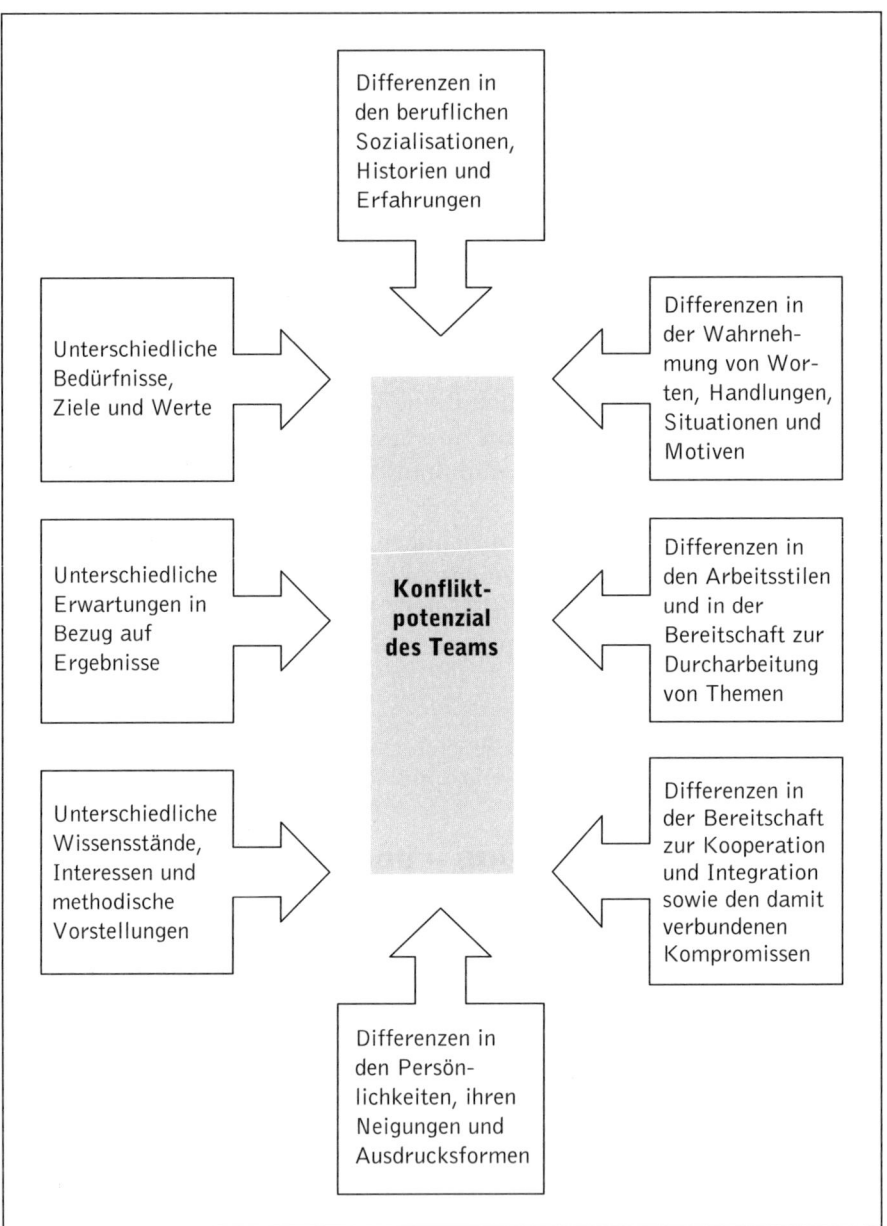

Abbildung 8: Teamarbeit als gemeinschaftliche und kontinuierliche
          Konfliktbewältigung

Solange das Team im eigenen Saft schmort, alles im Fluss und nichts genau bestimmbar ist, wirkt seine Gruppendynamik in Richtung einer eigenen spontanen, dynamischen Ordnung. Das Team funktioniert dann wie ein frisch gegründetes Unternehmen: Es ist initiativ, risikofreudig und beginnt sein eigenes Konzept zu schaffen. Gleichzeitig beginnt ein Lernprozess, durch den die Einzelnen zunehmend mehr von der Arbeit und Sicht anderer Funktionen und deren Zusammenwirken verstehen. Andererseits setzt auch das Management genügend Interventionen, um zu verhüten, dass sich Instabilität und Spannung in Chaos verwandeln.

Natürlich entwickeln sich Teams immer auch irgendwie von selbst, weil weder die Beziehungen der Mitglieder noch die Erledigung von Aufgabenstellungen in sich statisch sind. Außerdem ist Lernen im professionellen Zusammenwirken von verschiedenen Personen fast nicht zu verhindern. Insofern ist die Entwicklung von Teams im Lauf der Zeit eigentlich eine Selbstverständlichkeit. Andererseits können Team sehr unterschiedliche Leistungsniveaus und damit auch sehr unterschiedliche »Teamrenditen« erreichen. Dies hängt nicht zuletzt davon ab, wie viel Investitionen an Zeit, Managementaufmerksamkeit, Geduld und Nerven – alles knappe Ressourcen – getätigt werden, obwohl immer ein relativ hohes Risiko hinsichtlich des Erfolgs der Investitionen bleibt.

Wir kennen die Erfolgsfaktoren weitgehend und haben auch deren Stellhebel gut lokalisiert. Sie liegen ganz wesentlich auch im emotionalen Bereich. Viele Erfolgsfaktoren sind so genannte weiche Faktoren, betreffen Aspekte der Beziehungsklärung und -gestaltung. Wir wissen ebenso um regelmäßige, typische Muster im Team, können charakteristische Phasen erkennen und diesen spezifische Irritationen und Reibungspunkte zuordnen. Und wir haben Instrumente, Werkzeuge und Leitplanken für Verhalten entwickelt, die uns helfen können einzugreifen.

Dennoch gelingt es vielen Teams nur schwer, sich solchermaßen mit sich selbst auseinander zu setzen und sich wirklich zur Hochleistung zu entwickeln. Bisweilen verfangen sie sich in einer frühen Phase und verharren auf diesem Entwicklungsstand oder sie oszillieren um die immer gleichen Konfliktkonstellationen und gewöhnen sich daran statt sie zu bewältigen. Die operative Hektik im Gefolge kritischer Termine verhindert – oder hilft zu vermeiden –, dass Unwuchten, Störungen und Behinderungen im Team – selbst wenn sie bemerkt und erkannt sind – wirklich analysiert, gemeinsam reflektiert und behoben werden. Stattdessen werden *Manöver des letzten Augenblicks* versucht, in Form von verdeckten oder offenen Schuldzuweisungen, die bestenfalls das Klima vergiften.

Die Teamklausur – wesentliche Aspekte

Teamentwicklung, die nicht naturwüchsig erfolgt, sondern akzentuierte
Hilfe zur Selbsthilfe bietet, ist ein gemeinsam gewollter, bewusster und
gesteuerter Prozess, an dem alle Teammitglieder in angemessener Form
beteiligt sind. Um ein Bild der unterschiedlichen Sichtweisen zu erzeugen
und die Grade von Zufriedenheit und Unzufriedenheit bei spezifischen
Punkten differenziert festzustellen, bieten sich regelmäßige Klausuren
an. Diese werden sinnvollerweise mit einer Standortanalyse beginnen,
welche die relevanten Dimensionen des Teamgeschehens umfasst. Wesentlich dabei ist, dass wirklich *die Bühne gedreht* wird, dass das Tagesgeschäft und aktuelle Probleme der Leistungserstellung nur diagnosti-
sche, illustrative oder beispielhafte Bedeutung erhalten, aber als
inhaltlich dominante Arbeitsthemen ausgeschlossen bleiben.

Das heißt jedoch nicht, dass die Beziehungsklärung und -gestaltung
zum zentralen Punkt der Klausur werden. Die Gegensätzlichkeit der
Ebenen des WAS – also der inhaltlich-sachlichen Aspekte des Leistungsprozesses – und der Ebenen des WIE – also der Art und Weise, wie Aufgaben und Zusammenarbeit strukturiert werden, wie Führung und Information organisiert, Rollen und Arbeitsbeziehungen gestaltet werden,
wie man miteinander verkehrt, wie man untereinander plant und Ver-
bindlichkeit sichert, soll durchaus im Fokus stehen. Rollen und Arbeitsbeziehungen sind dabei allerdings kein Selbstzweck, sondern sie haben
eine Dienstleistungsfunktion für die Leistungserstellung. Die *Bezie-
hungsarbeit* sollte sich darauf beziehen beziehungsweise kann nicht
unabhängig oder losgelöst davon geschehen.

Entscheidend für den Erfolg ist, dass ausreichend Möglichkeiten und
Raum für Reflexion geschaffen werden. Dies bedeutet Zeit für eine
grundsätzliche Inspektion, das heißt Zeit für Rückmeldungen über die
Qualität des Umgangs miteinander, für neue Vereinbarungen und auch
für konkrete Maßnahmen zur Verbesserung der Leistungsprozesse. Ähnlich wie bei jedem Veränderungsprozess setzt Teamentwicklung bei konkreten Beobachtungen, den aktuellen Bedürfnissen oder auch den subjektiv erlebten *sozialen Tatsachen* an und folgt den Prinzipien der
Organisationsentwicklung, innerhalb derer Selbstorganisation, also gestaltende Auseinandersetzung des Teams mit sich selbst und damit die
Entwicklung und Optimierung der eigenen Strukturen und Prozesse, gefordert ist. Gelingt es dem Team in solchen Klausuren nicht, zumindest
teilweise eine neue Orientierung zu erzielen, sind Handlungsmuster also

bereits so verfestigt, Rollen so erstarrt und Konflikte so chronifiziert, dass sich das Team ratlos fühlt, kann auch kompetente Hilfe von außen geholt werden – als Moderation, Team- oder Konfliktberatung. Manchmal hilft der unbelastete Blick von Außen einen vermeintlich gordischen Knoten zu lösen und verdeckte Kräfte für die Selbsthilfe zu mobilisieren. Wie eine solche Teamentwicklung methodisch und zeitlich gestaltet werden könnte haben wir am Beispiel einer gruppendynamisch orientierten Bereichsentwicklung im folgenden Kapitel näher beschrieben.

Um die Arbeit an konkreten Entwicklungszielen und den sich gegebenenfalls daraus ergebenden hinderlichen Spannungen und Konflikten zu unterstützen, kann es hilfreich sein, sich eine regelmäßige Teamsupervision zu beschaffen. Diese kann sich auf das gesamte Team beziehen oder auf einen Teil des Teams, der sich mit einer besonderen Teamaufgabe beschäftigt. In der Supervision werden sowohl Fragen bearbeitet, die sich aus dem Arbeitsalltag des Teams als auch des Einzelnen im Team ergeben.

Schlüsselrollen in Teams

Rollen prägen den Menschen – seine Wahrnehmung, seine Denk- und Verhaltensmuster. E. GOFFMANN hält sie deshalb für grundlegende »Sozialisierungseinheiten«. Und genau diese Wirkung haben sie im Team: Sie passen an, fügen ein, teilen auf, differenzieren, regeln und steuern. Dadurch verschaffen sie Beachtung, vermitteln Bedeutung und gewähren Sicherheit.

Rollen können informell »erwartet«, unterschwellig erspürt und gestattet oder auch offiziell formalisiert, das heißt durch Titel oder Position zugewiesen, durch Vereinbarung geklärt und durch (Stellen-) Beschreibungen verfestigt sein. So oder so reduzieren Rollen die hohe Komplexität des Teamgeschehens, die dessen Vielfalt produziert. Sie tun dies, indem sie die (Arbeits-) Beziehungen der Akteure strukturieren und sie in überschaubare und leidlich berechenbare Interaktionsmuster (das »Rollenspiel«) aufgliedern.

CHARLES MARGERISON und DICK McCANN haben Schlüsselrollen in Teams beschrieben und ihnen jeweils charakteristischen Handlungsmerkmale zugeordnet(Abbildung 9).

Solche Rollenbeschreibungen können als Anregung dienen, um sich selbst oder die Mitglieder eines Teams hinsichtlich ihrer bevorzugten

Schlüsselrollen im Team	
Rollen	**Charakteristische Handlungsmerkmale**
Entdecken	• Erfindungsreich, aber auch verspielt • Zukunftsorientiert, denkt weiter • Macht ungern Ähnliches noch einmal • Liebt komplexe Probleme, macht gelegentlich Einfaches etwas komplizierter • Liebt Forschungsarbeit
Entwickeln	• Analytisch objektiv • Entwickelt Ideen • Liebt Projektarbeit • Experimentierer
Begeistern	• Überzeugender Verkäufer • Liebt vielseitige, interessante, anregende Arbeit • Schnell gelangweilt oder ungeduldig • Einflussreich, machtbewusst, geltungsbedürftig • Offen, direkt, bisweilen verletzend
Organisieren	• Nimmt in die Hand, organisiert • Schnell und ergebnisorientiert im Entscheiden • Arbeitet Systeme aus • Erzeugt Vereinbarungen und verpflichtet sich und andere
Durchführen	• Praktisch veranlagt, produktionsorientiert • Liebt das Konkrete, plant und hält sich daran • Sorgt dafür, dass die Dinge erledigt werden • Schätzt Effizienz und achtet auf regelmäßigen Output
Kontrollieren	• Liebt exakte Arbeit, überwacht gut • Prüft Normen und Verfahren • Geht ins Detail, bisweilen akribisch vom Hölzchen aufs Stöckchen • Nicht sehr kontaktfreudig
Stabilisieren	• Konservativ, nostalgisch • Loyal • Starker Sinn für Recht, Unrecht und Fairness • Schätzt und praktiziert Werte, Überzeugungen und Prinzipien wie Kameradschaft, Loyalität, Ehrlichkeit, Zuverlässigkeit
Beraten	• Toleriert Schwächen • Sammelt Informationen und erkennt Lücken schnell • Lässt sich nicht gern hetzen • Kenntnisreich, exponiert sich aber ungern selbst, sondern unterstützt, hilft anderen

Abbildung 9: Schlüsselrollen im Team

Rollen einzuordnen, Defizite zu lokalisieren oder Hinweise für eine Weiterentwicklung im Sinne von *hilfreich, nützlich für das Team und sein Ziel* zu liefern. Das muss nicht immer angenehm und harmonisch bedeuten. Ein *Forscher*, der komplexe Problemstellungen liebt und sie erfindungsreich angeht, wird vielleicht mit einem *Macher* – der *Spinnereien* nicht schätzt, sich auf Weniges konzentriert, dort aber für eine konsequente Durchführung sorgt und sei es durch Druck und nicht immer sehr rücksichtsvoll – dauerhaft in Streit und Hader liegen; ebenso vielleicht mit einem *Kontrolleur*, der weder Fehler noch Abweichungen vom Budget duldet, jeden kreativen Versuch nach Aufwand und potenziellem Nutzen durchrechnet und permanent auf die Einhaltung von Regularien und Beschlusslagen drängt. Dennoch können dies einander bedingende, sich wechselseitig balancierende Rollen sein, deren hohe Produktivität aus einem tarierten Streitmuster erwächst. Beide Rollen wären ohne die jeweils andere weniger hilfreich. In ihrem Wechselspiel aber schaffen sie ein Hochleistungsmuster. Über formelle und informelle Rollen und die daraus entstehenden, aufeinander bezogenen Muster verschafft sich ein Team Stabilität, Transparenz und Verlässlichkeit. In der normalen Linienorganisation muss dies durch Kontrollstrukturen, Funktionsstellen und Positionen gewährleistet werden. Aber hier wie dort gilt: Wenn einzelne Träger fehlen, wird die organisatorische Statik kritisch. Dies ist im Team allerdings weniger gefährlich, weil die Rollenstruktur flexibler ist, nicht so einmalig und nicht so ausschließlich.

Die Beziehungen der Mitglieder sind geprägt durch die Balance von Gemeinsamkeit *und* Unterschiedlichkeit, durch Gleichheit *und* Vielfalt. Gleichheit und Gemeinsamkeit sichern Identität nach außen, Stringenz der Zielverfolgung, Commitment von Aufgaben und Verlässlichkeit der Arbeitsstruktur. Unterschiedlichkeit und Vielfalt sichern Differenziertheit, helfen Komplexität zu bewältigen, Ressourcen mehrfach zu nutzen, Schwächen auszugleichen und sie sichern die mehrdimensionale Überprüfung von Ergebnissen. Auch wenn Personen in ihren Rollen Gegensatzpaare darstellen und die sich daraus ableitenden Interaktionsmuster manchem fremd, spannungsgeladen und manchmal vielleicht sogar bedrohlich erscheinen, sind sie – im Rahmen der persönlichen Akzeptanz und von Toleranz für Andersartigkeit – produktiv und leistungsfördernd. Dennoch können sie klärungsbedürftig sein. Konflikte müssen dann auch hier offen ausgetragen werden. Und dies ist nicht nur Sache des Gegensatzpaares selbst, sondern des gesamten Teams. Es sind Schritte der Teamentwicklung zum Nutzen aller!

Die gruppendynamische Forschung hat in solchen Prozessen gewisse Schnittmuster entdeckt, die fundamentale Rollenkonstellationen skizzieren und helfen können, informelle Muster zu identifizieren, bevor sie kritisch werden. Sie helfen zu verstehen, wie sich das Team entwickelt, was manche Beziehungen dynamisiert und was sie dagegen verfestigt und starr macht. Ein Kraftfeld von drei Basisrollen – die jedoch nicht starr zugeschrieben werden dürfen – treibt die Dynamik im Team:

- Eine Basisrolle in diesem Kraftwerk wird von Teammitgliedern wahrgenommen, die initiativ werden, neue Ideen anstoßen, die bewegen und *in die Hand nehmen*, bisherige Lösungen infrage stellen und neue Konzepte fordern und entwickeln. Ohne die Besetzung dieser Rolle fehlt die *Zündung,* erfolgt kein Schub, gibt es keine gerichtete Energie.
- Um diesen Anschub zu bewirken, bedarf es nun aber jener Rollen, die *mitmachen*, sich begeistern lassen und sich anschließen. Zumindest eine gewisse Strecke und Zeitspanne müssen diese bereit sein, dem Schwung, der Idee zu folgen und deren Initiatoren und Trägern *Gefolgschaft* zu leisten, das heißt den Anstoß weiterzutragen, ihn loyal und engagiert zu unterstützen.
- Um Hochleistung wirklich nachhaltig zu erzeugen, bedarf es nun noch einer dritten Rolle: jener nämlich, die *gegenhält,* die kritisch gegenübersteht, sich eben nicht anschließt, sondern kompetent opponiert. Erst die Auseinandersetzung mit Gegenargumenten, mit kompetenter Kritik, mit fundiertem Infragestellen bewirkt, dass die Anreger es nicht bei der Anregung belassen, dass Konzepte detailliert und Details überprüfbar konzipiert werden. Und die Energie, die durch die Reibung entsteht, lässt Einzelne zur Höchstform auflaufen.

Erst in dieser Ergänzung der Rollen entsteht die Herausforderung, welche die Leistungsdynamik weitertreibt und Spitzenleistung bewirken hilft , indem sie die Einzelnen im Team zu Anstrengungen herausfordert, in denen sie an ihre Grenzen gehen oder gar über sie hinauswachsen. Neben dem Aufbau und Erhalt von kreativer (An-) Spannung und Ansporn im Team – ohne Opposition und Hinterfragen fehlt der dynamisierende Gegenpol – dient dieser kritische, widerständige Rollenpart auch der Balance und Regulierung. Er schützt Erhaltenswertes beziehungsweise korrigiert Überschwang und bremst allzu euphorische Phasen ab. Das Zusammenspiel dieser drei Basisrollen im Entwicklungsprozess eines Teams hat Erfolg, wenn das *Schnittmuster* einige Faktoren sicherstellt:

- Das Team hat in seinen entscheidenden Leistungsphasen alle diese Rollenmuster zur Verfügung.
- Die einzelnen Teammitglieder – und insbesondere die Meinungsführer – sind *rollenflexibel*, das bedeutet, sie sind bereit und in der Lage, im Verlauf des Leistungsprozesses mehr als nur ein *festgelegtes* Handlungsmuster zu übernehmen; also beispielsweise permanente Opposition zu spielen und in der Rolle dessen, der ja immer dagegen ist, zu erstarren, dauerhaft den solitären Querdenker darzustellen oder den Opportunisten, der immer dabei ist, wenn er glaubt, das würde seine eigene Bedeutung erhöhen.
- Das Team hat (sich) eine Konfliktkultur entwickelt oder erarbeitet, in der die Mitglieder oder (Teil-)Gruppen auch bei Meinungsverschiedenheiten, Spannungen und daraus resultierenden harten Diskussionen in der Lage sind, Vereinbarungen zu treffen, Lösungen zu erzeugen und verbindlich umzusetzen, ohne die Unterschiede vorschnell auszugleichen und die daraus resultierende Konfrontation – sprich: Gegenüberstellung – allzu eilfertig zurückzunehmen. Dies zu bewirken, auszuhalten und zu moderieren ist ein Teil der Rollenanforderung an die Funktion *Führung in und mit dem Team*.
- Die Funktion *Führen* im Sinne von steuern und regeln wird dabei meist mehreren, zumindest aber zwei Personen im wechselseitigen Rollenspiel zugeordnet. Einer der Rollenträger – häufig der formelle Leiter, wenn es denn einen solchen gibt – konzentriert sich dabei auf den Leistungsaspekt und die darauf bezogenen Normen, Bewertungen und Entscheidungen. Einer zweiten Rolle werden dagegen die zwischenmenschlichen Anforderungen zugeordnet. Sie zeigt Solidarität, bestärkt, gleicht aus, gibt dem Team Zusammenhalt und reagiert stark auf menschliche Empfindungen. Diese Rolle repräsentiert das *Wir* der Gruppe am deutlichsten, genießt entsprechend Sympathie, verschafft der Gruppe einen Identifikationspunkt und sich selbst Loyalität und Gefolgschaft. Sie verbindet sich häufig mit den Funktionen *Stabilisieren* und *Beraten* in der vorstehenden Tabelle. Diese Rollenkonstellation von Führung kennt viele illustrative Traditionen: Vater/Mutter, Leutnant/Feldwebel (die *Mutter* der Kompanie) oder Häuptling/Medizinmann. Die Energie und Dynamik der Gruppenmitglieder ist stark von der *emotionalen* Beziehung zu den Trägern dieser Rollen geprägt. Aus diesen differenzierten Steuerungsimpulsen erwächst ein verlässliches und akzeptiertes Netz von Führungsbezie-

hungen – sie sind die Grundvoraussetzung für echte Hochleistung einer Gruppe.

Neben diesen *tragendenden Rollen* eines produktiven Teams – die gleichsam ein Parallelogramm der Kräfte bilden – stehen noch einige Rollen am Rande des Beziehungsgeflechts der Gruppe, spielen aber in diesen energetischen Kern des Teamgeschehens hinein. So zum Beispiel die Rolle der *Unabhängigen*, welche die soziale Dynamik des Teams eher distant miterleben und die sich daraus entwickelnden Prozesse der Machtbildung und Statussicherung, der Rivalität, der Beziehungs- und Rollenkonflikte eher zuschauend begleiten, sich mit Zielen und Aufgaben durchaus, wenn auch eher kritisch identifizieren. Ist das Team aber noch nicht weit genug entwickelt, kann diese Rolle nur schwer produktiv integriert werden. Sie ist in Gefahr, *ausgegrenzt* zu werden, ins Abseits zu geraten oder gar *Außenseiter* zu sein. Aber dies kann auch andere Teammitglieder, Untergruppen oder Rollenträger betreffen. Es beginnt meist mit ungleichmäßiger Kommunikation. Einige reden öfter und intensiver miteinander, gehen gemeinsam in die Kantine, treffen sich vielleicht auch privat gelegentlich – und andere eben nicht. Sie werden nicht eingeladen, nicht mitgenommen: mehr oder weniger demonstrativ. Die anfangs ungleichmäßige Kommunikation kann sich bis zur Zuschreibung von Rollen wie *Außenseiter* oder gar *Prügelknabe* steigern. Die Endstufe kann ein ins Innere des Teams verlegtes Feindbild sein; auf das sich die negative Energie des Teams richtet, wenn kein *Außenfeind* sie bindet und externe *Ventile* nicht verfügbar sind oder nicht ausreichen. Gefühle von Ärger und Ohnmacht, Zuschreibungen von Schuld bis zu böswilligem Versagen machen sich an dieser Rolle fest. Die offenen oder unterschwelligen Interaktionen der Teammitglieder drängen dann zunehmend auf archaische Muster: Ausschluss oder Verstoßung. Gelingt es einem solchen Muster, die Dynamik der Gruppe zu bestimmen, sind die Konsequenzen absehbar: Ein oder mehrere Mitglieder können sogar veranlasst werden oder sich veranlasst sehen, das Team zu verlassen.

Die Bewältigung einer solchen Konstellation – die nicht unüblich, sondern eher typisch und in Gruppen durchaus angelegt ist – ist ein Problem des gesamten Teams. Nicht nur, weil es Energien bindet und fehlleitet oder das betreffende Gruppenmitglied – das ja durchaus auch seinen Anteil an dieser Rolle hat – beschädigt, sondern weil die Gruppe nach geglücktem *sozialen Mord* anschließend häufig von starken Schuldgefühlen geplagt wird. Deren Bewältigung bindet dann wiederum Energie, strapaziert Beziehungen durch neue Schuldzuweisungen und zerfrisst Vertrauen, Offenheit und Unbefangenheit im Umgang untereinander. Eine weitere Tücke ist, dass sich solche dramatischen Verläufe von Teams mit eher geringem Entwicklungsgrad unschwer zur *Seifenoper* umschreiben lassen. Bereits die angedeutete Drohung mit Ausschluss oder umgekehrt die Drohung eines Experten, die Gruppe zu verlassen, reicht häufig aus, um den anderen zum Nachgeben zu bewegen, Kritik zurückzuhalten oder sich verbal auf eine *Lyrik des Teamgeists* einzustimmen. Leistungsstand und Output des Teams können davon streckenweise unabhängig durchaus (immer noch) sehr hoch sein – ähnlich allerdings sehr jungen Leistungssportlern, deren Höchstleistungen häufig situativ und eben nicht dauerhaft stabil sind. Das banalisierte, aber fatalerweise alltagstaugliche Muster heißt dann: Manipulation, Erpressung und Unterdrückung der Konflikte.

Die produktive Variante, die nutzenstiftende Integration der *Rollen am Rande*, kann darin liegen, dass in manchen Teamsituationen *Distanz* – also nicht verflochten, nicht persönlich involviert sein – bedeutet, den Rücken frei zu haben für neutrales und unparteiisches Beobachten. Die nutzenstiftende Übernahme einer distanten, unabhängigen Rolle liegt dann auf den Funktionen *Rückmeldung*, Reflexion und Moderation bei schwierigen Prozessschritten. Sie ist relevant – und im günstigsten Fall als kompetente Funktion dann aktivierbar, wenn in festgefahrenen Situationen auf Aspekte aufmerksam gemacht werden muss, die eventuell zur Blockierung beitragen oder die sie überwinden helfen können.

Manchmal zeigen solche Rollen ein hohes Maß an Außenorientierung – zum Beispiel ein externer Experte im Team – oder entziehen sich, bei aller Kollegialität gegenüber dem Team und seinem Auftrag, der Kohäsion und dem *Wir-Gefühl* der Gruppe, also dem, was als Teamgeist beschworen wird. Sie betonen deutlich ihre Unabhängigkeit und begegnen gelegentlichen *Einverleibungsversuchen* von Teammitgliedern mit deutlicher Distanz. Die Teambeziehungen aus dieser Rolle heraus konstruktiv zu gestalten und Nähe und Distanz zu regulieren, ohne Frustration oder Aggression – also Beziehungsverschlechterung – zu bewirken, ist eine Teamleistung; das bedeutet, sie bedarf der gemeinsamen Klärung und Reflexion und diese setzen einen reiferen Entwicklungsstand voraus.

Der dynamische Lebenslauf von Teams – Phasen und Aspekte der Gestaltung

Die anstehenden Wirklichkeiten in solchen Prozessen sind natürlich vielfältiger, als es die Struktur eines Phasenmodells (Abbildung 10) ausdrücken kann. Die Kunst der Beteiligten liegt darin, die Einzigartigkeit des tatsächlichen Verlaufs im Auge zu behalten und zu berücksichtigen.

(1) Start: Fremdheit und Orientierung

Gestaltungsaspekte

- Auftrag erklären, Kernprobleme herausarbeiten;
- Ziele als Teil- und Leistungsziele des Teams konkretisieren;
- Expertisen und Fachkompetenzen im Team transparent machen;
- Rahmenbedingungen und (Anpassungs-) Erfordernisse verdeutlichen;
- Spiel und Handlungsräume klären;
- Termine und Verantwortungen sichtbar machen.

Verhaltensempfehlungen

Zu Beginn heißt es vor allem, dem *Kennenlernen* Raum geben, um auch einen *emotionalen Einstieg* zu ermöglichen. Der Schwerpunkt liegt auf informieren und (er-)klären beziehungsweise darauf, auf Klärung, Verstehen und Verständnis zu dringen und dieses auch jeweils zu überprüfen. Dies bedeutet, die relevanten Themen prägnant, aber auch möglichst stimulierend aufzuwerfen und die Aspekte des Teamauftrags spannend in Schlüsselfragen zu übersetzen, um dann den Diskurs, den Austausch von Sichtweisen, Stellungnahmen und Argumenten so lange aufrechtzuerhalten und gegebenenfalls zu moderieren, bis sich ein differenziertes Bild, eine weitgehend gemeinsame und tragfähige Meinung zu den Dingen herausentwickelt. Dieses sollte nicht unter Zeitdruck oder nur verkürzt geschehen. Ein Teamleiter muss dabei dem Druck widerstehen, eigene Auffassungen als vorschnelle Orientierungs- oder gar Entscheidungsgrundlagen vorzugeben, Aufgaben zu forciert festzulegen oder Verantwortungen zu schnell, zu eng und zu scharf abzugrenzen. Es geht hier auch darum, bereits frühzeitig Anlässe zur Zusammenarbeit zu schaffen. Klärungs- und Vorbereitungsschritte sind günstige Gelegenhei-

Ebenen des Erlebens		
Phasen	**Inhalte und Aufgaben** (Kognitives Denken und öffentliches Handeln)	**Soziale Struktur und Interaktionen** (Gefühle, Impulse, Beziehungen)
Start und Orientierung	• Ziele verstehen • Teilziele definieren • Informationen sammeln • Struktur entwickeln • Methoden entwickeln • Fragen stellen, Vorabklärungen suchen	• Suche nach der eigenen Rolle • Suche nach angemessenem Verhalten • Abhängigkeit von Teamleitung und mitgebrachten (externen) Normen und Standards • Verschlossen im Zeigen von Gefühlen und Meinungen
Konflikt und Klärung	• Entweder-oder-Diskussion • Mehr Energie auf die Aufgabe • Diskrepanz: Aufgabe und persönliche Orientierung • Widerstand gegen Aufgabe und Methoden • Definieren von Aufgabenrollen	• Individualität • Verteidigen von Territorien • Polarisation • Politik • Ungleichmäßige Interaktion • Kampf um Macht und Status – Verhaltensexperimente
Organisierung und Normbildung	• Spielregeln für die (Zusammen-) Arbeit und den Umgang • Offener Austausch von Daten, Ideen, Meinungen • Suche nach Alternativen • Kooperation: zunehmende Sterilität und Schwerfälligkeit	• Wertschätzung und Akzeptanz • Entspannung, Wohlfühlen • Offene, authentische Kommunikation • Harmonie- und Konfliktvermeidungsstrategien • Idealisierung und Höhenflüge; Elite-Darstellung nach außen
Leistung, Integration und Differenzierung	• Suche nach mehr Effizienz • Aktivität im Dienst der Gruppenaufgabe • Arbeitskultur • Reflexion über die Zusammenarbeit • Arbeitsteilung verfeinern, Selbstorganisation • Modelle der Konfliktregelung	• Feedback • Verhaltensstandards • Reflexion über die Zusammenarbeit, Wir-Gefühl • Zyklische Betrachtung der Gruppenentwicklung • Ganzheitliche, roulierende Planung • Übernahme von Verantwortung füreinander und für das Ziel (jeder lernt von jedem, Synergie)

Abbildung 10: Teams – Phasen und Ebenen des Erlebens

ten, die Personen, die sich noch fremd sind, miteinander in Berührung bringen.

(2) Sturm-und-Drang-Zeiten: Konflikt, Konkurrenz und Klärungen

Gestaltungsaspekte

- Durch Beobachtung Prozesse lesen lernen.
- Die eigenen Gefühle beachten, vorschnelle gedankliche Festlegungen und Parteinahmen vermeiden.
- Hypothesen über Zusammenhänge entwickeln und durch Beobachtung überprüfen.
- Sache und Person auseinander halten (helfen).
- Den Reflexions-Mechanismus installieren (helfen).
- Den günstigsten Zeitpunkt abwarten, dann aber klar und offen eingreifen, die Bühne drehen (helfen), Konflikte und Unterschwelliges ansprechen.

Verhaltensempfehlungen

Hier ist es wichtig, sowohl wohlfeilen Abhängigkeitsangeboten – zum Beispiel sich am Teamleiter orientieren – als auch den Signalen von Gegenabhängigkeit – zum Beispiel die Rolle des Teamleiters provokativ infrage stellen – verständnisvoll, aber konsequent zu begegnen. Alle wollen Einfluss, jeder will Anerkennung und manche Mitglieder verfahren nach einem Motto, das man gelegentlich jenen Kindern nachsagt, die auf eher paradoxe Weise die Aufmerksamkeit ihrer Eltern erzwingen wollen: *Lieber den Hintern versohlt als gar keine Liebe!* Angesagt ist dann Konfliktmoderation ohne hohen Puls und Blutdruck. Phänomene dieser Art sind in dieser Phase normal und die entsprechend typischen Konflikte auch! Das Team sollte sie allerdings frühzeitig wahrnehmen, der Stimmung im Team und Gefühlszuständen zwischen Personen hohe Aufmerksamkeit schenken, Spannungen, die sich nach und nach aufbauen und verdichten, offen ansprechen und ihre Ursache möglichst konkret und direkt nachfragen. Wenn sich Diskussionen im Kreis drehen und ein Vorschlag den anderen jagt, ohne dass auf den jeweils vorhergehenden wirklich Bezug genommen wird, so gilt es auch dies aufzugreifen. Wichtig ist, dass Positionen bezogen werden dürfen, dass auch inhaltliches Sich-Exponieren möglich wird, aber Dogmatisierung, Dominanz und Machtausübung ebenso offen angesprochen werden wie Leisetreterei, Überanpassung an Vorgegebenes und unangemessene Zurückhaltung.

Ist jedoch noch die »Rangelei« um die eigene Bedeutung vorherrschend, sind sozialer Rang, Einfluss, Profilierungschancen noch umstritten, wird eine Teamsitzung schnell zur »Nahkampfzone«. In dieser gibt es dann eine Vielzahl von Spielmustern, das heißt häufig wiederkehrende Handlungs- und Beziehungsabläufe, die eingesetzt werden, um eigene Interessen durchzusetzen, die anderer dagegen zu blockieren oder einfach nur, um sich ins Licht zu setzen, die Aufmerksamkeit auf sich zu lenken und sich so zumindest situative Bedeutung zu verleihen. Wir werden im Folgenden einige Kampf- und Fluchtmuster, die für dieser Phase typisch sind, näher beschreiben. Ein sehr häufiges Muster in dieser Phase ist das *Politik-Kumpel-Spiel*:

– Im Vorfeld zum Beispiel einer Besprechung werden Bündnispartner gesucht, Meinungen abgestimmt und ein Schlachtplan abgesprochen, um diesen dann in der Sitzung selbst manipulativ umzusetzen.
– In einer vorher abgesprochenen Rollenverteilung werden Bedenken hochgespielt, falsche, irritierende Informationen eingestreut und es wird auf »unverzichtbare« Nichtanwesende hingewiesen, bis das Thema – zumindest vorerst – ergebnislos abgesetzt wird.

Ein anderes Muster könnte man *Machtpoker* nennen:

– Ein Teammitglied, dem Expertise zugeschrieben wird oder dessen hierarchischer Rang oder akademischer Titel Bedeutung vermuten lässt, übernimmt die Rolle des Zensors. Als solcher bestimmt er, was gesagt werden darf, was davon richtig und was falsch ist – und deshalb vom Tisch muss.
– Oder genau umgekehrt: Ein oder mehrere Teammitglieder von Rang oder mit vermuteter Expertise schweigen demonstrativ zu einem Thema. Sie verfolgen – angeblich hoch interessiert – die Diskussion jener, die nun immer unsicherer werden, da relevante und mit Recht erwartete Stellungnahmen fehlen. Dies löst Irritation, manchmal sogar Angst aus. Auf jeden Fall behindert es eine differenzierte Meinungs- und Willensbildung.
– Eine weitere Variante könnte so aussehen: Jene, denen Einfluss und Expertise zugeschrieben werden, nehmen ein Teammitglied, dessen Argumentationsrichtung ihnen nicht passt, regelrecht auseinander; im

Staatsanwaltshabitus stellen sie trickreiche Fragen und machen die Szene zum Tribunal. Sie stellen den »Sünder« an den »Gruppenpranger« und damit bloß.

Ein drittes Spielmuster heißt *Klagemauer*:

– Zunehmend mehr Teammitglieder stimmen in »ritualisierte« Klageformeln ein, zum Beispiel dass man ohne Unterstützung von oben eben nicht weiterkomme, dass bei der personellen Unterbesetzung des Teams die Ziele nie zu schaffen seien oder dass der Ressourcengeiz oder die »Maurerhaltung« der zuarbeitenden Fachbereiche wieder einmal besonders typisch seien. Die Zeit verrinnt – vielleicht auch der Frust – aber eine ernst gemeinte Diskussion auf der Suche nach Lösungen entsteht nicht.

– Eine Variante davon ist das »Opferspiel«: Ein oder mehrere Mitglieder deklarieren sich selbst als Opfer und zelebrieren so lange ihre persönliche Kränkung, bis sie ausreichend mit Mitleid versorgt werden und dadurch die anderen von ihrem Streben abgebracht haben, das Problem anzugehen.

Killer könnte der Titel des nächsten Spielmusters sein:

– Bei jeder Schwierigkeit, bei jedem Konflikt wird eine »Krise« proklamiert und der dafür Schuldige gesucht. Eine Erweiterung: Der »Schwarze Peter« wird ständig von einem zum anderen weitergereicht. Für Lösungsschritte bleibt keine Energie mehr übrig.

– Wenn eine Idee die nächste – natürlich bessere – jagt, kommen einige Mitglieder bisweilen auf den Gedanken, dass man sich durch das Abschießen von Ideen anderer ebenso gut – und mit weniger Aufwand – profilieren kann wie durch das Hervorbringen eigener Ideen. Und das tun sie dann durch einfallsreiche Korrekturen mithilfe spitzfindiger »kompetenter« Einwände. Auch dies ist eine exzellente Möglichkeit, eine Gruppe energiemäßig zu entkräften.

Einige weitere, jedem bekannte und durchaus häufige Muster wirken zwar eher harmlos, blockieren aber dennoch zielgerichtetes Arbeiten und verzehren viel unnötige Energien, weil sie meist in einer Sackgasse der Unverbindlichkeit enden:

– Hier spielen fast alle mit. Das Muster: *vom Hölzchen zum Stöckchen*. Jede Diskussion bleibt an irgendeinem unwesentlichen Detail hängen, landet auf einem unbedeutenden Nebenkriegsschauplatz, wo dann die

Kraft verloren geht, ohne dass Handlungsansätze oder Lösungsstrategien sichtbar würden.

- Oder, aufgrund eines *Reizwortes* hakt sich die Diskussion an einer Stelle fest und kann sich nicht mehr davon lösen. Aber es geht auch umgekehrt: Aus jedem Beitrag wird ein Aspekt vom nächstfolgenden Diskutanten mittels eines Stichwortes aufgegriffen. Dabei gibt dieser vor, gerade an dieser beliebig kleinen inhaltlichen Teilmenge besonders interessiert zu sein. Andere erkennen das Muster nicht gleich und steigen hilfreich ein. Das Resultat: ein *ständiger Themenwechsel*, kein verbindender roter Faden.
- Ein ebenfalls in Sturm-und-Drang-Zeiten immer wieder gern gespieltes Drama heißt *Strohfeuer*: Das Team produziert zu Beginn eines Problemlösungs- oder Entscheidungsprozesses eine Vielfalt von kreativen Ideen, Vorschlägen, Ansätzen und Perspektiven. Wenn diese dann ausreichend bejubelt wurden und das Team sich entsprechend selbst gewürdigt hat, verblasst die Vitalität im Team und die Energie versickert. Von nun an dominieren Ausreden, Einwände und Rückzugsgefechte.

In solchen Situationen läuft noch vieles verdeckt. Es braucht deshalb gelegentlich Mut, *die Decke wegzuziehen – also die Bühne zu drehen –,* um deutlich zu machen, dass eine Unterbrechung der sachlich-inhaltlichen Diskussion (so es denn überhaupt eine solche ist) angesagt ist und dass eine *Meta-Reflexion* die Einladung bietet, darüber zu sprechen, was in der eben beendeten Sequenz eigentlich lief, was die Mitglieder des Teams wahrgenommen, wie sie sich dabei gefühlt, welche Vermutungen sie darüber entwickelt und welche Rolle sie selbst dabei gespielt haben – und wie zufrieden sie mit sich selbst sind. Dabei darf es nicht darum gehen, den Streit mit anderen Mitteln – denen der Analyse und Reflexion – weiterzuführen, Vorwürfe zu erheben oder Schuldige dingfest zu machen. Es geht in dieser Phase vielmehr um die Sensibilisierung für die drei zentralen Faktoren erfolgreicher Teamsteuerung:

Erstens: die Fähigkeit, das Teamgeschehen selbst zum Thema zu machen, es aus der Helikopter-Perspektive zu betrachten und zu reflektieren – und die eigene Befindlichkeit dabei sichtbar zu machen, um die emotionale Lage des Teams zu erkunden.

Zweitens: dabei gemeinsam *Muster* im Teamgeschehen zu entdecken und zu identifizieren, zu betrachten, wie solche Muster entstehen und offen darüber zu reden, wo sie als förderlich und wo sie als hinderlich erlebt werden.

Drittens: diesen Basismechanismus der Selbststeuerung – so unüblich er in der Arbeitsorganisation auch ist und so bedrohlich er in aufgeheizten Konfliktsituationen auch erscheinen mag – handhaben zu lernen, um ihn dauerhaft als bewusste und selbstverständliche Intervention im Teamprozess zu praktizieren.

Natürlich wird der Erfolg nicht gleich eintreten, werden eingeübte Kampf-, Flucht- und Widerstandsmuster ihn zu verhindern suchen. Und es werden sicherlich viele Versuche unternommen werden, *die Decke festzuhalten,* wenn jemand sie wegzuziehen versucht: in Allianzen oder als routiniertes Solo, mit Ironie oder mit demonstriertem Unbehagen, mit Hilf- und Ratlosigkeit – echter und gespielter –, mit Fragen nach dem Nutzen, mit Hinweisen auf die knappe Zeit oder auch darauf, dass man es doch mit erwachsenen, erfahrenen und stabilen Teammitgliedern zu tun habe, die der Reflexion und ähnlicher psychologischer Spielchen nicht bedürfen. Die Angst, vor aller Augen nackt dazustehen und in dieser Verhaltens-Blöße selbst zum Thema der Gruppe zu werden, ist groß und durchaus verständlich – ebenso wie die daraus resultierenden Fluchttendenzen. Dass die Reflexion, das Feedback und offene Ansprechen dessen, was man gesehen und erlebt hat, nicht automatisch zum Tribunal werden, in dem Personen an den Pranger gestellt werden, sondern dass dieser Prozess ein nützliches Werkzeug ist, um die Arbeitsfähigkeit (wieder) herzustellen, muss sich erst in der konkreten eigenen Erfahrung als glaubhaft erweisen. Wenn dieser Mechanismus allerdings nicht akzeptiert, installiert und integriert wird, kann das Team schwerlich über sich selbst lernen und sich dann auch kaum kompetent selbst steuern. Damit würde eine bedeutende Ressource für die Leistungsüberlegenheit von Teams auf Dauer nicht optimal genutzt werden.

(3) Selbstorganisation – Entwicklung von Spielregeln und Kompromissbildung

Gestaltungsaspekte

- Konflikte produktiv machen.
- Auf durchgängige Muster von Harmonisierung und Konfliktvermeidung achten und diese ansprechen.

- Den Reflexions-Mechanismus verankern und dabei auf drei Ebenen differenziert handhabbar machen (helfen):
- *Sachlich-fachliche Problemlösung* (Zielbildung, Problemdiagnose, Soll-Spezifikation, Ressourcenplanung, Sachentscheidungen)
- *Organisation und Steuerung* (Auftragsklärung, Kunden-/Stakeholderanalyse, Informationsflüsse, Entscheidungsmechanismen, Arbeitsverteilung, Verfahren, Methoden, Werkzeuge, Zeitleisten und Berichtsstrukturen, kollegiale Lern- und Qualifizierungsprozesse ...)
- *Prozesse, Beziehungen und Verhalten innerhalb des Teams* (Persönliche Interessen, Motive, Umgangs- und Spielregeln, Konflikte, Rollen (-gestaltung), Klima ...)

Verhaltensempfehlungen

In dieser Phase liegt das Augenmerk auf einem nahezu konträren Focus: Es geht darum, Spannung und Bewegung im Team zu erhalten und Problemaspekte so anzugehen, dass die Klärung wirklich bis zum Knackpunkt betrieben wird. Denn es besteht die Gefahr, dass sich das Team schnell und allzu gern komfortabel einrichtet, dass eine Neigung zu Harmonie und zum gruppendynamischen Schlummer um sich greift, dass man sich zum Beispiel kollegial arrangiert, statt in den anstrengenden Wettbewerb um die bessere Lösung zu treten. Auftretende Probleme werden einfach vertagt, ausgeblendet oder durch freundliche, das heißt verschleiernde und bequeme Kompromissbildungen erledigt. Der soziale Interessenausgleich der Teammitglieder funktioniert durchaus, allerdings im reibungsminimierten Schongang: Das Team ist froh, die Hahnenkämpfe der Anfangszeit überwunden zu haben – den Streit um Territorien und Geltung, die endlosen Debatten und die hilflosen Bemühungen. Nun soll, statt Verdruss und Uneinigkeit, so etwas wie Gemeinsamkeit und Wir-Gefühl proklamiert werden. Nur kein Rückfall! Deshalb wird auf Harmonie gemacht   was auch gelingt. Aber neben allen positiven Aspekten, wie zum Beispiel Kollegialität und Sich-zunehmend-Wohlfühlen breiten sich Konfliktvermeidungsstrategien aus. Das Team sonnt sich entspannt auf dem Sonnendeck im endlich erreichten *Wir-Gefühl* oder im so genannten *Team-Geist* – und will nicht wahrhaben, wie es gegebenenfalls unter der Decke brodelt.

Vorrangige Aufgabe ist es gerade deshalb, Ansätze von Sterilität, Muster des Typs *kleinster gemeinsamer Nenner*, harmonisierende Beschwichtigung, aber auch eine normative Überregulierung offen zu legen und infrage zu stellen. Das kann oft bedeuten: Unfrieden stiften! Allerdings hilft dabei, dass bereits eine Basis von Akzeptanz und Vertrauen geschaffen ist und man deshalb offen miteinander sprechen kann. Im Kern geht es ja darum: eine gesunde, tragfähige Streitkultur zu verankern, ohne dass die Ängste vor einem Rückfall in die Team-Pubertät die Klärung von Konflikten und die Konfrontation mit Alternativen unterdrücken. Deshalb gilt es in dieser Phase, anfangs vereinbarte Spielregeln im Teamverhalten daraufhin zu hinterfragen, ob sie noch dem Stand der Entwicklung des Teams entsprechen und wirklich Nutzen bringen. Viele Regularien wurden vielleicht als Sicherheitsnetz in den Konflikten der vorangegangenen heißen Phase als hilfreich erlebt, erweisen sich nun aber möglicherweise als zu aufwändig und zeit-, nerven- oder ressourcenzehrend. So kann es zum Beispiel die Flexibilität und die Handlungsfähigkeit des Teams beschränken sowie die schnelle Nutzung situativer Chancen verbauen, wenn Teammitglieder in einer Besprechung mit Dritten keine Aussagen machen, weil *solches erst im Team besprochen* werden müsse. Hier hilft nur eines: Starre Regeln gemeinsam lockern und dem gesunden Menschenverstand – auch dem der Kollegen – vertrauen! Oder Misstrauen eben offen ansprechen.

Diskussionen über Formalien, also ob zum Beispiel bestimmte Entscheidungen im Team mit einfacher, mit qualifizierter Mehrheit oder nur im Konsens getroffen werden können, können sich in dieser Phase häufen. Auch sie sollten sofort auf ihre Nützlichkeit beziehungsweise auf bürokratische Absicherungsmuster hin überprüft werden. Der Impuls zur Überprüfung kann von jedem Mitglied, nicht nur vom Teamleiter kommen. Aus unserer Erfahrung ist dies bisweilen auch der Zeitpunkt, einer überschwänglichen Elitedarstellung von Teammitgliedern im Außenverhältnis zu wehren. Das wirkt gelegentlich kontraproduktiv zurück. Überhebliches Auftreten vermindert in aller Regel die Unterstützungsbereitschaft von anderen – und beeinträchtigt so die Bereitstellung notwendiger externer Ressourcen. Vieles in dieser Phase ist eine Gratwanderung, die des sorgfältigen Ausbalancierens bedarf. Produktive Konfliktbewältigung, konstruktiver Streit um Lösungsansätze und differenzierter Umgang mit Standpunkten, die voneinander abweichen, sind noch nicht unbedingt zur tragfähigen und reproduzierbaren Erfahrung des Teams geworden. Sie müssen noch in Fleisch und Blut übergehen, um echte Belastungen standzuhalten. Kurzfristige Rückfälle in Kampf- und Fluchtmuster sind deshalb durchaus möglich.

(4) Die Kultur der Spitzenleistung:
Flow durch Differenzierung und Integration

Gestaltungsaspekte

- Aufmerksam beobachten.
- Begleiten, unterstützen, coachen.
- Ressourcen beschaffen, Kontakte schaffen und pflegen (networking, political engineering).
- Teamleistung nach oben und außen vermarkten.
- Selbstvertrauen des Teams stärken, Erfolge feiern.
- (Gegebenenfalls rechtzeitig auflösen und Abschied nehmen.)

Verhaltensempfehlungen

Ist das Begreifen, Einüben und Organisieren von Selbststeuerung bewältigt, die Fähigkeit des vitalen und kompetenten Streitens tragfähig und die Konfliktbewältigung bei gegenseitiger Wertschätzung selbstverständlich geworden, dann findet Führung weitgehend integriert statt. Die Rolle eines Teamleiters – wenn sie formell besetzt ist – tritt stark zurück und Führungsfunktionen werden wechselweise, je nach Anforderung, Bereitschaft und Fähigkeiten übernommen. Führungsdefizite werden spontan und ohne Rivalität ausgeglichen. Denn Führung ist zur gemeinsamen Sache geworden, was das Innengefüge des Teams betrifft. Ein Teamleiter wird insofern vor allem zum Außenminister.

Das Team hat gelernt, mit den Stärken und Schwächen seiner Mitglieder umzugehen, kompensiert Defizite ohne Aufhebens und entwickelt Synergien aus den Stärken: *Jeder lernt von jedem* und *einer denkt für den anderen mit*! Das Team hat den Nutzen der Unterschiedlichkeit seiner Mitglieder nun wirklich erkannt und verwertet ihn. Das Zusammenspiel relevanter Verschiedenheit entwickelt bisweilen erstaunliche Fähigkeiten bei der Bewältigung von Komplexität. Ein einzelnes Teammitglied kann temporär in den Vordergrund treten und erhält dann situativ eine aufgabenbezogene oder handlungsrelevante besondere Bedeutung. Profile und Konturen werden sichtbar, ohne durch Rivalitäten reduziert oder durch Gleichmacherei abgeschliffen zu werden. Dies schafft Sicherheit, hilft nicht nur dem Einzelnen Souveränität zu entwickeln und seine Kompetenzen voll einzubringen, sondern bedeutet auch Kraftzufuhr. Das Team braucht solche Energieschübe, wenn es um echte Herausforderungen geht: Es entstehen dann Handlungssequenzen, in denen einfach *alles läuft wie geschmiert* – und alles gelingt. So können Spitzenleistungen entstehen: Eine Welle von Kraft, ein freier Fluss von Energie, das konzentrierte Zusammenwirken, das konfrontative Ergänzen und das stabile Vertrauen aufeinander ist für die Beteiligten ein durchaus *beglückender Zustand*: das gemeinsame Aufgehen in der Bewältigung der Aufgabe. Solche Sequenzen hat jeder von uns schon irgendwann einmal erlebt und jeder kennt auch Situationen, in denen andere in solchen Erinnerungen schwelgen. Sie stammen häufig aus dem Bereich des Sports – wenn eine Mannschaft in einem Spiel über sich hinaus wächst –, gelegentlich aber auch aus dem Beruf, wenn zum Beispiel ein Projekt, eine wichtige Forschungsaufgabe oder Entwicklungsleistung in einer Zeitspanne erfolgreich abgeschlossen wurde, die eigentlich gar nicht zu schaffen war. Sequenzen dieser Art sind allerdings auch in Teams – selbst in der Leistungsphase – nicht die Regel. Doch sie treten dann auffallend häufig auf. Und da nichts erfolgreicher ist als der Ansporn durch den Erfolg, gelingt es Teams auf dem Hintergrund dieser Erfahrung immer wieder, sich in diesen dynamischen Zustand – die Amerikaner nennen ihn *Flow* (M. Csikszentmihalyi) – zu bringen: Wie eine aufeinander eingespielte Segelcrew, die bei entsprechendem Wetter ihr Schiff zum Surfen bringt: Der Bootskörper hebt sich dann aus dem Wasser und läuft über seine eigentliche Rumpfgeschwindigkeit hinaus. Ein Teamleiter ist in eine solche Leistungserlebnisgemeinschaft völlig integriert, ist Teil der Gruppe und als solcher Unterstützer, Anreger, Ressourcenbeschaffer, Moderator oder insgesamt *Facilitator* (Förderer und Ermöglicher).

Eine wichtige Aufgabe beginnt, wenn die Hochstimmung zu Ende geht, wenn (Teil-) Leistungen erbracht und (Teil-) Aufgaben beendet sind. Nun geht es darum herauszufinden, wie es zu dieser Hochleistungsphase kam, was den *Flow* bewirkt hat. Dabei soll nicht nur gelernt werden, sondern es geht auch um gegenseitiges Lob und Anerkennung. Und wenn der Erfolg konkret ist, heißt es feiern. Dies zu initiieren gehört auch zu Führung. Sowohl Vertrautheit als auch der Stolz auf die Leistung brauchen die sozialen Gelegenheiten zu ihrem Genuss. Sie festigen das Fundament des Wir-Gefühls, verhelfen dem Teamgeist zur Entfaltung und schaffen die emotionale Basis für die nächste Aufgabe. War ein Team im Rahmen einer befristeten Aufgabe von vornherein nur auf Zeit vorgesehen, hat der Teamleiter auch die Aufgabe des Beendens und der Trennung. Selbst wenn das Team ausgelaugt ist und seine Auflösung überhaupt nicht als Schrecken ansieht, braucht es einen klaren und greifbaren Abschluss. Dazu gehört ein Blick zurück und eine Bilanz, sowohl des inhaltlich Erreichten als auch der zwischenmenschlichen Entwicklung – und allem, was daraus für die zukünftige Arbeit verwendbar scheint. Das Team hat viele Arbeitstage miteinander verbracht: spannende, erfreuliche, aber meist auch schwierige. Es ist – bei aller beruflichen Distanz – persönlich zusammengewachsen, hat Beziehungen entwickelt, die nun verändert oder beendet werden müssen. Aber wie soll dieser Abschied aussehen? Schlichtes Händeschütteln? Ein ausdrucksstarkes Ritual? Auf jeden Fall muss der Abschluss gestaltet werden. Teams muss man – so hat einmal ein Manager kommentiert – den Kopf abschlagen, sonst leben sie ewig weiter wie Zombies und beauftragen sich selbst nach dem Motto: *Es gibt nichts, was sich nicht noch verbessern ließe – und, nachdem wir uns jetzt so gut verstehen ...* Deshalb ist die Aufgabe des Teamleiters, ein deutliches symbolisches Zeichen zu setzen: klarer, eindeutiger Abschluss, aber mit Raum für die emotionalen Anteile. Auch eine Trennung kann gefeiert werden!

Standortbestimmung durch Selbstreflexion und Feedback

Zur Systempflege von Arbeitsgruppen und Teams gehört es, in regelmäßigen Abständen das Zusammenspiel innerhalb der Gruppe und die Art der Führung zum Thema zu machen. Diese Form vorbeugender Instandhaltung kann mithilfe der beiden Instrumente (Abbildungen 11 und 12) von einer Gruppe auch in Eigenregie ohne psychologische Fachbegleitung durchgeführt werden.

Führung und Zusammenarbeit in Arbeitsgruppen

Einleitung für die Teilnehmer

Der folgende Fragebogen soll Ihnen helfen, sich mit und in Ihrer Arbeitsgruppe darüber Klarheit zu verschaffen, wie Zusammenarbeit und Führung aus Sicht aller Beteiligten erlebt werden und wie es um die Zufriedenheit mit der Leistung einerseits sowie um das Zusammenspiel andererseits bestellt ist. Es gibt kein »richtig« oder »falsch«. Es geht vielmehr um Ihre persönliche Erfahrung und Einschätzung – unabhängig davon, was die anderen denken. Denken Sie bei der Beantwortung der Fragen nicht (nur) an einzelne herausragende Vorfälle, sondern daran, wie Sie die betreffende Situation im Allgemeinen während der letzten Zeit erlebt haben. Ihre Aussagen sollen Ihr tatsächliches Verhalten beziehungsweise Erleben widerspiegeln, nicht Ihre Wunsch- oder Idealvorstellung. Wie offen Sie dabei sind, werden Sie selbst entscheiden. Der Grad Ihrer Offenheit wird allerdings mit darüber entscheiden, wie ertragreich das Gespräch sein wird, das Sie auf der Basis Ihrer individuellen Einschätzungen miteinander führen werden. Diese Übung ist nur sinnvoll, wenn Sie ein echtes Interesse haben, den Dingen auf den Grund zu gehen, Ihre eigene Sichtweise infrage zu stellen und vermeidbare Missstände abzustellen.

Vorgehensweise

1. Jeder füllt unabhängig vom anderen den Bogen aus.
2. Ein Mitglied der Gruppe wertet alle Ergebnisse aus und überträgt Mittelwert *und* Häufigkeitsverteilung auf einen einzigen Bogen. Diese Übertragung kann auch als erster gemeinsamer Schritt von der Gruppe insgesamt erstellt werden. Alternativ dazu kann diese Auswertung auch auf einer großen Metaplanwand dargestellt werden.
3. Alle Beteiligten – Gruppe und Vorgesetzter – treffen sich nun zu dem eigentlich entscheidenden gemeinsamen Gespräch. Die Zielsetzung dieses Gesprächs besteht einerseits darin, dort nachzufragen, wo die Einschätzungen deutlich voneinander abweichen. Vor allem aber geht es darum, durch ein besseres Verständnis der gegenseitigen Einschätzungen und Erwartungen Spannungsfelder abzubauen und gemeinsame Problemlösungen zu entwickeln.
4. Verständlich, aber völlig am Ziel dieser Übung vorbei wäre es, den anderen beweisen zu wollen, dass sie in ihrer Einschätzung falsch liegen

und ihnen die Welt nochmals eingehend aus der eigenen Perspektive zu erklären. Vermeiden Sie also Rechtfertigungen, Entschuldigungen und Gegenattacken! Nützen Sie stattdessen die Chance, sich konkrete Informationen übereinander zu verschaffen.

Analyse von Führung und Zusammenarbeit

Teil A: FÜHRUNG

1. Neigung zu entscheiden und zu handeln, ohne es *vorher* mit den Mitarbeiter abzusprechen

    eher die Regel   **1 2 3 4 5 6**   kommt praktisch nicht vor

2. Bereitschaft, eine breite und differenzierte Information – auch über Hintergründe und Zusammenhänge – zu gewährleisten

    sehr ausgeprägt   **1 2 3 4 5 6**   informiert meistens nur
    ad hoc und dann nur über
    das Allernotwendigste

3. Klarheit bei Absprachen, Anweisungen und Ausdrücken von Absichten

    eher diffus; schwierig, sich   **1 2 3 4 5 6**   eindeutig, konkret,
    daran zu orientieren   verbindlich

4. Führung durch Zielvereinbarung und Mitarbeitergespräch

    wird konsequent gehandhabt   **1 2 3 4 5 6**   nur ansatz beziehungsweise
    lückenhaft

5. Bereitschaft, den Mitarbeitern Entscheidungs- und Handlungsspielraum zu gewähren nach dem Prinzip »Aufgabe, Kompetenz und Verantwortung gehören zusammen« – und bei Turbulenzen auch dazu zu stehen

    sehr hoch   **1 2 3 4 5 6**   eher gering

6. Fähigkeit, die Aufgaben gut zu koordinieren und die Arbeit angemessen und gerecht auf alle Mitarbeiter in der Gruppe zu verteilen

    gelingt sehr gut   **1 2 3 4 5 6**   gelingt häufig nicht optimal

7. Bereitschaft der Führung, Problemlösungen gemeinsam mit den Mitarbeitern zu erarbeiten und den Teamgeist zu fördern

alles Wesentliche wird   **1 2 3 4 5 6**   die wirklich wichtigen Dinge
gemeinsam erarbeitet   behält sich der Chef vor oder
                                                    gibt sie einigen
                                                    »Auserwählten«

8. Ausmaß der fachlichen und strategischen Kompetenz der Führung

soweit auf dem Laufenden,   **1 2 3 4 5 6**   versteht überhaupt nichts,
und die Dinge richtig beur-   obwohl zuständig; will selbst
teilen und die Mitarbeiter   immer der Beste sein und
entsprechend einsetzen zu   bleiben – lässt deshalb
können   niemand hochkommen

9. Neigung, die Leistung der Mitarbeiter und der Gruppe anzuerkennen und dies auch auszusprechen

hoch; auch Teilleistungen   **1 2 3 4 5 6**   mit offener Anerkennung
werden sichtlich gern   wird gespart; »nicht getadelt
anerkannt   ist gelobt genug …«

10. Neigung, sich Erfolge an den eigenen Hut zu heften

sehr groß   **1 2 3 4 5 6**   eher gering

11. Verhalten in schwierigen Situationen und bei Konflikten mit Mitarbeitern

Spannungen werden zügig   **1 2 3 4 5 6**   Konflikte werden möglichst
und deutlich angesprochen,   lange unterm Tisch gehalten;
um aktiv eine Lösung herbei-   wird sichtlich nervös;
zuführen; behält die Ruhe   »dreht durch«
und den Überblick

12. Allgemeiner Umgang mit den Mitarbeitern

gleichwertig,   **1 2 3 4 5 6**   lässt den
partnerschaftlich   »Chef heraushängen«

13. Kritik am eigenen Verhalten

wird gut akzeptiert und   **1 2 3 4 5 6**   abwehrend, empfindlich,
»verwertet«   nachtragend

14. Kritik gegenüber Mitarbeitern

    offen, klar, fair   **1 2 3 4 5 6**   verpackt, unterschwellig, verletzend

15. Transparente und gemeinsam vereinbarte Mitarbeiterentwicklung durch Qualifikation on und off the job

    völlig in Ordnung   **1 2 3 4 5 6**   sehr verbesserungsbedürftig

16. Zeit, die in die Führung der Gruppe und der einzelnen Mitarbeiter investiert wird

    völlig unzureichend   **1 2 3 4 5 6**   genau richtig

17. Allgemeines Verhältnis zwischen Mitarbeiter, Gruppe und dem Vorgesetzten

    geprägt von Vertrauen, Ermutigung und gegenseitiger Unterstützung   **1 2 3 4 5 6**   man muss auf der Hut sein

18. Vertretung des Bereichs nach außen

    man kann stolz sein, einen solchen Chef zu haben   **1 2 3 4 5 6**   manchmal müsste man sich eigentlich genieren

Teil B: ZUSAMMENARBEIT UNTEREINANDER

1. Ziel der Arbeit und der Gruppe (»mission«)

    unmissverständlich klar   **1 2 3 4 5 6**   man kennt zwar die Aufgaben, nicht aber das Ziel

2. Aufgaben- und Rollenverteilung innerhalb der Gruppe

    gerecht und den Bedürfnissen der Einzelnen entsprechend   **1 2 3 4 5 6**   willkürlich, ungerecht

3. Selbstständigkeit in der Arbeit und ihrer Organisation

    entsprechen voll den Vorstellungen   **1 2 3 4 5 6**   viele unnötige Eingriffe und Regularien

4. Ausstattung (Arbeitsräume, Arbeitsmittel etc.) und generelle Rahmenbedingungen

   zur vollen Zufriedenheit   **1 2 3 4 5 6**   es bleibt vieles zu wünschen
   aller   übrig

5. Kooperation und Teamgeist in der ganzen Gruppe

   alle sind hilfsbereit und   **1 2 3 4 5 6**   jeder arbeitet isoliert für sich
   haben das gemeinsame   beziehungsweise es herrscht
   Oberziel im Blickfelds   Cliquenwirtschaft

6. Umgang mit Konflikten und abweichenden Meinungen in der Gruppe

   direkt und fair   **1 2 3 4 5 6**   alles unterm Teppich; es gibt
   viel Ausgrenzung

7. Offenheit innerhalb der Gruppe

   sehr wohltuend   **1 2 3 4 5 6**   viel Zurückhaltung und
   taktische Absicherung

8. Gruppenklima

   distanziert, kühl, gereizt   **1 2 3 4 5 6**   offen, entspannt, herzlich

9. Stellenwert/Belastung der Gruppe im Quervergleich zu anderen Bereichen

   Völlig o. k.   **1 2 3 4 5 6**   ungerecht

10. Anreize und Motivation, all das zu tun, was nötig und möglich ist

    es macht wirklich Spaß   **1 2 3 4 5 6**   wenn ich nicht müsste, würde
    ich es lassen

11. Effektivität der Gruppenarbeit und Leistung der Gruppe insgesamt

    könnte nicht besser sein   **1 2 3 4 5 6**   es bleibt viel Potenzial
    ungenutzt

Abbildung 11: Standortbestimmung – Führung und Zusammenarbeit in Arbeitsgruppen

Fragebogen zum Selbstbild im Team

1. Ausmaß des gegenseitigen Vertrauens

Wie stark ist das Zusammenspiel von gegenseitigem Vertrauen geprägt oder herrscht eher Konkurrenz und Rivalität?

großes Vertrauen, Toleranz, **1 2 3 4 5 6** großes Misstrauen,
Akzeptanz   Konkurrenz, Rivalität

2. Offenheit

Verhalten sich die Mitglieder offen zueinander? Gibt es Versteckspiele oder taktische Zurückhaltung? Gibt es Themen, die vermieden werden oder tabu sind?

offen, frei, ehrlich **1 2 3 4 5 6** sehr zurückhaltend,
                                    vorsichtig, taktisch

3. Kooperation untereinander/Teamgeist

Spielen die Mitglieder zusammen? Gibt es Einzelne oder Untergruppen mit starken gegenseitigen Vorbehalten? Gibt es Cliquen, die sich abschotten?

das Zusammenspiel ist   Vorbehalte wirken sich durch
uneingeschränkt ohne Vor- **1 2 3 4 5 6** sichtbare Abgrenzungen aus
behalte und vernetzt

4. Gegenseitige Unterstützung

Arbeitet jeder eher für sich selbst oder zeichnet sich die Gruppe durch gegenseitige Fürsorge und Unterstützung aus?

hohes Maß an gegenseitiger **1 2 3 4 5 6** wenig gegenseitige Unter-
Fürsorge und Unterstützung   stützung der Mitglieder, jeder
                                    arbeitet nur für sich selbst

5. Konformität

Gibt es im Team starres Rollenverhalten, Rituale oder starre Ordnungsschemata? Gibt es ausreichend Entfaltungs- und Gestaltungsspielraum?

freie, flexible Verhaltensmuster, raumgebende Führung	**1 2 3 4 5 6**	starre Konformität, schablonenhaftes Verhalten, einengende Führung

6. Handhabung von Konflikten

Werden Konflikte offen angegangen und ausgetragen oder vermieden und verdrängt?

Probleme werden offen angepackt, Konflikte ausdiskutiert ohne unterschwellige Reste	**1 2 3 4 5 6**	schwierige Fragen werden vermieden; Konflikte werden verdrängt

7. Risikobereitschaft

Werden die Mitglieder ermuntert, initiativ und kreativ zu sein, ihre Fähigkeiten voll auszuschöpfen – und auch Fehlschläge zu riskieren?

Experimentieren ist selbstverständlich	**1 2 3 4 5 6**	viel Neues und Bereitschaft zum Risiko sind nicht gefragt

8. Aufgabenverteilung und Kommunikationsstruktur

Sind die Strukturen effektiv und transparent? Ist die Aufgabenverteilung gelungen? Sind die Schnittstellen produktiv?

Die Strukturen sind klar und zielorientiert; Effektivität und Produktivität führen zu persönlicher Arbeitszufriedenheit	**1 2 3 4 5 6**	Die Strukturen werden teilweise als verwirrend und problematisch erlebt und bewirken Konflikte

9. Gemeinsame Sichtweisen und Zukunftsvorstellungen

Kennen alle voneinander ihre persönlichen Vorstellungen und Perspektiven von der (Zusammen-)Arbeit ?

weitgehende Übereinstimmung in den Sichtweisen und in der Orientierung bezüglich Umgang miteinander, Leistung und Verlässlichkeit	**1 2 3 4 5 6**	kaum Kenntnis über die Sichtweisen der anderen; keine gemeinsamen Vorstellungen über Umgang miteinander, Leistung und Verlässlichkeit

10. Motivation

Kümmern sich die Mitglieder genügend um die Pflege ihrer gegenseitigen Beziehungen? Wirkt die Zugehörigkeit zu diesem Team stimulierend und motivierend auf den Einzelnen?

Die Mitglieder pflegen ihre Beziehungen im Team, fühlen sich anerkannt und geschätzt	**1 2 3 4 5 6**	Die Mitglieder vernachlässigen die Beziehungen im Team; jeder tut nur das Nötigste oder zieht sich auf seinen Aufgabenbereich zurück

Abbildung 12: Fragebogen – Selbstbild im Team

Intervention in schwierigen Gruppensituationen

Die Praxis unterscheidet sich immer von ihrer theoretischen Abbildung. Praktische Probleme sind in aller Regel vielfältiger, komplexer und deshalb verwirrender als die klaren theoretischen Erläuterungen. Häufig entdecken wir in der Praxis nicht – oder nicht schnell genug –, wie das, was sich gerade abspielt, theoretisch einzuordnen ist und können deshalb auch nicht schnell genug angemessen reagieren. Die Situation wartet aber nicht ab, bis wir handlungsfähig sind, sondern entwickelt sich ständig weiter – und setzt uns damit immer stärker unter Druck. Die hohe Kunst: Situationen schnell genug zu identifizieren und richtig zu diagnostizieren. Das gilt auch für Teamleiter formell geleiteter Teams. Die folgende Übung, die sowohl in Einzelarbeit als auch mit Gruppen gemacht werden kann, soll dazu beitragen, die Fähigkeit der schnellen Diagnose zu trainieren und dadurch die für den Erfolg formell geleiteter Teams notwendige Handlungskompetenz auszubauen. In Abbildung 13 werden eine praxisnahe Teamsituation und Verhaltensalternativen vorgestellt.

Verfahrene Gruppensituation: Wie intervenieren?

Übung für Teamleiter
zur Selbstpositionierung und Selbstreflexion

Sie sind seit drei Wochen Leiter eines Teams. Es ist aus Mitarbeitern zusammengesetzt, die bisher nacheinander Teilleistungen in einem komplizierten, verschachtelten Ablauf zu erbringen hatten. Dieser ist nun umfassend Ihrem Team übertragen worden. Auftrag, Ziel und Rahmensetzung sind weitgehend geklärt. Sie leiten jetzt die dritte gemeinsame Sitzung. Es geht um Klärung und Abstimmung von Arbeitsschritten sowie um die Vereinbarung von konkreten Handhabungen. Diese Sitzung droht Ihnen aus der Hand zu gleiten. Mehrere Teammitglieder – Ihrer Beobachtung nach von zweien angeführt – stören den Ablauf zunehmend durch Widerspruch, Dazwischenreden, dogmatische oder besserwisserische Kommentare und drohen Verweigerung an. Gerade bei den beiden Anführern handelt es sich um erfahrene Kollegen, auf die Sie glaubten, sich fachlich verlassen zu können. Sie haben, als die Diskussion chaotisch wurde, die Emotionen eskalierten und sich bei den willigen Teilnehmern Verdruss breit machte, eine kurze Pause angesagt, damit sich – so sagten Sie – die erhitzten Gemüter wieder abkühlen könnten und man dann sachlich weitermachen könne. Nun haben Sie zufällig beim Vorbeigehen gehört, wie von einigen Mitgliedern, die beim Kaffee zusammenstanden, Ihre Qualifikation als Teamleiter angezweifelt wurde, mit den Worten: *Das kriegt der nicht mehr gebacken ... eine glatte Fehlbesetzung!* Sie glauben dabei heftiges Kopfnicken Umstehender gesehen zu haben.

A. Beschreiben Sie Ihre Gefühle in dieser Situation!

B. Anschließend finden Sie eine Aufzählung von möglichen Verhaltensalternativen. Wählen Sie etwa zehn davon aus und zwar diejenigen, von denen Sie annehmen, dass sie in dieser Situation für Sie tatsächlich verfügbar und charakteristisch wären – nicht, was man eigentlich machen sollte.

C. Bringen Sie eine Rangreihe in die von Ihnen ausgewählten Alternativen. Auch hier geht es darum, sich bewusst zu werden, welche Verhaltensweisen Sie in ähnlichen Situationen aller Wahrscheinlichkeit nach tatsächlich zeigen würden.

D. Bilden Sie die Ihrer Meinung nach *ideale Rangfolge.* Kennzeichnen Sie zumindest drei Alternativen, von denen Sie glauben, dass sie die *ver-*

fahrene Situation im Team kompetent voranbringen – und überlegen Sie, was Sie wirklich daran hindert, genau das zu tun.

Verhaltensalternativen: Was würden Sie tun?

- Die Sitzungsteilnehmer konfrontieren und ihnen sagen, dass sie sich nicht teamgemäß verhalten.

- Sich überlegen, was Sie eigentlich wollen.

- Sich überlegen, welche Fehler Sie eigentlich machen oder was Sie bisher falsch gemacht haben.

- Öffentlich (im Team) Selbstkritik üben, sobald die Pause vorbei ist.

- Die verfahrene Situation mit einem Ihnen genehmen Kollegen vertraulich besprechen.

- Gemeinsam mit den Teammitgliedern einen Plan für das weitere Vorgehen in den nächsten Sitzungen ausarbeiten.

- Nach der Sitzungspause den Teammitgliedern sagen, Ihrem Eindruck nach sei die Situation verfahren und Sie wüssten nicht, wie Sie die Situation am besten aufklären und bereinigen könnten.

- Die Situation mit Ihrem Vorgesetzten/Auftraggeber beraten.

- Bei einem Coach oder in einer Supervisionsgruppe Hilfe suchen.

- Die Teammitglieder ermahnen, doch konstruktiver mitzuarbeiten, da es doch letztlich ihre Zeit und ihr Team sei.

- Das Team zu einer offenen Kritik Ihres Verhaltens und Ihrer Arbeit als Teamleiter bitten.

- Die Situation mit Teamkollegen im kleinen Kreis besprechen.

- Die Sitzung beenden und sich anschließend allein neue Ansätze ausdenken, mit denen Sie das Team motivieren könnten.

- Den Hauptstörenfrieden androhen, sie nach der Teamsitzung zur Rede zu stellen.

- Die Unzufriedenen fragen, was sie so unzufrieden macht.

- Sich fragen, ob Sie nicht vielleicht für die Leitung dieses Teams oder von Teams überhaupt ungeeignet sind.

- Mit den Teammitgliedern abends nach der Sitzung noch etwas trinken gehen, um dabei vielleicht zu erfahren, was es im Team so schwierig macht.

- Einige offensichtlich willige und konstruktive Teammitglieder fragen, ob Sie wüssten, was mit den Störern los sei.

- Warten, bis einige der Teammitglieder, die auf Ihrer Seite stehen und in Ihrem Sinne weiterarbeiten wollen, sich gegen die dauernden Unterbrechungen der Störer wenden.

- Den Störern im Besprechungsraum sagen, Sie seien der Teamleiter und seien für die Arbeit des Teams verantwortlich, das sollten sie gefälligst einsehen und sich daran halten. Schließlich gäbe es auch noch andere Teamkollegen, die interessiert seien und weiterarbeiten wollen.

- Verständnis für die Störer zeigen und sagen, dass Sie wüssten, dass Teamarbeit schwierig sei und häufig Angst und Widerstände verursache.

- Überlegen, ob man Sie nicht besser auf diese Teamleitung und auf solche Situationen hätte vorbereiten können.

- Sich mit den Teammitgliedern verbünden, die offensichtlich mitarbeiten, und die Störer einfach links liegen lassen – nach dem Motto: *Arbeite mit deinen Freunden!*

- Nach der Pause sagen, dass Sie mit dem gegenwärtigen Verlauf der Teamsitzung nicht zufrieden sind, dass Sie eine Störung wahrnehmen und dass Sie gern wissen möchten, was der Haken im Team sei.

Abbildung 13: Verfahrene Gruppensituation: *Wie intervenieren?* Übung für Teamleiter

Erfolgsfaktoren von Teams – eine Checkliste

Dieses Instrument, das in Abbildung 14 dargestellt wird, ist gut einsetzbar bei einer Zwischenbilanz, der sich jedes Team analog der Inspektion eines Fahrzeugs oder einer Maschine in regelmäßigen Abständen unterziehen sollte. Im Regelfall braucht es dafür keine externe fachliche Betreuung. Alle sollten zunächst unabhängig voneinander die Fragen beantworten. Der Austausch der individuellen Ergebnisse führt dann zur vertiefenden Diskussion über diejenigen Fragen, die sich anhand der Unterschiedlichkeit der Beantwortungen als kritisch erwiesen haben.

Erfolgsfaktoren für Teams – eine Frageliste

A. Zielbindung

- Sind die vereinbarten Eckdaten noch *realistisch*? Gibt es absehbare Abweichungen? Worin liegt die Ursache? Was ist zu tun?
- Sind die Ziele noch *stimmig*? Muss neu justiert werden? Stimmen die Prozessziele noch mit den Erwartungen des Kunden/des Managements überein? Passen die Operationalisierungen der Ziele noch zu den aktuellen Leistungsparametern des Unternehmens/Umfelds (zum Beispiel Qualität, Kundenorientierung, strategische Schwerpunkte, Personalentwicklung, Entgeltregelungen für Teams, Leistungsbeurteilung usw.)?
- Sind die Ziele noch *attraktiv*? Bieten sie noch ausreichende Beiträge zu den persönlichen Zielen? Werden sie im Team noch engagiert geteilt? Wo gibt es Zweifel, Skepsis, schwindendes Commitment? Wie kann die Identifikation (aufrecht) erhalten werden?
- Wird der erforderliche oder geleistete *Aufwand* an Zeit, Geld und sonstigen Ressourcen fortlaufend abgeschätzt?
- Verfolgt das Team gemeinsam die Auswirkungen seiner Handlungen auf den *unternehmerischen Erfolg*? Ist dieses Controlling fest in den Arbeitstakt des Teams integriert?

B. Organisation, Rollen, Führung

- Ist die *Organisation* flexibel und weitgehend selbstgesteuert? Bestehen klare Spielregeln, Verantwortlichkeiten und Zeitleisten? Sind die Aufgaben genügend miteinander vernetzt? Werden Vereinbarungen in der Regel eingehalten?

- Finden regelmäßig *Teambesprechungen* statt? Sind die Besprechungen gut vorbereitet und werden sie als effizient angesehen? Gibt es Mitglieder, die öfter zu spät kommen oder vorzeitig gehen – oder überhaupt häufiger fehlen?

- Ähnliche Fragen lassen sich zur *Führung* stellen:
  - Stärkt der Teamleiter – und wenn ja, durch welches Verhalten – das Team in seiner Verantwortung und Bereitschaft, sich selbst zu organisieren und zu steuern?
  - Stellt er organisationsbezogene Informationen – auch zu Hintergründen und Zusammenhängen ausreichend zur Verfügung?
  - Bietet er – ohne Spezialist zu sein – Beratung, Unterstützung, Coaching bei schwierigen Problemen?
  - Moderiert und gestaltet er Teambesprechungen effizient und mit verbindlichen Vereinbarungen?
  - Gibt er auch klimatischen Faktoren Raum, zum Beispiel der Betrachtung des *Wie* der Zusammenarbeit im Team und gegebenenfalls von zwischenmenschlichen Problemen?
  - Akzeptiert er auch Teamentscheidungen, die ihm nicht passen, oder übergeht er diese?
  - Tritt er nach außen als *das* Team auf und vergisst bei guten Leistungen, die Leistungsersteller zu benennen oder zu präsentieren?

C. Teamprozesse

- Sind fachliches Wissen, Informationsstand und soziale Kompetenz Grundlage für die Zuordnung von Verantwortung – statt Hierarchie, Seniorität oder Stellenwert im informellen Kräftefeld der Gruppe?
- Sind die Rollen im Team klar und akzeptiert? Werden sie flexibel gehandhabt und nicht monopolisiert? Werden Defizite problemlos von anderen ausgeglichen?
- Werden Konflikte offen und konstruktiv bearbeitet – ohne dass *Sieger* und *Verlierer* übrig bleiben?
- Reflektiert das Team seine Vorgehensweise? Wendet es zeitgemäße Problemlösungsmethoden an? Ermutigen sich die Teammitglieder darin, neue Vorgehensweisen und Methoden auszuprobieren? Beherrschen die Mitglieder mehrere der anfallenden Arbeiten, beziehungsweise qualifizieren sie sich gegenseitig darin – um sich wechselseitig

unterstützen zu können? Hilft man sich schnell, ohne Streit und große Debatte? Wird für den anderen *mitgedacht*?

- Ist Sich-Verbessern, Lernen-Voneinander, Wissenstransfer und Wissensmanagement sowohl im Hinblick auf die Verwendung von Ressourcen als auch im Hinblick auf die Vorgehensweise von allen als *ein* Prozessziel anerkannt – und ein eigenes, ständiges Thema der Reflexion? Ist das Team aktiv bestrebt, von anderen (internen/externen) Teams zu lernen (Benchmarking)?

- Beschafft sich das Team über seine Leistung regelmäßig Rückmeldung von außen (zum Beispiel Topmanagement, Nachbarbereiche, Kunden)?

- Sprechen die Teammitglieder offen über Unterschiede in den Arbeitsbeiträgen der Einzelnen? Sind Kritik und Anerkennung selbstverständlich oder werden sie *verdeckt* gehandelt? Reflektiert das Team seinen eigenen (Entwicklungs-) Prozess, seine Kommunikation, seine Arbeitsgestaltung und sein Zusammenspiel? Gibt es Termine, die nur diesem Thema gewidmet sind (zum Beispiel Teamentwicklungstage)? Wird bei Bedarf dazu auch Hilfe von außen geholt?

Abbildung 14: Checkliste – Erfolgsfaktoren von Teams

Fremdbilder: Unser Team in den Augen von ...

Will ein Team von sich ein einigermaßen realistisches Bild gewinnen, darf es sich nicht nur auf die eigenen Vorstellungen stützen, sondern muss sich auch die Eindrücke beschaffen, die andere Menschen oder Gruppen, die aus einer gewissen Entfernung als externer oder interner Kunde oder Partner mit ihm zu tun haben, von ihm gewonnen haben. Mit Abbildung 15 wird Ihnen ein Fragebogen für ein Team-Checkup an die Hand gegeben, den Sie an Externe austeilen können.

Fragebogen für ein Team-Checkup

Kreuzen Sie bitte im Rahmen der vorgegebenen Kriterien diejenige Abstufung an, die Ihrem Bild am nächsten kommt.

Das Team ist ...	voll und ganz	stimmt nur zum Teil	überhaupt nicht
zielorientiert – verfolgt klare Ziele, im Rahmen eines transparenten Vorgehens – alle ziehen am gleichen Strang	① ②	③	④ ⑤
schlank und rank – hat effiziente Strukturen – schnelle und flexible Entscheidungsabläufe	① ②	③	④ ⑤
leistungsorientiert – hohe Leistungsmotivation und Leistungsbereitschaft bei Teammitgliedern und Teamleitung	① ②	③	④ ⑤

qualitätsorientiert – hohe fachliche Kompetenz – gemeinsames ganzheitliches Qualitätsverständnis – kontinuierliche Verbesserung der Qualität	①	②	③	④	⑤
kostenorientiert – durchgängiges Kostenbewusstsein – effiziente Kostenkontrolle	①	②	③	④	⑤
kundenorientiert – auch intern – gute Kundenkenntnis – hohe Wertschätzung des Kunden – intensive Ausrichtung am Kundenbedarf	①	②	③	④	⑤
kommunikationsorientiert – ausgeprägte Struktur und Bereitschaft zu Information und Kommunikation nach innen und nach außen	①	②	③	④	⑤
innovationsorientiert – hohe Lern- und Veränderungsbereitschaft – Mut für neue Wege	①	②	③	④	⑤
mitarbeiterorientiert – hohe Wertschätzung und Förderung untereinander – partizipative Führung	①	②	③	④	⑤
unternehmensorientiert – versteht sich sichtbar als Teil des größeren Ganzen – trägt erkennbar zur Wertschöpfung bei	①	②	③	④	⑤

Abbildung 15: Fragebogen für ein Team-Checkup

Team-Audit

Die so genannte Team-Audit-Spinne (Abbildung 16) eignet sich besonders gut dazu, einen Zustand nicht nur einzuschätzen, sondern ihn zugleich eindrucksvoll zu visualisieren. Besonders erkenntnisreich kann es sein, in *einem* Bild zwei verschiedene Beurteilungen – Soll *und* Ist oder Selbst- *und* Fremdbild – durch unterschiedliche Farben gekennzeichnet gleichzeitig zum Ausdruck zu bringen. Besonders aussagekräftig wird das Bild, wenn Sie nicht nur die erreichten Stufen markieren, sondern den jeweils erreichten Zustand in der Gesamtfläche schraffieren, sodass sich im Endeffekt tatsächlich ein Bild ergibt, das einem Spinnennetz gleicht. Das Ergebnis kann auch im Sinne eines symbolischen Managements mit Aufforderungscharakter an relevanten Stellen des Unternehmens veröffentlicht werden.

Die Werte betragen dann 100 Prozent, wenn die Aussagen auf der jeweiligen Dimension völlig zutreffen, alles andere sind entsprechende Abstufungen. Bevor Sie Ihre Einschätzung vornehmen, machen Sie sich bitte anhand der Erläuterungen mit dem Inhalt der einzelnen Kategorien vertraut. Kreuzen Sie auf der jeweiligen Achse den Punkt an, der Ihre Beurteilung des erreichten Niveaus am besten zum Ausdruck bringt, und schraffieren Sie zum Abschluss von den markierten Punkten aus das gesamte innere Feld.

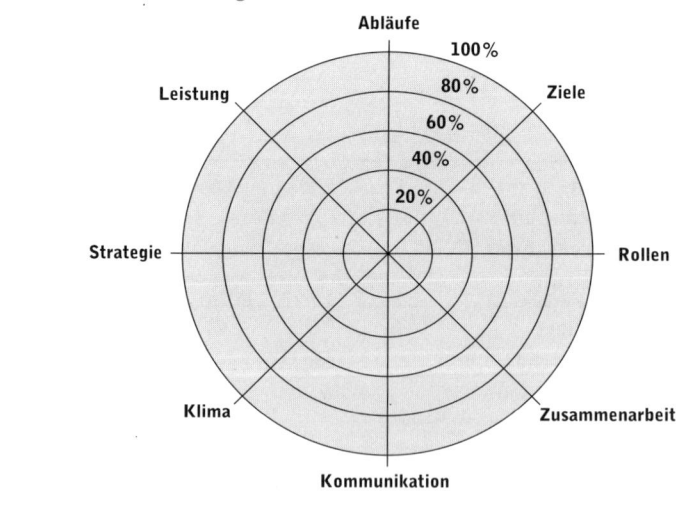

Abbildung 16: Die Team-Audit-Spinne

Im Folgenden werden die einzelnen Kategorien, aus denen sich die Einschätzung insgesamt zusammensetzt, näher erläutert:

Strategie:
- Eine strategische Zielsetzung (inklusive geklärter Kunden- und definierter eigener Ergebniserwartungen, Vision und Prozesscontrolling) ist vorhanden und akzeptiert.
- Diese Zielsetzung ist langfristig angelegt, enthält die relevanten harten und weichen Faktoren und ist mit der Geschäftsleitung beziehungsweise dem Auftraggeber abgestimmt.

Leistung:
- Es gibt einen hohen Leistungsstand im Team (Effektivität).
- Die Teammitglieder sind hoch motiviert und treiben die (Zusammen-) Arbeit aus sich heraus.
- Das Team ist fachlich aktuell und gut gerüstet.
- Potenziale hinsichtlich möglicher zukünftiger Anforderungen sind vorhanden; ihre Entwicklung ist in die Wege geleitet.

Abläufe:
- Die organisatorischen Abläufe und das Zusammenspiel bei der Aufgabenerledigung sind hoch effizient.
- Die Abläufe sind stringent, schlank, flexibel und schnell. Sie werden kontinuierlich und selbstständig überprüft und verbessert.

Ziele:
- Es gibt kurz- und mittelfristige Teamziele (operative Ebene), die jedes Mitglied kennt und verbindlich handhabt.
- Es gibt für das Gesamtteam und jedes Teammitglied klare Zielvereinbarungen (mittel- und langfristig).
- Die Ziele werden laufend aktualisiert.

Aufgaben/Rollen:
- Jedes Teammitglied hat eine von ihm selbst und anderen akzeptierte Aufgabe und Rolle im Team.
- Bei Veränderungen werden diese neu abgesprochen und angepasst.

Zusammenarbeit:
- Die Zusammenarbeit zwischen den Teammitgliedern verläuft produktiv, engagiert und beruht auf wechselseitigen klaren Vereinbarungen.
- Es finden regelmäßig Teamsitzungen statt, in denen vorhandene Probleme offen angesprochen werden.
- Das Team steuert sich weitgehend selbst; Entscheidungen werden einvernehmlich getroffen.
- Interessensgegensätze werden akzeptiert und frühzeitig und offen diskutiert, um nach Wegen zu suchen und Unterschiede fruchtbar zu machen.
- Die Zusammenarbeit mit dem organisatorischen Umfeld ist reibungsarm und beruht auf gegenseitiger Wertschätzung und Unterstützung.
- Kritik und Anregung von außen werden als Chance zum Lernen genützt.

Kommunikation:
- Jeder hat Zugang zu allen Informationen, die er benötigt.
- Der formelle und informelle Austausch über alles von Belang ist immer gewährleistet.

Klima:
- Das Klima ist locker, freundlich und wertschätzend. Die Teammitglieder fühlen sich im Team sehr wohl.
- Konflikte werden jederzeit offen und fair ausgetragen.
- Die Teammitglieder legen Wert auf Beziehungspflege untereinander und engagieren sich entsprechend.

Balanced Scorecard – ein mehrdimensionales Controllingsystem

Um eine differenzierte Standortanalyse eines Teams zu erstellen, ist zweierlei wichtig: *Erstens*, die gleichzeitige Bewertung sehr unterschiedlicher Dimensionen. *Zweitens*, diese muss auf der Basis möglichst konkreter Daten stattfinden, nicht zuletzt deshalb, damit die unterschiedlichen Kategorien einigermaßen vergleichbar werden. Exakte, insbesondere numerische Messbarkeit von Stand und Fortschritt der Teamleistungen gibt es zwar meist beim faktischen Output in Form der entsprechenden *facts and figures*. Dennoch müssen die *weichen Aspekte* des *Wie* – der Zusammenarbeit, der Kommunikation, der Konfliktbewältigung, der Aufgaben- und Rollenverteilung, der Führung und so weiter – ebenfalls, soweit es nur irgendwie geht, messbar gemacht werden. Zwei Gründe dafür, hier Anstrengungen zu unternehmen: *Zum einen* werden dadurch die weichen Faktoren aus dem Bereich des rein subjektiven Empfindens und Interpretierens befreit, der jeder Form von Spekulation Tür und Tor öffnet. *Zum anderen* können erst auf einer gemeinsamen Basis von gleichartigen Messgrößen weiche und harte Faktoren, das *Wie* und das *Was*, in Zusammenhang gesetzt werden. Und darüber hinaus: Ein solcher mehrdimensionaler Datenkranz ist wegen seiner Anschaulichkeit, ähnlich wie die Audit-Spinne, bestens geeignet für ein visuelles Manage-

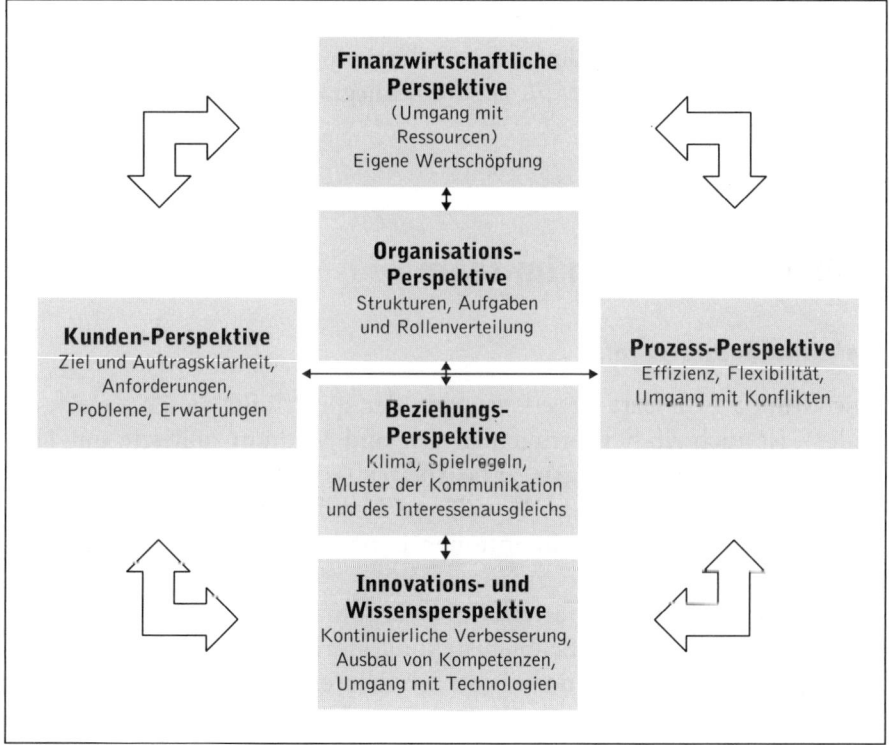

Abbildung 17: Balanced Scorecard für Teams und Projekte

ment. Als Basis kann eine *Balanced Scorecard* (BSC) für Teams (vgl. Abbildung 17) dienen. Durch sie können sowohl die Unzulänglichkeit des kennzahlenorientierten Projektcontrollings als auch die Einseitigkeit stark subjektivierender, primär beziehungsorientierter Analysen und Beschreibungen ausgeglichen werden.

Diese sechs Dimensionen stellen einen grundsätzlichen Denkansatz dar und geben ihm ein Gerüst. In Verbindung mit diesen Dimensionen können auch *weiche* Faktoren fokussiert, als Ziele konkretisiert, in Aktionsfelder und Maßnahmen übersetzt und dort überprüfbar gemacht werden. Die Inhalte sind jeweils am Team, seiner Aufgabe, seiner Situation und seinem spezifischen Bedarf orientiert. Sie sollten sich aus einer aktuellen Standortanalyse, also einer *Start- oder Zwischenbilanz*, ergeben.

An der Entwicklung und Konkretisierung einer solchen Balanced Scorecard sollten möglichst alle Teammitglieder beteiligt sein. So wird nicht nur die gemeinsame Zielausrichtung gefördert, sondern es werden auch Kräfte der Selbststeuerung geweckt und verstärkt, weil jeder seinen eigenen Beitrag bei der Umsetzung erkennen und konkretisieren kann. Dies steigert das *Wir-Gefühl*, schafft kollegiale Unterstützung und bewirkt Energiezufuhr.

Projektsupervision im Team

Ziele und Schwerpunkte

Eine Gruppe – ob feste Arbeitsgruppe oder speziell für diesen Zweck gebildet – ist auch ein hervorragender Ort und Medium zugleich, um Themen oder Problemstellungen zu bearbeiten, von denen einzelne Mitglieder nicht glauben, sie allein bewältigen zu können – oder zu denen sie Anregungen suchen. Drei Intentionen können dadurch gleichzeitig verfolgt werden:

Erstens: Der Ratsuchende erhält Hilfe, zumindest in der Form, dass er sich über die eigentliche Problemstellung klarer werden oder auch zum Ergebnis kommen kann, dass es so schnell keine Hilfe von anderen geben wird.

Zweitens: Indem die anderen demjenigen, der ein Thema einbringt, zuhören und versuchen, ihm zu helfen, läuft möglicherweise in ihnen parallel ein Film ab, der ihnen ähnliche eigene Fragen und Themen bewusst macht. Und so passiert es nicht selten, dass sie genauso viel für sich selbst lernen wie derjenige, dem sie eigentlich helfen (wollen).

Drittens: Die gemeinsame Beratungsarbeit in der Gruppe führt dazu, dass alle lernen, wie so etwas geht – und sich dadurch auch ein Stück unabhängiger von professioneller fachlicher Kompetenz machen, indem sie diese bei sich selbst aufbauen.

Und das Spannende daran ist nicht zuletzt der wiederholte Rollenwechsel vom Helfer zum Ratsuchenden und umgekehrt, der völlig verschiedene Perspektiven einer Situation aufzeigen kann – und ab und an auch deutlich macht, wie *hilflos* manchmal die *Helfer* sind (SCHMIDT-BAUER) und wie stark es doch letztlich vom Problemträger abhängt, ob und welche Lösung es geben kann beziehungsweise wird. Prinzipiell wird es immer um die folgenden Aspekte gehen:

– Nachdenken über den aktuellen Projektstand und die geplanten weiteren Schritte;
– Kritisches Abklopfen der drei Dimensionen
  • *strategische* Anlage des Projektes,
  • *methodisches* Vorgehen,
  • eigenes *Rollenverständnis* und persönliches *Verhalten*
     und ihre wechselseitigen Beeinflussungen;
– Reflexion der eigenen Befindlichkeit in und mit diesem Projekt, zum Beispiel Vorurteile, Energie, Freude, Sicherheit, Souveränität, Unsicherheiten, Widerstände, Ängste, emotionale Verstrickungen – und ihrer Auswirkungen auf den Projektverlauf;
– sich durch den Helikopterblick (wieder) eine Gesamtübersicht verschaffen und sich (wieder) handlungsfähig machen oder halten.

Arbeitsinstrumente

Die Effizienz der konkreten Arbeit am Projekt hängt nach unserer Erfahrung von vier Dingen ab: *Erstens*, von einer guten Vorbereitung des Ratsuchen, um nicht durch epische Breite die anderen zu überfordern und selbst den roten Faden zu verlieren. *Zweitens*, von einer am Thema und dem Ratsuchenden – und der Wechselwirkung zwischen beiden – fokussierten Vorgehensweise. Für diese zwei ersten Elemente dienen die beiden folgenden Leitfäden. *Drittens*, von der Energie des Ratsuchenden, selbst eine Lösung finden zu wollen – und sich weder auf eine unverbindliche Einholung von anderen Meinungen zu beschränken nach dem Modell *» Wie hätten Sie's gemacht?«* noch darauf, sich mal wieder Mitleidsstreicheleinheiten zu holen. *Viertens,* von der Qualität der Gruppe als Medium und Resonanzboden. Die folgenden Instrumente für die Analyse und Bearbeitung von Problemsituationen können selbstverständlich auch außerhalb der Teamsupervision sowohl im Rahmen von Einzelcoaching als auch in konventionellen Arbeitsgruppen eingesetzt werden. Auch hier gilt: Instrumente sind immer nur Angebote, die verändert werden können. Sie können zwischen den beiden Leitfäden denjenigen auswählen, der Ihrer Denkwelt, der Mentalität der Gruppe und den Anforderungen des Themas am meisten entspricht – oder Sie können sich aus beiden einen eigenen Leitfaden maßschneidern.

Mit Abbildung 18 wird ein Leitfaden zur Vorbereitung auf die Projektberatung vorgestellt und in Abbildung 19 werden zehn Fragen für eine Problemlösung aufgeführt.

Vorbereitung einer Projektberatung

Die Analyse und Beratung Ihres Projekts wird sich nicht auf die inhaltliche sachlogische Ebene konzentrieren, das heißt auf die Frage, ob die angestrebte sachliche, technische, ablauforganisatorische, strukturelle oder personelle Lösung richtig oder zweckmäßig ist. Die Schwerpunkte der Betrachtung und Beratung werden vielmehr auf der *Prozessebene* liegen, das heißt, ob Ihre (geplante) Vorgehensweise – bezogen auf die Problemstellung, die Komplexität, die beteiligten Personen, ihre Interessen und Energien und die voraussichtlichen Probleme in der Umsetzung – angemessen ist.

Verfertigen Sie dazu eine Vorlage mit den wichtigsten Informationen über den Stand Ihres Projekts beziehungsweise Ihres Vorhabens. Fassen Sie das Wesentliche knapp, übersichtlich und stichwortartig zusammen und orientieren Sie sich dabei an folgender Gliederung:

1. Arbeitstitel für das Projekt beziehungsweise Entwicklungsvorhaben

2. Anlass/Problemstellung/Ausgangsdiagnose

3. Zielsetzung und Erfolgsparameter

4. Betroffene

5. Kraftfeldanalyse
Welche Personen/Kräfte sind dafür, das heißt, wer sind die *Energieträger*?
Wer ist *dagegen* – und wie kommt das zum Ausdruck?
Wer verhält sich im Moment *neutral*?
→ *Welches Kräftefeld ergibt sich insgesamt daraus?*

6. Ihre Rolle bei diesem Vorhaben und in diesem Kräftefeld – und wie geht es Ihnen damit?

7. Bisherige Aktivitäten und Maßnahmen (Beginn/wesentliche Schritte/derzeitiger Stand)

8. Ihre Diagnose zur derzeitigen Situation
Was läuft *gut*?
Wo erleben Sie *besondere Schwierigkeiten*?
Wie ist Ihre *Prognose* zur weiteren Entwicklung?

9. Ihre weitere Planung

10. Konkrete Fragestellungen, zu denen Sie Anregungen suchen
→ bezüglich des bisherigen Verlaufs
→ bezüglich der weiteren Schritte

Abbildung 18: Leitfaden zur Vorbereitung auf die Projektberatung

Zehn Schritte der Problemlösung
Ein Leitfaden für Problemanalyse und Handlungsplan

1. Was sind die *Problemaspekte*?

2. *Wie zeigt sich das Problem*?
  ➤ Wann?
  ➤ Wo? Bei wem?
  ➤ Wie?
  ➤ Wie häufig?

3. Welche *Folgen* hat das Problem?
   Wer hat Leidensdruck, wer gegebenenfalls Nutzen (auch
   indirekt)?

4. Was wird als der *eigentliche Kern* des Problems angesehen? Von
   wem?
   Was sind gegebenenfalls nur Symptome?

5. Was gilt (bei wem?) als *Hauptursache* – und was beziehungsweise
   wer steckt dahinter und bewirkt letztlich das Problem?

6. *Hypothesen*, welche Sichtweisen, Prozesse, Verhaltensmuster dieser
   Hauptursache zugrunde liegen oder sie aufrecht halten?

7. Welche *Interessen* werden als die *eigentlichen Antreiber* vermutet?
   Was würde geschehen, wenn diese sich veränderten beziehungsweise wegfielen?

8. Wie würde die *Situation* aussehen, *wenn es das Problem nicht
   gäbe*?

9. Was wäre ein *konkretes Nahziel beziehungsweise ein konkreter
   erster Schritt zur Problemlösung*?

10. Was kann in die Wege geleitet werden, um dies zu bewirken?
    Wer muss *was, bis wann, mit wem* und *in welcher Form* tun?

Abbildung 19: Leitfaden für Problemanalyse und Handlungsplan

Auch wenn eine Gruppe eine gut ausgebildete Kompetenz besitzt, Projekte oder ganz generell Veränderungen nach allen Regeln des Change
Management und der Gruppendynamik durchzuführen, ist es zumindest
unschädlich und manchmal sogar hilfreich, einige wesentliche Aspekte,
auf die bei der Supervisionsarbeit zu achten ist, durch entsprechende
Wandplakate oder schriftliche Vorlagen präsent zu halten.

Die folgenden Hinweise sollen Sie an ein paar wesentliche theoretische Eckpunkte erinnern, deren Missachtung in den meisten Fällen fast

zwangsläufig zu Problemen führt. (Es wäre im Übrigen ganz im Sinne der Verfasser, wenn jemandem während der Erstellung seiner Vorlage für die Beratung durch die Verwendung der Checkliste in Abbildung 20 klar würde, wo eigentlich die Ursache für sein Problem, das er darstellen wollte, liegt – und die dazu eigentliche vorgesehene Gruppensupervision darüber entfallen oder anderen Themen gewidmet werden könnte.)

Checkliste zur Projektberatung

- *Das Projekt an den eigentlichen Zielen ausrichten*, zum Beispiel Bedürfnisse der externen und internen Kunden:
  → von außen nach innen denken!
- Auf *Ganzheitlichkeit/Mehrdimensionalität in der Projektkonzeption* achten
  → Strategie
  → Struktur/Prozesse
  → Kultur
- *Prozessorientierung* im Auge behalten: das Vorgehen nicht (nur) an den Sachaspekten ausrichten, sondern an dem, was den Betroffenen zugemutet und von ihnen verkraftet werden kann
- *Auftauphase* in die Wege leiten, um *Problembewusstsein* und *Lösungsenergie* zu erzeugen
- *Betroffene einbeziehen*
- *Diagnoseorientierung*
  → offen sein für neue Lösungen
- *Kraftfeldanalyse*
  → die positive und negative Energie des Kräftefeldes berücksichtigen
- konstruktiver Umgang mit *Widerstand*
- *Kommunikationskonzept* entwickeln
- *Projektorganisation* sicherstellen
- Ausrichtung an einer dauerhaften *Implementierung*:
  → lernendes System

Abbildung 20: Checkliste zur Projektberatung

Spielregeln für Projektsupervision

→ Systematische Vorbereitung (jedes Teilnehmers oder nach besonderer Absprache nur von einem Teil der Gruppe) anhand eines vereinbarten Leitfadens zur kurzen prägnanten Vorstellung des Projektstands und der konkreten Fragen, die bearbeitet werden sollen.

→ Die Fragen können sich auf den ganzen Prozess, auf ein zurückliegendes besonderes Problem, speziell auf die in Zukunft geplanten Schritte oder auf das eigene Verhalten beziehen.

→ Die Tatsache, dass der Ratsuchende seine Schwerpunkte selbst setzt, bedeutet aber keineswegs, dass nur exakt daran gearbeitet wird; die Sichtweise des Ratsuchenden und seine Fragestellungen, die sich daraus ergeben, können nämlich Teil des Problems sein.

→ Visualisierung der wesentlichen Aspekte auf Flipchart, Stellwand oder Folien.

→ Pro Thema stehen in der Regel circa 1,5 bis 3 Stunden zur Verfügung (bei besonders komplexen Projekten nach Vereinbarung auch mehr).

→ Es wird genügend Zeit eingeplant, um Gruppenprozesse, die während der Supervisionsarbeit in der Gruppe entstehen, zu reflektieren und zu nutzen:

• Ein Teil der Geschichte beziehungsweise der vorgestellten Muster reproduziert sich in der Gruppe während der Fallarbeit. Dies ist eine optimale Chance, das Thema an dem viel heißeren – weil aktuell von allen erlebten – Geschehen des *Hier-und-Jetzt* zu bearbeiten.

• Gruppendynamische Prozesse, zum Beispiel Rivalität, Machtkämpfe und so weiter wirken sich störend auf die inhaltliche Arbeit aus. Hier gilt die Spielregel: Bühne drehen, Störungen analysieren, bearbeiten und dann erst mit dem Thema weitermachen.

→ Es erfolgt eine regelmäßige Auswertung auf allen Dimensionen, die für eine erfolgreiche Beratungsarbeit von Bedeutung sind, zum Beispiel
• methodisches Vorgehen,
• erlebter Nutzen im Sinne von Erkenntnisgewinn,
• Klima der Zusammenarbeit innerhalb der Beratungsbeziehung,
• organisatorische Rahmenbedingungen.

→ Supervision ist kein Ersatz für notwendige kontinuierliche Fachberatung.

→ Für alle in der Supervision besprochenen Inhalte gilt Vertraulichkeit.

Abbildung 21: Spielregeln zum Vorgehen in der Projektsupervision

Kapitel 4

Konzept einer gruppendynamisch orientierten Bereichsentwicklung
Ein Beispiel

Im folgenden Beispiel beschreiben wir, wie ein Gesamtkonzept für Team- oder Bereichsentwicklung konkret aussehen könnte. Drei Faktoren müssen unserer Meinung nach durchgehend berücksichtigt werden, um den Erfolg derartiger Maßnahmen wahrscheinlicher zu machen: *Erstens:* Solche Systeme – ob Teams oder Bereiche – dürfen nicht isoliert, sondern immer nur eingebettet in ihre speziellen Kontexte und Vernetzungen gesehen werden, die sie nach außen ins Gesamtunternehmen und zu ihren internen und externen Kunden und anderen für sie relevanten Umwelten haben. Ansonsten besteht die Gefahr, dass ein System nur um sich selbst kreist – und den eigentlichen Grund seines Bestehens aus den Augen verliert. *Zweitens:* Es dürfen nicht nur strategische und strukturelle Aspekte bearbeitet werden, sondern es müssen auch die emotionalen Beziehungsaspekte zwischen den Mitgliedern der Gruppe und im Zusammenspiel mit der Leitung – sowie mit den Partnern von außen – berücksichtigt werden. *Drittens:* Es reicht nicht aus, nur auf einer kognitiv konzeptuellen Ebene zu diskutieren und zu analysieren – und dazu entsprechende Vereinbarungen zu treffen. Nur wenn darüber hinaus die Ebene der inneren Haltungen und mentalen Einstellungen ins Visier genommen wird, sind tiefergehende Veränderungen möglich.

Die Ausgangssituation

Nach der Anfrage an den externen Berater, eine Maßnahme zur Bereichsentwicklung zu gestalten, bestand unser erster Schritt darin, mit der Leitung des Bereichs, einigen wenigen Mitarbeitern – in Vertretung des Gesamtsystems – sowie mit einem internen Berater, der vorher schon mehrfach mit diesem Bereich gearbeitet hatte, in persönlichen Kontakt zu treten. Dadurch wollten wir uns einerseits einen persönlichen Eindruck über die Situation verschaffen, in welcher sich der Bereich aktuell befindet und über Anlass und mögliche Zielsetzung einer solchen Maßnahme, um auf dieser Basis im Dialog zwischen Berater und Klientensystem das eigentliche Vorgehenskonzept zu entwickeln und dann vorzuschlagen. Die Aufgabe der Abteilung – nennen wir sie A – besteht im Wesentlichen darin, ein Informations- und Dokumentationssystem für einen größeren Forschungs- und Entwicklungsbereich in einer weltweit operierenden Chemiefirma zu verwalten und zu pflegen. Der Bereich hat zurzeit etwa 130 Mitarbeiter mit sehr unterschiedlichen Qualifikationen: von promovierten Wissenschaftlern bis zu Menschen, deren Aufgabe es ist, eine vernünftige Ablage zu gewährleisten. Die Leitung besteht aus einem Abteilungsleiter und sechs Gruppenleitern. Weil früher die reine Verwaltung im Vordergrund stand, war dieser Bereich nicht selten auch eine Sammelstelle für Mitarbeiter, die sonstigen kreativen Ansprüchen nicht mehr genügten, aber durchaus in der Lage waren, Dinge gut und verlässlich abzuwickeln – eine ähnliche Funktion, wie sie in vielen Branchen früher das Lager hatte. Die Abteilung befindet sich aktuell in einer Phase des Übergangs: Die Anforderungen vonseiten der Kunden werden immer komplexer, nehmen insgesamt zu und das alles zunehmend auf internationalem Hintergrund. Die Entwicklung der für die eigene Arbeit relevanten EDV-Technologie und der Wechsel in der Infrastruktur (Organisation) beschleunigen sich immer stärker. Darüber hinaus müssen Zentralabteilungen wie A immer stärker damit rechnen, dass ihre Leistungen daraufhin untersucht werden, inwieweit sie entweder ausgelagert oder zu ergebnisverantwortlichen Kompetenz- oder Profitcentern umgewandelt werden können. Die zur Bewältigung dieser Herausforderungen notwendige Führungs- und Verhaltenskultur geht in Richtung unternehmerischer Selbstverantwortung und Selbststeuerung. Das aber entspricht in keiner Weise der bislang gültigen und gepflegten »Verwaltungs- und Abwicklungskultur«. Die Leitung der Abteilung hatte aufgrund der von ihr erlebten aktuellen Anforderungen – die plausibel klangen – die Abteilung vor circa einem halben Jahr umorganisiert. Dabei standen zwei Aspekte im Vordergrund: (1) Vorgänge sollten in Zukunft – auch über Gruppengrenzen hinweg – ganzheitlich, schnell und kundenorientiert erledigt werden. (2) Ein Drittel der Führungsmannschaft wurde mit jüngeren Mitarbeitern besetzt, die sich insgesamt von der Notwendigkeit der Neuausrichtung überzeugt gaben. Dies alles – die Reorganisation und die immer wieder betonte Notwendigkeit einer Neuausrichtung der Abteilungs- und Verhaltenskultur – löste im Bereich gehörige Spannungen untereinander und mit der Leitung aus. In einem ersten Schritt hatte sich das Leitungsteam in einem zweitägigen Workshop mit einem Berater speziell mit Fragen der Abteilungskultur und des Umgangs des Führungsteams miteinander auseinander gesetzt. Dies aber eher in Form inhaltlicher Theoriediskussionen, wo es allerdings, so wurde übereinstimmend berichtet, hoch und heiß herging. Vonseiten der Leitung der Abteilung wird nun aktuell der Wunsch geäußert, diese ersten wichtigen Impulse aufzugreifen und in einen kontinuierlichen Veränderungsprozess, der auch die Mitarbeiter betreffen sollte, überzuführen.

Die übergreifende Zielsetzung

Auf der Basis dieser ersten Gesprächskontakte, der Eindrücke, die wir daraus gewonnen, und der Annahmen, die wir über die Ausgangssituation getroffen haben, wurden für den geplanten Entwicklungsprozess in Abstimmung mit den Betroffenen die folgenden Ziele definiert:

- Die derzeitige *strategische Ausrichtung und Positionierung der Abteilung* diskutieren, das heißt auch infrage stellen im Hinblick auf sich *verändernde Anforderungen und Rahmenbedingungen beim Kunden und im Markt.*
- *Konsequenzen für Leistungsspektrum, Infrastruktur, Ausstattung mit Personen und Arbeitsmitteln, Qualifizierung der Mitarbeiter* und so weiter der Abteilung daraus ableiten.
- Eine Art von *Unternehmens- und Verhaltenskultur* auf- und ausbauen, die durchgängig geprägt ist von *unternehmerischem Denken –* charakterisiert durch folgende Stichworte:
  → Delegation von Verantwortung;
  → Freiräume für eigene Entscheidungen nutzen;
  → weitgehende Selbststeuerung und Selbstverantwortung jedes Einzelnen;
  → direkte und offene Kommunikation.
- Das Management im Hinblick auf die konsequente Umsetzung des Konzeptes beraten und durch Einzelcoaching begleiten.

Das konkrete Vorgehen – und ein erster Schritt

Auf der Basis unserer Erkenntnisse und der Zielsetzung, die mit dem gesamten Entwicklungsprozess verfolgt werden sollte, schlugen wir als ersten Schritt eine dreitägige Klausur vor, um eine gemeinsame Bestandsaufnahme durchzuführen und darauf aufbauend auch die weiteren Schritte gemeinsam zu planen. Um die bisherigen Entwicklungsprozesse in dieser Abteilung einzubeziehen – und weil ein Hauptanliegen darin bestand, nicht auf der Ebene von theoretischen Diskussionen zu bleiben, sondern von vornherein praxis- und umsetzungsorientiert zu arbeitet –, entschieden wir uns hinsichtlich der Moderation für ein gemischtes Doppel: der angefragte (neue) Externe gemeinsam mit dem internen Berater, der den Bereich aus früheren Beratungskontakten bereits kannte, für seine Betreuung zuständig war und deshalb auch gegebenenfalls zukünftig notwendige Vor-Ort-Unterstützung mit dem Vorteil der räumlichen und institutionellen Nähe ohne größeren Aufwand leisten konnte. Für die Veranstaltung wählten wir die Bezeichnung Diagnose- und Planungsworkshop. Ein Ablaufplan wird im folgenden vorgestellt.

Diagnose- und Planungsworkshop

Ziele

- Standortbestimmung im Hinblick auf die skizzierten übergreifenden Ziele und Themenstellungen aus den unterschiedlichen Perspektiven, zum Beispiel
  → Abteilungsleitung,
  → Managementteam,
  → Mitarbeiter.
- Definition und gemeinsame Abstimmung des generellen Handlungsbedarfs.
- Bearbeitung ausgewählter Themenschwerpunkte.
- Planung der weiteren Schritte nach dem Workshop.

Teilnehmer

Die Teilnahme des Leiters der Abteilung und der sechs Gruppenleiter war unstrittig. Klar war auch, dass im Unterschied zur ersten Maßnahme dieses Mal auch Mitarbeiter teilnehmen sollten. Aber es gab diesbezüglich folgende Probleme zu lösen beziehungsweise Anforderungen gerecht zu werden:

– Aus Kostengründen, aus Gründen der generellen Optik *(Die haben wohl nichts zu tun!)* und aus der Notwendigkeit, den Betrieb aufrechtzuerhalten, sollten von den insgesamt 130 Mitarbeitern »nur« etwa 20 teilnehmen.
– Einerseits sollten aus Gründen der Parität alle Gruppen vertreten sein. Andererseits schien es uns (den Beratern) aber gleichzeitig wichtig, auch die unterschiedlichen Teilkulturen – Alte / Neue; Verwalter / Gestalter; Studierte / Angelernte; (informelle) Führer / die Ruhigen im Land – in der Veranstaltung präsent zu haben.
– Die Leitung wollte unbedingt die aus ihrer Sicht konstruktiven Mitarbeiter dabeihaben, war aber leicht davon zu überzeugen, dass es sehr viel Sinn machen würde, auch Unruhestifter, die sich in ihren Gruppen teilweise als informelle Führer fühlten – und dies zum Teil auch waren – dabeizuhaben.
– Und nachdem als Ziel formuliert war, Selbstverantwortung und unternehmerische Kompetenz der Mitarbeiter auszubauen, war es auch klar, dass es nicht opportun wäre, wenn die Zusammensetzung der Teilnehmergruppe ausschließlich durch die Leitung bestimmt würde.

Auf diesem Hintergrund entschieden wir uns, die *Auswahl der Mitarbeiter* nach folgendem Modell zu gestalten: Einen Teil konnte das Managementteam selbst auswählen auf der Basis spezieller Aufgabenstellungen und Erfahrungen, die im Hinblick auf die Schwerpunkte des Workshops von besonderer Bedeutung sind. Den anderen Teil sollten die Mitarbeiter der einzelnen Gruppen jeweils als Vertreter ihrer Gruppe in geheimer Wahl festlegen. Ziel und veröffentliche Begründung für dieses Vorgehen war, dass die unterschiedlichen Interessen und Sichtweisen der Betroffenen insgesamt angemessen vertreten sein sollen.

Inhalte und Ablauf

1. *Einstimmung* durch den Abteilungsleiter
   Der Abteilungsleiter skizzierte mit wenigen, aber sehr persönlichen Worten seinen Beweggrund, diese Klausur zu veranstalten. Er versuchte die Teilnehmer dazu einladen und dafür zu gewinnen, diese Veranstaltung auch zu der ihrigen zu machen und durch ihre Offenheit dazu beizutragen, dass die richtige Diagnose erstellt und auf dieser Basis auch das richtige Vorgehen gefunden werden kann.

2. *Einführung in die Gesamtthematik und den Aufbau der Veranstaltung* durch die Moderatoren
   Die Moderatoren informierten über den bisherigen Verlauf und die wesentlichen Themen der Vorbereitungsgespräche sowie über sich selbst, ihren methodischen Ansatz, ihr Rollenverständnis und das daraus abgeleitete Vorgehenskonzept für diese Veranstaltung und mögliche weitere Schritte.

3. *Beurteilung der derzeitigen Situation der Abteilung* in Untergruppen
   Nach diesem doppelten Vorspiel kann die entscheidende erste Phase der Klausur. Es ging darum, gleichzeitig mehrere Ziele auf unterschiedlichen Ebenen anzugehen:

   - den Teilnehmern eine aktive Möglichkeit geben, miteinander und mit dem Thema in Kontakt zu kommen,
   - die innere Einstellung zu den relevanten Fragen der strategischen Positionierung der Abteilung bewusst werden lassen,
   - die wesentlichen Aspekte für eine Situationsanalyse des Bereichs hochkochen und
   - ein Klima schaffen, das Offenheit und Konfliktfähigkeit ermöglicht.

Um dies zu erreichen, entscheiden wir uns, zwei Methoden miteinander zu verknüpfen:

a) *Fragebogen*
   Wir lassen die Teilnehmer zunächst in Einzelarbeit einen Fragebogen ausfüllen, den wir speziell auf die Situation der Abteilung

zugeschnitten haben. Das Spezielle an diesem Fragebogen besteht darin, dass nicht nur die eigene Meinung zu den einzelnen Dimensionen abgefragt wird, sondern zusätzlich auch die vermutete Einschätzung der anwesenden Gruppe insgesamt und teilweise auch der nicht anwesenden Mitarbeiter und Kunden (Das Modell eines derartigen Fragebogens finden Sie im Buch *Change Management* von Klaus Doppler und Christoph Lauterburg im Kapitel über die Gestaltung von Workshops).

b) Gemeinsames flipchartgroßes *Gruppenbild ohne Worte*
Im Anschluss daran bitten wir die Gesamtgruppe, sich in drei Untergruppen von jeweils sechs bis acht Personen aufzuteilen und in diesen Gruppen jeweils *ein Bild ohne Worte* zu erstellen, das die Anforderungen an die Abteilung und ihre innere Lage plakativ zum Ausdruck bringen sollte. Den Abteilungsleiter bitten wir, diese Aufgabe in Einzelarbeit zu erledigen. Wir schlagen den Teilnehmern vor, sich zunächst individuell etwa 10 Minuten Zeit zu geben, um sich mental auf das Thema einzustimmen – und formulieren für diesen Schritt der inneren Einstimmung einige Leitfragen zur persönlichen Reflexion:

- Anforderungen an die Abteilung von außen
– *Wie erlebe ich die derzeitige Situation der Abteilung?*
– *Wie gut sind wir in unserem aktuellen Markt vertreten?*
– *Wie wird sich unser Umfeld ändern?*

- Internes Zusammenspiel
Wodurch sind unser internes Zusammenspiel und unsere Arbeit im Wesentlichen bestimmt: zum Beispiel

– Selbstständigkeit und Eigenverantwortung versus Abhängigkeit von kompetenter Führung
– Vertrauen versus Misstrauen
– Zuversicht versus Unsicherheit und Angst
– Kooperation versus Abgrenzung
– Wie ist unser Umgang mit Konflikten?

- Auswirkungen
– *Wo und wie wirkt sich dieser Zustand auf uns, unsere Befindlichkeit, unsere Leistungsfähigkeit, die Realisierung unserer Ziele so-*

wie die Entfaltung vorhandener Potenziale aus?
- *Wie gut sind wir auf die Zukunft vorbereitet, für sie qualifiziert und ausgestattet?*

Im Anschluss an ihre individuellen Vorüberlegungen sollen sich die Teilnehmer in ihrer jeweiligen Untergruppe über ihre persönlichen Sichtweisen austauschen, daraus Gemeinsamkeiten und Unterschiede erarbeiten, diese in Stichworten auf Metaplankarten festhalten und in einem abschließenden Schritt ihre wesentlichen Aussagen in einem gemeinsamen *Bild ohne Worte* symbolisch darstellen. Dazu haben sie ungefähr 45 Minuten Zeit.

4. *Präsentation der Ergebnisse* im Plenum
   Wir bitten nun die Gruppen, zunächst ihre Bilder zu präsentieren und lassen dabei auch zu – ohne disziplinierend einzugreifen –, dass andere Gruppenmitglieder spontan Kommentare zu den Bildern geben. Wir möchten ja schließlich erreichen, dass möglichst viel von dem hochkommt, was sozusagen »unter dem Teppich liegt«. Danach präsentieren die Gruppen anhand der Metaplankarten ihre Diskussionsergebnisse. Die Spannung bleibt bis zum Schluss erhalten, weil alle Bilder sehr unterschiedlich sind – und weil alle gespannt sind, wie der Abteilungsleiter, der natürlich bis zum Schluss warten muss, die Situation aus seiner Sicht charakterisieren wird.
   Die Moderatoren schließen die Phase der Informationsgewinnung ab, indem sie die Ergebnisse aus den Fragebögen, die sie mittlerweile ausgewertet haben, auf großen Metaplanstellwänden präsentieren.

5. *Die Gretchenfrage*
   Die Stellwände mit den ausgewerteten Fragen stehen gut lesbar im Raum. Alle Bilder ohne Worte hängen gut sichtbar an den Wänden.
   Welches Gesamtbild von der Situation in unserer Abteilung, *welcher Handlungsbedarf kristallisiert sich heraus – und wie geht es uns damit:*
   Sind wir überrascht, erfreut, verärgert, verängstigt oder was sonst? Das ist nun die zentrale Frage, die durch die Köpfe geht,

über die in den nächsten Stunden heiß diskutiert, gestritten und reflektiert wird. Es ist auch die Stunde der Moderation – gilt es doch, diejenigen etwas einzudämmen, die sich zu viel Raum nehmen und gebetsmühlenhaft immer wieder die gleichen Argumente wiederholen, ihnen zu versichern, dass sie gehört wurden; dagegen die Ruhigen zu ermutigen, Stellung zu beziehen; die Leitung zu beruhigen, weil doch alles deutlich gravierender scheint, als zunächst gedacht beziehungsweise erhofft – und insgesamt mitzuhelfen, dass die jeweils eigene Einschätzung der Situation nicht dazu führt, dass andere Meinungen nicht zugelassen werden – die von der eigenen teilweise drastisch abweichen. Und mit der Zeit entwickelt sich ein spürbarer Konsens, bei welchen Themen es lohnen würde, noch genauer hinzuschauen.

6. *Knackpunkte identifizieren und genauer analysieren*
Nun scheint es uns angebracht,

– das Plenum vorübergehend aufzulösen und in kleinen überschaubaren Gruppen darüber befinden zu lassen, welches die wichtigsten Themen sind, die noch hier in der Veranstaltung genauer angeschaut und bearbeitet werden sollten;
– im Plenum die Vorschläge aller Gruppen kurz aufzulisten;
– sie priorisieren zu lassen und
– die besonders hoch gewichteten Schwerpunkte an kleine Themengruppen zur parallelen Bearbeitung zu übergeben.

Als Hilfe zur Bearbeitung bieten wir die Leitfäden an, die wir im vorhergehenden Kapitel beschrieben haben. Es werden solche Themen bearbeitet, die nicht überkomplex sind und – soweit diejenigen Personen beziehungsweise Funktionen anwesend sind –, die eine kompetente Bearbeitung direkt in der Veranstaltung sicherstellen. Soweit wir die Themen so einschätzen, dass ihre endgültige inhaltliche Bearbeitung während unserer laufenden Veranstaltung nicht sinnvoll erscheint, schlagen wir den entsprechen Themengruppen vor, sich darauf zu beschränken, das Thema genauer zu fassen und zu klären, wie es – nach dieser Veranstaltung – bearbeitet werden könnte. Dafür geben wir die folgende Minimalstruktur an die Hand:

a) Was macht das Thema zum Problem? Was passiert, wenn nichts unternommen wird?

b) Wer hat in diesem Thema welche Interessen im Spiel? Wer oder was müsste berücksichtigt werden, wenn hier eine Lösung gefunden werden sollte?

c) Konkreter Vorschlag zum weiteren Vorgehen im Hinblick auf dieses Thema: *Wer? Was? Wie? (Bis) wann?*

d) Welcher *Aufwand* wird vermutlich entstehen und welche *Rahmenbedingungen* wären sonst noch zu berücksichtigen?

7. *Entscheidungen im Plenum*
Wir achten darauf, dass die Arbeit in den parallel arbeitenden Themengruppen rechtzeitig beendet wird, damit genügend Zeit bleibt, um im Plenum den Sack vorläufig zuzubinden. Dazu sind drei Dinge vonnöten:

a) Alle Themengruppen präsentieren ihre Vorschläge oder den Stand ihrer Diskussion – und die Gesamtgruppe befindet darüber, wie mit dem jeweiligen Thema weiter umgegangen werden soll.

b) Wir bringen die Frage ins Spiel, ob und wenn ja, was denn nun die gemeinsamen Tage hier bewegt haben – und wie zufrieden die Einzelnen sind: einmal mit sich selbst – der Rolle, die sie gespielt, den Beiträgen, die sie eingebracht haben –, mit den Kollegen und schließlich auch mit der Leitung.

c) Abschließend diskutieren wir darüber, ob und in welcher Form der Prozess über diesen Workshop hinaus weiter vorangetrieben werden sollte, wie die weiteren konkreten Schritte aussehen könnten, wer für was konkrete Verantwortung übernimmt – und welche Rolle die beiden Moderatoren dabei spielen sollten.

Mit entsprechenden Vereinbarungen (vgl. Abbildung 22) endet diese Veranstaltung.

Spielregeln und Prämissen
für das Zusammenspiel von Beratern und Klient

- Den Beratern werden alle Informationen und Hintergrundüberlegungen zur Verfügung gestellt, die für eine erfolgreiche Beratungsbeziehung von Bedeutung sind.
- Die Berater behandeln alle Daten, die sie im Rahmen der Beratungskontakte erhalten, absolut vertraulich.
- Da in Workshops nie alle Mitarbeiter gleichzeitig teilnehmen können, ist die Kommunikation und die weitere Umsetzung aller im Prozess definierten wesentlichen Aspekte in der Abteilung – über den konkreten Workshop hinaus – fester Bestandteil des Vorgehens.
- In regelmäßigen Abständen wird die Beratungsbeziehung auf ihre Qualität und die gegenseitige Akzeptanz überprüft und es werden entsprechende Konsequenzen gezogen.
- Möglichst bald nach der internen Bestandsaufnahme werden die Kundenerwartungen in diesen Prozess mit aufgenommen.

Abbildung 22: Spielregeln und Prämissen

Kapitel 5

Konzept eines praxisbezogenen gruppen-
dynamischen Trainings *Soziale Kompetenz*

Gruppendynamik beschäftigt sich in Theorie und Praxis mit Prozessen in und zwischen Gruppen, die durch das Miteinander der beteiligten Menschen initiiert und bedingt sind. Gruppendynamische Trainings dienen dazu, solche Prozesse – in Kleingruppen, Großgruppen, zwischen Kleingruppen – »künstlich« zu erzeugen, besser gesagt, die Voraussetzungen dafür zu schaffen, dass sie entstehen, um in solchen Trainingsfeldern für den Ernstfall zu üben. Um, wie bei einem Experiment, Störungen durch Außeneinflüsse möglichst zu verhindern, finden solche Trainings meist in Klausur statt. Überwiegend dauert ein derartiges Training mehrere Tage, oft eine Woche, manchmal auch länger.

Grundprinzipien

Vom theoretischen Hintergrund und der prinzipiellen Vielzahl von methodischen Möglichkeiten her gesehen können Konzepte und Formen gruppendynamischer Trainings unterschiedlich orientiert sein – verhaltenstherapeutisch, gruppenanalytisch, psychoanalytisch, sozialpsychologisch, sozialpädagogisch, systemisch, esoterisch und einiges mehr. Wenn man sich dazu noch das potenziell breite Spektrum unterschiedlicher Interpretationsmöglichkeiten dieser Spezifikationen vor Augen hält, könnte man allein darüber ein mehrbändiges Werk schreiben oder in tiefe Resignation verfallen. Wir haben uns entschieden, keines von beiden zu tun, sondern aus dem Gesamtangebot von prinzipiellen Möglichkeiten eine gezielte Auswahl zu treffen und unser eigenes pragmatisches Konzept zu entwerfen, das wir nun schon über viele Jahre hinweg verfolgen und immer wieder weiterentwickeln. Folgende Kernelemente sind es, die unser Konzept des gruppendynamischen Trainings im Wesentlichen kennzeichnen:

- Auftauen, verlernen, sich irritieren lassen, bereit sein, eingefahrene Verhaltensweisen infrage zu stellen (lassen) – dies ist wohl die grundlegende Voraussetzung und Basis, wie wir gruppendynamisches Lernen verstehen, nutzen und verstärken.
- Mit zunehmender Vertrautheit der Teilnehmer mit gruppendynamischen Prozessen verzichtet der Trainer mehr und mehr darauf, im Training Strukturen vorzugeben. Die Gruppenmitglieder sind vielmehr aufgefordert, Struktur und Vorgehensweise selbst zu entwickeln und dabei ihre gruppendynamischen Erfahrungen zu machen.
- Wir arbeiten in aller Regel nach dem Prinzip eines Doppeldeckers: Auf der einen Seite bringen die Teilnehmer in das Training ihre eigenen Themen und Problemstellungen mit, die sie im Rahmen des Generalthemas *Sozialkompetenz* beschäftigen, auf der anderen Seite bearbeiten wir auch die aktuellen gruppendynamischen Prozesse, die im *Hier und Jetzt* der Trainingssituation ablaufen. Wir tun das exemplarisch immer wieder, was wir in diesem Buch mehrfach in unterschiedlichen Zusammenhängen beschrieben haben: die inhaltliche Sachebene und die emotionale Ebene der Gruppendynamik simultan im Blick haben und miteinander in Beziehung setzen. Die Koppelung dieser beiden Aspekte – Themen aus der Praxis der Teilnehmer und die Analyse der aktuell ablaufenden gruppendynamischen Prozesse – rechtfertigt unserer Meinung nach unseren Anspruch, wirklich praxisbezogen zu arbeiten.
- Mit und durch die Arbeit an den Themen und den Beziehungen in der Gruppe wird die Gruppe selbst zum Lerngegenstand. Sie erforscht sich selbst: die Art und Weise, wie sie sich entwickelt, durch wen und durch was diese Entwicklung beeinflusst wird – und wie die Prozesse zu steuern sind.

Durchgängige Ziele

Wir verfolgen in und durch diese Art von gruppendynamischer Arbeit gleichzeitig mehrere Anliegen:

• *Sensitivität*

Das A und O – sozusagen die Bedingung der Möglichkeit – besteht darin, die Fähigkeit dafür zu entwickeln, soziale Signale, emotionale Reaktionen und Ausdrucksformen aufnehmen und beantworten zu können. Gespür zu entwickeln für das eigene innere Erleben und dafür, was ich bei anderen auslöse und wie andere innerlich gestimmt sind. Die Selbst- und Fremdwahrnehmung zu verbessern durch die Auseinandersetzung mit Fragen wie: *Wie verhalte ich mich anderen gegenüber, und welche Auswirkungen hat das? Wie nehme ich andere wahr, inwieweit verstehe ich andere, was löst das in mir aus und wie* (angemessen) *reagiere ich darauf?*

• *Feedback*

Im Hier und Jetzt der Gruppe erfolgen Feedbackprozesse, das heißt Reaktionen auf einzelne Gruppenmitglieder, sofort und bezogen auf das aktuelle Verhalten. Die Lernchance besteht hier darin, im aktuellen Kontext unmittelbar erfahren zu können, wie mich andere wahrnehmen, welche Wirkung das auf sie hat und dies mit meiner eigenen Einschätzung vergleichen und das eigene Verhalten dahingehend überprüfen zu können, ob oder inwieweit es meinen Bedürfnissen und Zielen und der jeweiligen Situation angemessen ist oder besserer Abstimmung bedarf.

• *Verhaltensänderung*

Die Gruppe konfrontiert den Einzelnen mit seinem Verhalten und den zugrunde liegenden Einstellungen, Werten, Normen, mit seiner Art und Weise, an Menschen und Situationen heran- und mit sich selbst umzugehen. Die Erfahrungen und Reaktionen anderer Gruppenmitglieder und das Kennenlernen ihrer verhaltensprägenden Faktoren bringen Anregungen, neue Gesichtspunkte, Relativierungen und Alternativen in die eigene Sichtweise und Prägung. Durch die Auseinandersetzung mit dem eigenen Verhalten und dessen Wirkung, durch das zunehmende Gespür für zwischenmenschliche Prozesse und die direkten Rückmeldungen der Gruppe entsteht in der Regel das Bedürfnis, die eingeschliffenen spontanen Verhaltensmuster auf ihre Brauchbarkeit zu überprüfen, gegebenenfalls zu verändern – und die Motivation, neue, angemessenere Verhaltensweisen auszuprobieren, einzuüben und verhaltenssicher zu machen.

Das Trainingsdesign – ein Beispiel

Es handelt sich um eine frei ausgeschriebene Klausurveranstaltung von fünf Tagen Dauer. Frei ausgeschrieben bedeutet, die Teilnehmer kommen aus völlig unterschiedlichen Organisationen – Industrie, Verwaltung, Sozial- und Bildungsbereich – und aus ebenso unterschiedlichen Berufsgruppen und Positionen. In der Regel sind sie in Rollen und Situationen tätig, die ein hohes Maß an Verständigungs- und Kooperationsfähigkeiten erfordern. Das Einzige, was alle gemeinsam haben, ist das Interesse am Thema beziehungsweise an der Zielsetzung des Trainings – zumindest behaupten sie das, wenn man sie danach fragt. Wobei es durchaus häufiger der Fall ist, dass eher diejenigen, die den Teilnehmer entsenden und das Training bezahlen, diese Zielsetzung verfolgen. Doch dazu später … Als externe Veranstaltung ermöglicht das Training

- Begegnungs- und Austauschmöglichkeiten mit Personen in ähnlichen Funktionen mit ähnlichen Problemen aus anderen Unternehmen und so den Blick über den Tellerrand;
- größere Offenheit in einer Gruppe von Unbekannten, die man vorher nicht kannte und mit denen man meistens auch nachher (beruflich) nichts zu tun hat, und deshalb auch
- eine höhere Bereitschaft, sich selbst und Gewohntes infrage zu stellen und Neues auszuprobieren.

Wir arbeiten jeweils mit einer Gruppe bis zu 24 TeilnehmerInnen, wobei jeweils ein Trainer pro acht Teilnehmer zur Verfügung steht. Die Arbeit erfolgt abwechselnd in der Großgruppe des Plenums, parallel in drei fachlich begleiteten Trainingsgruppen und in selbstgesteuerten Kleingruppen, zum Teil verbunden mit Einzelarbeit. In Abbildung 23 stellen wir Ihnen die Kernpunkte dar, wie sie in unserem Veranstaltungsprospekt beschrieben werden.

Praxisbezogenes gruppendynamisches Verhaltenstraining

Ziele

- Fertigkeiten und Fähigkeiten erwerben, das eigene Verhalten im Umgang mit Kollegen, Mitarbeitern und Vorgesetzten zu verbessern.
- die Wahrnehmung für zwischenmenschliches Geschehen und seine Auswirkungen auf die Arbeitsfähigkeit von Gruppen schärfen.
- das eigene Repertoire situationsangemessener (Führungs-) Verhaltensweisen und Reaktionsmöglichkeiten überprüfen, insgesamt erweitern und gegebenenfalls alternative, angemessenere Verhaltensweisen ausprobieren und einüben.

Inhalte

- Auseinandersetzung mit dem eigenen Verhalten und seiner Wirkung auf andere;
- Wahrnehmung und Analyse der Einflussfaktoren, welche die Zusammenarbeit von Einzelnen und Gruppen beeinflussen und ihre gezielte Berücksichtigung im beruflichen Alltagshandeln;
- Erkennen und Bearbeiten verdeckter Störfaktoren im Mitarbeiterkreis, in Arbeits- und Projektgruppen, Besprechungen und Konferenzen;
- Erkennen und Nutzen des eigenen Verhaltensspielraums innerhalb des persönlichen Einflussbereichs;
- Fördern der Arbeitsfähigkeit, Motivation, Selbstverantwortlichkeit, Eigenständigkeit und Kreativität von Mitarbeitern und Gruppen.

Methoden

- Problemanalysen,
- Fallbearbeitungen,
- Rollenspiele,
- Verhaltensfeedback,
- Prozessanalysen,
- Wissensvermittlung durch Kurzvorträge und schriftliche Unterlagen.

Abbildung 23: Kernpunkte des Praxisbezogenen gruppendynamischen Verhaltenstrainings

Protokoll eines Ablaufs

Im Folgenden wird der typische Ablauf eines Trainings näher beschrieben, der in Abbildung 24 zusammenfassend dargestellt wird.

	Erster Tag	Zweiter Tag	Dritter Tag	Vierter Tag	Fünfter Tag
Vormittag	**Einführung, Kennenlernen, Einstimmung** in wechselnden kleinen Gruppen	**Arbeitsmarkt 1** Bildung der Trainingsgruppen (TG)	**TG**	**Arbeitsmarkt 2** Bildung von neuen Trainingsgruppen (TG)	**Gruppendynamische Bilanz/ »Gepäckkontrolle« 2**
	Fortsetzung	**Arbeit parallel in den TG**	**TG**	**Arbeit parallel in den neuen TG**	**Abschiedsritual**
			Pause		
Nachmittag	**Zielklärung / »Gepäckkontrolle« 1**	**TG**	**Zwischenbilanz**	**TG**	
	Fortsetzung	**TG**	**Fortsetzung**	**Feedbackübung zur Sozialkompetenz**	
			Pause		
Abend	**selbststeuernde »Verdauungs-« und Transfergruppen (VTG)**	**VTG**	**VTG**	**Fortsetzung**	

Abbildung 24: Überblick Trainingsablauf

Einführung

Wir setzen uns in die Runde (offener Stuhlkreis ohne Tische) und signalisieren damit den Beginn des Trainings und machen eine kurze Einführung:

- Begrüßung der Teilnehmer
- Das Trainerteam stellt sich vor
- Notwendige organisatorische Hinweise
- Überblick über die allgemeine Zielsetzung des Trainings, das Arbeitskonzept und die geplante zeitliche Strukturierung
- Spielregeln:
  - Jeder ist mitverantwortlich für seinen Trainingserfolg, dazu muss er/sie das Training zu *seinem/ihrem* Training machen.
  - Aus dem Training wird nichts nach außen getragen.
  - Jeder muss selbst entscheiden, an was und wie intensiv er an Themen herangeht.
  - Mitverantwortlich sein heißt auch mit gestalten, das bedeutet die eigenen Themen und Vorstellungen voll mit einbringen.
  - Es gibt keine Zuschauer, das heißt, es gibt keine verhaltensfreie Zone; alles, was in dieser Woche passiert, speziell auch Prozesse der Gruppenbildung, ist Training und soll als Experimentier- und Erfahrungsfeld genutzt werden.

Kennenlernen und Einstimmen der TeilnehmerInnen in wechselnden Kleingruppierungen

Wir wählen ein strukturiertes Vorgehen, wodurch in relativ kurzer Zeit viele Teilnehmer miteinander in Kontakt kommen: Die Teilnehmer werden gebeten, sich jeweils zu dritt oder zu viert in Gruppen zusammenzufinden nach dem Kriterium maximaler Fremdheit. Diese Kleingruppen haben zwei Aufgaben:

Erstens, sich persönlich bekannt zu machen *(Wer bin ich? Wo komme ich her? Was mache ich da?...)* und *zweitens*, sich über eine vorgegebene Fragestellung auszutauschen, die dazu dient, sich selbst auf das Training einzustimmen. Insgesamt gibt es vier Fragen, also vier Chancen, mit Teilnehmern in einen intensiveren Kontakt zu kommen und dadurch die anfängliche Fremdheit abzubauen:

1. Wie ist meine Teilnahme hier zustande gekommen – und was bedeutet das für meine Befindlichkeit jetzt zu Beginn?
2. Was weiß beziehungsweise vermute ich über derartige Trainings – und wie geht es mir damit?
3. Meine sieben Stärken im Umgang mit anderen Menschen.
4. Meine sieben Schwächen im Umgang mit anderen Menschen.

Selbstporträt zur Vorbereitung auf die Zielklärung und »Gepäckkontrolle« 1 in Einzelarbeit

Die Teilnehmer beschäftigen sich damit, aus welcher betrieblichen oder/und beruflichen Situation, mit welchen eigenen Lernwünschen und Erwartungen aus ihrem Umfeld (Mitarbeiter, Kunden, Vorgesetzte, Kollegen ...) und insgesamt mit welcher inneren Einstellung sie dieses Training für sich nutzen wollen. In einem *Bild ohne Worte* sollen sie folgende Fragestellungen beantworten:

1. Wer bin ich in der Firma? Welche Rolle spiele ich dort? Wie geht es mir und den anderen (Mitarbeitern, Kollegen, Vorgesetzten, Kunden) damit?
2. Was hat das mit meinem Hiersein zu tun?
   a) Was habe ich mir selbst als Lerngepäck eingepackt?
   b) Was haben mir andere (vielleicht verdeckt) mitgegeben?
3. Wie stehe ich zu dieser Veranstaltung: Trainingslust, -angst, -chancen?

»Gepäckkontrolle« 1 in begleiteten Untergruppen

Die Teilnehmer bilden für diesen Nachmittag drei gleich große Untergruppen. In diesen Gruppen stellen sie sich mit ihren Bildern vor. Durch Nachfragen der Gruppenmitglieder und der Trainer werden die jeweiligen Trainingsziele beziehungsweise Lernwünsche überprüft und präzisiert: Was will die/der TeilnehmerIn, passt das in dieses Training, wer will eigentlich nichts – in einer Veranstaltung, wo es keine passiven Zuschauer geben kann (siehe Spielregeln)? Wir verdeutlichen noch einmal sehr genau, dass dieses Training ein Verhaltenstraining ist, also kein Ort für theoretische Diskussionen, und dass niemand dieses Training auf der Zuschauertribüne absolvieren kann. Die Zeit für jedes Gruppenmitglied beträgt circa 15 bis 20 Minuten.

Erster Eindruck

Als erste Auseinandersetzung mit der eigenen Wahrnehmung und als erste Übung zum Feedback teilen sich die Gruppenmitglieder abschließend in dieser ersten Runde gegenseitig mit, welchen ersten Eindruck sie voneinander gewonnen haben. Leitfrage: *Wenn jemand das Training aus irgendeinem Grund jetzt plötzlich verlassen müsste, welcher Eindruck bliebe zurück?*

Bildung der Verdauungs- und Transfergruppen (VTG)

Diese Gruppen, bestehend aus vier bis sechs Mitgliedern, treffen sich jeden Abend in gleicher Zusammensetzung in Eigenregie für etwa eine Stunde, um den Tag nochmals Revue passieren zu lassen und zu »verdauen«. Sie dienen als verlässlicher Heimathafen, den die Teilnehmer anlaufen und je nach Bedarf nützen können. Als Leitfragen werden mit auf den Weg gegeben:

– Wie ist es mir heute ergangen?
– Was war für mich wesentlich, speziell im Blick auf meine berufliche Praxis?
– Was ist offen geblieben oder zu kurz gekommen, was ich gern noch nacharbeiten möchte?
– Und was mir sonst noch auf der Seele liegt …

ZWEITER TAG UND DRITTER TAG VORMITTAGS

Hinführung zur Bearbeitung von Situationen aus der beruflichen Praxis

In den folgenden Arbeitsphasen wird es darum gehen, aktuelle berufliche Problemsituationen der TeilnehmerInnen zu bearbeiten.

Zur Vorbereitung sollen die TeilnehmerInnen eine Situation aus ihrer Alltagspraxis von *Führung und Zusammenarbeit* auswählen, mit der sie sich – oder andere mit ihnen – schwer tun und die sie gern hier im Training bearbeiten möchten. Jeder beschreibt die von ihm ausgewählten Situation in Stichworten auf einem Flipchart, sodass andere ohne weitere Erläuterungen verstehen können, worum es ihm geht. Sowohl für die Auswahl der Themenfelder (Abbildung 25) wie für die Art der Beschreibung (Abbildung 26), geben wir den Teilnehmern gezielte Hinweise.

Wählen Sie

- ein *aktuelles ungelöstes* Problem oder eine für Sie *typische* problematische Situation, die immer mal wieder auftritt, oder ein durchgängiges persönliches *Verhaltensmuster*, das Sie selbst oder andere aus Ihrem Umfeld als störend erleben;
- auf jeden Fall aber eine Situation, an deren Bearbeitung hier im Training Sie wirklich interessiert sind;
- auf keinen Fall eine rein theoretische Fragestellung, sondern ein Thema, das mit Verhalten zu tun hat – und zwar mit Ihrem eigenen.

Abbildung 25: Kriterien für die Auswahl von Themenfeldern

Beschreibung der Themenfelder

(1) Titel, der die Situation treffend charakterisiert.
(2) Ausgangssituation:
   Was macht das Thema zum Problem?
   Wie und wann ist es entstanden? Bisherige »Geschichte«?
(3) Wer sind die Beteiligten – und ihre Interessen im Spiel?
(4) Bisherige Lösungsversuche – und woran sind diese gescheitert?
(5) Angedachte (Wunsch-) Lösung?
(6) Spezielle Fragen für die Beratung?

Abbildung 26: Beschreibung der Themenfelder

Arbeitsmarkt 1 und Bildung von Trainingsgruppen

Offener Themenmarkt zur Gruppenbildung

Die Teilnehmer erhalten den Auftrag, gleich große Gruppen zu bilden, die für die Dauer von etwa eineinhalb Tagen zusammen mit je einem Trainer eine Trainingsgruppe bilden, um sowohl an den Fällen der einzelnen Gruppenmitglieder als auch an der dabei ablaufenden Gruppendynamik zu arbeiten – ganz so, wie wir es in der Einleitung dieses Kapitels beschrieben haben. Dazu werden die Teilnehmer aufgefordert, sich mithilfe ihres Flipcharts in eine *lebendige Litfaßsäule* zu verwandeln und sich so in einem offenen Markt die notwendigen Informationen zu beschaffen, um die »richtigen« Personen mit den »richtigen« Themen auswählen und den Auftrag der Gruppenbildung erfüllen zu können. Was wir zum Einstieg den Teilnehmern erläutert hatten, nämlich dass alles, was im Training passiert, Teil des Trainings ist und als Experimentier- und Lernfeld genutzt werden soll – speziell auch Prozesse der Gruppenbildung –, wird in dieser Phase hoch aktuell: *Woran orientiere ich mich bei der Auswahl – eher an den Themen oder eher an Personen? Verhalte ich mich eher aktiv oder passiv, gehe ich auf andere zu oder warte ich ab, bis andere mich anfragen? Wie gehe ich mit Ablehnung, wie mit Angeboten um?* Das sind im Moment die heißen Fragen, welche die Teilnehmer beschäftigen.

Diese erste Trainingsgruppenbildung geht meist relativ zügig. Deutliche Abneigungen, mit jemandem zusammenzuarbeiten, haben sich entweder noch nicht gebildet oder werden noch nicht gezeigt, die eigenen Interessen werden noch nicht allzu deutlich in die Öffentlichkeit der Gruppe gebracht. Zwar gibt es gut erkennbare Unterschiede – aktiv versus passiv, verhandlungsfreudig versus beharrend, an einer Gruppierung festklammernd versus sich immer wieder lösend und neue Versuche wagend –, aber insgesamt ist das Geschehen meist geprägt durch Vorsicht, Suche nach Orientierung und Abtasten. Es ist eher selten, dass Teilnehmer sich bereits in dieser Phase prägnant positionieren und Führungsansprüche geltend machen.

Prozessanalyse bei Bedarf

Wir beobachten den Prozess, greifen aber in der Regel nicht ein. Wir reagieren allerdings auf Fragen und achten auf die Einhaltung der genannten Rahmenbedingungen. Ist nach geraumer Zeit keine Lösung in Sicht und scheint der Prozess zu stagnieren – nach unserer Theorie bedeutet das: wenn (auf dem Tisch) nichts los ist, muss (unter dem Tisch) viel los sein – unterbrechen wir und schlagen eine Prozessanalyse vor. Die Teilnehmer werden gebeten, sich zu spontanen Kleingruppen zusammenzufinden und sich zum Beispiel über folgende Fragen auszutauschen (solche Fragen müssen selbstverständlich exakt auf die jeweilige Situation maßgeschneidert werden):

– Wie habe ich den Prozess bisher erlebt beziehungsweise was habe ich konkret beobachtet?
– Wie ist es mir selbst dabei ergangen?
– Um was geht es hier eigentlich?
– Wodurch wird eine Einigung erschwert?
– Wie passt das, was ich hier sehe und erlebe – und wie ich mich dabei verhalte – zu dem, was ich hier eigentlich (trainieren) will?

Die Ergebnisse werden in der Gesamtgruppe vorgetragen und miteinander so lange diskutiert, bis für alle einigermaßen klar zu sein scheint, was eigentlich los ist – und die Blockade behoben scheint. Gegebenenfalls teilen auch die Trainer ihre Beobachtungen und ihre Hypothesen mit. Im Anschluss daran geht der Gruppenbildungsprozess weiter. Manchmal bedarf es später noch einer zweiten Analyse. Aber in den meisten Fällen schafft es die Gesamtgruppe ohne weiteres Drehen der Bühne, den Auftrag zu erfüllen. Haben sich die Gruppen gebildet und besteht keine Anfrage an einen bestimmten Trainer (passiert in der Regel erst beim zweiten Arbeitsmarkt), ordnen sich die Trainer jeweils einer Gruppe zu, gehen mit der Gruppe in ihren Arbeitsraum und beginnen das *Training im Training.*

Parallele Trainingsarbeit in den Untergruppen

Gruppenanalyse zum Einstieg

Bevor die Fallarbeit beginnt, wird reflektiert, wie sich die Gruppe zusammengefunden hat und wie jeder mit dem Ergebnis, nämlich der Gruppe so wie sie jetzt besteht, und dem Prozess der Gruppenbildung zufrieden ist. Je nach Prozessverlauf werden Leitfragen formuliert, wie zum Beispiel:

- Wie haben Sie den Prozess der Gruppenfindung erlebt?
- Wie zufrieden sind Sie mit Ihrem Verhalten dabei?
- Wie sind Sie in diese Gruppe gekommen?
- Haben Sie die richtigen Leute beisammen – oder fehlt jemand, den Sie unbedingt gern hier dabei gehabt hätten?
- Was haben Sie getan/nicht getan, dass die für Sie richtigen Personen jetzt da sind beziehungsweise nicht da sind?
- Wer ist Ihnen vor allem wichtig? Bei wem sind Sie noch unsicher?
- Fühlen Sie sich in dieser Gruppe arbeitsfähig oder muss noch etwas geklärt werden – wenn ja, was?

Es geht einerseits darum, dass die Teilnehmer ein Gefühl für die innere Verfassung der Gruppe bekommen und am Modell sehen, was man tun kann, um rechtzeitig eventuellen Störungen auf die Spur zu kommen, welche die Arbeitsfähigkeit der Gruppe beeinträchtigen könnten. Andererseits soll hier auch ein Modell gesetzt werden, wie die Teilnehmer in ihren eigenen Gruppensituationen zu Hause den jeweiligen Untergrund von Gruppen ausleuchten können.

Bearbeitung der Praxissituationen der Teilnehmer (Fallarbeit)

Ist die Gruppe zur Arbeit an den inhaltlichen Themen bereit, gibt der Trainer eine kurze Erläuterung zum Vorgehen: Jedes Gruppenmitglied hat ein festes Zeitkontingent (circa 60 bis 90 Minuten) zur Verfügung, um seinen Fall zu bearbeiten. Die Trainer empfehlen und achten darauf, dass eine bestimmte Vorgehensweise, wie sie in Abbildung 27 beschrieben ist, bei der Bearbeitung eingehalten wird.

Bearbeitung einer Praxissituation

1. Darstellung der Situation durch den Betroffenen
2. Verständnis- und Informationsfragen der Zuhörer
3. Wahrnehmungen, Meinungen und Hypothesen der Zuhörer
   - zum Fall,
   - zur Person, die den Fall einbringt, und
   - zur Darstellungsweise
4. Stellungnahme des Betroffenen
   - zum Inhalt:
     - Was habe ich verstanden, was ist mir wichtig?
     - Womit kann ich etwas anfangen, was ist mir eher fremd?
   - zur Befindlichkeit:
     - Wie geht es mir damit?
5. Gemeinsames Erarbeiten der Diagnose und möglicher Verhaltensalternativen

Abbildung 27: Schrittfolge bei der Bearbeitung einer Praxissituation

Je nach Einschätzung der Situation, des jeweiligen Themas oder der beteiligten Personen werden auch Leitfragen zu Hilfe genommen, wie sie in Abbildung 18 (Leitfaden zur Vorbereitung auf die Projektberatung) und Abbildung 20 (Zehn Schritte der Problemlösung) aufgeführt sind. Diese Schritte werden im Prozess der Bearbeitung nicht starr und rigide gehandhabt. Sie dienen eher zur Orientierung von in der Fallbearbeitung ungeübten Teilnehmern und helfen, dabei nicht in die gewohnte Tendenz zu verfallen, dem Ratsuchenden Lösungen aufzudrängen, noch ehe sein Problem verstanden ist. Der Betroffene braucht zunächst einmal genügend Raum, um seine Situation und damit auch sich selbst überhaupt darzustellen. Zusätzlich benötigt er ausreichend Zeit, um genügend Anhaltspunkte und Eindrücke der anderen zu seiner Sichtweise – die häufig einen nicht unerheblichen Teil des Problems ausmacht – zu bekommen. Die Art und Weise, wie der Betroffene seine Situation darlegt, lässt häufig unmittelbar nachempfinden, welche persönlichen Problemanteile in der Situation eine Rolle spielen könnten. Erst wenn die Situation allen einigermaßen klar und nachvollziehbar erscheint, folgt die Phase der tiefergehenden Analyse. Dabei werden unterschiedliche Dimensionen und Aspekte genauer angeschaut und reflektiert, zum Beispiel:

- sachlich-inhaltliche Problemaspekte;
- personen- und verhaltensbezogene Anteile (persönliche Interessen, Verhaltensweisen …);
- die Beziehungen der Beteiligten untereinander;
- organisatorisch-strukturelle Faktoren und Rahmenbedingungen.

Bevor der Schwerpunkt darauf gelegt wird, nach Lösungen und Verhaltensalternativen zu suchen, wird unter anderem auch herausgearbeitet,

- welche Vorteile die Beteiligten von der Aufrechterhaltung des Problems haben, welche Interessen also einer Veränderung entgegenstehen, und
- woran die bisherigen Lösungsversuche gescheitert sind.

Der Falleinbringer entscheidet letztlich, welche der erarbeiteten Aspekte er als für sich relevant betrachtet, sei es eine neue Sichtweise der Situation, Rückmeldungen zur eigenen Person, Verstehen der Dynamik zwischen den beteiligten Personen, konkrete Verhaltensalternativen oder Hinweise auf organisatorische/strukturelle Faktoren, welche die Situation zum Problem werden lassen. Wichtig ist, dass es nicht nur bei der Analyse der Situation bleibt, sondern dass dem Betroffenen klar wird, welche Schritte er in Zukunft diesbezüglich (anders) machen kann beziehungsweise will. Wenn es sich anbietet, zum Beispiel wenn es um ein bestimmtes Verhalten anderen Personen gegenüber geht, das es zu ändern gilt, werden solche Verhaltensalternativen auch im Rollenspiel in der Gruppe ausprobiert und eingeübt.

Die Ebene des Gruppenprozesses

Auf diese Weise bearbeitet die Gruppe nacheinander die individuellen Problemsituationen der Teilnehmer. Gleichzeitig haben wir immer auch die simultan ablaufende Gruppendynamik im Blick, um sie in unterschiedlichen Situationen und aus unterschiedlichem Anlass immer wieder ebenfalls zum Thema zu machen. Häufig spiegelt sich in der Gruppe wider, was bei der Fallbesprechung als Problem »draußen« geschildert wird. Einzelne identifizieren sich mit Problembeteiligten oder dem Darsteller, da sie an eigenen Erfahrungen, Problemen oder Verhaltensmustern berührt werden. Sie reagieren darauf mit entsprechenden Gefühlen und Verhaltensweisen. So stellt sich oft genau die Situation her, die derjenige, der die Situation einbringt, von draußen kennt. Nehmen wir Anzeichen dafür wahr, lenken wir die Aufmerksamkeit auf den Gruppenprozess, fragen zum Beispiel, wie die Gruppe aktuell den Prozess erlebt, wie es den Einzelnen gerade geht und womit das zusammenhängen könnte – und schlagen vor zu überprüfen, was das aktuelle Erleben mit dem geschilderten Problem und der Darstellungsweise beziehungsweise dem Darstellenden zu tun haben könnte.

Gruppenprozess als Lifeshow eines Berichts – ein Beispiel

Herr C. schildert folgende Problemsituation: *Seine Präsentationen oder längere Stellungnahmen bei Besprechungen »kommen nicht an«. Er hat das Gefühl, die Leute verstehen ihn nicht, hören nicht richtig zu und stellen Nachfragen zu Nebensächlichem. Eine konstruktive Diskussion käme selten auf. Einige wenige versuchten, seine Aussagen zu widerlegen, viele beteiligten sich gar nicht. Die Stimmung am Ende eines solchen Meetings sei meistens leicht genervt.* Bei der Darstellung seiner Situation in der Gruppe redet Herr C. schnell, viel und wortgewandt. Er schweift wiederholt ins Theoretische ab, ohne dass ein unmittelbarer Bezug zur Problemsituation erkennbar ist. Immer mal wieder betont er seine Kompetenz, Erfahrung, Professionalität – dass er im Allgemeinen überhaupt keine Probleme habe – bis auf dieses. In seinem Auftreten wirkt Herr C. irgendwie verklemmt und einstudiert. Er nimmt zum Beispiel überhaupt keinen direkten Kontakt zur Gruppe auf – weder im Blick noch in der Ansprache. Bitten, exakter beim eigentlichen Thema zu bleiben, und der Hinweis auf die Zeit haben nur vorübergehenden Erfolg; sehr schnell ist er wieder im alten Muster. Nachfragen der Gruppenmitglieder werden, wenn überhaupt, nur knapp und unbefriedigend beantwortet. Meist verschiebt er die Antwort auf später oder bringt deutlich zum Ausdruck, dass er die Frage eher als Zeichen von Inkompetenz des Fragestellers bewertet. Wirklich kritische Einwände vonseiten der Gruppenmitglieder erlebt er sichtlich als Angriff, zumindest als Störung, und versucht, diese mit Hinweis auf eigene Zahlen und Fakten abzuwehren – und so seine Kompetenz zu behaupten. Mit der Zeit werden einige Gruppenmitglieder unruhig, andere verfallen in Passivität. Das Klima in der Gruppe wird zunehmend angespannt, die Diskussionsbeiträge aggressiver. Der Vortragende selbst steht sichtlich unter Druck und reagiert verstärkt defensiv. Auf die Frage, was genau er denn nun von der Gruppe wolle, antwortet er: *Ich möchte wissen, was ich tun kann, um andere zu überzeugen, dass ich richtig liege und dass sie daran mitarbeiten.* Die Gruppe reagiert mit Schweigen. Er selbst wirkt jetzt stark verunsichert. Gefragt, ob er eine solche Situation, wie sie jetzt gerade aktuell in der Gruppe besteht, kenne, bestätigt er, dass es ihm draußen häufig genauso ginge. Wir gehen zunächst der Frage nach, wie Herr C. selbst die Situation erlebt, was er glaubt, dazu beigetragen zu haben. Anfänglich ist er (noch) aufgebracht über einige Bemerkungen ihm gegenüber, die er als spitz erlebt hat, versucht zu relativieren und rationalisieren, was passiert ist (*»Ist ja vielleicht schwierig, sich da hineinzudenken … Bin heute morgen noch etwas müde, sonst hätte ich das besser erklären können.«*). Dann aber gelingt es mehr und mehr, ihn dazu zu bewegen, über sein Erleben, seine Gefühle und seine Wünsche zu reden. Zunehmend kann er seine Betroffenheit und Verunsicherung zulassen. In seinen eigenen Worten: *»Ich fühle mich solchen Situationen hilflos ausgeliefert – ohne Idee, was diese Dynamik auslöst.«* Das Angebot, die Gruppe und die jetzt gerade von allen erlebte Situation dafür zu nutzen herauszufinden, was er selbst zu solchen Situationen beiträgt, nimmt er an: *»Ich möchte schon wissen, warum jetzt alle schweigen und wie die anderen mich sehen.«* Die Gruppenmitglieder teilen ihm jetzt mit, wie sie den Prozess und ihn selbst erlebt haben, was er mit seinem Verhalten in ihnen ausgelöst hat und wie sie darauf – innerlich und nach außen – reagiert haben. In intensiver Aussprache wird die Trainingssituation mit der geschilderten Situation zu Hause in Beziehung gesetzt. Herrn C. wird klar, dass seine Art und Weise der Problemschilderung nahezu ein Abbild von dem war, wie er sich auch zu Hause in solchen Situationen verhält – und deshalb kann er sich zunehmend anhand der Reaktionen der Gruppenmitglieder vorstellen, wie es seinen sonstigen Gesprächspartnern mit ihm gehen könnte. Mithilfe dieser Widerspiegelung kann das von draußen eingebrachte Problem im *Hier und Jetzt* der Gruppe bearbeitet werden. Herr C. nutzt die Möglichkeit, sich differenzierte Rückmeldungen über sein Verhalten und dessen Wirkung auf einzelne Gruppenmitglieder zu holen und zu verstehen, wie sein Verhalten – sowohl das was er tat als auch was er nicht tat – und seine nicht zu verbergende innere Haltung das Klima in der Gruppe bestimmte – und wie die dadurch ausgelösten Reaktionen der Gruppenmitglieder wiederum sein eigenes Verhalten beeinflussten. Der Bezug zum beruflichen Alltag liegt für alle auf der Hand.

Gruppenprozesse als Sand im Getriebe

Auf die Ebene des Gruppenprozesses lenken wir auf jeden Fall immer dann die Aufmerksamkeit, wenn es in irgendeiner Weise klemmt, zum Beispiel wenn Spannung, Verwirrung, Aggressivität spürbar werden, bei starken Tendenzen zur Harmonisierung, wenn laufend das Thema gewechselt wird, oder auch wenn wir wahrnehmen, dass einzelne Gruppenmitglieder innerlich aussteigen oder sich plötzlich besonders stark ins Zeug legen. Es geht dann immer darum, innezuhalten und anhand entsprechender Leitfragen der Gruppe zu helfen, zu prüfen, was sozusagen hinter der Bühne abläuft und wie dadurch das Geschehen auf der Bühne beeinflusst wird: *Was passiert gerade aktuell in der Gruppe? Was beziehungsweise wer bestimmt momentan das Geschehen: Rivalität um Einfluss oder Zuwendung? Machtkämpfe oder Profilierungsversuche, die ignoriert werden? Führungsansprüche, die nicht durchgehen?* Dieser Wechsel auf die Ebene des Gruppenprozesses hat eine doppelte Funktion: *Erstens*, das Schiff wieder flott zu machen, damit auf der Ebene der Fallsituationen weiter gearbeitet werden kann. *Zweitens*, die aktuellen Prozesse sind in unserer Sprache so genannte *heiße Ware* – von *allen* beobachtbar und erlebt – und als solche ein noch viel geeigneteres Lernmedium als Situationen, die jeweils nur *einer* von außen hereinbringt. Die gemeinsame Untersuchung der aktuellen Gruppensituation bezieht sich auf die Beziehungen untereinander, das Klima in der Gruppe, auf Normen, auf den Umgang mit Nähe und Distanz, Attraktion und Ablehnung, auf das Ausmaß an Vertrauen, Sicherheit, Offenheit, auf Ängste und Wünsche, auf Positionierungen, Konkurrenz, auf den Umgang mit Konflikten oder auch mit Autorität und Autoritäten – oder Personen, die als solche erlebt werden. Die Gruppe erforscht sich also selbst im Hier und Jetzt und lernt, wie und welche Verhaltensweisen einzelner TeilnehmerInnen und das Zusammenspiel untereinander die Gruppenentwicklung bestimmen und die Arbeitsfähigkeit beeinflussen. Sie lernt gleichzeitig, wie die Kommunikation über die Situation in der Gruppe – die so genannte *Meta-Kommunikation* – einen Prozess der Verständigung und des Verstehens in Gang setzt und gleichzeitig die Situation und die Befindlichkeit der einzelnen Personen verändert. Alle lernen, dass und wie über die Beschäftigung mit der Frage »*Was ist los?*« bislang unverständliche oder problematische Situationen auf der Ebene »*Was ist zu tun?*« verändert werden können. Unser Anliegen dabei ist, dass die Teilnehmer die Dynamik des Geschehens, die beeinflussenden Faktoren, den eigenen Anteil daran und die eigenen Verhaltenshintergründe in der Trainingssituation exemplarisch entdecken, verstehen und so mutig damit umgehen lernen, dass sie diese Lernerfahrung auch für die (berufliche) Situation zu Hause nutzbar machen können. Diese erste Phase der Trainingsarbeit endet am Mittag des dritten Tages.

DRITTER TAG NACHMITTAGS

Zwischenbilanz

Zu Beginn des Trainings waren die Teilnehmer von uns in die Ziele, Inhalte, Anliegen und das methodische Vorgehensweise dieses Trainings eingestimmt und zur Mitgestaltung und Selbststeuerung eingeladen worden. Sie sollten dieses Training zu *ihrem* Training machen, sie sollten Verantwortung für das eigene Lernen übernehmen und das Ihrige dazu tun, dass ihre Interessen und Lernwünsche zum Zug kommen. Jetzt ist es an der Zeit, in einer Zwischenbilanz den Stand der Dinge zu überprüfen. Dazu kommen die Trainingsgruppen nach anderthalb Tagen getrennter paralleler Arbeit zum ersten Mal wieder in der Gesamtgruppe zusammen. Es geht darum zu überprüfen, ob sozusagen alle »im Boot« sind, wie der Stand der »Lernreise« ist, ob es in diesem Stil und in diesem Tempo weitergehen kann oder ob Veränderungsbedarf besteht. Wir gliedern die Zwischenbilanz in drei Teile: die Individualbilanz jedes Teilnehmers, eine gruppendynamische Bilanz in der Trainingsgruppe und eine Bilanz des bisherigen Gesamttrainings. Die *Individualbilanz* erfolgt in zwei Schritten:

(1) Zunächst wird jeder dazu eingeladen, anhand der folgenden drei Leitfragen seinen eigenen Standort zu bestimmen (etwa 30 Minuten):
   – Was habe ich mir bisher aus diesem Training geholt (Erkenntnisse, Erlebnisse, Erfahrungen, Konsequenzen für die Praxis …)?
   – Wie komme ich mit der Art des Lernens hier zurecht?
   – Was läuft hier (an Gruppendynamik) ab, und
   – wie zufrieden bin ich mit der Rolle, die ich dabei spiele?
(2) Im Anschluss daran treffen sich die Teilnehmer in halbierten Trainingsgruppen, wie sie während der vergangenen eineinhalb Tage miteinander gearbeitet haben, und tauschen sich über ihre individuellen Ergebnisse mit dem Ziel aus die Erkenntnisse auf Plausibilität hin zu überprüfen (etwa 45 Minuten).

Zur *Gruppendynamischen Bilanz* kommen die Teilnehmer zunächst wieder in den vollständigen Trainingsgruppen zusammen so wie sie bis mittags bestanden hatten. Die Fragestellung ist nun: Wie stellt sich uns das (Gesamt-) Training dar – Inhalte, Struktur, Methoden, Teilnehmer, Trainer, Rahmenbedingungen – und wie geht es mir/uns damit? Der Auftrag lautet, über diese Frage zu diskutieren und das Ergebnis der Diskussion in einem gemeinsamen »*Bild ohne Worte*« zum Ausdruck zu bringen.

Die *Bilanz des Gesamttrainings* erfolgt im Plenum. Das Material dazu liefern in erster Linie die Bilder ohne Worte aus den Trainingsgruppen. Der Ablauf ist in der Regel wie folgt: Eine der Gruppen hängt als Erste ihr Bild auf, ohne es zunächst selbst zu erklären. Alle, die nicht zur Gruppe gehören, assoziieren zu dem Bild, was sie darin sehen, welche Fantasien und Vermutungen es in ihnen auslöst. Die Produzenten äußern sich erst dazu, wenn aus der Gruppe nichts mehr kommt. Ebenso verfahren die anderen Gruppen. Sind alle Bilder erörtert, reflektieren wir gemeinsam die Gesamtaussage der Zwischenbilanz anhand der nun nebeneinander hängenden Bilder. Häufig werden Gemeinsamkeiten deutlich, die als Anhaltspunkt für einen ähnlichen Verlauf in den Gruppen gedeutet werden. Aber auch hier läuft Gruppendynamik: Nicht selten gibt es auch deutliche Unterschiede – oder werden solche interpretiert, wodurch sich die Gruppen nach dem Muster von »Geschwisterrivalitäten« voneinander abzuheben versuchen: Wer ist die beste Gruppe? Wo wurde intensiver gearbeitet? Wer ist am weitesten vorangeschritten? Wo sind die besten Beziehungen untereinander? Wo wurde am härtesten und konsequentesten gearbeitet? Wer hatte den besten Trainer? Wir kommentieren, fassen die Grundaussagen noch einmal zusammen und fragen die Gruppe, was dieser Stand für das weitere Vorgehen bedeutet. Kann es weitergehen wie geplant, mit einem neuen Arbeitsmarkt am nächsten Vormittag, oder gibt es Veränderungswünsche? Mit der Entscheidung darüber endet dieses Plenum.

VIERTER TAG

Arbeitsmarkt 2 und erneute Bildung von Trainingsgruppen

Offener Themenmarkt zur Gruppenbildung

Wir beginnen mit einer kurzen Einstimmung und dem Hinweis, dass es zu diesem Zeitpunkt des Trainings prinzipiell folgende Möglichkeiten gibt: Man ist eigentlich abgesättigt und packt schon innerlich die Koffer; man weiß jetzt, wie es geht, hat die ersten Gehversuche hinter sich und will es nun in der zweiten Trainingsrunde richtig wissen; man arbeitet kontinuierlich weiter und vertieft einen Aspekt, den man im ersten Teil nur so am Zipfel erwischt hat. Die Teilnehmer werden wieder, wie beim ersten Arbeitsmarkt, eingeladen, *ihr* Thema auszuwählen und wie beim ersten Mal eine kurze Fallskizze dazu anzufertigen. Wenn alle vorbereitet sind, wird nach dem nun schon bekannten Modell *lebendige Litfaßsäule* der Markt eröffnet mit der Aufgabenstellung: gleich große Trainingsgruppen bilden mit den »richtigen« Leuten und den »richtigen« Themen. Dieses Mal dauert es meist länger, bis sich die Gruppen finden: Die Teilnehmer kennen sich besser, haben deutliche Zu- und Abneigungen und inzwischen Lust und auch mehr Mut entwickelt, sich klarer zu positionieren – und sie sehen viel deutlicher als zu Beginn die Lernchance in diesem unstrukturierten Prozess der Gruppenbildung. Man unterwirft sich inzwischen auch nicht mehr so ohne weiteres der Vorgabe »gleich große Gruppen«, sondern versucht, mit den Trainern zu verhandeln, um den Rahmen zu verändern. Das Konfliktpotenzial in dieser Phase ist merklich höher: Ob es nun einzelne Personen sind, die schlecht unterkommen, die keine Gruppe aufnehmen will, die aber auch selbst kaum etwas tun, um für sich eine Lösung zu finden, oder mehrere Gruppen, die sich auf denselben Trainer versteifen. Was auch immer in dieser Phase der Gruppenbildung läuft, wenn es über das »Normalmaß« hinausgeht, um arbeitsfähige Trainingsgruppen zu bilden – und sich die Gruppendynamik sozusagen verselbstständigt –, werden die bereits bei der ersten Phase beschriebenen Prozessanalysen durchgeführt. Das kann sogar mehrfach stattfinden – und ein insgesamt sehr spannender Ablauf sein.

Arbeit in den Trainingsgruppen

Je nachdem wie lange die Gruppenbildung dauert, bleibt entsprechend viel oder weniger Zeit zur Arbeit in den Trainingsgruppen übrig. In dieser zweiten Phase gelten grundsätzlich die gleichen Spielregeln wie in der ersten – mit einer Ausnahme: Die Themen oder Fälle der Teilnehmer werden nicht sequenziell bearbeitet. Vielmehr erläutern zunächst alle, worum es ihnen geht. Dann fängt zwar einer mit seiner Situation an, die anderen können sich aber jederzeit mit ihrer eigenen einklinken, wenn sie Berührungspunkte sehen – oder können aus dem gleichen Grund andere Teilnehmer mit in ein Thema hineinziehen.

Feedbackübung zur Sozialkompetenz

Zum Abschluss des inhaltlichen Trainingsteils bieten wir an, eine Gesamtpositionierung im Hinblick auf Sozialkompetenz vorzunehmen. Die Teilnehmer wählen sich dazu aus der Gesamtgruppe zwei oder drei Partner aus, mit denen sie die Übung gemeinsam machen und sich gegenseitig Fremdeinschätzungen erstellen, damit jeder seine Selbstpositionierung im Spiegel von mindestens zwei Fremdbildern überprüfen kann. Zwei Kriterien sind für eine sinnvolle Auswahl entscheidend: Die Partner sollten häufig genug beisammen gewesen sein, also hinreichend Eindrücke voneinander haben, und zweitens muss es sich um Kollegen handeln, an deren Meinung man wirklich interessiert ist. In den meisten Fällen verwenden wir dazu den *Fragebogen zur Selbst- und Fremdeinschätzung der sozialen Kompetenz*, wie er in Abbildung 5 beschrieben ist. Für diese Übung benötigen die Gruppen unterschiedlich lange Zeit, von zwei bis manchmal vier Stunden.

FÜNFTER TAG

Persönliche und gruppendynamische Bilanz

Nachdem zu Beginn des Trainings die Gepäckkontrolle 1 offengelegt hat, was die Teilnehmer an Lerngepäck mitgebracht haben, schließt sich der Kreis jetzt mit der Fragestellung, was jeder denn nun mit nach Hause nimmt. Das Training war insgesamt praxisbezogen, bei allen sich bietenden Gelegenheiten wurden zwischen dem Geschehen im Training und der (beruflichen) Alltagssituation Bezüge hergestellt. Trotzdem, es geht jetzt darum, den Deckel des Trainings zu schließen und noch in der Trainingssituation den Teilnehmer mental bereits voll in seine Zuhause-Realität zu versetzen. Diesen Schritt machen wir anhand der Übung *Gruppendynamisches Resümee – »Gepäckkontrolle« als Zeitreise*, die wir weiter oben beschrieben haben.

Abschiedsrituale

Wir haben am Anfang viel Sorgfalt darauf verwendet, die Teilnehmer miteinander schrittweise in Kontakt zu bringen. Und wir hören immer wieder von Teilnehmer, wie wichtig es für sie war, auf diese behutsame Weise »einsteigen« zu können. Zu einer guten Gestalt – auch der eines Trainings – gehört aber nicht nur ein guter Anfang und ein guter Mittelteil, sondern auch ein gutes Ende. Es geht darum, den Teilnehmern die Möglichkeit zu schaffen, auch gut »auszusteigen« und sich in angemessener Form voneinander zu verabschieden – wie es sich eben gehört nach einer längeren gemeinsamen Reise mit zum Teil sehr intensiven individuellen und kollektiven Erlebnissen, manchmal intensiver, als man es je in der eigenen Familie erlebt hat. Wir tun das in zwei Schritten:

Symbolische Abschiedsgeschenke

Ist die Übung *Gepäckkontrolle* abgeschlossen, verteilt die Trainingsgruppe untereinander symbolische Abschiedsgeschenke. Jeder erhält von jedem sozusagen als übersetztes Feedback ein symbolisches Präsent, das in ihm das wach halten soll, was dem Geber jeweils von Belang scheint. Auf diese Weise gibt es eine abschließende Feedbackrunde der völlig anderen Art – entspannt, kreativ, tiefgehend – und doch nicht verletzend. Die Teilnehmer sind oft selbst über ihren Einfallsreichtum in dieser letzten Phase überrascht. Mit den Geschenken, die über die Jahre hinweg in unseren Trainings erfunden wurden, könnten wir einen Katalog erstellen, der an Originalität und Kreativität seinesgleichen suchen würde.

Verabschiedung in der Gesamtgruppe

Wir erklären mit wenigen Worten zur Verabschiedung das Training für beendet. Wir weisen »nur« noch darauf hin, dass weder das private noch das berufliche Umfeld am Training teilgenommen hat. Wer das nicht einkalkuliert, kann eine sehr harte Landung erleben. Und wir machen auf ein Zweites aufmerksam: Wie stark auch immer Mitarbeiter, Kollegen oder Vorgesetzte angeblich eine Veränderung des Teilnehmers erhoffen, man sollte immer auch damit rechnen, dass diese Menschen in Wirklichkeit auf eine Veränderung gar nicht so erpicht sind; sie haben sich häufig mit dem Zustand arrangiert, haben ihr festes Bild – und möchten vielleicht auch deshalb keine wirkliche Änderung, weil sie ja dann selbst auch »verlernen«, also Vorurteile aufgeben und neue Erfahrungen zulassen müssten. Und wie schwer das jedem fällt, haben ja alle ausreichend im Training erlebt. Wir sensibilisieren also ein letztes Mal dafür, dass allen Bemühungen, die eigenen Lernerfahrungen im Umfeld zuhause zu nutzen und umzusetzen, mit hoher Wahrscheinlichkeit ein gehöriges Maß an Widerstand entgegengebracht werden wird. Veränderungen brauchen eben einen langen Atem und ein erhebliches Maß an Frustrationstoleranz – die dann nicht überstrapaziert wird, wenn man von vornherein die Erwartungen nicht so hochschraubt.

Und dann schlagen wir den Teilnehmern vor sich genügend Zeit zu nehmen und in einer letzten offenen Marktsituation sich so *voneinander zu verabschieden, wie es dem jeweiligen Stand ihrer Beziehung entspricht.*

Warum Trainer? – Ihre Rolle und Kompetenz

Wir haben eine ganze Reihe von Instrumenten und Verfahren beschrieben, die von Mitarbeitern, Managern und Gruppen in Eigenregie und ohne professionelle psychologische Begleitung angewandt werden können beziehungsweise sollen. Dies empfehlen wir für die Durchführung gruppendynamischer Trainings ausdrücklich nicht. Wir sind der Meinung, diese Art von Veranstaltungen bedürfen der kompetenten fachlichen Begleitung. Was sind unsere Beweggründe dafür? Arbeitsinhalt des gruppendynamischen Trainings sind die Personen in ihrer Individualität, mit ihrer ganzen, oft verdrängten Entwicklungsgeschichte, und die Prozesse, die durch das Miteinander der Teilnehmer entstehen. Das bringt es mit sich, dass Individuen und Gruppen zum Teil tief in das Geschehen involviert sind und besonders in schwierigen Situationen oft den »Blick von Außen« auf das Geschehen verlieren. Dieser aber ist unerlässlich, um das Gesamtsystem im Blick und arbeitsfähig zu halten. Es bedarf also eines kompetenten Außenstehenden als Garant für geeignete Rahmenbedingungen, eine angemessene Struktur und als sicherheitgebende Autorität, der in der Lage ist, die notwendige *Balance* zu gewährleisten zwischen *Nähe,* das heißt sich in die Gruppe einfühlen und von ihr als Teil akzeptiert werden – wenn auch in einer besonderen Rolle –, und *Distanz,* also von außen beobachten und analysieren.

Die Arbeit an Verhaltensmustern macht es erforderlich, diese in der Gruppe sichtbar werden zu lassen, zum Thema zu machen und zu problematisieren. Das löst bei den Teilnehmern erst einmal Verunsicherung aus, führt zu Irritationen und erzeugt Belastungen. Diese Konfrontation und die langsam wachsende Einsicht, dass manches Muster sich im Lauf des Lebens verselbstständigt hat und überhaupt nicht (mehr) auf die aktuelle Situation passt, dass also Veränderungsbedarf besteht, ist mit Angst und Abwehr verbunden. Wir haben an anderer Stelle eingehend beschrieben, wie stark die persönlichen Verhaltensmuster eines Menschen mit oft sehr tiefgehenden persönlichen – häufig auch schmerzhaften – Erfahrungen verknüpft sind. Wer daran rührt – und bei derartigen Trainings führt daran nach unserem Erachten kein Weg vorbei –, muss wissen, dass er damit heftige Gefühle auslösen kann. Das Wissen allein aber reicht nicht. Es braucht jemanden, der in der Lage ist, die individuelle psychische Situation jedes Einzelnen möglichst gut zu erfassen und in der Art und Intensität seiner Interventionen auch zu berücksichtigen. Der sensibel darauf achtet, wo Menschen an ihre Grenze kommen und unter Umständen geschützt werden müssen – auch vor noch so gut gemeintem Feedback –, der fähig ist und die Verantwortung dafür übernimmt einzuschätzen, wie viel Konfrontation jemand braucht und wieviel er verträgt, um in seinem Inneren genügend erschüttert zu werden, damit der Lern- und Veränderungsprozess überhaupt in Gang gesetzt wird, ohne Gefahr zu laufen, dass die Grundfesten erschüttert werden und alles ins Rutschen kommt. Gefordert ist die Fähigkeit, die psychische und physische Belastung von Menschen einzuschätzen und dafür Sorge zu tragen, dass keine Überforderung entsteht. Die Balance zwischen notwendiger Konfrontation und individueller Belastbarkeit ist sensibel zu handhaben. Darüber hinaus entstehen im Verlauf eines gruppendynamischen Trainings immer wieder Situationen, in denen in Gruppen große Ängste oder Aggressionen aufkommen. Oder die Gruppe dreht sich (scheinbar oder tatsächlich) im Kreis, nichts geht mehr, Ärger und Schuldzuweisungen, Entwertung der Gruppe, von Einzelnen oder der gemeinsamen Arbeit, Rückzug und Resignation machen sich breit.

Ein Leiter braucht hier das Wissen, die Wahrnehmungsfähigkeit und die notwendige Souveränität im Verhalten, um derartige mehr oder weniger verdeckte Themen und ihre Funktion aufzudecken, transparent zu machen, in ihrer Komplexität zu analysieren und die Gruppe darin zu unterstützen, selbst Wege zur Lösung zu finden, um sich aus ihrem Dilemma zu befreien. Und wenn die Aufregung noch so groß ist, er muss bei aller Turbulenz die Ruhe bewahren und darf sich nicht anstecken lassen – weil er sich vielleicht in dieser Situation selbst angegriffen oder überfordert fühlt. Gelassen zu bleiben, zu wissen, wie diese Situationen durchzustehen und zu bearbeiten sind, ohne dass sich Gefühle und Stimmungen auf ihn übertragen, ihn gewissermaßen infizieren und damit zum Teil des Problems machen, erfordert Kenntnis der Phänomene und Gesetzmäßigkeiten von Gruppenprozessen – und darüber hinaus umfangreiche eigene Selbsterfahrung.

Kapitel 6

Führungsaufgabe:
Einführung und Abbau von Mitarbeitern

Die Einführung neuer Mitarbeiter –
Gruppendynamische Aspekte einer Führungsaufgabe, die häufig zu kurz kommt

Die Nürnberger hängen keinen, sie hätten ihn denn! Dieses Sprichwort aus der Zeit der Raubritter, der die mittelalterliche Kaufmannschaft der Reichs- und Kaufmannsstadt an das letztlich Entscheidende im Vorfeld ihrer Macht erinnern sollte, lässt sich auch auf das übertragen, was man im Unternehmen *Einführungs- oder Einarbeitungszeit,* formaljuristisch auch *Probezeit* nennt. Denn vor der Einarbeitung liegt die Zeit des Anheuerns, der Personalbeschaffung, des Headhuntings. Unternehmen investieren zum Teil gewaltige Mittel in Personalmarketing, also in das systematische Bemühen, die Besten und die Richtigen für das Unternehmen zu finden und zu gewinnen. Aber bereits in diesem Prozess werden Minen gelegt, die später bleibende Verletzungen und erhebliche Schäden verursachen können.

Sozialwissenschaftliche Untersuchungen zeigen, dass sich zum Beispiel bei den Hochschulabgängern ein nicht unerheblicher Teil der neuen Mitarbeiter in den ersten eineinhalb Jahren wieder von dem jeweiligen Unternehmen trennt, davon wiederum die Hälfte bereits in den ersten sechs Monaten. Diese frühe Fluktuation ist sicher in den attraktiven und wachstumsstarken Branchen wie der Informationstechnologie oder dem Consulting höher und in manchen klassischen Bereichen etwas geringer; dennoch vernichtet sie die Hälfte der Aufwände für Suche, Auswahl, Einstellung und Einarbeitung eines neuen Mitarbeiters – von Leerlauf, Engpässen und Enttäuschungen im Betrieb selbst ganz zu schweigen. Und am anfälligsten für den Wechsel sind meist die Besten, die sich um Alternativen keine Sorgen machen müssen. Was sind die Gründe?

Vertraut man den Aussagen derer, die sich früh wieder trennen, so liegen circa 40 Prozent der Auslöser bereits im Vorfeld des Eintritts. So stellen sich viele Unternehmen – zum Beispiel im Rahmen des Hochschulmarketings – in einer Art und Weise vor und dar, die mit der betrieblichen Realität wenig zu tun hat. Da wird eine Corporate Identity vorgeführt, die man sich vielleicht wünscht, aber noch keineswegs realisiert hat, und Zukunftsvisionen werden als bestehende Realität verkauft. Da werden Aufstiegs-, Entwicklungs- und Qualifizierungschancen beschrieben, von denen dann nach der Einstellung nie mehr die Rede ist. Und die Illustration von Freiräumen, Gestaltungsmöglichkeiten und Chancen der Selbstverwirklichung könnte der Konsumartikelwerbung entlehnt sein. Im Vorstellungsgespräch mit jenen, die man unbedingt gewinnen möchte, schwärmen die Personaler das Blaue vom Himmel herunter und die zukünftigen Vorgesetzten malen die noch verbliebenen weißen Flecke rosarot aus. Dass schon vage Andeutungen zu konkreten Erwartungen gerinnen, wenn nicht deutlich genug von den Bedingungen der Möglichkeiten, den dafür geforderten Hochleistungen und den damit verbundenen Alltagsproblemen erzählt wird, gerät den Selbstdarstellern aus dem Blick. Hauptsache, wir haben sie! Den Rest werden sie schon merken, wenn sie da sind. Aber hier wird derjenige, der glaubt, eben gerade nicht selig! Die betriebliche Wirklichkeit korrigiert das schöngefärbte Bild relativ schnell, die Enttäuschung ist unmittelbar und groß. Auf beiden Seiten! Ein jäher Bruch mitten hinein in die Frühlingsgefühle der Flitterwochen. Das Problem: Werbung, Flirt und Verlobung – mit freudiger Erwartung verbunden – finden noch vor den Toren statt, Enttäuschung, Frust oder gar schmerzvolle Trennungsmanöver sind dann innerbetrieblich zu bewältigen. Oder – sowohl für die betroffenen Personen als auch für das Unternehmen keinesfalls besser – Trennungsgedanken, -impulse und -absichten werden nicht sofort realisiert, sondern in eine innerliche Kündigung umgewandelt! Diese bewirkt Dosierung oder gar Auflösung von Identifikation und Loyalität, meist verbunden mit der Suche nach anderen Feldern der Selbstverwirklichung, die dann das Engagement, die Handlungs- und Gestaltungsenergie des Mitarbeiters absorbieren. Ich lebe nicht, um zu arbeiten, sondern ich arbeite, um zu leben, lautet dann der an sich selbstverständliche, hier jedoch zum Alibi entfremdete Spruch, der die Enttäuschung parieren, das Missgeschick verdaubar machen und die Verlagerung der Lebensperspektiven normativ begründen soll. Uns fällt hier zum Beispiel ein junger Gruppenleiter ein, der in seinem Projekt informell als »Organisationstalent« gehandelt, bei der Besetzung höherwertiger Positionen immer genannt, dann aber schlussendlich doch immer übergangen wurde. Einige Zeit später wurde ein Zeitungsausschnitt herumgereicht. Der Mann hatte einen Ehrenpreis eines großen Bundeslandes erhalten, weil er in seinem Landkreis mustergültig eine Freiwillige Feuerwehr aufgebaut hatte, die nun als Modell für andere Landkreise dienen sollte. Er hatte einfach sein Potenzial dort entfaltet und seine Energie dort freigesetzt, wo dieses erwünscht war und honoriert wurde. Das Unternehmen – und sein Vorgesetzter – können dies, falls sie es überhaupt mitbekommen haben, unter der Rubrik »Ressourcenvergeudung« verbuchen. Wie auch immer: Die Kosten einer missglückten Einstellung liegen zwischen 40 000 € und – schon bei einer mittleren Führungskraft – € 200 000 €, das Schmerzensgeld auf beiden Seiten nicht eingerechnet. Was läuft also falsch? Und was ist zu tun?

Zukünftige Mitarbeiter sind auch Kunden. Und ebenso wie Unternehmen verstärkt, wenn auch manchmal notgedrungen, danach trachten, die Kunden ihrer Produkte und Dienstleistungen partnerschaftlich in ihre Prozesse einzubinden, sollte dies auch bei dem Kunden »Bewerber« geschehen. Kundenfang mittels Schönfärberei, die Erwartungen aufbauscht und rosa tönt, zahlt sich weder hier noch da aus. Die Alternative zum Nutzen für beide Seiten ist ein Info- (und Test-) Programm für die Kandidaten in der Endauswahl. Dabei können zum Beispiel nochmals die Ergebnisse eines Assessmentcenters nachbesprochen, persönliche Ziele und betriebliche Interessen abgeglichen und über das Unternehmen, seine Werte, Leitbilder und Ziele, aber auch seinen Aufbau, seine Kernprozesse und seine Produktpalette informiert werden. Voraussetzung: Der zukünftige Chef und die aufnehmende Gruppe sind vorbereitet! Das heißt: Er hat sich den Namen gemerkt, die Bewerbungsunterlagen studiert, zukünftige Kollegen und Kolleginnen informiert und auch selbst ausreichend Zeit für das Gespräch eingeplant. Neben der Anregung zu Fragen – und entsprechend realistischen Antworten – kann dabei ein Überblick über die Arbeit im Zusammenhang des Bereichs beziehungsweise Gesamtbetriebs vermittelt werden. Ebenso wichtig wäre es dabei, auch unterschwellige Erwartungen, spezifische Gepflogenheiten oder wesentliche ungeschriebene Regeln zumindest anzusprechen und die Reaktionen des Kandidaten dazu wahrzunehmen oder nachzufragen. Diesem Gespräch sollten Kontakte zu möglichen unmittelbaren Kollegen folgen. Allerdings: Kein Mensch ist unbegrenzt aufnahmefähig! Meist reichen zwei oder drei solcher Kontaktgespräche, die gegebenenfalls durch ein Mittagessen mit jenen Teammitgliedern ergänzt werden, die bisher nicht involviert waren. Hier besteht dann nochmals – für beide Seiten – die Gelegenheit, locker Fachliches und Informelles zu erfragen, Eindrücke zu gewinnen und sich so ein Bild zu machen. Nach der Verabschiedung des Kandidaten können die Eindrücke in der Gruppe dann systematisch abgefragt, besprochen und bewertet werden. Dies allein schon verbessert den Auswahlprozess um ein gehöriges Maß. Und der Kandidat wird wohl Gleiches tun aufgrund hautnaher Informationen, persönlicher Eindrücke und Empfindungen. Und selbst wenn bei ihm nur bleibt: »Es waren zu viele Namen und Informationen auf einmal … und ich wurde in den Büros herumgereicht …«, ist die Wahrscheinlichkeit der Genese von Fehlerwartungen durch die Unterschiedlichkeit der Informationsquellen deutlich reduziert worden.

Sicher: Mancher Bewerber ist (zu) stark damit beschäftigt, einen guten Eindruck zu hinterlassen und wird manches gar nicht hören. Und Schattenseiten des eigenen Unternehmens werden bei einem solchen Kontakt meist auch nicht völlig ungeschminkt dargeboten. Dennoch: Ein weitgehender, fairer Einblick in die Wirklichkeit, ein offenes Ansprechen von absehbaren Anforderungen und – neben den erwartbaren Chancen – auch der Risiken, lässt möglicherweise manchen Interessenten zurückschrecken, hilft aber auch, eine stabile Basis für jenen Kernprozess der Unternehmensbindung zu schaffen, der nun folgen soll: die Integration des neuen Mitarbeiters.

Der Aufbruch zu neuen Ufern, oder:
Ja wenn ich das alles gewusst hätte …

Die relevanten gruppendynamischen Aspekte in Anfangssituationen treffen wir nun wieder. Sie sind eben typisch! Sie stellen sich regelmäßig ein und wirken sich aus, ob wir das wollen oder nicht. Wenn sie keine ausreichende Berücksichtigung finden, verzehren sie die dringend benötigte Initialenergie. Werden sie übergangen, verzögern sie die Arbeitsfähigkeit, blockieren die Motivation und hemmen so den kraftvollen Einstieg ins Team. Wiederum begegnen wir also den Themen:

- *Akzeptanz und Zugehörigkeit*
  – Wer bin ich hier?
  – Wie kann ich dazugehören? Wie finde ich Anerkennung?

– Welche Rolle soll ich spielen? An wem mich orientieren?
– Wie kann ich mich hier mit meinen Interessen behaupten?
• *Auftragsklärung und Zielbildung*
  – Worum geht es hier eigentlich?
  – Was habe ich davon? Wie kann ich mich mit meinen persönlichen Interessen und Motiven einklinken?
• *Informationsfluss und Transparenz*
  – Wer denkt wie über was?
  – Wer hat hier welche Interessen und Maßstäbe?
  – Wie komme ich hier an die relevanten Informationen?
• *Organisation und Kontrolle*
  – Was muss man hier wissen, beachten, tun oder vermeiden?
  – Wer hat hier Einfluss, Geltung? Und wer nicht?
  – Wie laufen/gestalten sich hier Beziehungen? Und wie kann ich mich darin positionieren?

Es sind also einfache Fragen, die vorerst beschäftigen. Aber nur wer sich innerlich orientiert fühlt, kann sich auf die Bewältigung seines neuen Arbeitsfelds konzentrieren, mitgebrachte Kompetenzen einbringen und eigene Ideen entwickeln – also sein eigenes Profil zeigen! Was heißt dies nun? Welche Möglichkeiten gibt es, die Phase der Einführung zu begleiten und so zu gestalten, dass sich diese Themen flüssig und im dynamischen Nebenher erledigen?

1. Achtung! Beim Start anschallen!

• Merken Sie sich den Namen des Neuen, notieren Sie den Termin seines Arbeitsantritts und informieren Sie die Kollegen. Wenn Sie Informationen über Person, Kompetenzen, Erfahrungen oder seine zukünftigen Aufgaben weitergeben, achten Sie darauf, dass diese nicht Anlass zu Vorurteilsbildungen oder Konkurrenzgefühlen bieten. Vermeiden Sie die Weitergabe von Informationen, die dem neuen Mitarbeiter unangenehm sein könnten und die er besser selbst ansprechen sollte.
• Achten Sie darauf, dass Sie selbst anwesend sein können, und planen Sie ausreichend Zeit ein für Begrüßung, Vorstellung, einen Überblick über die erste Woche, relevante Termine/Zeiträume des Einarbeitungsprogramms sowie die Beantwortung erster Fragen. Helfen Sie dem

Neuen, schnell Orientierung zu gewinnen und die ersten Tage gedanklich zu strukturieren. Geben Sie ihm das Gefühl, kollegial an die Hand genommen und nicht ins Wasser geworfen zu werden.

- Machen Sie den neuen Mitarbeiter mit all denen bekannt, mit denen er in der nächsten Zeit zu tun haben wird, zum Beispiel mit unmittelbaren Kollegen, den Teammitgliedern oder seinen künftigen Mitarbeitern, den korrespondierenden Kollegen anderer Organisationseinheiten, Führungskräften oder relevanten Experten, internen Dienstleistern und gegebenenfalls Kunden.

- Fragen Sie sich: Ist sein Arbeitsplatz vorhanden (oder muss der Schreibtisch erst noch gesucht werden)? Stehen Geräte und Material bereit? Ist der Zugang zu PC und gegebenenfalls Intranet gesichert? Sind die organisatorischen Abläufe, in die er eingebunden, klar? Weiß er, welche Bedeutung seine Arbeit für andere hat? Sind ihm relevante Gepflogenheiten, Regeln und Einrichtungen bekannt – oder muss er sich zur Kantine durchfragen beziehungsweise wird er bei der Postverteilung übergangen, weil keiner ihm den Ort bezeichnet hat, an dem sein Päckchen abgelegt wird?

Wenn der Einstieg stimmt, weil der Neue Aufmerksamkeit und weitgehend freundliche Aufnahmebereitschaft erlebt und so erkennt, dass man sich die Mühe gemacht hat, sich in seine Situation zu versetzen und sich darauf vorzubereiten, ist das positiv gewendet, was Psychologen den Halo-Effekt nennen: das Phänomen, dass erste Eindrücke und initiale Emotionen eine starke Tendenz haben, nachfolgende Situationen vorzuprägen und zu überstrahlen. Die zentralen Fragen, die das neue Organisationsmitglied beschäftigten, erzeugen eine Art Grundspannung, die sich leicht mit Versagensängsten, Selbstzweifeln oder auch Misstrauen anreichert. Entsprechend fokussiert sind dann die Antennen der Wahrnehmung. Und entsprechend bloß liegen Empfindlichkeiten und Kränkungspotenziale.

2. Verbindliche Ansprechpartner und systematische Gespräche als Geländer

Liest man die Interviews mit jungen Führungskräften, die über ihren Einstieg befragt wurden, so häufen sich Aussagen wie:

Nach einer kurzen Begrüßung am ersten Tag habe ich meinen Chef nicht mehr zu Gesicht bekommen. Es war auch kein anderer Ansprechpartner da, der mir meine Fragen hätte beantworten können ... Wie ich mit meinem Team und der Arbeit zurechtkomme, interessierte hier niemanden ... Ob mein Vorgesetzter mit mir und meiner Arbeit zufrieden ist, weiß ich nicht ... Ich wurde ins Wasser geworfen und soll schwimmen! Wie ich mich in verschiedenen Situationen verhalten soll, sollte ich bei Kollegen abschauen, dann würde ich es schon lernen – wurde mir gesagt ... Am Anfang wurde meine Arbeit ständig korrigiert, aber seither höre ich gar nichts mehr. Ich gehe einfach davon aus, dass es nun funktioniert ... Ich musste mich selbst zurechtfinden. Alle hatten Zeitmangel. Ich habe mich dann von meinen Mitarbeitern coachen lassen, auch wenn ich mir dabei manchmal blöd vorkam. Ich hatte aber irgendwie Glück! Trotz allem ging nichts wirklich schief. Aber das Gefühl war schrecklich!

Natürlich beschreiben diese Aussagen sehr subjektive Wahrnehmungen. Vielleicht war manches Sich-Entziehen als Freiraum gedacht, als Entwicklungschance angeboten oder von pädagogischen Überlegungen geleitet. Was aber blieb, war ein orientierungs- und rückkoppelungsarmer Raum, der durch den neuen Kollegen mit den Fragen gefüllt wurde: *Wer bin ich hier? Wie werde ich akzeptiert? Was muss ich tun, um dazuzugehören?*

Diese Themen werden damit mehr und länger als nötig problematisiert, belegen mit Beschlag, verlängern und erschweren auf diese Weise die Einarbeitungs- beziehungsweise Integrationszeit. Lernprozesse finden dann verbunden mit Gefühlen der Unsicherheit statt – ohne Wegweiser und ohne Kompass! Ein Lernen am Erfolg, durch gezielte Anstrengung im Zuge eines Soll-Ist-Vergleichs und eine kraftvolle Initiative im sicheren Wissen um das zugestandene Recht, auch Fehler machen zu können, wird so kaum stattfinden. Daraus resultieren bisweilen bizarre Verhaltensweisen, die nur einem Zweck dienen: sich bemerkbar zu machen und eine Re-Aktion oder Rückmeldung zu erhalten – welcher Art auch immer. Allerdings dreht sich die Spirale dann weiter: »Der hat sie ja nicht mehr alle beisammen.« Und schnell werden aus solch situativen Aktionen dysfunktionale Persönlichkeitsbeschreibungen. So kommt Herr X zum Beispiel einige Male zu spät zu einer Besprechung, hat sich vielleicht sogar vorab beim Einladenden entschuldigt – was die anderen allerdings nicht wissen –, und schon ist er der, der *immer* zu spät kommt! Oder gar weil ihm nichts daran liegt; weil er arrogant ist! Typisch: frisch von der Uni, gerade promoviert, aber schon auf diejenigen herabblicken, die das operative Geschäft machen! ... Es entstehen Klischees, aus denen sich der Neue nur schwer befreien kann – wenn er überhaupt davon erfährt.

Diese prägen aber nun wiederum das Verhalten anderer – ein regelrechter Teufelskreis. Die Destruktion des neuen Kollegen leitet sich scheibchenweise ein … Aber was ist die Alternative? Könnten wir mithilfe angewandter Gruppendynamik hier etwas besser machen?

3. Systematischer Informationsaustausch

Vereinbaren Sie als Verantwortlicher regelmäßige begleitende Gespräche in anfangs relativ kurzen zeitlichen Abständen, die sich bis zu einem so genannten 100-Tage-Feedback zunehmend verlängern. Eine solche Kontaktschiene ermöglicht es, die spezifischen Problemlagen des neuen Kollegen zu erfassen, zu thematisieren und sowohl selbstwertstärkend wie zielgeleitet zu unterstützen. Das bedeutet, sich auch intensiv über Verhaltenserwartungen, Situationswahrnehmungen und das Rollenverständnis auszutauschen. Dabei können unterschwellige Fragestellungen entdeckt, Fehleinschätzungen korrigiert und Fehler genutzt werden. Durch Feedback, das an die konkrete Aufgabenbewältigung und Rolleninterpretation geknüpft ist, können Lernprozesse in der Selbst- und Fremdwahrnehmung gelenkt und forciert werden. Auf diese Weise praktiziertes Feedback hilft bei der Auswahl von Verhaltensoptionen, zum Beispiel bei Rollenunklarheiten oder in Rollenkonflikten. Hier gilt es auch das Verständnis von Führung deutlich zu machen, relevante Aspekte der Unternehmenskultur anzusprechen und für Kräftefelder, Einflussstrukturen und sich daraus ergebende Tretminen zu sensibilisieren. Sie erschließen sich einem Newcomer nicht auf den ersten Blick. Organisatorisches Lernen und Leistungserstellung werden so miteinander verbunden und können Handlungsregulierung, Sicherheit und Verhaltenskompetenz im neuen Umfeld schnell verbessern. Solche Gespräche lassen auch Vertrauen und Loyalität entstehen, schaffen Verständnis und Akzeptanz und bewirken eine Bindung ans Unternehmen und Identifikation. Zudem bewirken sie einen hohen Informationsstand. Dieser trägt zu einer besseren Einschätzung von Ereignissen bei, macht manchen Konflikt vorhersehbar und damit vermeidbar. Zudem hat ein hoher Informationsstand auch Statusbedeutung, er wirkt als symbolisches Zeichen für Dazugehören. Dies alles verkürzt die Phase des Tastens und Suchens und festigt die Verhaltenssicherheit.

4. Paten, Coaches und Mentoren

Ein Teil solcher Gespräche – aber wirklich nur ein Teil – kann (wenn etwa der direkte Vorgesetzte kaum vor Ort oder terminlich nicht verfügbar ist) delegiert werden. Eine solche Übertragung empfiehlt sich auch in einem Team, in dem kein formeller Vorgesetzter vorhanden ist. Manchmal erscheint ein bestimmter Vorgesetzter für die Begleitung von Lernprozessen auch wenig geeignet, hat seine Funktion vor allem seiner Fachkompetenz, Durchsetzungsstärke oder Seniorität zu verdanken und man möchte vermeiden, dass er sein (Führungs-) Konzept sozial weitervererbt. In all solchen Fällen sollte ein Pate benannt werden. Dieses Prinzip hat sich bewährt, wenn klare Ziele vereinbart werden, zum Beispiel eine zu erledigende Aufgabenmenge oder ein bestimmter Endzustand, Zeit- und Ressourcenlimits festgelegt und dabei gegebenenfalls auch Verhaltensstandards oder Vorgehensweisen besprochen werden. Der Pate steht dabei mit Informationen, praktischen Tipps, Hinweisen auf Unterstützungsmöglichkeiten und Kontakten zur Verfügung. Er gibt Rat, öffnet Türen und vermittelt Wissen über die Organisation, ihre Normen, Regeln und Riten. Und er coacht, das bedeutet reflektiert mit dem neuen Kollegen die jeweils gemachten Erfahrungen und hilft ihm bei der Analyse der Erfolgs- und Misserfolgsfaktoren. Die Gefahr beim Patenmodell ist allerdings, dass sich der direkte Vorgesetzte seiner Aufgabe mehr und mehr entzieht und den Paten als Ersatz-Chef instrumentalisiert.

Eine andere Variante ist der Mentor. Er hat meist eine höhere hierarchische Position und sollte eine Rolle in der Art des väterlichen Freundes zu übernehmen bereit sein. Er wird das Gespräch von sich aus eher seltener suchen als der direkte Chef oder Pate, aber er kann – aufgrund seiner Position – Konflikte klären und bereitstehen, wenn Probleme auftauchen. Allerdings: Um dies zu bewirken, muss der neue Mitarbeiter aktiv werden, das heißt, er muss in der Regel den Mentor auf sein Problem hin ansprechen und dies wird er sich genau überlegen. Es ist also ein Modell mit eingebauter Hürde. Das Mentorenmodell setzt man in Unternehmen häufig dann ein, wenn eine Führungskraft aus einem anderen Unternehmen – mit einer meist anderen Organisationskultur – eingekauft und gegebenenfalls zudem als Potenzialträger für eine Schlüsselposition vorgesehen ist. Dies bleibt den Kollegen im Umfeld meist nicht verborgen und löst Rivalitäts- und Neidgefühle aus. Das Wissen um den Mentor und den Gesprächskontakt bietet dann ein schützendes Gegengewicht für den Seiteneinsteiger.

5. Ziele von Anfang an vereinbaren und verfolgen

Zielvereinbarungen als mehr oder minder periodisches, standardisiertes und formelles System des *Management by Objectives* wurden vielfach beschrieben. Etwas modifiziert und informalisiert lässt es sich als Leitschnur für die Einarbeitung eines neuen Mitarbeiters einsetzen. Es muss jedoch an persönlichen Entwicklungszielen orientiert sein und dabei auch auf kleine und aktuelle Zwischenschritte Bezug nehmen können. Daraus können ganz konkrete aufeinander aufgebaute Aufgabenstellungen entwickelt werden: zum Beispiel zuerst eine bestimmte Zahl von Kontakten herzustellen oder Gespräche zu führen, die zwar ein konkretes Ziel haben, aber auch das Kennenlernen fördern, dann einen bestimmten Ablauf zu analysieren, mit den Beteiligten darüber zu sprechen und mit diesen gemeinsam eine Bewertung gegebenenfalls mit alternativen Lösungsvorschlägen zu erarbeiten. Solche Zielsetzungen bewirken eine Fokussierung der Wahrnehmung und die Ausrichtung des Verhaltens auf die Erreichung eines Ziels, was dann, wenn es gelungen ist, seinerseits einen Erfolg darstellt, der selbst erarbeitet wurde und damit Selbstwert und Selbstsicherheit aufbaut. Feedback – die rückkoppelnde Information – ist dabei ein gut akzeptierbarer, kontinuierlicher Attributionsmechanismus, der erfolgreiche Faktoren stabilisiert (ich habe gezeigt, dass ich es kann) und Nachbesserungsmöglichkeiten offen hält, ohne Angst vor Bestrafung bei der Verfehlung eines Zieles. Feedback wird umso hilfreicher empfunden, je klarer es an operationale Ziele angebunden ist, je konsistenter und häufiger es erfolgt und je enger es zeitlich an das jeweils relevante Verhalten gekoppelt ist. Der Vorgesetzte oder Pate kann dabei Zielsetzungen flexibel an die individuellen Lernfortschritte des neuen Mitarbeiters anpassen, kann durch Zwischenziele kleine Schritte gestalten, Arbeitsvorgänge aneignungsfähig fraktionieren, Leistungsnormen temporär absenken und bei einer anschließenden Abweichungsanalyse seine Hilfestellungen punktuell verstärken. Im Vordergrund steht bei einem solchen Vorgehen eben nicht nur, was der Neue machen soll und was nicht, sondern auch wie und warum. Und dazu bedarf es über technisch-fachliches Engagement hinaus meist auch informeller Fähigkeiten, die sich in operationalen Zielen nur unvollständig abbilden lassen. Aber sie lassen sich anregen und beispielhaft aufzeigen. Das gemeinsame Erarbeiten alternativer Vorgehensweisen lässt dabei – trotz Feedback – die Handlungskontrolle beim Mitarbeiter. Wesentlich ist, dass der Blick des neuen Mitarbeiters dabei auf die Entwicklung der eigenen Verhaltensweisen und Leistungsergebnisse gerichtet wird und weniger auf den Vergleich mit den Leistungen erfahrener Kollegen oder den formal skalierten Zielerreichungsgrad. Der Neue erlebt dann auch bei anfangs unsicherem Verhalten und unterdurchschnittlichen Leistungen nicht unentwegt Misserfolge, sondern kann aufgrund empirisch belegter eigener Leistungs- und Verhaltensfortschritte Selbstbewusstsein entwickeln.

6. Das Netzwerk fördern

Dazugehören beinhaltet auch Kontakte, die sich gleich konzentrischen Kreisen über das direkte Arbeitsumfeld hinausbewegen. Im Netzwerk von Bekannten, Freunden und Personen, deren Namen man zumindest kennt und mit denen vielleicht ein Kontakt bestand, auf den man sich beziehen kann, liegt ein wesentlicher Organisationsvorteil der eingesessenen Kollegen. Ein solches Netz hilft nicht nur

- Zielsetzungen, anstehende Aufgabenstellungen, Entwicklungen und Lösungsideen auszuloten,
- sondern auch sich den Rücken zu stärken, sich inspirieren und beraten zu lassen,
- sich Informationen, Ressourcen und Unterstützung zu verschaffen – und sie weiterzugeben.

Es gilt ein Phänomen zu berücksichtigen und zu nutzen, das Sozialwissenschaftler als die Stärke lockerer Bindungen bezeichnen und seit längerem untersuchen: dass man nämlich die entscheidenden Informationen, Tipps und Hinweise auf relevante (Lebens-) Zusammenhänge und die sich daraus ergebenden Chancen eher von flüchtigen Bekannten als aus dem engeren Freundes-, Familien- und Kollegenkreis erhält. Großunternehmen, in deren dezentrale Strukturen zur gleichen Zeit eine Vielzahl neuer Mitarbeiter einsteigt, nutzen diese Erkenntnis und bündeln die Möglichkeiten, übergreifende Kontakte zu knüpfen – durch einen gemeinsamen Einführungstag aller Neuen. Der beinhaltet dann sowohl allgemeine Informationen über das Unternehmen, Hinweise auf Informationsquellen, die eine oder andere Besichtigung und Kurzvorträge von Schlüsselpersonen als auch kleine Events und andere Gelegenheiten zum Kontaktknüpfen und Kennenlernen. Ziel: ein Netzwerk der Neuen zu ermöglichen und zu fördern, auch um damit Gefühle der Fremdheit zu vermindern. Einige Unternehmen führen über einen solchen Einstiegstag hinaus feste Veranstaltungen durch, zum Beispiel alle sechs Monate, auf denen sich die dann ehemals Neuen mit den ganz Neuen treffen. Dort gibt es neben Vorträgen auch Arbeitsgruppen, in denen beispielsweise die Älteren ihren Bereich, ihr Arbeitsgebiet oder den Geschäftsprozess, in den sie eingebunden sind, vorstellen. Verpflichtend für die Einsteiger ist es zum Beispiel, zumindest drei Mal an solchen Treffen teilzunehmen. Manche tun es sehr viel öfter, weil sie der Meinung sind, nirgendwo sonst so viele interessante Informationen zu bekommen und so viele Gleichgesinnte zu treffen. Stehen solche Möglichkeiten nicht zur Verfügung, helfen auch bescheidenere Ansätze. Dies kann damit beginnen, dass man jene Personen, mit denen der Neue zu tun haben wird, in den ersten Tagen mittags zu einem Essen in die Kantine einlädt und ihn vorstellt. Dies kann fortgesetzt werden, indem man die Kollegen des neuen Mitarbeiters auffordert, ihn mitzunehmen – zu Besprechungen und zum Essen, in Sitzungen und Gremien, auf Geschäftsreisen und Tagungen. Das erhöht den Informationsstand, lenkt die Wahrnehmung und Aufmerksamkeit, tut dem Selbstwertgefühl gut und – vor allem – es schafft Kontaktmöglichkeiten. Ein ganz anderes Modell, das die Einarbeitung intensiviert und konkrete Kontakte fördert, besteht darin, den neuen Mitarbeiter für eine begrenze Zeit in vorgängigen oder nachfolgenden Stufen der Prozesskette hospitieren zu lassen. Nicht nur als zuschauenden Besucher, sondern wirklich eingebunden in einen realen Arbeitsschritt beziehungsweise ein konkretes Projekt. Hier spendet man einem Nachbarbereich unentgeltlich Kapazität – und die wird meist gern angenommen –, muss jedoch darauf achten, dass die Anforderungen an den Neuen seinem Leistungs- und Fähigkeitsniveau entsprechen. Die informellen Kontakte, die dann über die Hospitation hinaus wirken, entstehen im Nebenher wie von selbst.

7. Herausforderungen und Anforderungen mixen – auf die Mischung kommt es an

Mitarbeiter, die mit einer neuen Position Ambitionen und Perspektiven verbinden, streben nach Herausforderungen und Bewährungschancen. Sie wollen sich spüren und beweisen! Diese Bestrebungen zu strukturieren und zu leiten ist eine Aufgabe dessen, der die Einarbeitung verantwortet. Eine zweite Aufgabe ist es, solche Möglichkeiten in sinnvoller

Form auch aktiv zu bieten. Das bedeutet, vor allem auch darauf zu achten, dass der Neue nicht irgendwo hängen bleibt, mit Aushilfsarbeiten betraut, beschäftigungstherapeutisch versorgt oder mit Routinetätigkeiten zugeschüttet wird, zu denen die anderen Kollegen keine Lust haben. Wer sich unterfordert fühlt, zweifelt. Zweifel und Frust machen den Kern dessen aus, was Personalbetreuer *Post Decisional Regret* nennen: das nachträgliche Bedauern der Entscheidung; und das Grübeln darüber, das die Zuversicht nimmt, die Stimmung versaut und eigene Initiativen, die Dinge zu wenden, versickern lässt. Arbeitspsychologische Studien zeigen, dass es sich dabei nicht um einzelne, zur Depression neigende Menschen handelt, dass es sich auch nicht um eine Mindermenge handelt, die man hinnehmen kann. Den Eintritt in ein Unternehmen aufgrund anfänglicher Unterforderung zu bereuen, steht als Grund einer Kündigung innerhalb der ersten eineinhalb Jahre an vorderer Stelle. Nur die Nichteinhaltung von Abreden und Beziehungsprobleme mit dem Vorgesetzten werden noch häufiger genannt. Wie viele zudem bedauern und bereuen, dann aber nicht formal, sondern nur innerlich kündigen, sich ungefördert und unterfordert einrichten und es sich – weit ab von den eigentlichen Grenzen ihrer Möglichkeiten – bequem machen, lässt sich nur vermuten. Deshalb: Trotz vorsichtiger und schrittweiser Dosierung von Anforderungen muss auch Ansporn aus den Aufgabenstellungen erwachsen, muss Mühe und Risiko erkennbar und muss Anstrengung gefordert sein. Es soll kribbeln! Sonst ziehen erst Langeweile, dann Frust und schließlich Zweifel ein.

Herausforderungen können und sollen auch in den Gesprächen mit dem Vorgesetzten oder dem Paten und den darin enthaltenen Feedback-Sequenzen liegen. Herausforderungen lassen sich auch mit den Netzwerk-Aktivitäten verknüpfen, wenn deren Quantität und Qualität an Ziele gebunden werden. Und auch das Mitgenommen-Werden auf eine Sitzung wird zweifellos herausfordernder, wenn klar ist, dass anschließend über das Verständnis, die Eindrücke und die Interpretationen dessen, was dort geschehen ist, auch wirklich gesprochen wird. Oder dass es zur Aufgabe gehört, dazu ein knappes Protokoll anzufertigen oder gar einen Vortrag zu halten. Herausfordernd sind vor allem Aufgaben, die eine Mischung von Anforderungen enthalten, die Bewegung und Wechsel vermitteln, die flexibles Eingehen auf Neues voraussetzen und die es in ihrer Bearbeitung ermöglichen, die Unsicherheit des Neuen erst in Neugier, dann in Anstrengung und schließlich in Sicherheit zu verwandeln. Wenn anfangs Ansprechpartner häufig wechseln, Mitarbeit in verschiedenen Teams angesagt ist, wenn es gilt, unterschiedliche Informationsquellen anzuzapfen und immer wieder mit neuen Menschen in Kontakt zu kommen, entsteht zudem das Bild, Teil einer dynamischen Mannschaft zu sein, zu der man gern gehören möchte und bei der man engagiert mitspielen will. In dieser Motivation teilzuhaben und dazuzugehören, liegt – neben den Überprüfungsmöglichkeiten der fachlichen Anschlussfähigkeit – der *Return on Investment*. Die gruppendynamisch orientierte Einführung und Einarbeitung neuer Mitarbeiter trägt Zinsen und zahlt sich damit aus.

Führungsaufgabe Stellenabbau

Eines der großen Tabu-Themen in Unternehmen ist der Umgang mit Verlierern – mit denjenigen, die man loswerden will oder muss, oder Mitarbeitern, denen empfindliche Einbußen vermittelt werden müssen. Wo früher noch ganze Generationen sicher sein konnten, im gleichen Unternehmen eine lebenslängliche Versorgung zu finden, ist heute nur noch eines sicher: Nichts ist sicher. Für die wenigsten ist diese Situation attraktiv, ob jung oder alt, weder für die Opfer noch für die Täter. Kaum jemand bezieht Energie aus der Aufgabe, Veränderungen zu gestalten: Verzweifelt werden die alten Muster der Suche nach Sicherheit aktiviert. Diese permanente Offenheit, sprich: Unsicherheit, ob man nicht eines Tages auch selbst zu den Verlierern gehören könnte, beschäftigt viele und zehrt an der Energie. Sie sind innerlich auf der Hut, suchen nach Anhaltspunkten und Orientierung. Wenn mit einem heißen Thema aber scheinbar ungeschickt umgegangen wird – und das ist unverkennbar der Fall –, dann muss es dafür Gründe geben.

Die Angst des Gewinners vor dem Verlierer

In nicht wenigen Unternehmen werden aufwendige Personal-Audits durchgeführt, um die entscheidenden Potenzialträger zu identifizieren – mit einschneidenden Folgen für die Entwicklung der weiteren Karriere, sowohl der Gewinner als auch der Verlierer. So weit, so gut – und lassen wir im Moment mal beiseite, was wir von der Aussagekraft solcher Audits halten. Aber es gibt eine Art der Mitteilung und des Umgangs mit den Ergebnissen, die auf jeden Fall mehr Schaden ausrichtet als Nutzen stiftet: Es werden auf einen Schlag einige wenige Gewinner gekürt – und gleichzeitig wird eine viel größere Anzahl als Verlierer gebrandmarkt, denen damit jegliche Aussicht auf weiteres Fortkommen genommen wird. Sie sind zwar (noch) nicht von Entlassung bedroht, tragen aber ab jetzt den Stempel des Unterlegenen.

Was es jedoch erst wirklich schlimm macht, ist die Art und Weise, wie mit ihnen umgegangen wird. Als sähe man sich einer Gruppe von Kontaminierten gegenüber, setzt unmittelbar eine stumme Verweigerung ein, mit den Betroffenen über diese Kränkung ins Gespräch zu kommen. Ebenso schwer zu ertragen ist die nachträgliche rechtfertigende Beschönigung durch den eigenen Chef, der ganz sicher war, dass genügend Potenzial vorhanden war, ja immer noch ist … *aber leider, leider sind ja nun die Auditoren zu einem anderen Ergebnis gekommen…* Hier geht es noch nicht einmal um Kündigung, sondern lediglich um die Mitteilung, dass – zumindest für die nächste Zeit – das Ende der Fahnenstange erreicht ist und keine weiteren Aufstiegsmöglichkeiten in Sicht sind. Ganz eng wird es für Führungskräfte, wenn sie wirklich Entlassungen aussprechen müssen. Der Überbringer von schlechten Nachrichten wartet gern bis zum letzten Augenblick – in der Hoffnung, dass es dann schnell vorbeigehen möge und der Betreffende einsichtig und unverzüglich seinen Schreibtisch oder seine Werkbank räumt. Motto: »Mach bitte nicht mich dafür verantwortlich – ich tue nur meine Pflicht!« Dieses Verhalten kommt nicht von ungefähr. Die gleichen Führungskräfte, die jetzt die Entlassung aussprechen sollen, waren unter Umständen selbst an der Einstellung des nun Überflüssigen beteiligt. Sie können sich durchaus vorstellen, was der andere in diesem Moment über sie denken und von ihnen halten könnte – und schauen ihm nicht in die Augen, weil sie befürchten, darin lesen zu müssen: *Ich bin enttäuscht … Du bist ein Lügner … Du hältst Dich nicht an Deine Versprechungen … Ich werde Dir nichts mehr glauben.* Sie haben vielleicht Kenntnisse über das Privatleben des Mitarbeiters und wissen um die Folgen, die der Abstieg mit sich bringt im Hinblick auf die finanzielle Situation, die Familie, den Freundeskreis. Sie ahnen die massive persönliche Katastrophe, die durch die Entwertung geschehen wird, nicht mehr gebraucht zu werden, und die soziale Ächtung, die daraus folgt. Sie haben vielleicht eine lange gemeinsame Arbeitsgeschichte, die Vertrauen und Beziehungssicherheit geschaffen hat und nun mit einem Schlag (die Ohrfeige des Freundes tut stärker weh als die des Feindes) vernichtet wird. Sie waren vielleicht selbst einmal im Gespräch für eine potenzielle Anders-Verwendung oder Entlassung und sehen sich plötzlich den verdrängten Ängsten, der Wut und der Ohnmacht gegenüber, die sie damals empfunden haben und wissen, dass sie beim Gegenüber genauso vorhanden sind und im ersten Reflex schuldhaft dem Überbringer der schlechten Nachricht angehängt werden. Der Schock, der mit der Ankündigung der Entlassung ausgelöst wird, erklärt sich aus der lebensgeschichtlich verdrängten Angst vor der eigenen Endlichkeit. So wie der Tod als unausweichliches Lebensende aus dem Katalog der innerlich zugelassenen Themen gestrichen wird – obwohl wir alle wissen, dass eines der ganz wenigen wirklich unvermeidlichen Ereignisse der Tod ist – und die zeitliche Begrenzung des eigenen Lebens ein individuelles wie gesellschaftliches Tabu ist, so wenig wird mit der Möglichkeit des Überflüssigseins im Beruf gerechnet. Auch wenn Mitarbeiter oder Führungskräfte wissen, dass sie in einem risikoreichen Umfeld leben, und selbst wenn bei einigen dieses Risiko durchaus in die Vergütung mit einkalkuliert ist, verdrängen sie die Möglichkeit, dass eines Tages der Fall für sie tatsächlich und unwiderruflich eintreten könnte. Das passiert – bedauerlicherweise – immer nur den anderen ... Die eigene Lebens- und Berufsplanung beinhaltet sehr selten eine tiefergehende Auseinandersetzung mit Endlichkeit, schweren persönlichen Krisen oder Katastrophen, die zum völligen Existenzwandel führen können. Entsprechend dünn ist das Eis, auf dem man steht, wenn der Fall dann wirklich eintritt, entsprechend eingeschränkt sind die Verhaltensmöglichkeiten. Die Deponie für Zukunftsängste findet sich lediglich in der Ansammlung von Versicherungspolicen zur Berufsunfähigkeit, zur Alterssicherung oder in hohen Abschlüssen für Krankentagegeld.

Das Entlassungsgespräch

In einem Entlassungsgespräch tritt der verdrängte Ernstfall ein. Beide Seiten sind einem erheblichen psychischen Druck ausgesetzt, dem sie gern ausweichen würden und dies zum Teil auch mit allen möglichen Tricks, zum Beispiel indem sie versuchen, die Situation durch Verharmlosung zu entschärfen, das Gesagte einfach nicht zur Kenntnis zu nehmen oder mithilfe von Vertagung Zeit zu gewinnen.

Versteckspiele

An erster Stelle der Rangliste steht das Verweisen auf »betriebliche Erfordernisse«, die den Chef nun *leider* zwingen, diese unangenehme

Nachricht zu überbringen. Alle Äußerungen über Motive, die in der Person des Mitarbeiters liegen, in einer schlechten Beurteilung seiner Leistungsfähigkeit oder seiner mangelnden Akzeptanz bei den Kollegen werden tunlichst vermieden. Der Vorgesetzte zieht sich auf übergeordnete Interessen zurück, für die er sich lediglich als loyales ausführendes Organ versteht: »*Wenn es nach mir ginge, könnte möglicherweise noch eine Lösung gefunden werden, aber die Unternehmensleitung hat nun mal so entschieden ... von daher ist es meine bedauerliche Pflicht ... Sie müssen doch verstehen ...!*« Der Rückgriff auf Entscheidungen »anderen Ortes« soll die Flucht aus der eigenen Verantwortung sicherstellen und legitimieren.

Verschleierungstaktik

Wenn schon Unangenehmes gesagt werden muss, dann bitte in einer Verbrämung und Verschleierung, die möglichst viel Nebel auf die Kernaussage wirft und es ermöglicht, die Botschaft zwar anzudeuten, aber den Rest des Gesprächs über Scheinoptimismus zu führen: »*Haben Sie schon einmal überlegt, was denn Ihre Fähigkeiten einem anderen Unternehmen wert wären? ... Bei Ihren Fähigkeiten dürfte das woanders kein Problem werden ... Unsere Personalabteilung kann Ihnen – aus unserer unternehmerischen Verantwortung gegenüber unseren Mitarbeitern heraus – eine ganze Palette an Möglichkeiten aufzeigen ...*« Das Ganze in einer »positiven Atmosphäre« mit der eilfertigen Versicherung, selbstverständlich jederzeit Unterstützung zukommen zu lassen – soweit möglich. All diese geradezu verzweifelten Versuche, sich der Konfrontation mit dem Trauma zu entziehen, zeigen die eigentliche Inkompetenz dieses Vorgesetzten, ein Trennungsgespräch zu führen, das die wahrscheinliche Verletzung des anderen und seinen Frust, dass gerade *er* gehen muss, respektieren würde.

Verzögerungstaktik

Die Vermeidung eines Entlassungsgesprächs bis zum letztmöglichen Augenblick entspringt der Hoffnung, der andere möge mich gar nicht erst in die Rolle bringen, ihm diese »soziale Hinrichtung« antun zu müssen; irgendwer wird es an meiner Stelle tun, damit ich dann in tiefster »Betroffenheit« Abschied nehmen und in die Rolle des Beileidsspenders wechseln kann. Dahinter steckt die verborgene Aggression gegen den

Verlierer, der einen dazu zwingt, als Verursacher und/oder Vermittler seines Schicksals Farbe zu bekennen. Was im Vorfeld dieser Verzögerungsstrategie an zusätzlichem Druck bei dem Betroffenen aufgebaut wird, wird dabei gern übersehen. Üblicherweise ist im Unternehmen schon länger bekannt, wen es treffen wird. Das Nicht-Ansprechen schürt aber die irrationale Hoffnung, dass der Kelch vorübergeht, und macht ja offenkundig, dass das Klima nicht so bedrohlich ist. Umso tiefer der Absturz, wenn es dann doch so weit ist. In einer derart von enttäuschten Erwartungen und frustrierten Hoffnungen verdichteten Gesprächsatmosphäre kommt es dann nicht selten zu völlig unkontrollierten emotionalen Ausbrüchen der verdrängten aggressiven Impulse gegen den umdefinierten »Täter«, der eigentlich das Opfer ist. Das Gespräch verläuft zwangsweise nicht professionell und hinterlässt tiefere Wunden als erforderlich. Schmerzfrei geht es ganz sicher nicht, aber kompetenter schon!

Hoffen auf Selbstentsorgung

Hier finden wir oft ein perfides, verdecktes Spiel mit den depressiven Verarbeitungsmustern von Verlierern. Das eigentliche Gespräch wird nicht geführt, aber alle denkbaren Halbinformationen gezielt geliefert, die dazu beitragen sollen, den jeweiligen Mitarbeiter zu verunsichern und ihm zu signalisieren, dass es höchstwahrscheinlich (aber eben noch nicht ganz sicher) ihn erwischen wird. Probates Mittel ist im Weiteren die Unerreichbarkeit für Gesprächswünsche des Betreffenden oder das Vage-Halten der konkreten Absichten (»Es ist noch nichts wirklich entschieden ...«). In diesem Klima der Verunsicherung kommt es prompt vermehrt zu Fehlleistungen, zu Einbrüchen des Selbstwertgefühls und damit verbunden zu ersten Plänen, ohne weitere Rückkoppelung an das Unternehmen selbst die Flucht zu ergreifen. Eine andere Form der depressiven Beantwortung von unscharfen Ankündigungen ist das »Beleidigte-Leberwurst-Syndrom«: Statt offensiv Klarheit einzufordern, wählt man die Rolle des Beleidigten und ist innerlich(!) voller Empörung über diese unmögliche Informationspolitik. *So* will und kann man nicht weiter, dann geht man eben selbst. Der Märtyrer ist geboren. Genau darauf wurde spekuliert, die Selbstentsorgung hat funktioniert, der Chef selbst sitzt in der Unschuldsabteilung.

Dies alles sind Beispiele einer desolaten Managementkultur. Sie zeigen auf, wie groß häufig die Unfähigkeit ist, in stürmischen Zeiten verantwortlich zu führen. Individuell zwar *psycho-logisch*, eher sogar tiefenpsychologisch erklärbar, trotzdem in der geforderte Führungsrolle nicht entschuldbar. Die Kompetenzen, brillant zur Schau gestellt und insze-niert, wenn die Sonne scheint, degenerieren zu einer Hülse menschenver-achtender schneller Entledigung, wenn es eigentlich darauf ankommt, den emotionalen Gegenwind in schwierigen Gesprächen auszuhalten.

Anregungen

Wer den Anspruch hat, sein Führungshandeln auch in solchen schwieri-gen Situationen am Leitbild auszurichten, wie es mittlerweile in den meisten Unternehmen formuliert ist – eine offene Kommunikations- und Konfliktkultur ist fast überall fester Bestandteil –, wird Folgendes beach-ten, wenn erst einmal entschieden ist, wer gehen muss:

- zeitnah alle informieren über Ausmaß und Zeitpunkt des geplanten Personalabbaus, keine Verschleppung;
- offen und ehrlich begründen, warum es jemanden trifft; die Defizite offen benennen, wenn die Gründe für die Trennung in der fehlenden Qualifikation liegen;
- keine Verwässerungen, keine Verschleierungen, keine Verharmlosun-gen;
- sich Zeit nehmen für persönliche Gespräche auf dem Boden von Em-pathie, ohne die Entschlossenheit und die Position als Verantwortli-cher zu verlassen;
- Transparenz schaffen über die Notwendigkeit der Maßnahme, ohne eine entschuldigende »Ich-kann-nichts dafür« Haltung einzunehmen;
- Verständnis aufbringen für die Reaktionen des Mitarbeiters, Ertragen emotionaler Ausbrüche, auch wenn sie »unsachlich« sind – das sind sie nämlich immer;
- Die Umsetzung vorbereiten (wie, wann, zu welchen Konditionen?);
- wenn angefragt und vorhanden, Hilfestellungen des Unternehmens aufzeigen und Beratung im Hinblick auf die weitere Entwicklung an-bieten (Starthilfen, Outsourcing-Modelle, Jobsharing, Modelle der späteren Selbstständigkeit).

Werden diese Anregungen befolgt, so sind zwei Dinge gewährleistet: Dem Betreffenden gegenüber ist dies ein faires Vorgehen und er erhält zudem die Chance, seinen Schock zu verarbeiten. Gleichzeitig wird damit auch viel für die Unternehmenskultur getan. Niemand beobachtet genauer und analysiert, interpretiert und bewertet das Verhalten des anderen intensiver als Gewinner und Verlierer in solchen Situationen. Jede Seite ist sich klar, dass sie jeweils für die andere etwas »erledigt«. Der Verlierer fasziniert ebenso wie der Gewinner – der eine durch seinen Schicksalsschlag und wie er diesen erträgt (Beispiele für die hohe Attraktivität von Schicksalen erleben wir haufenweise bei Katastrophen jeder Art, wo die Hilfstruppen oft regelrecht durch die Gaffer behindert werden, oder bei Talkshows im Fernsehen, wenn es darum geht, gebrandmarkte Menschen vorzuführen), der andere durch die Aura des Unbesiegbaren und wie er sich im Glanze des Erfolgs sonnt. Wie unzulänglich diese Verkürzungen in der Zuschreibung auch sein mögen – in der Realität sind sie überall anzutreffen, insbesondere, wenn es hart auf hart geht.

Sollen nicht unnötig Gräben aufgerissen werden, ist darauf zu achten, dass die »Gewinner« als zukünftig zu motivierende Mitarbeiter nicht durch unfairen und im Grunde desinteressierten Umgang mit den Verlierern demoralisiert und in ihrem Glauben an eine mitarbeiterorientierte Unternehmenskultur desillusioniert werden. Sie könnten sich sonst mitschuldig fühlen an dem, was ihren ehemaligen Kolleginnen und Kollegen angetan wurde. Sie könnten Misstrauen entwickeln, über die wahren Absichten des Unternehmens zu spekulieren beginnen – und im Endeffekt offiziellen Ankündigungen und Versprechungen in Zukunft kaum noch Glauben schenken. Damit wäre eine Führungskultur geschaffen, in der es für den Gewinner sehr schwer wäre, sich tatsächlich als solcher zu fühlen und daraus Energie zur Selbstmotivierung zu ziehen. Es ist also für jedes Unternehmen von fundamentaler Bedeutung, die Sensibilität für die Auswirkungen des Stellenabbaus nicht nur für die Betroffenen selbst, sondern auch für das künftige Klima im Anschluss an den Personalabbau zu erhalten. Die Gruppendynamik verzeiht keine Fehler in der Prozesssteuerung; im freien Spiel der Kräfte kommt es schnell zu nicht erwünschten Nebenwirkungen. Der Preis dafür schlägt sich unmittelbar im Unternehmensergebnis nieder. Der Abbau von Mitarbeitern ist immer ein tiefer Einschnitt in die Unternehmensstruktur und hat in der Regel mehrere »Nachbeben« zur Folge, wenn der eigentliche Schock schon überwunden zu sein scheint. Gefragt ist ein Vorgehen, das all diese mittel- und längerfristigen Auswirkungen mit einkalkuliert, nicht kurzfristig angelegtes Krisenmanagement.

Kapitel 7

Networking

Strategische Allianzen und Netzwerke sind zeitgemäße Formen der Organisation. Sie bieten die notwendige Flexibilität, führen keinen überflüssigen hierarchischen Ballast mit sich – und sind relativ leicht neuen Erfordernissen anzupassen. Die Kernidee – so haben wir dies bereits erläutert – besteht darin, die Beziehungen der handelnden Personen untereinander über Bereichs- und Unternehmensgrenzen hinweg so zu organisieren, dass dadurch Informationsflüsse, Kommunikationsmuster und Formen der Zusammenarbeit ermöglicht werden, die komplexe Arbeitsprozesse schneller und insgesamt effektiver bewältigen.

Diese Form der Organisation zieht jedoch, wie wir im Kapitel über Führung erläutert haben, für die Menschen, die in solchen Organisationsformen arbeiten, deutliche Konsequenzen nach sich. Die herkömmlichen Formen geregelter Karrierewege und fürsorglicher Personalentwicklung sind größtenteils obsolet. Was Gültigkeit für das Unternehmen im Großen hat, gilt in gleicher Weise auch für die kleinste unternehmerische Grundeinheit, wie immer man diese auch bezeichnen mag, ob als *Ich AG* oder *Selbst GmbH*: Netzwerke bilden und pflegen ist das Gebot und die Kunst der Stunde.

Auch der Erfolg dieses Unternehmens hängt davon ab, wie zeitgemäß seine Organisationsform ist. Vor diesem Hintergrund möchten wir im Einzelnen erläutern, wie man sich überhaupt einen Überblick verschaffen kann, in welches Netzwerk man eingebunden ist, wie man auf dieser Basis seine Beziehungen bewerten, ausbauen oder auch einer Flurbereinigung unterziehen – auf Deutsch ausmisten – kann. Und darüber hinaus gilt es, einige Regeln zu verstehen und einzuhalten, nach denen dieses Spiel gespielt wird – zumindest von denen, die es wirklich meisterhaft beherrschen.

Die Darstellung

Spricht man in Beratungssituationen die Bedeutung von Netzwerken an, so erlebt man nicht selten die spontane Reaktion: theoretisch volle Zustimmung, aber gleich darauf die Klage, sich selbst leider keines nennenswerten Netzwerks rühmen zu können. Hier gibt es nur eines: dem Jammernden nicht auf den Leim gehen, ihn stattdessen auffordern, ein Blatt Papier und einen Stift in die Hand zu nehmen – und sich mit diesem Thema erst einmal ernsthaft zu befassen. Und das geht in einem ersten Schritt einfach so – und machen Sie doch kurzerhand zur Probe selbst mit:

Zeichnen Sie sich selbst in die Mitte und schreiben Sie um sich als Zentrum herum alle Namen – mit Funktionsbezeichnung und gegebenenfalls auch Titel, soweit Sie sich daran erinnern – Ihres beruflichen (Beziehungs-) Umfelds. Dies ist allerdings gar nicht so einfach, wie es klingt. Denn wir vergessen häufig Menschen, denen wir irgendwann einmal im beruflichen Kontext begegnet sind, mit denen wir zu irgendeiner Zeit zu tun hatten. Also formulieren Sie sich ein paar Leitfragen und hangeln Sie sich an diesen entlang: *Wer sind meine direkten und nächsthöheren Chefs? Wer sind die entscheidenden Menschen in den Nachbarbereichen? Wen kenne ich – wenn auch nur indirekt – aus dem Kreis unserer Kunden? Mit wem hatte ich jemals zu tun aus Bereichen, die ich für relevant erachten würde, wenn ich an meine zukünftige Entwicklung denke? Wen habe ich beispielsweise bei Fortbildungen kennen gelernt oder in sonstigen beruflichen Kontakten – ob als Referent oder als Teilnehmer? Welchen Menschen bin ich bei anderweitigen – nicht beruflichen Gelegenheiten – schon mal begegnet, die mir aber durchaus beruflich von Nutzen sein könnten, zum Beispiel in der politischen oder kirchlichen Gemeinde, in Parteien, in Vereinen, bei Reisen oder sonstigen Ereignissen?*

Und schon werden Sie merken: Ihnen fallen viel mehr Namen ein, als Sie je gedacht hätten. Das Blatt wird zu klein, Sie müssen entweder ein größeres Blatt Papier nehmen oder kleiner schreiben. Also das Ganze noch mal von vorn – weiträumiger und übersichtlicher! Sie meinen, Sie hätten jetzt im zweiten Anlauf diese Aufgabe wirklich gut erledigt und alle Fragen erschöpfend beantwortet? Nein, Sie sind noch keineswegs fertig! Sie werden als Nächstes einen Kollegen oder auch Ihren Lebens- oder Freizeitpartner bitten, Ihnen einen Gefallen zu tun, der ihn selbst eigentlich gar nicht viel kostet: Er/sie soll Ihnen lediglich als Publikum dienen, dem Sie Ihre bisherigen Erkenntnisse vortragen – und vielleicht hier und da mal eine Rückfrage stellen, wenn ihm/ihr etwas nicht plausibel scheint oder er/sie eine spontane Idee hat, wo Sie jemanden vergessen haben könnten. Wir garantieren Ihnen, in diesem »öffentlichen« Teil werden Ihnen noch eine ganze Reihe weiterer Namen und Kontakte einfallen, an die Sie vorher überhaupt nicht gedacht hätten. Und weil das bei dem einen so ergiebig war, werden Sie weitere Freunde und Kollegen um den gleichen Gefallen bitten. Aber auch jetzt sind Sie beileibe noch nicht fertig. Sie werden als Nächstes jeden Ihrer Namen, die Sie aufgeführt haben, zum Mittelpunkt machen und sich fragen: *Wie sieht sein/ihr Netzwerk aus?* Sie merken jetzt, worauf wir hinaus wollen: *Ich kenne jemanden, der jemanden kennt, der jemanden kennt ... der vielleicht Folgendes in die Wege leiten könnte ...* Es ist also durchaus normal, wenn Sie für diesen ersten Schritt mehrere Anläufe machen und immer wieder anders gruppieren oder zentrieren. Aber die Ausbeute wird sich auf jeden Fall lohnen. Stanley Milgram hat einmal in den 40er Jahren die These aufgestellt, jeder Mensch könne alle anderen Menschen erreichen, wenn er sich seines Netzwerks systematisch bedient. Er überprüfte diese These erfolgreich, indem er eine zufällig ausgewählte Personengruppe in Massachusetts bat, ihre Kontakte zu nutzen, um einen ebenfalls nach dem Zufallsprinzip ausgewählten Kreis von Personen in Nebraska zu erreichen.

Falls Sie eine Analogie für die Form suchen, um Ihr Netzwerk grafisch darzustellen und sich die Sinnhaftigkeit vor Augen zu führen – weil es doch komplexer ist, als es anfangs schien –, so denken Sie zum Beispiel an natürliche oder auch künstliche Wasserleitungsnetze oder auch Entsorgungssysteme, an Straßen- oder auch Schienenverkehrssysteme, an Strom- oder andere Versorgungsleitungen. Es gibt immer *Hauptadern*, wo alles zusammenbricht, wenn eine Störung vorliegt, mehr oder weniger wichtige Nebenadern, es gibt *Knotenpunkte*, wo Leitungen sich kreuzen – attraktiv und risikobehaftet zugleich –, und es gibt Adern, die irgendwo in einem toten Eck verlaufen oder versickern.

Die Bewertung

Erscheint Ihnen das Bild einigermaßen vollständig, dann setzen Sie sich mit der Qualität der Netzbeziehungen auseinander. Überlegen Sie, welche

Merkmale für Ihre Zwecke relevant sein könnten. Dies könnten zum Beispiel die Dichte der Beziehung sein, die Intensität oder Häufigkeit der Kontakte, es kann die Richtung der Beziehung sein – ist sie zum Beispiel ein- oder wechselseitig –, ihr formeller oder informeller Charakter – und schließlich geht es darum festzustellen, ist eine Beziehung positiv, negativ oder zurzeit noch neutral. Erstellen Sie nun Ihre Bewertung und veranschaulichen Sie diese – aber bitte realistisch! –, indem Sie die jeweiligen Beziehungen entsprechend kennzeichnen, zum Beispiel durch Farben, Stärke der Striche oder bestimmte Symbole (Pfeile, Plus, Minus oder Blitz für akute Spannungen). Vielleicht nehmen Sie jetzt ein neues Blatt und benutzen zusätzlich die räumliche Entfernung, um Nähe und Distanz von Beziehungen zum Ausdruck zu bringen. Bei dieser Bewertungsarbeit werden Sie einige Namen wieder streichen, weil Sie erkennen, dass diese Beziehung wahrscheinlich doch nichts hergibt, dafür werden Ihnen auch in dieser Phase immer wieder neue Kontakte einfallen. Am Ende kommt möglicherweise etwas Ähnliches wie ein elektrischer Schaltplan heraus.

Die Analyse

Und das ist nun der eigentlich entscheidende Schritt: Sie schauen sich Ihre Datensammlung an, die Sie hoffentlich wirklichkeitsgetreu bewertet haben, und analysieren diese im Hinblick auf ihren potenziellen Nutzen für Sie, zum Beispiel für Ihr persönliches Marketing- und Karrierekonzept oder für bestimmte Vorhaben, zu deren Verwirklichung Sie zum Beispiel Unterstützer, Koalitionspartner, Mitstreiter, kritisches Potenzial oder Türöffner benötigen. Die Betrachtung Ihres Netzwerks unter dem Blickwinkel seines eigentlichen Nutzenpotenzials gibt Ihnen auch Hinweise darauf, wo Sie beziehungsmäßig unterinvestiert sind, und Sie werden Beziehungen entdecken, die mittlerweile völlig wertlos geworden sind, oder auch solche, die zwar momentan erkaltet, prinzipiell aber durchaus reanimierbar und ausbaufähig sind.

Aufbau und Pflege

Denken Sie im Hinblick auf Netzwerk auf keinen Fall nur an offizielle und formale Kontakte. Sehr vieles spielt sich im Bereich des Informellen, sozusagen an den Rändern der hierarchisch etablierten Strukturorganisation, ab. Also initiieren Sie zum Beispiel Interessengemeinschaften, Arbeitskreise, virtuelle Teams und Spezialistenzirkel – oder nehmen Sie an solchen Initiativen teil. Nutzen Sie Veranstaltungen jeglicher Art, um gezielt Kontakte zu knüpfen. Betreiben Sie persönliches Marketing. Sehen und gesehen werden, Duftmarken setzen, damit diejenigen, auf die es ankommt, sich an Sie erinnern – aber es sollte eine angenehme Erinnerung sein, so wie man den Duft eines exquisiten Parfüms nicht mehr vergisst. Gehen Sie bei Ihren Bestrebungen weit über Ihr direktes Arbeits- und Organisationsumfeld hinaus.

Das einfachste und gleichzeitig wirksamste Mittel, ein Netzwerk zu pflegen, ist Kommunikation. In bestimmten Abständen ein dezenter Kontakt bei geeigneten Anlässen – per Brief, E-Mail oder Anruf – reicht oft völlig aus, um eine Beziehung unter Strom zu halten. Jede Aufdringlichkeit allerdings ist von Übel. Vermeiden Sie auch den Anschein, Ihr Netzwerk sei eine konspirative Vereinigung, eine reine Seilschaft zur egoistischen Interessenverfolgung oder ein elitärer Klub. Achten Sie sensibel darauf, dass Sie nicht jene, die nicht teilhaben können, durch demonstratives Imponiergehabe verprellen. Netzwerke, in denen es häufig um Macht und (Mikro-) Politik geht, sind wie Stromkreise – man sollte nicht leichtfertig daran herumspielen.

Tipps

- Netzwerke sind wie Streichhölzer – sie sind am wertvollsten, solange sie nicht benutzt sind.
- Netzwerke können über Jahre und Jahrzehnte ruhen. Gerade dadurch, dass Sie nicht genutzt werden, werden Sie immer wertvoller – wie Anlagevermögen, vorausgesetzt, Sie haben richtig investiert, oder gute Weine, vorausgesetzt, sie sind richtig gelagert.
- Klug handelt, wer mehr investiert, als er rausholt. Er ist wie jemand, der immer für genügend Liquidität sorgt.
- Bei Netzwerken ist es nicht selten wie bei Pilzen, viele Verwurzelungen und Verbindungen laufen unsichtbar unter der Oberfläche. Man ist deshalb nie vor Überraschungen sicher, wie weit und nachhaltig sich Aktionen auswirken können – im Positiven wie im Negativen.

Verstöße, die sich oft erst viel später bitter rächen

- Als Sozialschmarotzer gelten, der nur abstaubt;
- mit seiner Zugehörigkeit zu einem Netzwerk geradezu zwanghaft angeben müssen;
- als Windbeutel mit Beziehungen prahlen, die überhaupt nicht oder auf jeden Fall nicht in der angegebenen Qualität bestehen;
- eigene Freunde durch die Hintertüre einschleusen oder sozusagen den Schlüssel ausleihen;
- sich selbst, wie ein unerwünschter Vertreter in eine Wohnung, unsensibel in ein Netzwerk reinzudrücken versuchen.

Register